한일관계사연구논집 4

왜구·위사 문제와 한일관계

한일관계사연구논집 편찬위원회 편

景仁文化社

발 간 사

한국과 일본은 흔히 一衣帶水의 관계로 표현되어 왔다. 이는 조그마한 물줄기 하나를 사이에 둔 가까운 이웃나라라는 말이다. 한국과 일본 두 나라는 이처럼 지리적으로 근접해 있다. 두 나라가 지리적으로 서로 인접해 있다는 사실은 역사적으로 양국간의 긴밀한 교류가 있었음을 뜻한다. 사실 두 나라는 역사적으로도 선사시대부터 오늘에 이르기까지 매우 빈번하게 교류를 가져왔다. 이 교류는 서로의 발전을 위해 긍정적으로 작용하기도 했다. 물론 양국간의 관계에서는 일방이 타방을 침략하는 비극의 역사가 포함되어 있기도 했다.

특히 한일 양국은 근대사회에 들어와서 불행한 역사를 체험했다. 대한제국이 제국주의의 침략으로 인해 국권을 상실했음은 분명 한국사에서 일대 비극적 사건이었다. 또한 제국주의의 체험은 대다수 일본 국민의 양심에도 무거운 짐을 지워준 사건이었다. 그러므로 그것은 일본 국민의 불행이기도 했다. 해방 이후 오늘에 이르기까지 60여 년 동안 한일 양국은 이 비극적 체험과 불행을 극복해 나가야 할 책임을 짊어지고 있었다.

과거는 현재와 무관할 수 없다. 과거의 정리 없이 현재에 대한 이해나 바람직한 미래의 기대는 불가능하다. 바로 이 점 때문에 한국의 역사 연구자들이나 일반 국민들은 한일양국의 역사를 바로 세워야 한다고 생각해 왔다. 또한 일본의 연구자 및 국민들과 정부 당국자들도 이 점에 있어서는 인식을 같이했다고 생각된다. 그러므로 우리 모두는 역사의 진실 앞에 서서 지나간 과거를 되짚어보면서 자신의 미래를 개척해 보고자 시도해야 한다.

원래 역사교과서는 당대 역사연구와 교육목표가 함께 융합되어 간

행되는 학습용 출판물이다. 그런데 해방이후 오랫동안 일본 역사교과
서에 나타난 한국사와 관련된 부분에서는 적지 않은 문제들이 나타
나고 있었다. 이러한 이유 때문에 2001년 한국과 일본 양국 정상들은
일본 연구자의 한국사에 관한 인식 중 상호 공통된 부분과 차이점이
무엇인지를 우선 분명히 하기로 합의했다. 이 합의의 결과로 2002년
한일역사공동연구위원회가 탄생되었고, 이 위원회의 양국 위원들은
모두 19개의 공통주제를 선정하여 그 주제에서 드러나는 상호 역사
인식의 공통점과 차이점을 밝히기로 했다. 한국측 위원회에서는 19개
공통주제 각각에 대한 공통점과 차이점을 좀더 분명히 하기 위해서
더 많은 동료 연구자들의 의견을 듣고자 했다. 이에 한국측 연구위원
들은 각각의 주제들과 관련하여 모두 103개의 세부 분야를 선정했고,
이 세부주제들의 연구에 참여할 공동연구원들을 위촉하게 되었다.

　이제 한일역사공동연구위원회에 속한 두 나라의 연구위원들은 별
도로 간행되는 종합보고서를 통해서 지난 3년간의 연구를 마치기에
이르렀다. 이 보고서의 간행으로 제1기 한일역사공동연구위원회의
임무는 종료되었다. 그리고 한일역사공동연구위원회의 한국측 위원
회는 2005년 5월 31일로서 그 시한을 다하게 되었다. 그렇다 하더라
도 우리는 그 종합보고서를 작성하기 위해 진행시켰던 103개 분야의
세부적 연구결과를 사장시킬 수 없었다. 이에 우리는 한국측 종합보
고서의 작성에 근거가 되었던 96편의 개별 논문들을 별도의 책자로
간행하여 한일관계사 연구의 진전에 기여하기로 의견을 모았다.

　우리는 이를 ≪한일관계사연구논집≫ 이란 제명아래 그 동안의 기
초적 연구결과를 모아서 모두 10책의 논집으로 간행하고자 한다. 이
책자의 간행을 통해서 한국측 연구자들은 그동안의 연구성과에 관한
국내외 학계의 비평을 겸허하게 기다리기로 했다. 또한 한일역사공동
연구위원회의 명칭은 2005년 6월 이후부터 사실상 사용할 수 없다고
판단되었다. 이에 우리는 한일관계사연구논집 편찬위원회를 조직하

여 그 이름으로 이 책자를 간행하기로 했다. 이러한 과정을 거쳐서 이 책자들의 총서명과 간행처의 명칭이 결정되었다.

한일역사공동연구위원회의 연구활동은 우선 종합보고서를 통해서 공식적으로 종합되었다. 그리고 이번에 간행하는 ≪한일관계사연구논집≫을 통해서 그 구체적 연구의 근거들이 집약되었다. 모두 10책에 이르는 이 연구논집들이 앞으로의 한일관계사 연구에 큰 도움을 줄 수 있을 것으로 판단된다.

역사적 사실에 대한 연구는 역사학자들이 맡을 수 있다. 그러나 그 사실들은 역사교육의 목표에 따라 교과서 집필자나 검정기관에 의해 취사선택되는 등 일정한 영향을 받을 수 있다. 그러므로 역사교과서의 검정을 책임지고 있는 정부 당국은 올바른 역사 교과서를 편찬하여 미래를 책임질 청년 학도들에게 전해야 한다. 올바른 역사교육은 한일 양국의 바람직한 미래를 건설하는 대전제이기 때문이다. 한일양국의 역사인식 상 공통점과 차이점이 무엇인지를 밝히려는 진지한 연구는 결국 올바른 역사교육으로 이어질 것이다. 이러한 기대의 일부로 우리는 이 ≪한일관계사연구논집≫을 간행했다.

이 연구논집에 수록된 영문초록은 남태우 선생의 지원을 받아, UCLA 동아시아 학과의 손민서, 손희주, 김 소피아 님 등의 수고를 통해 작성되었다. 그동안 연구에 참여해 준 공동연구원들 및 이 책의 간행에 도움을 준 모든 분들에게 감사를 전한다.

2005년 6월 1일
한일관계사연구논집 편찬위원회 위원장 조 동 걸

<목 차>

일본 역사서의 중·근세 한일관계사에 대한 왜곡실상

손 승 철*

1. 머리말

한국과 일본의 숙명적관계는 더 이상의 설명이 필요없다. 두 나라의 관계는 역사이래 그래왔고, 현재에도 그러하며 또한 미래에도 그럴 수 밖에 없다. 그래서 두 민족의 역사는 어쩌면 서로가 서로의 '관계'를 어떻게 정립해 나가는 가에 따라서 결정된다고 보아도 결코 지나친 표현이 아닐 것이다. 이러한 점에서 '관계'에 대한 양국인의 역사인식은 선린우호의 동반자관계를 지속해 가는데에 가장 기본적인

---

* 강원대학교 사학과 교수

관건이 된다고 본다.

주지하다시피 일본은 1982년 '역사교과서 왜곡파동'을 계기로 "인근 아시아제국과의 관계에 관한 근대의 역사적 사실에는 국제이해와 국제협조의 견지에서 필요한 배려가 있어야 할 것"이라는 近隣條項을 교과서 검정규정에 첨가하였고, 이후 식민지지배의 실태나 침략전쟁의 사실, 종군위안부 등 전쟁범죄와 침략전쟁의 진실 등이 모든 교과서에 기술될 정도로 상당히 개선되어 왔다.

그러나 21세기에 들어서면서 입으로는 동반자로서의 공존·공생을 부르짖으며, 극우파의 압력이나 일본정부의 정치적 개입에 의해, 그 동안의 개선노력이 수포로 돌아가고 있다. 그 대표적인 사례가 2002년 후소사(扶桑社)의 ≪새로운 역사교과서(新しい歴史敎科書)≫의 출현이다.

그러나 역사왜곡현상은 일부 교과서에만 국한된 것이 아니라, 현재 일본에서 이용되고 있는 일반인을 위한 개설서나 역사사전 등, 모든 역사관련서에 폭넓게 만연되어 있으며, 이러한 측면에서 깊은 우려를 자아내게 한다.

이 글은 현재 일본내에서 사용되고 있는 중·고교 역사교과서를 포함하여 일반인을 위한 개설서나 역사사전 등에 기술된 중·근세 한일관계사 관련부분의 왜곡내용을 총체적으로 검토해 봄으로써, 한국관련 기술의 문제점과 그에 대한 한국측의 연구성과를 소개하여 일본의 역사왜곡을 개선하기 위한 하나의 기초자료를 제공하기 위한 목적으로 작성하였다. 그러나 분석의 범주는 현재 중·근세분야의 쟁점이 되고 있는 왜구, 임진왜란, 통신사관련 기술을 중심으로 했음을 밝혀둔다.[1]

---

1) 중·근세 한일관계사분야의 쟁점으로는 이 세주제 외에도 조선국호, 조선초 통교개시문제, 대마도정벌, 삼포왜란, 임란 후 국교재개, 宗氏의 왜관표현 등의 문제가 있으며, 이들 문제에 대해서는 이 연구논집의 다른

Ⅱ. 역사서의 왜곡실상

쟁점주제에 대한 일본역사서의 기술은 다음과 같다.

1) 왜 구

① 사전류

≪日本史辭典≫[2)]에는,

"14세기후반에서 15세기초에 걸쳤는데, 그 성원은 對馬·壹岐·北部 九州의 일본인을 중심으로 했고, 禾尺·才人이라고 불리는 조선반도의 천민등을 포함하고 있다. 근년에는 제주도민까지도 주목하고 있다. 활동 한 지역은 조선반도·산동반도 등을 중심으로 했고, 식료의 약탈과 인간 을 포획했다.

② 개설서

≪槪論 日本歷史≫[3)]에는,

왜구란 중국의 해금정책에서 형성된 동아시아의 私貿易, 海賊集團으 로 민족, 국경을 초월하여 연합하고 있었다. 14세기 후반이래 이들 집단 이 사람과 물건과 기술의 교류의 주역이 되어갔다. 1350년 이후 조선반 도에서 활발화 한 왜구는 對馬·壹岐나 北部 九州를 거점으로 한 日本人

논문들에서 구체적으로 다루고 있다. 특히 중·근세 한일관계사 분야의 왜곡실태에 관해서는 손승철, 2003 <일본역사교과서 고려·조선시대 서술의 왜곡실태분석> ≪한일관계사연구≫ 19 참조.
2) 岩波書店, 1999 ≪日本史辭典≫, 1214
3) 佐々木潤之介·佐藤信·中島三千男·藤田覺·外園豊基·渡辺隆喜編, 2001 ≪槪論日本歷史≫ (吉川弘文館) 79

이나 <u>朝鮮人을 주력으로 했다</u>. 그 후 15세기 초에 걸쳐서 조선반도, 산동반도 등을 중심으로 사무역이나 약탈행위들을 행하고 있었다.(前期 倭寇)

≪Story 日本の歷史≫[4]에는,

왜구는 동아시아 삼국의 영역을 활동영역으로 하고 있었다. 현재와는 다르게 이 당시는 국가의식이나 민족의식은 강하지 않았고 해안과 밀접한 관계를 가진 제 민족이 잡거하는 이 지역에서 국적이나 민족을 묻는 것은 무의미하지만 현재의 국적에서 보면 <u>왜구는 일본인이나 조선인 혹은 그 혼혈 등을 중심으로 한 잡거 집단이라고 말할 수 있다</u>. 왜구의 활동은 고려멸망의 원인이 되었다.

③ 고등학교 교과서

淸水書院, ≪日本史A≫[5]에는,

鎌倉시대 경부터 북구주지방에는 조선·중국연안으로 나가서 무역에 의하여 생활하는 사람들이 나타났다. <u>14세기 중엽 경부터 거래를 할 뿐만이 아니라 약탈·폭행을 하는 자가 눈에 띄게 되었다</u>. 그들은 조선·중국사람들에게서 왜구라고 불려 무섭게 여겨져 있었고 고려 쇠퇴의 요인의 하나가 되기도 하였다. 1392년 왜구 토벌에 공적이 있었던 이성계가 고려를 멸망시키고 조선국(이조)을 건국하였다.

④ 중학교 교과서

扶桑社, ≪新しい歷史敎科書≫[6]에는,

… 倭寇란 이 당시 조선반도 및 중국 대륙 연안에 출몰했던 해적집단

---

4) 日本史敎育硏究會, 2002 ≪Story 日本の歷史≫－古代·中世·近世史編－, 133
5) 淸水書院, 2003 ≪日本史A≫, 26
6) 扶桑社, 2002 ≪新しい歷史敎科書≫, 97

을 뜻한다. 그들 중에는 일본인 외에 조선인도 많이 포함되어 있었다.

帝國書院, ≪中學生の歷史≫[7]에는,

"14세기 중반경 ··· 국외에서는 왜구의 활동이 활발해져 고려와 중국을 괴롭혔다. 왜구는 제주도와 북구주를 거점으로 ··· 해적 활동을 한 사람들로, 그 중에는 일본인 뿐아니라 조선인과 중국인도 섞여 있었다"

2) 임진왜란

① 사전류, ≪日本史辭典≫,

豊臣秀吉이 1592년과 1598년, 2회에 걸쳐 행했던 조선침략전쟁, 朝鮮出兵이라고도 한다. 조선측에서는 임진정유왜란, 중국측에서는 萬曆조선의 역이라고 부른다. 명을 복속시키는 것을 목표로 한 秀吉은 조선에 征明 의 길안내를 요구했으나 거절 당하자, 1592년 西國大名을 동원하여 出兵했다[8].

② 개설서, ≪詩說 日本史硏究≫,

1587(천정15)년 秀吉은 대마의 宗氏를 통해서 조선에 대해 입공과 명출병의 선도 등을 요구했다. 조선이 이것을 거부하자 秀吉은 出兵의 준비를 시작해 肥前의 名護屋에 본진을 구축하고 1592(문록 원년)년 15만여 명의 대군을 조선에 파병했다(文祿의 役). 부산에 상륙한 일본군은 신병기인 철포의 위력 등에 의해 얼마 지나지 않아 한성(현재 서울)을 함락시켰고, 나아가서 평양도 점령했다.
이 무렵 秀吉은 後陽成天皇을 북경으로 옮기고 豊臣秀次를 중국의 관백에 임명한다는 무모한 계획을 표명하고 있었는데, 이윽고 이순신이 이끄는 조선 수군의 활약과 의병(의민군)의 저항, 명의 원군 등에 의해 일본군은 보급로가 단절되어 점차 전국은 불리하게 되었다[9].

---

7) 帝國書院, 2002 ≪中學生の歷史≫, 67
8) 岩波書店, 1999 ≪日本史辭典≫, 620

③ 고등학교 교과서, ≪日本史A≫,

文祿・慶長의 役
구주를 평정한 직후인 天正15년(1587), 예전부터 명나라 정복을 기도하고 있었던 수길은 대마 종씨를 통하여 조선에게 입공과 명나라로의 출병 선도를 요구하였다. 그러나 교섭이 不調로 끝나자 秀吉은 肥前 名護屋에 본영을 설치하여 文祿원년(1592), 加藤淸正 등 서국 여러 무장들이 끄는 15만 여명의 원정군을 조선으로 보냈다[10].

④ 중학교교과서, ≪新い歷史敎科書≫,

朝鮮 出兵
… 히데요시는 나아가 중국의 明을 정복하여 천황과 자신도 그곳에 살면서 동아시아에서 인도까지 지배하려는 거대한 꿈에 빠져들어 1592년 15만 대군을 조선에 보내었다. 가등청정과 소서행장 등의 무장에게 지휘된 일본군은 순식간에 수도인 한성(현재의 서울)을 무너뜨리고 또 조선 북부까지 나아갔다. 그러나 조선측의 이순신이 이끄는 수군의 활약 및 민중의 저항이 있었고, 明의 원군도 있어서 싸움은 일본에게 불리해졌으며, 明과의 和平교섭을 위해 撤兵하였다. 그런데 명나라와의 교섭은 잘 진행되지 않아 1597년(慶長 2) 일본은 한번 더 14만의 대군으로 조선을 공격하였다[11].

3) 통신사

① 사전류, ≪日本史辭典≫,

중세・근세, 조선국왕의 國書・進物을 가지고 일본에 파견된 外交使節團. 通信使・朝鮮信使・朝鮮來聘使라고도 한다[12].

---

9) 五味文彦・高埜利彦・鳥海靖 編, 2003 ≪詳說日本史硏究≫ (山川出版社) 227
10) 淸水書院, 2003 ≪日本史A≫, 120
11) 扶桑社, 2002 ≪新しい歷史敎科書≫, 121
12) 1999 ≪日本史辭典≫ (岩波書店) 768

② 개설서, ≪敎養の日本史≫,

근세의 대외관계에 관해서 보면, 우선 조선과의 通交는 文祿·慶長의 役후에 단절되었었지만, 德川家康과 對馬 宗氏등의 노력에 의해서, 1607년(경장12)에 처음 朝鮮國使節을 계기로, 1609년에 대마와 조선의 교통의 복구를 뜻하는 「己酉約條」가 체결되었다.

그후 36년(관영13)에는 통신사가 래일했다. 근세의 통신사(주2)는 그이전의 3회의 통신사를 포함하여, 장군이 바뀔 때나 그외 경사의 때에 1811년(문화8)까지 12회에 걸쳐 래일했다. 당시 조선은 명의 책봉을 받고 있었지만, 막부는 조선을 朝貢國처럼 취급했다[13].

③ 고등학교 교과서, ≪日本史A≫,

豊臣秀吉의 出兵 이래 단절되어 있던 조선과의 교류에 관해서는 대마번 宗氏에게 교섭을 시킨 결과 慶長12년(1607) 조선사절이 來訪하여 이후 신장군 취임의 慶賀를 명목으로 사절(조선통신사)가 파견되어 왔다[14]

④ 중학교 교과서, ≪新い歷史敎科書≫,

… 막부는 이에야스 시절, 히데요시의 출병으로 단절되어 있었던 조선과의 국교를 쓰시마의 宗씨를 통하여 회복하였다. 양국은 대등한 관계를 유지하였으며, 조선에서는 장군이 바뀔 때마다 통신사로 불리우는 使節이 에도를 방문하여 각지에서 환영을 받았다.[15]

Ⅲ. 공통점과 차이점

이상에서 소개한 일본역사서의 기술내용을 현재 한국에서 사용되

---

13) 竹內 誠·佐藤和彦·君島和彦·木村茂光 編, 2003 ≪敎養の日本史≫ (東京大學出版會, 版8刷) 153
14) 淸水書院, 2003 ≪日本史A≫, 68
15) 扶桑社, 2002 ≪新しい歷史敎科書≫, 131

고 있는 교과서나 개설서의 내용과 비교하여 그 공통점과 차이점을 주제별로 정리해보면 다음과 같다16).

첫째, 왜구에 관해서 한국의 역사서에도 모두 기술되어 있다. 그 주요내용은 왜구침략시점과 왜구의 규모, 창궐지역과 피해상황, 고려의 외교적 노력과 격퇴과정, 화포의 개발, 박위의 대마도정벌, 이성계의 무장세력으로의 성장 등과, 왜구의 침탈내용이나 피해, 그리고 왜구에 대한 응징을 주로 기술하였다.

이에 비해 일본에서는 왜구를 전기왜구와 후기왜구로 나누어, 그 구성과 활동에 대해 서술하였다. 그런데 왜구를 민족이나 국경을 초월하여 연합한 세력으로 보고, 1350년이후 조선반도에서 활발화한 왜구는 對馬, 壹岐나 北九州를 거점으로 한 일본인이나 조선인을 주력으로 했다. 또한 왜구를 해안과 밀접한 관계를 가진 諸民族이 잡거하는 지역에서 활동하였고, 현재의 국적에서 보면 일본인이나 조선인 혹은 그 혼혈을 중심으로 한 雜居集團이라고 서술했다.

즉 양국의 역사서에 왜구가 고려의 각지역을 습격하여 약탈을 자행하고, 고려에서는 이를 막기 위해 외교적 노력과 무력응징의 대책을 강구했다는 점에서는 공통적으로 기술하고 있다. 그러나 왜구의 구성원에서는 상당히 상반된 서술을 하고 있다. 즉 한국개설서는 왜구는 당연히 일본인 또는 몰락한 일본인 하층무사로 서술했지만, 일본개설서는 왜구의 활동지역을 제민족의 잡거지역으로 보고, 그 구성도 일본인, 조선인, 또는 혼혈의 잡거집단으로 서술하고 있다.

둘째, 임진왜란(秀吉의 조선침략)에 관해서 양국의 역사서의 서술은 대체적으로 일치한다. 즉 전쟁발발의 원인과 과정, 전쟁의 경과(일본군의 진격과 한양, 평양함락), 명의 참전, 의병궐기, 강화회담, 정유

---

16) 이 부분에 관해서는 한국정신문화연구원 제7차 교과서개선을 위한 한일 공동학술세미나, 2003 ≪중·근세 한일관계사에 대한 양국교과서의 서술경향≫ 발표문 참조.

재란발발, 이순신의 응전, 豊臣秀吉의 죽음, 전쟁의 종결, 전쟁의 영향(조선의 피해) 등에 대해 사실적으로 서술했다.

그러나 한국에서는 전쟁원인이 豊臣秀吉의 朝鮮入貢이나 征明假道의 어처구니 없는 요구에서 시작된다는 점, 국가와 민족의 생존을 위해 전국민이 단합하여 침략에 대항해 간다는 점, 전쟁의 피해로 인해 조선인은 깊은 상처를 입었고, 이로 인해 일본인에 대한 적개심이 오랜 후일까지 전승되고 있다는 점을 강조하여 서술하고 있다. 그리고 조·일전쟁이라는 용어를 쓰고 있고, 조선측의 승리로 전쟁이 끝났다고 기술했다.

이에 비해 일본에서는 침략의 원인을 豊臣秀吉의 과대망상이나 일본내부의 이유들(영토의 획득, 무역의 재개, 명에 대한 국가주권의 확립)로만 서술하고 있다. 심지어는 侵略 대신에 出兵 또는 派兵이라는 용어를 쓰기도 했다. 조선이나 일본이 이 전쟁으로 인해 입은 피해나 침략성에 대한 서술이 너무 개략적이라는 인상을 준다. 결론적으로 양국이 모두 침략전쟁이라는 인식에는 공통점을 갖고 있지만, 그 인식이나 서술방식에는 아직도 많은 괴리감이 있다.

셋째, 통신사에 관련된 서술인데, 한국에서는 조선이 막부의 간청을 받아들여 통신사를 파견했다고 하는 일방적인 표현이나, 일본이 조선의 선진문화를 받아들이고자 했다던가, 통신사 파견을 통해 조선이 외교·문화적으로 우위를 지켰다는 식의 일방적인 서술이 많다.

한편 일본개설서인 ≪敎養の日本史≫에서는 통교회복이 德川家康과 對馬 宗氏의 노력에 의해서 부활된 것으로 서술했고, '막부는 조선을 朝貢國으로 간주했다'고 기술하고 있다. 반면, ≪詳說日本史研究≫에서는 ≪敎養の日本史≫와는 달리 '일행이 각지에서 국가의 빈객으로 정중히 취급받았다'고 서술하였다. 아주 대조적인 서술이다. 이러한 면에서 통신사에 대한 인식도 사뭇 차이가 있다.

Ⅳ. 차이점에 대한 한국측의 연구성과

1. 왜구의 발생원인과 왜구집단의 구성

왜구 발생원인에 관해 보면[17], 일본학계에서는 13세기의 왜구가 일본인의 활약임을 인정하면서도, 14세기 중기 이후 왜구의 창궐과 소멸의 원인을 고려와 조선에서 찾았다. 그리고 이러한 논리는 거의 전부 한국측의 사료만을 이용했다는 점에서 충분한 설득력을 갖기 가 어렵다.

그러나 일본사료 ≪靑方文書≫등을 통해서 볼 때, 13세기 왜구 출현은 日本 內海와 九州의 '海上 武士團'의 활동에서 그 원인을 찾을 수 있으며, 1350년 '庚寅年 倭寇'의 출현은 觀應擾亂으로 九州가 심각한 혼란에 빠지면서 약소 무사들과 住人들이 在地를 이탈하여 바다 건너 왜구로 활동한 결과이다. 그후 1360년대의 소강상태를 깨고 70년대 갑작스런 왜구의 증가는 今川了俊과 밀접하게 관련되어 있다. 즉 1371년 今川了俊이 九州探題가 된 다음 해부터 왜구의 출몰이 갑자기 늘어나고, 1375년 少貳冬資가 피살되고 난 다음 해부터 왜구의 출몰이 폭발적으로 증가한다. 이것은 了俊이 九州에서 探題 專制權力을 창출하는 과정에서 在地를 이탈한 '反探題'세력과 探題 權力의 통제 밖에 있던 해적 세력, 그리고 惡黨 세력 등의 활동 때문이었다. 이어 1380년대 중반에 점차로 왜구가 줄어드는 이유는 下松浦 지역의 小領主와 住人들이 자치적으로 정한 夜討·海賊 등의 금지조항에서도 그 원인이 있다.

---

17) 왜구의 발생원인에 관해서는 김보한, 2001 <少貳冬資와 倭寇의 일고찰> ≪日本歷史硏究≫ 13 ; 1999 <一揆와 倭寇> ≪日本歷史硏究≫ 13 등의 일련의 연구가 있다.

즉 왜구의 출현과 창궐, 그리고 소멸을 九州의 정치적 영향과 세력의 재편, 그리고 在地의 안정과 이들의 유기적인 관계 안에 있음을 논술하고 있다.

다음 왜구문제에서 가장 쟁점이 되고 있는 왜구의 민족구성에 관해 보자.[18]

왜구에 고려인·조선인·제주도민을 포함시키는 근거는 ≪高麗史≫와 ≪高麗史節要≫의 왜구 선박과 동원된 馬匹이 대규모적이라는 기록과 水尺·才人 등 고려천민이 왜구로 가장했다는 기록이다. 또한 ≪朝鮮王朝實錄≫의 李順夢記事, 제주도 해민의 왜구관련설 등이다. 그러나 이러한 주장들은 다음과 이유들로 재검토되어야 한다.

우선, ≪高麗史≫에 보이는 왜구선박이 300척이나 500척이라는 기술인데, 이는 당시 對馬·壹岐·西九州 및 瀬戶內海의 해상세력의 규모로 보아 충분히 동원할 수 있는 선박이며, 대량의 馬匹은 왜구들이 일본에서 수송하였거나 또는 고려의 말을 약탈한 것이었다.

그리고 고려 우왕 대의 禾尺, 才人들의 '假倭' 행위는 어디까지나 왜구의 침공에 의해 촉발된 하나의 현상이었으며, ≪高麗史≫에 '假倭'로써 기록하고 있는 사료는 고려말 500여회 전후의 왜구관련 기사 중 단 3건뿐이다. 또한 왜구중 조선인을 포함시키는 유일한 문헌사료로 인용되어 온, 조선 세종대 이순몽의 '왜구구성원'에 관한 발언도 그 의도가 왜구에 대한 설명이 아니라 조세감축을 위한 내용이었고, 당시의 사료가 아니라 10년후의 구전이며, 또한 그의 인물평으로 보아 신뢰할 수 없다. 따라서 이 한 두개의 사료만으로 화척이나 재인이 왜인과 연합하여 왜구가 되었다던가, 왜구중 조선인이 많았다는

---

18) 왜구의 구성주체에 관해서는 남기학, 2003 <중세 고려·일본관계의 쟁점 : 몽골의 일본침략과 왜구> ≪기억의 전쟁≫ (이화여자대학교 출판부)와 이영, 1996 <고려말기 왜구구성원에 대한 고찰> ≪한일관계사연구≫ 5 등의 일련의 연구가 있다.

기술은 사료적 근거가 충분치 않은 논리적 비약이다.

또한 제주도 水賊의 예를 들어 濟州島人이 왜구의 중요한 구성원이었다고 하는 주장 역시, '제주도의 정의현 동쪽, 대정현 서쪽, 죽도에는 옛부터 왜선이 은박했다'는 기록과 '15세기 후반 제주도 해민이 倭語를 사용하고, 倭服을 입고 종종 해적 행위를 하였다'는 기사에 근거하는데, 이 기사도 이미 왜구의 전성기로부터 거의 1세기 뒤인 15세기 후반의 사료로 고려 말의 왜구 활동과는 시간적으로 상당한 거리가 있다. 따라서 이들 한 두개의 사료만으로 왜구의 민족구성을 고려·조선인으로 확대·해석하는 것은 재고해야 한다.

결국 왜구는 이른바 三島(對馬, 壹岐, 松浦)를 포함하여 구주로부터 瀨戶內海 紀伊半島에 이르는 광범위한 지역의 해적 및 악당으로 이루어졌다고 보아야 하며, 최근에 왜구의 구성을 '국적이나 민족을 넘어선 차원의 인간집단'으로 파악하는 시각이야 말로 당시의 현실과 동떨어진 가공된 역사상이다.

2. 임진왜란

壬辰倭亂은 일본이 계획적이고 불법적으로 조선을 침략하여 벌인 전쟁으로, 전쟁 당사자인 조선과 일본은 물론 명나라까지 개입한 동아시아의 國際戰爭이었다. 따라서 임진왜란이 끝난 후 삼국은 승자·패자 할 것 없이 모두 많은 변화를 겪게 되었다. 일본은 豊臣政權이 붕괴하고, 명나라도 전쟁후유증으로 점차 쇄퇴해 갔으며, 조선은 전쟁에 의해 전국토가 황폐화되고, 막대한 인적자원이 손상되는 엄청난 피해를 입었다.

임진왜란의 원인으로는 여러 학설이 있다. 예를 들면 豊臣秀吉이 織田信長의 침략의도를 계승했다던지, 명나라와의 무역을 중계하던 조선이 이를 단절하였기 때문에 전쟁을 일으켰다던지, 豊臣秀吉의 장남 鶴松의 죽음으로 인하여 벌어졌다던지, 경제적인 이득을 얻기 위해 벌였다던지, 국내평정과 통일과정에서 발생한 大名들과 무사들의 남아도는 무력을 외부로 전환하여 불만을 해소하려고 벌였다는 등의 여러 가지 설이 있다. 그러나 扶桑社교과서에서는 이러한 여러 가지 설을 전혀 소개하지 않고, 명나라를 정복하고 아시아의 대제국을 세우려는 대의명분, 내지는 豊臣秀吉의 개인적인 망상만으로 설명하고 있다.

여기서 ≪國民の歷史≫ 저자인 西尾幹二가 조선침략 전쟁을 어떻게 파악하고 있는가를 살펴보자. 그는 '豊臣秀吉은 왜 조선에 출병했는가'의 첫머리에서 다음과 같이 말하고 있다.

"이글의 주제는 秀吉이 왜 조선에 출병했는가이지 왜 조선에서 실패했는가는 아니다. 국내에서는 현실주의자였던 秀吉이 대외적으로 그렇게 무참하게 정세판단을 잘못한 것은 무슨 이유에서인가라는 결과를 보고 동기를 찾아내는 식의 질문은 하지 않겠다."라고 하였듯이, 그의 관심은 豊臣秀吉이 의도했던 전쟁목적에 집중되어 있다.

西尾幹二는 일본군이 서울을 점령한 후, 秀吉이 제시한 명나라 정복후의 통치구조에 대해 언급하면서 그것을 '장대한 세계정복계획' '세계국가구상'이라 평가한다. 아울러 그 구상을 근거로 豊臣秀吉의 전쟁목적은 다음과 같은 것이라고 결론을 내린다.

"조선을 경유해 중국을 억누른 뒤 북경에 천황을 두고, 자신은 寧波에 거주하면서 천황보다 높은 지위에서 동아시아 전지역을 내려다보는 제국을 구축한다는 장대한 구상을 실현하기 위해 출병했던 것이다. 그 외의 다른 이유는 생각할 수 없다. 무엇보다도 먼저 그것은 일본인의 근대의식이 최초로 그리고 최대로 표현된 것이다"라고 극찬하고 있다.[19] 그리고 이러한 인식이 그대로 교과서에 기술되고 있

19) 糟谷憲一, 2001 <隱蔽される日本の朝鮮侵略> ≪徹底批判, 國民の歷史≫

는 것이다.

西尾幹二가 豊臣秀吉의 아시아정복 구상을 찬양하는 것은 명백하다. 그 때문에 西尾幹二는 정복구상이 파탄을 맞이했다는 것을 직시하지 못하고 있다. 1598년 豊臣秀吉의 죽음을 계기로 일본군은 철수했고 전쟁은 종결되었다. 그야말로 침략에 대한 조선과 명의 저항이 豊臣秀吉의 조선정복 야망을 분쇄하고, 아시아 정복구상을 '꿈속의 꿈'으로 사라지게 했던 것이다. 또한 西尾幹二는 전쟁의 경과에 대해서는 전혀 이야기하지 않았다. 아마도 그 전쟁이 일본군의 침략전쟁이라는 점을 은폐하고 직시하고 싶지 않았기 때문이었을 것이다.

뿐만아니라 조선에서는 이 전쟁으로 인하여 인적손실은 물론 경제적·문화적·사회적으로 막대한 희생을 치렀다는 점에 주목해야 한다. 국가적으로 입은 극심한 피해의 대부분을 무고한 백성들이 부담해야 했다는 점을 간과해서는 안된다. 또 수많은 문화재들이 소실되거나 일본으로 유출되었고, 조선의 陶工, 細工人, 農夫, 韓醫師 등 많은 사람들이 무고하게 끌려갔으며, 일본의 전쟁복구에 동원되었다. 뿐만아니라 많은 사람들이 포루투깔과 일본상인들에 의해 세계각지로 팔려나갔다.[20] 그 숫자는 임진왜란을 노예전쟁이라고 부를만큼 많으며, 전쟁의 희생자가 묻힌 耳塚(豊國神社)이 지금도 京都에 안치되어 있다. 예를 들면 ≪淸正高麗陳覺書≫에 의하면, 병사 한명당 코세개가 배당 되었는데, 吉川廣家의 경우 18,350개, 鍋島直茂의 경우 10,901개나 되었다. 또 大河內秀元의 ≪朝鮮物語≫에는 214,700여개를 잘라 15개의 통에 운반했다는 기록이 있다.

또한 경제적 손실로는 전쟁직전 150여만결이던 토지가 30만결로 격감되었으며, 문화재의 손실도 상상을 초월한다. 예를 들면 경복

(大月書店) 223

20) 北道万次, 1990 ≪豊臣政權の對外認識と朝鮮侵略≫ (校倉書房) ; 1995 ≪豊臣秀吉の朝鮮侵略≫ (吉川弘文館) 참조

궁·창덕궁·창경궁을 비롯한 많은 궁궐과 관청이 불탔고, 지방에서는 불국사를 비롯한 많은 중요문화재가 소실되고, 춘추관에 보관되었던 각종 서적들도 불탔다. 수많은 도자기와 미술품(종·불화 등)이 약탈당했으며, 고려불화의 경우 대부분이 일본에 남아있어 한국에서는 연구가 불가능할 정도이다.

　이러한 내용을 모두 은폐한 교과서는 결국 편협한 국가주의와 자의적인 역사해석으로 豊臣秀吉을 전쟁영웅으로 우상화하려는 의도로 볼 수 밖에 없다. 따라서 出兵이라 용어는 반드시 침략으로 바꾸어야 하며, 임진왜란의 발발원인이나 침략상을 나타내는 전쟁의 경과나 조선의 피해상황 등이 보다 사실적으로 기술되어야 한다.

3. 통신사

　통신사는 막부장군에 대한 경하나 조문, 기타 두나라의 긴급문제를 해결하기 위해 조선국왕이 막부장군에게 공식적으로 파견한 외교사절이다. 막부에서는 대마도주를 통해 통신사파견을 먼저 조선에 요청했고, 몇 개월 전부터 통신사접대를 준비했다. 통신사가 일본에 파견되면 각 지역마다 수많은 문인들이 통신사의 숙소에 모여들어 異國 선진문화에 대한 동경과 흠모를 아끼지 않았다. 이러한 통신사행의 역사적 자취는 아직도 일본 곳곳에 남아있어, 두나라의 성숙된 우호관계를 전하고 있다.

　그러나 통신사에 대한 역사적 평가는 식민사관에 기초한 왜곡된 수준을 벗어나지 못하고 있다. 1970년대 이후 선린외교와 문화교류의 사절단으로 재평가되기 시작했지만, 통신사에 대한 역사적 평가가 제자리를 찾은 것은 아니다. 60년대 이후 30년동안 통신사연구에 몰두해 온 三宅英利는 자신의 통신사연구가 "일본의 끊임없는 불법에 대

한 속죄의 계기가 되기를 바란다"고 할 정도로 통신사의 선린외교의
정신을 강조했다. 그리고 조선후기와 德川時代에 두나라의 상호이해
가 가능했던 것은 동일한 외교이념(華夷意識과 自民族中心主義)이 지
켜졌기 때문이라고 했다.[21)

　일반적으로 통신사는 조선후기(德川時代) 조선국왕이 막부장군에
게 보낸 외교사절로 총 12회 파견되었다고 알려져 있다. 그러나 조선
통신사는 德川時代에만 파견된 것이 아니라 조선전기(室町時代)에도
파견되었다. 1428년부터 정식의 통신사 명칭으로 파견되기 시작하였
는데, 통신이란 '信義를 通한다'는 의미였다. 당시 왜구에 의해 유린
되는 양국관계를 신의를 통하는 통신사의 왕래를 통하여 우호교린의
관계로 만들어 가자는 의미였다. 이와같이 파견되기 시작한 통신사는
室町시대에 8차례에 이르고 있고, 德川시대에는 12차례 파견되었다.
그러나 德川시대에 파견된 조선사절이 모두 통신사는 아니었다. 1607
년, 1617년, 1624년의 3차례는 '回答兼刷還使'였다. 이 용어는 장군의
국서에 회답하며 아울러 임진왜란때 죄없이 잡혀간 조선피로인을 쇄
환한다는 의미였다. 즉 그 파견과정이나 사행의 명칭을 논의한 자료
에서도 분명히 알 수 있듯이 '회답겸쇄환사'는 신의를 통한다는 통신
사의 사용이 불가한 상황에서 붙여진 명칭이다. 이는 豊臣秀吉의 조
선침략에 대한 조선정부의 응징의지를 나타낸 것이다. 따라서 강화직
후부터 1636년까지 3차례의 조선사절은 通信使로 불려질 수 없으며,
이것도 명백한 사실의 오류이다. 통신사라는 정식의 명칭이 붙여지는
것은 1636년부터이다.

　正使를 비롯해 총 470~500여 명 정도로 편성된 통신사가 6~9개
월이란 긴 시일을 소요하면서 일본을 왕래한 이유는 무엇일까? 통신
사의 기능과 성격에 대하여 두 나라의 연구자들은 상이한 시각을 가
지고 있다. 한국은 '敎化의 일환으로 파견한 문화사절'로서의 성격을

---

21) 三宅英利, 1986 ≪近世 日朝關係史の硏究≫ (文獻出版)

강조하고 있으며, 일본은 '장군 즉위 축하'라는 통신사의 외교 의례행
위를 자국의 정치세력과 관련지어 정치사절로서 이해하고 있다. 즉
조선은 병자호란(1636년) 이후 재편된 국제질서의 변화에 능동적으로
대처하기 위하여, 남쪽의 평화를 확보하려는 차원에서 '통신사'의 파
송을 결정하였다. 그러나 명분상으로는 문화적 우월감에 바탕한 '小
中華意識' 또는 '朝鮮中華主義'와 일본 夷狄觀이 혼재되어 '敎化'의
목적이 강하였다. 특히 '韓文化의 일본 전파'라는 문화사절로서의 성
격이 통신사 평가의 주류를 이룬다. 한편 일본은 통신사를 맞이함으
로써 일본의 최고 통치자이자 외교권자로서 德川將軍의 지위를 국제
적으로 공인받고, 국내 제후들에게 자신의 정치적 우위를 과시할 수
있었다는 점을 중시한다. 나아가 동북아 국제질서를 바탕으로 통신사
를 평가하지 않고, '日本型華夷秩序' 속에서 조선시대 통신사를 평가
하고 있다.

　江戶막부의 德川장군이 최고통치자인 장군의 권위를 높이기 위하
여 조선에 통신사 파견을 요청하고, 대등한 국가 사이에 이루어지는
誠信의 상징으로 조선이 통신사를 파견했음에도, 통신사는 江戶시대
초기부터 '朝貢使節'로 둔갑하였다. 조선에 대한 멸시감과 대립감을
조장한 이 편견은 일본의 律令時代 이래 형성된 朝鮮觀에 기초한 것
으로, 조공사절관은 일본 내에서 국학이 발전하게 되는 18세기 중엽
이후 본격적으로 대두되었다. 이것이 海防論者와 侵韓論者(征韓論者)
들에게 계승되어 식민사관의 일환으로 자리 잡아갔다. 제2차 세계대
전 후 이 논의는 주춤하였으나 최근 일부 연구자에 의해 다시 제기되
고 있다.

　통신사를 조공사절로 보는 주된 이유는, 일본의 막부장군이 바뀔
때 조선국왕이 국서를 바치기 위해 통신사를 보냈다는 것과 통신사
와 비견되는 日本國王使가 파견되지 않았다는 것이다. 그러나 조선
후기 통신사의 파견과정과 일본의 접대방식 및 외교의례 등을 검토

해 보면, 이러한 논리가 잘못되었다는 것을 알 수 있다. 즉 일본은 통신사파견에 앞서 절차상 먼저 조선측에 통신사파견을 요청했으며(通信使請來差倭), 조선통신사가 부산을 출항하여 江戶에 이를 때까지 1,000여 명이 넘는 인원을 동원하여 통신사를 안내하였고, 각번의 大名들을 동원하여 접대를 준비하는 등, '장군 일대의 성대한 의식'으로 통신사를 맞이하였다. 한 자료에 의하면 통신사의 접대에 막부의 1년 예산을 지출했다는 기록도 있다.[22] 결국 통신사의 왕래를 더욱더 필요로 한 것은 조선이 아닌 일본이었던 것이다.

또한 조선후기에 日本國王使가 조선에 파견되지 않은 것은 조선측이 상경을 거부하였기 때문이다. 즉 조선전기에는 70여회 이상이 일본국왕사가 상경하여 조선국왕을 알현하였지만, 豊臣秀吉이 일본 사절의 상경로를 통해 부산에서 서울까지 진격을 했기 때문에 전쟁 도발에 대한 응징책으로 조선후기에는 일본인은 그 누구도 조선의 내륙을 통과하여 서울에 갈 수 없었다. 따라서 조선후기에는 1629년에 단 1번 상경한 예를 제외하고는 일본인의 상경은 없었다. 한편 조선에서는 일본인의 상경을 금지하면서 부산 왜관을 증축하여 일본에 관한 외교·무역업무를 해결하도록 했다. 이것이 왜관제도를 정착시키는 또 하나의 요인으로 작용되었다.

이와같이 조선후기에는 일본사절의 상경금지로 인해 조선국왕을 알현할 수 없게 되자, 막부에서는 일본국왕사를 대신하여 대마도로 하여금 大差倭를 왜관에 보내 조선국왕의 즉위를 축하하도록 하였다. 1636년 이후 외교사행에 관한 제도가 개편된 뒤, 일본의 외교사행은 대마도에서 전담하여 파견하였고, 그 횟수는 총 696회에 달한다. 이를 別差倭라 하며, 그 중 통신사와 장군의 경조사를 담당했던 大差倭는 102회 도항하였다. 반면 조선이 일본에 파견한 외교사행은 通信使

9회, 問慰行(역관이 대표격인 사행으로 對馬島主에게 파견한 사절단) 54회에 불과하다. 따라서 일본의 최고 통치자인 장군의 즉위를 축하했다는 표면적인 사명에 집착해서, 조선통신사가 마치 저자세로 일본을 방문한 듯한 인상을 주어서는 안되며, 우호교린의 상징과 대등관계의 상징으로 기술되어야 한다.

V. 맺음말

이상에서 현재, 양국에서 통용되고 있는 역사서의 중·근세 한일관계사 부분의 서술경향을 비교·분석하였다. 그 결과 양국 역사서는 거의 동일한 주제들을 다루고 있다. 그러나 같은 주제를 다루면서도 서술에 있어서는 부분적으로 상당한 차이를 보여준다. 예를 들면 왜구의 구성, 豊臣秀吉의 조선침략, 통신사의 인식 등에서 아주 다르게 서술된 부분이 있음을 확인할 수 있었다. 향후 이러한 차이점들에 대해 양국의 연구성과가 충분히 반영되어 바람직한 한일관계사를 엮어갔으면 좋겠다.

끝으로 바람직한 한·일 관계사서술을 위한 몇가지 제안을 하면서 결론에 대신한다.

첫째, 우선 양국관계의 基本的인 歷史事實에 充實해야 한다. 즉 왜구 구성원이나 성격에 관한 기술, 임진왜란에 관한 원인이나 성격에 관한 사실적인 서술, 양국의 피해상황, 국교재개를 위한 양국의 노력, 통신사의 성격과 역할 등이 보다 사실에 충실하게 서술되어야 할 것이다.

둘째, 한일관계사가 事件中心이 아닌 通時的인 敍述이 되어야 한다. 일반적으로 전근대의 국제관계사를 서술할 때, 늘 戰爭史 또는 사건중심의 역사를 서술한다. 그러나 한일관계사는 갈등의 시기보다는

평화적이고 우호적인 시기가 더 길다. 이러한 점에서 서술방식이 바
뀌어져야 한다. 중·근세의 경우, 進奉船의 시대에서 倭寇의 시대로,
또 조선전기의 三浦를 통한 通交時期에서 임진왜란으로 그리고 다시
通信使와 倭館의 시기에서 개항기 사이는 대립과 갈등보다는 友好交
隣을 강조했던 시기가 더 길었던 것이다.

  셋째, 자국의 입장만을 강조하는 一國史的이고 一方的인 서술을 벗
어나 客觀化 시켜가는 서술이 필요하다. 즉 한일관계사가 기본적으로
양국의 관계인 만큼 어느 한편의 상황만을 서술해서는 안되고, 쌍방
의 입장을 편견없이 서술해야 한다. 예를 들면 임진왜란에 관해 서술
할 경우, 일본의 침략성을 분명히 서술하고, 그로 인한 조선인의 피해
를 통해 양국간에 다시는 있어서는 안되는 불행한 전쟁임을 확인할
수 있어야 한다.

  넷째, 이 시기의 양국관계사를 정확히 파악하고 있는 專門家가 執
筆해야 할 것이다. 왜냐하면 역사서들 가운데는 오류가 적지 않고, 또
최근의 연구성과가 충분히 반영되지 않은 채, 기존의 성과를 답습한
기술이 적지 않기 때문이다. 물론 양국역사서의 집필자 구성이나 방
식에는 많은 차이가 있다. 그러나 이들 역사서들이 양국인에게 자국
사를 이해하는 기본적인 학술서인 만큼 이 점이 충분히 고려되지 않
으면 안된다.

  다섯째, 대립과 갈등의 악순환을 지향하고 바람직한 한일관계를 구
축하기 위한 미래상을 만들어 갈 수 있는 肯定的인 側面의 韓日關係
史를 강조하여 서술해야 한다. 예를 들면 조선전기 三浦와 조선후기
통신사와 부산왜관을 통한 통교관계 속에는 양국간에는 우호교린을
상징하는 사례가 많다. 이러한 점들을 강조하여 對立과 葛藤보다는
友好와 共存의 歷史가 서술되어야 할 것이다.

  이상에서 현재 일본내에서 사용되고 있는 중·고교 역사교과서를
포함하여 일반인을 위한 개설서나 역사사전 등에 기술된 중·근세

한일관계사 관련부분의 왜곡내용을 검토해 보았다. 물론 중·근세부분의 왜곡내용은 이외에도 朝鮮國號나 초기의 通交開始問題, 대마도 정벌이나 삼포왜란, 임란후의 國交再開 과정이나 부산 초량을 宗氏倭館으로 기술하는 등 많은 문제가 있다.[23) 그 문제들에 관해서는 이후에 서술되는 각 논문들을 참조해 주기 바란다.

---

23) 손승철, 2003 <일본 역사교과서 고려·조선시대 기술의 왜곡실태분석>
   ≪한일관계사연구≫ 19 참조.

ABSTRACT

The real state of medieval · modern
Korea—Japan Relations in Japan history book

Son, Seung-cheul

This paper examines middle and high school history textbooks currently in use in Japan and investigates the ways in which they narrate the distortions in Korean-Japanese relations from the feudal period to the modern era. It then introduces Korean research findings that answer to such issues of Japanese textbooks.

In terms of the Japanese pirates, the distortions include everything from Joseon people being considered members of Japanese pirates waeku, the denial of the aggressive nature of the Hideyoshi Invasions despite the fact that Japan unilaterally invaded Joseon, as well as the reduction of the atrocities and destruction incurred during the Hideyoshi Invasions Imzinwaeran. As for the Joseon delegates to Japan Tongshinsa, there are also other distortions detailing how the re-opening of national exchange between Japan and Joseon after the invasions was spurred on solely by Japanese efforts, or that "Makbu considered Joseon to be a tributary state."

In conclusion, this paper provides several suggestions to improve historical accounts of Korean-Japanese relations. Such matters concern, first, remaining faithful to base historical facts between the two countries. Second, providing a macroscopic history of Korean-Japanese relations and not focusing only on the incidents. Third, providing both perspectives of the historical relations, and stemming away from unilateral or one-sided nation-centered history. Fourth, requiring specialists with a clear grasp of this period write about the topic. Fifth, it remains important to present concrete perspectives that work toward productive future discussions in order to create a history of co-existence and friendship rather than opposition and friction in the study of Korean-Japanese relations.

Keywords: Japanese textbooks, Pirate, The Hideyoshi Invasions, The Joseon delegates

조선시대 사대관계와 책봉체제

權善弘*

Ⅰ. 머리말

잘 알려져 있듯이 오늘날의 단일한 전 세계적 국제사회는 서구 기독교문명권을 중심으로 성립한 한 지역국제사회가 근대 이후 비서구지역으로 팽창·침략하면서 마침내 세계 전역으로 확대된 것이다. 즉 18~19세기까지만 하더라도 국제사회는 오늘날과 같은 전 세계적인 것이 아니라, 특정지역을 중심으로 서로 다른 문명·문화와 역사를 가진 복수의 地域國際社會들(regional international societies)이 병존하고 있었다. 이들 지역국제사회는 상호접촉이 별로 없는, 또는 있더라도 지속적으로 큰 영향을 서로 주지 못한 채 각자 독자적이고 고유한 가치관, 행

───────────────
* 부산외국어대학교 외국어과 교수

동양식, 규범 · 규칙, 제도 등 이른바 文明基準(standard of civilization)을
형성, 발전시켜왔던 것이다.[1] 이 같은 지역국제사회로서는 서구의 기
독교국제사회 이외에도 중동지역을 중심으로 한 이슬람국제사회, 인
도의 힌두국제사회 그리고 동아시아의 유교국제사회 등이 대표적인
것이었다.[2] 그러나 근대 이후 서구국제사회의 전 세계적 확대 · 팽창,
구체적으로는 서구제국주의 열강의 침략 · 정복 · 식민지화 등으로 비
서구 지역의 국제사회들은 점차 붕괴과정을 걸었고, 마침내 그에 흡
수 · 편입되어 갔다. 그 결과 인류 역사의 최대사건 중의 하나로 평가
되는, 오늘날과 같은 단일한 地球國際社會(global international society)가
출현하게 된 것이다.

  서구국제사회의 전 세계적 확대과정은 곧 서구문명기준의 보편적
적용용화 과정이기도 하였다. 즉 비서구국제사회의 붕괴는 그것이 기반
으로 삼고 있던 정치 · 경제 · 사회 · 문화 등 제 분야에서의 지배적인
가치관이나 규범 · 제도 등의 몰락을 수반하였으며, 거의 예외 없이
서구문명기준이 그 자리를 대체하여 갔던 것이다. 그리하여 서구문명
기준은 보편타당성을 지닌 것으로 인식되고 통용되기에 이르렀다.

  이러한 과정에서 서구제국주의 열강은 그들의 침략과 정복 · 식민
지 지배를 자행하였는데, 이를 정당화시키기 위하여 人種論, 社會進
化論 등 온갖 논리와 명분을 내세웠다. 요컨대 자신들은 백인 · 기독

---

  1) 문명기준에 대해서는 Gerrit W. Gong, 1984 *The Standard of Civilization in
     International Society* (Oxford: Clarendon) 참조.
  2) 이용희, 1962 ≪일반국제정치학(상)≫ (박영사, 서울) 제2장 ; Adda B.
     Bozeman, 1960 *Politics and Culture in International History* (Princeton: Princeton
     University Press) ; Joel Larus ed., 1964 *Comparative World Politics* (Belmonts,
     Calif.: Wadsworth Publishing Co.) ; Hedley Bull and Adam Watson eds., 1984
     The Expansion of International Society (Oxford: Clarendon Press), introduction ;
     Geoffrey Stern, 1995 *The Structure of International Society* (London: Pinter), Chap.
     4 ; F. S. Northedge, 1976 *The International Political System* (London: Faber &
     Faber) Chap. 2.

교도·문명·선진이나 비서구인은 유색인·이교도·야만·후진이라
는 이분법적 도식을 내세우면서, 西歐優越主義를 바탕으로 비서구인
(지역)의 후진성·열등성을 의도적으로 조장·강조·부각시켜왔다.[3]
그 결과 비서구의 여러 현상이나 전통 등은 대체로 부정적인 평가를
받을 수밖에 없었던 것이다. 예컨대 국가주권이라는 근대 서구적 기
준으로는 국가 간의 상하 차등적인 사대관계가 당연히 비주권적인
굴욕으로 보일 것이다. 그러나 이와 같은 서구기준과 척도를 가지고
비서구 지역을 이해·평가하는 데에는 상당한 한계가 있으며 때로는
편파적인 해석이나 오해 등을 초래할 우려도 없지 않다. 무엇보다 서
구 또는 근·현대적 시각이나 논리와 적당한 거리를 두면서 역사적
문맥 속에서 접근하고 이해할 필요가 있다고 하겠다.

　이 글에서는 조선시대 중국과의 事大字小, 朝貢册封 관계의 성격을
규명하고 나아가 전통시대 유교문명권의 국제관계의 실상을 좀 더 명
확히 파악하고자 한다. 특히 사상 및 제도의 측면과 함께 그에 대한
인식문제에 초점을 두고 재조명하려고 하는데, 이는 물론 시대에 따
라 그 특징과 차이도 있었으며 또한 현실적 이해관계도 중요하였지만,
근대이전의 문명권에서는 고유한 보편종교·사상이 무엇보다 중시되
었고 동시에 모든 가치판단의 주요 기준이었다고 보기 때문이다.

Ⅱ. 전통시대 동아시아 국제사회

　근대 이전의 동아시아국제사회는 지리적으로 儒敎文明圈과 반드시

---

3) 이러한 현상은 넓게는 서구와 비서구 사이에, 좁게는 일본과 한국 사이
　에서도 찾아볼 수 있다. 이와 관련하여 Edward Said, *Orientalism* [박홍규
　역, 1996 ≪오리엔탈리즘≫ (교보문고, 서울)] ; 姜尙中, [이경택·임성모
　옮김, 1997 ≪오리엔탈리즘을 넘어서≫ (이산, 서울)] 등 참조.

일치하지는 않았으나, 儒敎와 漢字로 대표되는 유교문명권이 가장 핵심적이었음은 물론이다. 구체적으로 중국을 중심으로 유교와 한자를 공유한 조선, 월남, 유구와 일본이 주요 구성 국가였다. 이 외에도 문화적으로는 유교문명권에 속하지 않았으면서 중국과의 조공·책봉관계를 유지하던, 주로 동남아시아나 중앙아시아 등지의 나라들이 있었다.[4]

국제사회는 구조라는 측면에서 上下差等의 수직형과 相互平等의 수평형으로 양분할 수 있고[5] 수단의 차원에서 文化중심주의와 政治중심주의로 나누어, 이 둘을 각각 교차하여 결합시키면 4개의 유형이 나온다. 유교문명권뿐 아니라 이슬람문명권[6], 근대 이전의 기독교문

---

4) 이용희, 1962 ≪앞 책≫, 71 ; 권선홍, 1998 <유교문명권의 국제관계사상> 권선홍 외, ≪비서구 문명권의 국제관계사상≫ (부산외대 출판부, 부산) 12~13[이 글에서 인용한 필자의 논문들은 권선홍, 2004 ≪전통시대 동아시아 국제관계≫ (부산외대 출판부, 부산)에 재수록됨] ; 조동일, 1999 <책봉체제> ≪문명권의 동질성과 이질성≫ (지식산업사, 서울) 27, 32~35

한편 한자문화권·중화문명권·동아시아세계 등의 용어도 사용하며, 그 구성요소로서 西嶋定生은 한자문화·유교·율령제·불교의 네 가지를 들었다. 高明士는 문화권 내에서의 보편성 즉 대표성, 항구성, 명확성이란 세 가지 기준을 내세우면서 이들을 충족시켜주는 요소로서 한자·유교·율령·과학기술(중국의 역학·산학·의학·음양학 등)·중국화된 불교의 다섯 가지를 들고 있다. 한편 러셀은 중국전통문명의 가장 중요한 특징으로 한자·유교·과거제도를 지적하였다. 西嶋定生, 1983 ≪中國古代國家と東アジア世界≫ (東京大學出版會, 東京) 399~400 ; 高明士, 1981 <光被四表: 中國文化與東亞世界> 劉岱 編, ≪中國文化新論: 根源篇≫ (聯經, 臺北) 487~509 ; Bertrand Russell, 1966[1922] The Problem of China (London: George Allen & Unwin), 34~47

5) 이는 물론 하나의 이념형으로, 실제로는 양극 사이의 어느 지점에 위치한다고 하겠다. 이와 관련하여 Adam Watson, 1992 The Evolution of International Society (London: Routledge), Chaps. 1, 12 참조. 또한 이용희, 1977 ≪한국민족주의≫ (서문당, 서울) 155 ; Martin Wight, 1977 Systems of States (Leicester: Leicester University Press) Chap. 1 참조.

명권의 국제관계는 대체로 문화중심주의적 상하차등관계였다고 보여
진다. 즉 중세시대의 서구사회도 근대 서구보다는 오히려 유교나 이
슬람문명권과 더 유사한 면이 많았다고 여겨진다. 예컨대 '모든 權力
은 오직 神으로부터만 유래된다'는 원칙 하에 하나의 피라미드와 같
은 상하위계질서를 구축하였으며, 종교적 가치가 인간의 모든 활동을
규제해야 한다고 생각하였다. 다시 말해 서구 중세에서는 종교가 정
치로부터, 정치는 도덕이나 그 밖의 것들로부터 분리되어 있지 않았
으며, 적어도 공적 영역에서의 인간행위는 기독교 이외의 다른 어떤
규범에 의해서도 판단될 수 없다고 생각하였던 것이다.[7] 따라서 근대
서구사회에서 主權國家의 등장과 그에 따른 국가평등원칙의 확립은
매우 특이한 현상이라 할 수 있다.[8]

---

6) 이슬람문명권에서도 근대 서구적인 국가평등원칙을 주장하지 않았다.
   Majid Khadduri, 1955 *War and Peace in the Law of Islam* (Baltimore: Johns
   Hopkins Press) Chap. 3 ; Ann K. S. Lambton [김정위 옮김, 1992 ≪중세이
   슬람의 국가와 정부≫ (민음사, 서울) 296~97]

7) Walter Ullmann, [박은구 · 이희만 옮김, 2000 ≪서양중세정치사상사≫
   (숭실대학교출판부, 서울) ; 김필년, 2001 ≪시련과 적응≫ (분도출판사,
   왜관) 48~53
   국제정치학의 대가 모겐소의 지적대로, 서구사회도 특히 1789년 프랑스
   혁명을 계기로 貴族主義사회가 民主主義사회로, 보편적이며 초국가적
   인 도덕규범 · 행동기준이 국가적 행동기준으로 대체됨으로써 이전까지
   대외정책의 운용에 규제를 가할 수 있었던 國際道德이 퇴조되어 갔으
   며, 아울러 基督敎圈의 君主와 貴族들을 결합시켜 주던 국제도덕이 작
   용되었던 貴族中心의 四海同胞主義的 국제사회도 붕괴되어 갔던 것이
   다[Hans Morgenthau, 1985 6th ed. *Politics among Nations*, (New York: Alfred A.
   Knopf) 260~70]. 또한 마키아벨리의 <君主論>이 교황청의 禁書목록에
   올랐다는 사실에서도 당시 기독교나 자연법 등 전통적 윤리관념 · 규범
   의 영향력이 어떠하였는지를 짐작하게 한다.

8) 중세 봉건국가와 서구 근대국가의 차이점 및 군사국가 · 경제국가 그리
   고 식민지국가로서의 서구 근대국가의 기본성격에 대해서는 이용희,
   1962 ≪앞 책≫ 제4장 참조. 또한 이용희, 1977 ≪앞 책≫ 155 ; 박상섭,
   1996 ≪근대국가와 전쟁≫ (나남, 서울) ; Gianfranco Poggi, 1978 *The*

유교문명권의 국제관계는 기본적으로 사상·이념적 차원에서 중국 스스로 지리 및 정치상으로 천하의 중심일 뿐만 아니라 무엇보다 우수한 문화의 원천이라고 자부하며 아울러 中華와 夷狄(非漢人)의 존재를 전제로 하는 中華思想(華夷思想)과 함께 儒敎思想을 바탕으로, 중국과 그 주변의 국가·지역들간의 관계를 事大字小의 禮的 秩序로 규정하고 그 구체적 내용으로는 冊封·朝貢體制라는 외교제도가 운용되었다고 하겠다. 물론 이러한 사상이나 제도는 하루아침에 이루어진 것이 아니라 장구한 기간에 걸쳐 점진적으로 발전되어 왔으며, 따라서 시대나 국가·지역에 따라 그 실제 양상은 조금씩 달라질 수밖에 없었다. 예컨대 중국 역대왕조의 漢族 여부 또는 유교화 정도에 따라 차이가 있었으며,9) 주변 조공국들의 경우에도 중국과의 지리적 원근이나 정치적 또는 사회경제적 여건 특히 중국(유교)문명의 수용 정도에 따라 적지 않은 차이가 존재하였다. 대체로 중국과의 거리가 멀고 유교문명의 수용 정도가 약한 나라일수록 명목상으로만 책봉·조공관계를 유지한 채, 경제적 이익 등 자국의 실익을 추구하였던 것이 일반적이었다고 하겠다.

무엇보다 유교문명권의 국제관계에서 가장 큰 특징은 이념상으로는 어디까지나 天下는 하나일 뿐 두 개 이상이 될 수 없다고 하는 單元的 天下觀을 바탕으로, 중국과 여타 국가간의 관계는 上下差等의 位階構造로 보았다는 사실이다. 즉 개인과 개인, 집단과 집단, 국가와

Development of the Modern State (Stanford: Stanford University Press) ; Charles Tilly, 1990 *Coercion, Capital, and European State, AD 990~1990* (Oxford: Basil Blackwell) ; Joseph R. Strayer, 1970 *On the Medieval Origins of the Modern State* (Princeton: Princeton University Press) 등 참조.

9) 黃枝連, 1994 ≪東亞的禮義世界≫ (중국인민대학출판사, 北京) x ; Chu Djang, 1935 "Chinese Suzerainty" Ph. D. diss., Johns Hopkins University, 42. 예컨대 거란족의 遼나 몽고족의 元은 무력을 우선시하고 유교를 배척하는 등, 중국의 전통적 대외관계에서 본다면 매우 이질적인 왕조였다.

국가 관계뿐 아니라 천하만물에 이르기까지 모두 위계적 구조와 질
서를 이루고 있는 것으로 보았던 것이다.10) 예컨대 중화사상에서는
華夏는 禮樂 文物을 익히 알고 문화적으로 선진·고상하지만, 夷狄은
이를 모르고 문화적으로 낙후·저급한 존재로 보았다. 따라서 이들
양자간에는 당연히 상하·존비·귀천·주종의 구분이 주어진다고 하
였다. 즉 중화는 천하의 중심이며 家長과 같은 존재이며 詩書 禮樂을
비롯한 문화가 고도로 발달한 지역[化內之區]이나, 이적은 사방 변두
리에 거주하며 子弟와 같은 존재이며 문화가 발달하지 못한 지역[化
外之地]이라고 여겼다. 또한 책봉·조공제도가 비롯하였던 西周시대
의 分封制度나 宗法制度에서도 마찬가지였다. 즉 정치적인 분봉제도
하에서 주나라 왕과 각 지방의 諸侯들 간에는 엄격한 上下君臣관계
가 성립하여, 그에 상응하는 권한과 의무가 주어졌던 것이다. 한편 혈
연을 중심으로 하는 종법제도에서도 大宗(큰집)과 小宗(작은집)으로
나누어, 소종은 대종을 존경하고 복종해야 하였으며 대종은 소종을
감독하고 보살펴주어야 하였다. 이들 두 제도는 서로 긴밀하게 결합
되어, 周王은 최고통치자 곧 天下共主였으며 동시에 주나라 왕실 대
가족의 족장이자 천하의 대종이었던 것이다.
　한편 유학 특히 性理學(朱子學) 역시 인간을 포함한 모든 존재가
상하의 관계에 있는 대칭적 두 요소의 결합으로 보았으며, 그 연장선
에서 사회도 당연히 상하·귀천간의 위계질서를 이룬다고 보았다. 특
히 주나라 때부터 禮를 만들어 존비·귀천·친소의 등급을 명확하게

---

10) 이미 지적한 대로 서구사회도 근대 이전에는 보편적 위계질서관이 지배
　　적이었다. 이용희, 1977 ≪앞 책≫, 148~49, 167~69 ; 손문호, 1987 <조
　　선조 성리학 정치사상의 역사적 성격> 한국정치외교사학회 편, ≪조선
　　조 정치사상연구≫ (평민사, 서울) 94~96, 101~102
　　더욱이 국제사회는 예나 지금이나 불평등구조라는 엄연한 사실을 유의
　　할 필요가 있다[Robert W. Tucker, 1977 *The Inequality of Nations* (London:
　　Martin Robertson) Chap. 1].

하고 상하·내외·대소 또는 군신·부자·형제 등의 질서와 명분을
세웠으며, 나아가 정교하고 복잡한 예의제도를 통하여 등급제도가 모
든 정치사회생활에서 관철·체현되고 구체화·의식화 내지 일상 생
활화하도록 함으로써 유교사회의 엄격한 등급신분제도를 옹호·유지
해 나갔던 것이다.[11]

　더욱이 중국의 군왕은 '王土王臣'·'天無二日, 民無二王' 등의 표현
에서 보이듯이, 천하에서 유일한 통치자이자 문명세계의 최정상에 위
치한 존재 즉 皇帝이면서, 동시에 天命을 받들어 온 천하를 다스리는
존재 곧 天子였다. 이와 같이 황제의 권위는 적어도 명분상으로는 영
토의 제한을 받지 않으며, 지상에서 최고권능의 소유자로서 그 지위
는 至高無上이며 그 권한은 초월불능한 '天下共主'라고 떠받들었던
것이다. 다시 말해 중국은 스스로를 '天朝上國'·'萬邦宗主'로 자부하
면서, 역외의 모든 이민족·국가는 중국(황제)의 藩臣임을 자처해야
하며 조공을 바치고 중국의 문물제도를 흠모하고 공경의 뜻을 나타
내야 한다고 여겼다. 요컨대 중국과 다른 나라와의 관계는 상하·대
소 또는 존비·주종관계로서, 중국과의 정식 왕래를 원하는 나라는

----

11) 《禮記》 曲禮 상 "夫禮者 所以定親疎 決嫌疑 別同異 明是非也"
　　《春秋左傳》 隱公 11년 "禮 經國家 定社稷 序民人 利後嗣者也"
　　禮가 아니면 "보지 말고, 듣지 말고, 말하지 말고, 움직이지 말라[四勿]"
　　는 공자의 말(《論語》 顏淵편 제1장)에서 예의 중요성 내지 포괄성을
　　알 수 있다. 본래 유교문명권에서 예는 '인간을 인간답게 해주는 소이'
　　이자(《禮記》 冠義편), 인간과 금수를 구별하고(《禮記》 曲禮 상편 및
　　郊特牲편 참조) 또한 중화와 이적을 분별하는 핵심 기준이었다. 다시 말
　　해 "중국이 중국인 까닭은 예의가 있기 때문", "중화란 예의일 뿐"이라
　　는 인식 아래, 中華야말로 禮敎문명의 정화·정수가 모여 있는 곳이며
　　반면에 이적은 예의를 모르는 존재로 보았고, 따라서 이적에 대해서는
　　예의로써 대할 필요가 없다고도 하였다. 예컨대 일찍이 漢代의 董仲舒
　　(《漢書》 권94 하, 匈奴傳, 3831)나 劉安(《漢書》 권64 상, 2777~78),
　　唐代의 房玄齡(《貞觀政要》 征伐편 貞觀 22년) 등이 그러한 주장을 하
　　였다(권선홍, 1998 <앞 논문>, 38~40 참조).

의례적·형식적으로라도 군신관계를 받아들여야만 비로소 가능하였던 것이다.[12]

또 다른 특징으로는 유교문명권이 기본적으로 禮규범을 비롯한 윤리도덕을 매우 중시하였던, 즉 하나의 倫理的 질서였다는 점을 들 수 있다. 중국이 천하의 중심이며 우월하다는 주장은, 물론 때로는 무력이 사용되기도 하였지만, 무엇보다 중국의 우수한 문명과 덕, 특히 황제의 德化에 기인하는 것으로 보았다.[13] 본래 유교에서는 기본적으로 인간의 본성은 착하다고 여기고[性善說], 명령이나 형벌 등 힘에 의한 정치보다는 덕과 예에 의한 정치[德治·禮治]를 강조하였으며, 이의 실현을 위해서는 무엇보다 위정자들이 높은 도덕적 수양과 윤리적 교양을 갖출 것을 역설하였다. 또한 天命은 오직 有德者에게 주어지며 이는 민심을 헤아려 선정을 행하는지의 여부에서 찾을 수 있다고 하면서, 失德者는 하늘의 버림을 받고 유덕자는 하늘의 도움과 命을 받아 천하를 다스린다고 하였다. 즉 修己治人 또는 內聖外王으로 표현되는 道德정치·王道정치를 강조하였던 것이다.

---

12) 이와 같은 중국의 권위와 이에 기반한 중국과 외국간의 관계는 일정한 형식과 절차로써 구현되어야 했는데, 이것이 곧 册封·朝貢體制(宗藩制度, tribute system)였던 것이다. 실제 명 태조를 비롯하여 역대 황제들은 다른 나라들에게 '奉表稱臣'과 조공, '敬天(順天) 事大(事上)'을 기대 또는 요구하기도 하였다.

13) Suisheng, Zhao 1997 *Power Competition in East Asia : From the Old Chinese World Order to Post-Cold War Regional Multipolarity* (New York : St. Martin's Press), 18. 또한 William Woodville Rockhill, 1905 *China`s Intercourse with Korea* (London: Luzac and Co.) 1~6 ; Djang, 1935 op. cit. 30 ; M. Frederick, Nelson 1945 *Korea and Old Orders in Eastern Asia* (Baton Rouge: Louisiana Univ. Press) Chap. 1 ; Mark Mancall, 1963 "The Persistence of Tradition in Chinese Foreign Policy" *The Annals of American Academy of Political and Social Science*, 349 (Sep.) 18 ; Samuel S. Kim, 1979 *China, the United Nations, and the World Order* (Princeton: Princeton Univ. Press) Chap. 1 ; Yongjin, Zhang 1991 *China in the International System, 1918-20: The Middle Kingdom at the Periphery* (London: Macmillan) 11~12 ; 黃枝連, 1994 ≪앞 책≫, 303 참조.

즉 유교문명권에서는 근대 서구와는 달리 (중세 유럽과는 유사하지만), 유교 원리와 규범이 개인·가정·사회·국가뿐 아니라 국가 간의 관계에까지 두루 통용되었다. 즉 정치·경제·사회·문화 전반에 걸쳐 유교의 영향이 지대하였으며, 나아가 국제관계의 명분으로도 작용하였다. 이에 따라 중국과 조공국 간의 관계는 가정에서의 父子 관계나 국내에서의 君臣관계와 다름없는 人倫關係 차원에서 인식되고 정당화되었다. 다시 말해 중국과 조공국 관계는 가족관계의 확대·연장으로 보았으며, 家族·國家·天下를 하나의 연속선상에서 동질적인 것으로 간주하였던 것이다.[14] 또한 도덕지상주의적 성격이 강한 유교사상을 그 기반으로 하였던 만큼, 모든 일은 기본적으로 윤리·도덕적 관점에서 보려 하였으며 따라서 현실적인 상황이나 이익 또는 효율성 등은 그다지 중시되지 않았다. 예컨대 "나라가 망하더라도 道는 바꿀 수 없다"는 유학자들의 주장에서 이들이 가장 두려워하고 경계한 것은 어느 특정 왕조의 멸망보다는 윤리·도덕의 타락 즉 유교가치의 몰락이었음을 알 수 있다.[15] 따라서 국가간의 관계 역시

---

14) 유교사회에서 血緣은 가장 기본적인 인류관계이자 기타 모든 사회관계의 원형이었으며, 혈연관계·가족제도가 정치적 통치수단이 됨으로써 가족은 국가와 하나가 되고[家國一體] 혈연·윤리·정치는 곧 삼위일체가 되었던 것이다. 다시 말해 가족은 국가의 원형이자 모체였으며, 국가는 가족을 확대시킨 것이었다. 또한 혈연문화의 특수한 산물이며 그 전형적인 표상이 바로 家長制로서, 모든 윤리체제와 정치체제는 이에 기초하였으며 그 결과 父와 君, 윤리와 정치는 동일시되었으며 孝와 忠도 일체가 되었던 것이다. 이와 같이 윤리상의 원리는 정치적 원칙으로 전환되어지며, 윤리는 정치적 내용·실질을 갖게 되고 정치 역시 윤리적 성격을 띠게 됨으로써 일종의 특수한 정치체제 즉 윤리정치를 형성하게 되었으니, '倫理의 政治化, 政治의 倫理化'라 할 수 있다. 예컨대 '修身·齊家·治國·平天下'라는 '大學之道'는 이러한 윤리정치의 구체적 전개이자 개별화시킨 것이며, 三綱五倫 역시 그 구성원리였던 것이다.
15) 이와 같은 유학자들의 주장은 서양 근대정치학의 아버지라고 불리는 마키아벨리의 주장과 비교해보면, 그 차이가 더욱 뚜렷하게 드러난다. 우선 마키아벨리는 인간본성에 대하여 매우 비관적이었으니, 즉 인간은

개인간의 관계와 마찬가지로 비록 상하차등적이었으나, 대립·투쟁하는 것이라기보다는 조화와 화합을 이루며 대동세계를 추구하는 이른바 有機體的 위계주의가 강조되었다. 즉 중국과 조공국, 곧 황제와 국왕은 정치적으로는 군신관계이지만 윤리적으로는 부자관계로 비유·간주되었다.16) 이에 따라 황제는 조공국들에 대해서도 (중국에서와 마찬가지로) 禮로써 위무하고 德으로써 편안케 하여 一視同仁의 모범을 보이며, 중국문명의 은택을 널리 베풀고 교화·덕화시킴으로써, 비중국인까지도 중국화하여 마침내 내외·원근 즉 천하를 합쳐 하나가 되는 이른바 '遐邇一體, 天下一家'를 이루는 것을 최고의 이상으로 내세웠다. 그에 대해 조공국들은 당연히 즐거이 따르고 순종하며 황제의 우월성과 존엄성을 받아들여야 한다고 여겼다.17)

예나 지금이나 변함 없이 이기적이고 변덕스러운 존재라고 보았다. 또한 현실과 당위를 엄격히 구분하고 전자를 정치적 행위와 판단의 기초로 삼아야 한다고 역설하였다. 그 어떠한 제도나 가치보다도 국가의 보존과 유지가 최우선하는 것이기 때문에, 이러한 지상목표가 요구하는 필연성 또는 필요성에 따라 행동해야 한다고 하였다. '도덕으로부터 정치를 분리시켰다' 또는 '도덕을 정치에 종속시켰다'는 평가를 받고 있는 마키아벨리의 사상에 대해서 곽차섭, 1996 ≪마키아벨리즘과 근대국가의 이념≫ (현상과 인식, 서울), 제1장 ; 박상섭, 2002 ≪국가와 폭력: 마키아벨리의 정치사상연구≫ (서울대 출판부, 서울) ; David Boucher, 1998 *Political Theories of International Relations* (Oxford: Oxford University Press) Chaps. 5~6 등 참조.

16) 일찍이 ≪書經≫ 洪範編에 "天子作民父母 以爲天下王"이라 하였으며, 명·청대의 황제들은 스스로 "天下父母"로 자처하면서 어느 나라 사람이든 "모두 자신의 백성[皆朕赤子]"이라고 하였다. 뿐만 아니라 조선이나 유구·월남의 경우, 자국의 백성이나 땅이 天朝(중국)의 소유라든가 또는 천조로부터 받은 것이라 하면서, 중국을 父母(의 나라)로 비유하기도 하였다[권선홍, 1998 <앞 논문>, 95 주 254) 참조].

17) 중국에 신복하는 이민족에 대해 흔히 '歸義'·'歸德' 등으로 표현하였으며, 나아가 '天下咸服'·'蠻夷率服'·'萬國(四夷)咸賓' 또는 '遠邦萬國, 無不臣服' 등이라 하며 자찬하기도 하였다. 그러나 이와 같은 중국인들의 태도는 때로 윤색·과장된 측면도 적지 않았으며, 다른 한편으로 주

전체적으로 보아 중국은 무력정복보다는 도덕교화를 통하여 '萬邦
의 協和'를 추구하고자 하였으며, 조공국들은 종적으로는 중국에 사
대·조공을 행하고 횡적으로는 이웃 나라들과 우호교린관계를 유지
함으로써, 유교문명권 내에서의 상호협조와 평화공존을 도모하였던
것이다.[18] 다시 말해 중국과의 사대·조공관계는 기본적으로 무력이
나 수탈에 의한 지배·종속관계가 아닌, 온정·이익의 공여와 존경·
감사의 교환관계가 주였다고 할 수 있다. 즉 역대 중국왕조는 정치·
군사적인 정복이나 지배, 또한 경제적인 침탈이나 착취를 주목적으로
하기보다는 소극적인 수비·방어정책과 현상유지적인 和平無事를 선
호하였다고 보여진다.[19] 조공국들의 경우, 중국과의 사대·조공관계
에 대해 대체로 만족하거나 당연시하였으며, 유교명분에서이든 아니
면 정치상 또는 경제·문화상의 이유에서이든 조공관계를 수립·유
지하는데 자발적이며, 때로는 적극적이었던 것이다.[20] 나아가 유교문

변의 이민족들로부터 항상 진정한 복속이나 존숭을 받은 것도 아니었음
은 물론이다. 예컨대 漢代 초기의 흉노, 宋代의 거란·여진과의 관계에
서는 중국인들의 이상과는 달리, 대등관계 또는 오히려 굴욕관계를 감
수하던 사례도 있었다.

18) 이러한 측면에서 '事大交隣'은 조선뿐 아니라 다른 조공국에서도 찾아
볼 수 있는 보편적인 것이었다고 하겠다. 예컨대 유구왕국의 대외정책
도 조선과 마찬가지로 사대교린이었는데, 이에 관하여는 楊秀芝, 1995
<유구왕국의 대외관계에 관한 일고찰> ≪한일관계사 연구≫ 3, 15~46
참조.

19) 기본적으로 유교는 힘보다는 덕을 중시하고 武보다는 文을 숭상하였으
며, 대외적으로도 침략·정복보다는 현상유지 내지 수비·방어를 강조
하였다. 일찍이 孔子는 "遠人이 복종하여 오지 않으면 (강제력을 사용하
기보다는) 文德을 닦아서 스스로 오게 해야 한다"(≪論語≫ 季氏篇 제1
장)고 하였는데, 이는 漢代 이후 유학자들의 이상이기도 하였다. 後漢
초기의 학자 何休는 "王者는 이적을 다스리지 않는 것이니, 오는 자는
막지 않고 가는 자는 쫓지 않는다"고 하였다. 이 역시 후대에 되풀이 강
조되었다.

20) 조선의 경우는 물론, 유구 역시 유교문명권 내에 속해 있다는 사실에 자

명권에서는 근대 서구국제사회와는 달리, 나·남의 나라를 준별하고
대립시키는 관념이 매우 희박하였으며, 이미 언급한 대로 국가 간의
관계를 父子 또는 君臣관계로 비유하며 上下包攝關係로 보는, 곧 폐
쇄적인 국가관념을 뛰어넘는 하나의 거대한 유기체적 문화·문명공
동체를 염두에 두었던 것으로 보여진다.[21]

  물론 어느 국제사회이든 명분과 실제, 이념과 현실 사이의 불일
치·괴리라는 이른바 名實이 서로 들어맞지 않는 경우도 적지 않음
은 물론이다. 예컨대 근대 서구국제사회의 국가평등원칙도 현실적 힘
의 관계에 비추어 본다면 허구적인 것이며, 유교문명권에서 말하는
천자의 권위, 상국(중화)의 우위론도 허구라 하겠다.[22] 또한 유교의

부하며 중국에 대한 사대·조공에 충실하였다. Robert K Sakai, 1968 "The
Ryukyu Islands as a Fief of Satsuma" in John K. Fairbank ed., *The Chinese World
Order* (Cambridge, Mass.: Harvard University Press) 132
21) 이용희, 1977 ≪앞 책≫ 156, 173, 177 ; 黃枝連, 1992 ≪亞洲的華夏秩序≫
(중국인민대학출판사, 北京) 129
  따라서 이른바 사대와 자주는 서로 모순·대립되는 것이라기 보다는 아
  주 자연스럽게 병존하는 것이었으며, 나아가 유교 명분상으로는 그러한
  대립을 생각하는 것조차 별 의미가 없는 것이었다. 이용희, 1977 ≪위
  책≫, 181~182. 또한 金達中, 1981 <중국의 대한간섭 및 통제정책> ≪연
  세대 사회과학논집≫ 12, 36~39 ; 이상익, 1997 ≪서구의 충격과 근대한
  국 사상≫ (한울, 서울) 129~130 참조.
22) 이용희, 1977 ≪위 책≫, 140~41, 150~52, 170
  서구사회에서도 국가평등원칙이 등장한 것은 18세기 중반에 이르러서
  였으며 그마저도 19세기 초 유럽협조체제를 주도한 강대국체제가 확립
  되면서 좌절을 맞기도 하였다. The Editors, 1984 "Introduction," in Hedley
  Bull and Adam Watson eds., *The Expansion of International Society* (Oxford:
  Clarendon) 7. 또한 Sir Geoffrey Butler and Simon Maccoby, 1928 *The
  Development of International Law* (London: Longmans, Green and Co.) 253 ; F. H.
  Hinsley, 1963 *Power and the Pursuit of Peace* (Cambridge: Cambridge University
  Press) Chap. 12 등 참조. 주권평등원칙이 실제로는 매우 허구적이라는 최
  근의 대표적 비판으로는 Stephen Krasner, 1999 *Sovereignty: Organized
  Hypocrisy* (Princeton: Princeton University Press)가 있다.

예규범도 현실세계에서 그대로 적용된 것만은 아니었으며 사대자소
라는 예의 명분이 역사적 실체와 부합되지 않는 경우도 많았던 것이
다. 그러나 이러한 예규범이나 명분이 오랫동안 유교문명권 사람들의
의식을 지배하여 왔으며, 그 당시의 국제관계를 평가하는 핵심적 기
준이었음도 부정할 수 없다.

Ⅲ. 중국과의 사대자소·조공책봉 관계와 그 인식

1. 조선의 건국과 그 의미

신흥 士大夫들이 주도한 조선왕조의 건국은 단순히 왕조교체라는
정치변동에 그치는 것이 아니라, 한편으로는 성리학이라는 새로운 정
치원리에 의한 정치체제의 창설이며, 다른 한편으로는 새로운 인간관
과 세계관에 기초한 문명의 건설이었다고 하겠다. 한마디로 조선의
건국은 '새로운 정치체제의 창설'이자 '새로운 문명의 건설'에 해당
하는 것이었으며, 그 사상적 기반이 바로 성리학이었다.[23] 이들이 새

---

23) 신흥 사대부들은 고려사회가 문벌귀족 세력의 횡포와 불교의 폐해, 외
세의 침략과 간섭 등으로 말미암아 극도로 피폐화된 상황에서 불교를
대신할 사상적 대안을 찾게 되었는데, 때마침 원나라를 통해서 새로이
들어온 성리학이 이들의 정신적 지주가 되었으며, 나아가 사회를 개혁
하고 재건할 이념으로 기능하게 되었다. 즉 성리학의 수용은 대내적으
로는 불교에서 유교로의 사상적 전환을 가능케 하였고, 대외적으로는
親明反元정책을 뒷받침하게 되었다. 이와 같은 사상적·외교적 전환이
야말로 사실상 기존의 고려사회를 총체적으로 개혁하는 작업에 해당하
는 것이었으며, 그 결과가 조선의 건국으로 낙착되었다고 하겠다. 물론
元, 明의 교체라는 국제정세의 변동이 새 왕조의 건설에 유리한 여건으
로 작용하였다고 본다. 조선의 건국과 관련하여 한영우, 1983 ≪조선전
기 사회사상연구≫ (지식산업사, 서울) 제1장 ; 김영수, 1997 ≪고려말과

로운 문명건설, 유교적 이상국가를 건설하겠다는 의지나 포부는 매우
확고한 것이었으니, 이는 '東周' 곧 '동쪽나라(조선)에서 周禮를 재건
하고자' 하는 주장이나 조선왕조를 중원의 大中華에 버금가는 유교
이상사회 곧 小中華를 만들겠다는 주장으로 나타났다.[24] 즉 조선 건
국의 주역인 성리학자들은 가장 이상적인 정치가 행하여졌다고 전해
지는 三代 특히 周나라의 예악문물을 재건하려고 하였다. 그에 따라
정치를 행함에 있어서도 堯舜이나 禹·湯 또는 文·武王 및 周公·
孔子 등 역대 聖君, 聖賢들을 본받으려 하였다. 이들이 유교 특히 성
리학을 적극 숭상하게 되면서 德과 禮·仁義·三綱五倫 등의 人倫道
德, 王道政治, 大一統이나 大義名分 등이 크게 강조되었으며, 나아가
중국과의 사대관계 등 대외관계도 유교의 예규범 차원에서 인식하게
되었던 것이다.[25]

조선초 건국기의 정치적 위기와 극복과정에 관한 연구》 (서울대 박사
학위논문) ; 이상익, 2000 <주자학과 조선시대 정치사상의 정체성(正体
性) 문제> - 한국정치학회 기획학술회의(2000.2.10~11) 발표논문 - ; 최
봉영, 1997 《조선시대 유교 문화》 (사계절, 서울) 제2장 ; 정두희, 2001
<양반사회의 명과 암> 《한국사 시민강좌》, 29 등 참조.
24) 유교적 이상국가의 건설을 꿈꿀 수 있었던 배경으로 기자조선의 유풍,
문명론적 화이관념, 및 고유문화에 대한 자부심을 들 수 있다(이상익,
2000 <위 논문>, 6~8). 이와 함께 이들 유학자들의 사명감과 자신감을
지적할 수 있다. 본래 삼국시대 이래 고려 말까지 유교와 불교는 대체로
상호보완적 관계였으니, 주로 유학자는 백성을 통치하는 치자의 역할
을, 승려는 백성을 교화하는 사제의 역할을 각각 수행하여 왔다. 그러나
조선의 유학자들은 기존의 관료적 전통 위에 사제적 역할까지 새롭게
자임하였다. 결국 이들은 정치·학문·종교의 통합적 지도자로서 5백
년 이상 조선시대의 유교문명을 형성하고 이끈 역사의 주역이 되었으
며, 그에 따른 강한 자부심과 함께 자신들의 이상을 실현할 수 있는 지
식과 행동을 겸비하려고 노력하였던 것이다(최봉영, 1997 《위 책》 제
2장 제 1절). 또한 도현철, 1999 《고려말 사대부의 정치사상연구》 (일
조각, 서울) 112, 198 ; 강정인·안외순, 2000 <서구중심주의와 중화중심
주의의 비교연구> 《국제정치논총》 40-3, 114 참조.
25) 권선홍, 1999b <조선시대 중국과의 사대자소관계에 대한 인식> 《부산

조선의 건국으로 한중관계는 그 유례를 찾기 어려울 정도로 전형적인 조공·책봉관계 또는 사대자소관계로 바뀌었으며[26] 특히 조·명 관계는 양국관계에서 가장 성공적이며 우호적인 시기였다는 평가를 받기도 한다.[27] 이와 같은 변화의 요인으로서는 우선, 북방민족의 압력과 침략, 특히 元으로부터의 유례 없는 직접적 간섭과 통제를 받았던 뼈아픈 경험을 되풀이하지 않으려는 교훈을 들 수 있다. 원나라의 극단적인 간섭으로 국가존립문제는 더욱 절실한 과제로 부각되었을 것이며, 중국으로부터의 침략이나 간섭을 저지 또는 극소화시키기 위하여 사대·조공외교를 주도적으로 펼쳐나갔다고 할 수 있다. 특히 고려 말의 요동정벌 시도는 곧 중국과의 국경분쟁에 휘말리는 것으로, 이는 국가존립에 직결되는 문제였다. 이러한 점은 李成桂가 "작은 나라가 큰 나라를 거스르는 것[以小逆大]은 불가하다"며 요동정벌을 반대하였고, 위화도회군을 왕에게 요구하면서 올린 글에서 "작은 나라가 큰 나라를 섬기는 것은 나라를 보전하는 길이다[以小事大, 保國之道]"라고[28] 말한 데에서도 알 수 있다. 즉 사대는 조선의 國家保全

외대 국제문제논총》 11, 118~64

26) 전해종, 1970 《한중관계사연구》 (일조각, 서울) 35~42. 그는 삼국시대 전반기의 조공관계 성립 전단계(A.D. 8~316), 삼국시대 후반기의 초기 조공관계 성립(317~668), 통일신라 및 고려와 당·송과의 조공관계 발전(669~1279), 고려와 요·금·원과의 조공관계 변질(918~1368), 고려·조선과 명·청과의 전형적 조공관계 성립(1368~1894)의 5단계로 나누었다. 한 미국학자는 한중관계가 우호관계 또는 지배종속관계의 연속만은 아니었다고 하면서 오랜 세월에 걸친 양국관계의 역사적 실상을 정확히 파악하기 위해서는 시대를 구분하여 볼 필요가 있다면서 저항기 (109 B.C.~A.D. 677), 양면 대응기(677~1392), 전형적 순응기(1392~1636), 강제적 순응기(1636~1895) 4단계로 구분하였다. Hugh D Walker, 1975 "Traditional Sino-Korean Relations and Their Contemporary Implications" in Andrew C. Nahm ed., *Korea and the New Order in East Asia* (Kalamazoo: Center for Korean Studies, Western Michigan University) 11~34
27) Ibid. 28~31 ; 黃枝連, 1994 《앞 책》, 259
28) 《고려사》 권137, 열전50 신우 14년 5월 ; 《태조실록》 권1, 총서 신우

策이라는 측면에서도 적극 채용되었던 것이다.29)

　다음으로 이성계의 신 왕조 건국은 '易姓革命'·'以臣伐君'이라는, 정통성이 약한 군사혁명으로 왕위를 차지한 것인 만큼, 명으로부터 신 왕조의 승인을 받고 또한 우호관계를 유지함으로써 국내안정을 도모하려는 현실적 필요성을 들 수 있다. 이는 신 왕조 성립을 선포한 바로 다음날에 조선의 건국 승인을 요청하는 사신을 명나라에 보낸 사실에서도 엿볼 수 있다.30) 뿐만 아니라 조선왕조는 고려 말의 권력투쟁에서 親元집권세력에 반대하는 '親明사대' 세력에 의해 수립되었던 만큼, 명에 대한 사대는 매우 당연한 일이었다.

　그러나 무엇보다 중요한 것은, 조선의 건국과 함께 유학 특히 性理學이 국가이념으로 채택되어 유교국가화 하였다는 사실이다. 본래 유학은 삼국시대부터 수용되어 발달하기 시작하였으며, 고려 때에는 정치이념으로 채용되어 크게 성행하였다. 그러나 지배적인 사상은 여전히 佛敎였다. 고려 말에 이르러 新興 士大夫들이 기존 貴族세력을 타도하기 위한 이론적 무기로 성리학을 본격 수용하였으며, 그 결과 '崇儒抑佛'정책은 조선왕조의 國是의 하나가 되었다.31) 조선과 漢族왕조인 명이 모두 성리학을 통치이데올로기로 공유하게 됨으로써, 양

14년
29) 黃枝連, 1994 ≪앞 책≫, 259~67
30) ≪태조실록≫ 권1, 원년 7월 18일 정유. 한반도에서 장기간 안정된 사회를 유지해나가기 위해서는 중국과의 원만한 관계를 유지하는 것이 (선결조건은 아니라 하더라도) 사실상 중대한 조건의 하나였음은 부정하기 어렵다(黃枝連, 1994 ≪위 책≫, 258).
31) 성리학의 수용에 대해서는 박충석, 1982 ≪한국정치사상사≫ (삼영사, 서울) 16~28 ; 홍순창, 1987 <역성혁명과 주자학적 정치사상의 정착> 한국정치외교사학회 편, ≪조선조 정치사상 연구≫ (평민사, 서울) 13~31 ; 변동명, 1995 ≪고려후기 성리학수용연구≫ (일조각, 서울) ; 이원명, 1997 ≪고려시대 성리학수용연구≫ (국학자료원, 서울) ; 고혜령, 2001 ≪고려후기 사대부와 성리학수용≫ (일조각, 서울) ; 최연식, 2003 ≪창업과 수성의 정치사상≫ (집문당, 서울) 등 참조.

국관계는 한층 우호적이며 人倫的인 관계로 발전될 수 있는 기반이
마련되었던 것이다.32) 성리학이 토착화하면서 이전의 상황적·현실
적 성격의 사대관념은 점차 명분적·규범적인 것으로 바뀌어 갔다.
조선이 중국(명)의 諸侯國으로서의 예와 명분을 충실히 지키려 하였
음은 무엇보다 用語 사용에서 잘 나타나 있다. 즉 용어상으로도 중국
과의 차별을 두어, 제후국으로서의 예에 어긋나지 않으려고 하였다.
예컨대 태종 즉위 초에 "참람하게 중국을 모방할 수 없다"는 이유로
公·侯·伯의 작호를 府院大君·府院君·君으로 고쳐 부르게 하였
다.33) 조선초기에 왕명으로 편찬된 ≪高麗史≫에서도 고려왕실을 世
家로 표현하였으니, 이는 ≪史記≫에서 보이듯이 천자는 本紀라 하고
제후는 世家라 하여 양자를 엄격히 구별하는 필법에 따른 것이었다.
다시 말해 "본기를 피하고 세가로 한 것은 名分의 중함을 보인 것"으
로서,34) 조선 스스로 제후국으로 자처하였음을 알 수 있다. 뿐만 아니
라 고려 시대에 稱帝建元하였던 일을 참월이라고 하여 비판하기도
하였다.35) 왕이 책봉을 받기 전에는 (적어도 중국에 대해서는) 함부로

---

32) 황지련, 1994 ≪앞 책≫ 제3장 ; Walker, 1975 op. cit. 28~31. 물론 고려
  말·조선초의 대명관계가 반드시 순조로운 것만은 아니었고, 오히려 외
  교적 갈등이 이어지기도 하였다. 이 시기의 한중관계에 관하여는 신석호,
  1959 <조선왕조 개국당시의 대명관계> ≪국사상의 제문제≫ 1, 93~
  134 ; 박원호, 2002 ≪명초 조선관계사 연구≫ (일조각, 서울) ; 김순자,
  1999 ≪여말선초 대원·명관계 연구≫ (연세대 박사학위논문) ; 조민,
  2002 ≪고려말 조선초 對中관계연구≫ (원광대 박사학위논문) 등 참조.
33) ≪태종실록≫ 권1, 원년 정월 25일(을유). 또한 이성계는 즉위 교서에서
  천자국에 대비되는 제후국의 宗廟(천자는 7廟, 제후는 5廟)와 社稷을 세
  우고 ≪四書≫·≪五經≫>·≪通鑑≫ 등 유교 경서의 교육을 장려하
  고 그에 통달한 인재를 선발하겠다고 선포하였다[≪태조실록≫ 권1, 원
  년 7월 28일(정미)].
34) ≪문종실록≫ 권9, 원년 8월 25일(경인)
35) 예컨대 세종 때에 "고려에서 일찍이 건원칭제하여 참람된 일이 자못 많
  았다"고 비판하였다[≪세종실록≫ 권125, 31년 7월 4일(임오)]. 후일 성
  종도 "전조(고려)에서는 중국 조정에 크게 諱할 것을 거리낌없이 일컬었

王이라 일컫지 못하고 단지 權知國事라 일컬었으며,36) 왕의 廟號에서
祖·宗을 쓰는 것도 예가 아니라고 하였다.37) 또 다른 예로서 조선
초기 祭天행사의 존폐를 둘러싼 논의를 들 수 있다. 본래 유교문명권
에서 하늘에 관한 모든 일은 천자의 전권사항이므로, 하늘에 대한 제
사는 당연히 천자만이 행할 수 있었고 제후는 단지 자기 경내의 산천
에만 제사지낼 수 있었다. 조선은 명나라의 제후국인 만큼 사대의 명
분에 충실하기 위해서는 이를 전면 폐지해야할 처지였다. 이에 대해
개국공신이자 禮曹典書 趙璞 등은 "圓丘는 천자가 하늘에 제사지내
는 예절"이라며 그 폐지를 주청하였으며,38) 세종 때 申檠·河演·權
踶 등은 제천이 예의명분에 맞지 않는다는 이유로 절대 불가하다고
주장하였다.39) 生六臣의 하나이며 김종직의 문인 南孝溫은 "해·달·

으니 이것이 어찌 옳겠는가"고 하자, 同知事 金宗直은 "전조 때에는 혹
은 年號를 일컫기도 하고 혹은 皇帝라고 일컫기도 하였는데, 이는 모두
크게 잘못된 것"이라고 지적하였다[≪성종실록≫ 권200, 18년 2월 10일
(경진)]. 물론 제후의 명분에 어긋나더라도 참칭이라 하여 각종 칭호를
바꿀 필요가 없다는 주장도 있었다. 예컨대 梁誠之가 대표적으로, 이에
대하여는 한영우, 1983 ≪앞 책≫ 53, 186, 199 참조.
36) ≪태조실록≫ 권5, 3년 2월 19일(기축). 또한 명종 때 영의정 尹仁鏡과
좌의정 李芑는 "왕이 황제의 誥命을 받지 않았는데 殿下라 쓰는 것은
온당하지 못하니 嗣君이라 써야 한다"고 주청하였다[≪명종실록≫ 권2,
즉위년 12월 5일(갑오)].
37) ≪광해군일기≫ 권15, 원년 4월 24일(을해). 한편 임진왜란 당시 명나라
丁應泰가 조선이 太祖·世祖·列祖·聖上 등 중국의 칭호를 감히 참칭
하였다는 이른바 誣奏사건을 일으켰는데, 이에 조선은 "소방이 중국조
정을 사모하고 본받은 나머지 참람한 것이 많이 있었는데, (태조)강헌왕
때에 이르러 일체 바로잡아 制를 敎라 하고, 奏를 啓라 하고, 關을 府라
하고, 勅을 諭라 하고, 太子를 世子라 하였는데, 유독 칭호만은 신라
시대부터 이러한 착오가 있었다"고 해명하였다(≪선조실록≫ 권105, 31
년 10월 5일(정사) 및 21일(계유)).
38) ≪태조실록≫ 권1, 원년 8월 11일(경신)
39) 세종 자신도 "고려 때에는 圓壇祭를 지냈는데, 우리 태종께서 참례(僭
禮)의 일은 다 혁파하셨다. 원단제를 혁파한 것도 그 중의 하나"라고 지

별은 천자가 아니면 제사지낼 수 없다"고 하며, 제천은 천자만이 할
수 있다는 명분론을 고수하였다.[40] 물론 변계량·양성지 같은 제천찬
성론자도 있었으며,[41] 하윤·허조 등은 "제후국으로서 하늘에 제사지
내는 것은 예에 맞지 않다"면서도 오랜 관행과 현실적 필요성 등을
감안하여 다만 東方天 즉 靑帝에 대해서만 제사지내자는 타협론을
주장하기도 하였다.[42] 그러나 성종 연간 이후 사림파 성리학자들이
대거 득세하면서 제천행사는 점차 소멸하고 말았다.[43] 조선에서 제천
행사의 폐지는 중국에 대한 사대관념이 유학(성리학) 명분에 더욱 충
실해졌음을 보여주는 단적인 예라고 할 수 있다. 이처럼 조선의 위정
자들은 유교 규범에 따라 "신하로서 천자의 예를 쓰는 것을 僭竊이라
하는데, 죄가 이보다 더 큰 것이 없다"면서[44] 제후국으로서의 예와
명분을 충실히 준수하려고 하였던 것이다.[45] 중국(황제)에 보내는 외
교문서에서도 조선 스스로 신하 곧 제후로서 자처하며 그 예의와 법

적하였다. ≪세종실록≫ 권101, 25년 7월 10일(계해)

40) 한영우, 1983 ≪앞 책≫, 37

41) ≪세종실록≫ 권4, 원년 6월 7일(경진) 卞季良의 건의 ; ≪세조실록≫ 권
3, 2년 3월 28일(정유) 梁誠之의 상소

42) ≪태종실록≫ 권22, 11년 12월 6일(임진)

43) 율곡 李珥도 "제후가 제천을 행함은 淫祀"라고 규정하면서 天子에서 庶
人에 이르기까지 각각 제사지내야 할 대상이 엄격히 구별되어 있음을
주장하고 신분에 맞지 않는 제사를 극력 배격하였다. 율곡 이외의 정통
파 성리학자들도 예외없이 禮의 명분론을 고수하려 하였다(한영우,
1983 ≪앞 책≫, 36~37). 후일 광해군이 조종조의 고사를 들어 친히 郊
祭를 지내려 하자, 兩司와 홍문관 등에서 "(하늘을 제사지내는) 교제는
오직 천자만이 행할 수 있으며 제후가 행할 수 있는 예가 아니다"는 이
유로 반대하였다[≪광해군일기≫ 권106, 8년 8월 19일(정사) 및 20일(무
오)].

44) ≪세종실록≫ 권125, 31년 7월 4일(임오). 또한 왕이 巡狩하는 일을 부당
하다고 하는 주장도 있었다[세조실록≫ 권8, 3년 7월 13일(갑술)].

45) 김한규, 1999 ≪한중관계사(Ⅱ)≫ (아르케, 서울) 651 ; 朱雲影, 1981 ≪中
國文化對日韓越的影響≫ (黎明文化事業公司, 臺北) 266~67

도를 삼가고 따르겠다는 점을 일관되게 반복·강조하였다.[46]

한편 외부 요인으로서 중국의 대외정책이 明나라 때 이르러 海禁정책이라는 매우 폐쇄적이고 통제적인 방향으로 바뀌고, 이는 淸代에도 그대로 이어졌다는 점을 들 수 있다. 즉 漢·唐代를 비롯한 역대의 중국왕조는 비교적 개방적이었으나, 明 왕조는 근 백 년에 걸친 이민족[元] 통치의 잔재를 청산하고 중화질서를 회복하고 또한 해안지대의 반조정 세력과 나아가 倭寇 등을 방지하기 위한 목적으로 광범위하고 엄격한 해금정책을 시행해 나갔던 것이다. 또한 明代에 이르러 중국의 공식적인 대외관계는 책봉·조공관계로만 일원화되었는데, 이는 해금정책의 시행과 표리를 이루는 것이었다. 다시 말해 명대 이전에는 조공관계 이외에도 비조공관계 예컨대 사적(통상)관계 등이 존재하였으나, 명대에는 원칙상 조공관계만이 유일한 것이 되었을 뿐 아니라, 조공에 관한 구체적이고 세밀한 규정을 만들어 이를 지키도록 요구하였던 것이다.[47] 여기에 性理學의 영향이 가미되어, 중국과 이민족간의 관계는 이미 언급하였듯이 父子·君臣관계와 마찬가지라고 간주하였다. 즉 중국과 이민족간의 상하차등관계는 '天理'이고 '道'인 만큼 현실적 '힘'의 强弱에 따라 좌우되는 상황적인 것이 아니라, 어떠한 상황에서든 타협될 수 없는 絶對的이며 항구불변적인 것으로 이론화하였던 것이다.[48] 명 太祖 朱元璋도 "夷狄이 중국을 받드

---

46) 예컨대 ≪태조실록≫ 권3, 2년 3월 9일(갑인) 및 권4, 2년 8월 2일 (을해) ; ≪태종실록≫ 권9, 5년 4월 8일(계유) ; ≪문종실록≫ 권6, 원년 2월 6일 (을해) ; ≪세조실록≫ 권35, 11년 3월 26일(계유) 등 참조.

47) 전해종, 1970 ≪앞 책≫, 2~8 ; 고병익, 1966 <근세 중·일·한의 쇄국 (상)> ≪진단학보≫, 287~312 ; 권선홍, 1998 <앞 논문>, 68~69 ; 李金明, 1990 ≪明代海外貿易史≫ (중국사회과학출판사, 북경) 제1~2장 ; 陳尙勝, 1993 ≪閉關与開放≫ (山東인민출판사, 제남) 194~203 ; 陳潮, 1996 <傳統的華夷國際秩序与中韓宗藩關係> ≪復旦大學 韓國研究論叢≫ 2, 216, 237 등 참조.

48) 물론 송·명대 성리학 이전에도 '道'의 불변성을 주장한 유학자들이 있

는 것은 禮의 불변적 도리이고, 소국이 대국을 섬기는 것은 고금의 한가지 이치이다"고 강조하였다.[49] 따라서 중국과 외국간의 상호대등 관계는 더욱 더 부정되고 오로지 상하차등의 책봉·조공관계만이 인정되었던 것이다.

이상에서 살펴본 내·외적 요인으로 말미암아 조선의 대중국 조공·책봉관계는 현실적으로 다른 대안이 없었을 뿐 아니라, 유교 이념·명분상으로도 매우 당연한 것으로 간주되었음을 알 수 있다. 즉 조선의 건국 이후 성리학이 국교·官學化함으로써 사대의 명분과 실제가 거의 부합되어졌다고 하겠으며, 이전 시기와는 달리 사대관념도 매우 규범적인 것으로 바뀌게 되었던 것이다.

2. 사대자소 관계에 대한 인식

사대자소는 본래 혈연 종법적 봉건제도를 시행하였던 西周시대에 주 왕실이 대소 諸侯 간의 우호증진과 친목도모 및 상호결속을 통한

있다. 예컨대 한대 유학자 董仲舒는 "道之大原出於天, 天不變, 道亦不變"(≪漢書≫ 권56, 董仲舒傳 2518~19)이라 하며, 仁義禮樂이나 三綱五倫을 그 내용으로 하는 '道'가 萬古不易의 영구법칙임을 강조하였다. 그러나 송대 성리학자들은 윤리도덕이 天理와 동일한 것으로 절대적인 진리성을 갖는다고 하였다. 즉 천리는 사물이 존재하기 이전에 선험적으로 존재한다고 하며, 따라서 인륜도덕은 사람의 의지에 따라 좌우되지 않으며 인력의 간섭도 받지 않는 절대적 권위와 영구불변적 성질을 갖는 것으로, 그 합리성에 대해서는 어떠한 의심이나 의문도 용납되는 것이 아니었다. 劉澤華 編, 1992 ≪中國古代政治思想史≫ (南開대학출판사, 천진) 545~53
49) ≪명태조실록≫ 권90, 洪武 7년 6월 을미. "夷狄奉中國 禮之常經; 以小事大, 古今一理"
주원장은 일찍이 원나라를 토벌하는 격문에서 '胡虜를 몰아내고 中華를 회복한다'는 대의를 내세웠으며(≪명태조실록≫ 권26, 吳 원년 10월 병인), 中華가 夷狄을 제어하는 것은 자연의 법칙으로 보았다.

공존공영을 목적으로 장려하였던 交隣之禮라는 禮治의 일부였다고
한다. 사대자소에 관한 오랜 기록으로는 ≪春秋左傳≫이나 ≪孟子≫
등에 보이는데, 이는 작은 나라가 큰 나라를 받들고 섬기며 큰 나라
는 작은 나라를 어여삐 여기고 돌보아 준다는 뜻으로, 구체적으로 작
은 나라는 큰 나라의 명령에 순응하고 큰 나라는 작은 나라의 곤핍을
돌보아주는 상호 우호적인 禮의 관계였음을 알 수 있다.50)

　이미 언급한 대로, 조선은 명나라에 대한 사대의 예를 당연한 규범
으로 받아들이고 지성으로 행하였으며, 무엇보다 명나라를 주나라의
왕(천자)과 같이 섬기고 스스로를 주나라의 제후와 같이 자리매김하
여 제후국으로서의 예와 명분을 충실히 이행할 뿐 결코 참월하려 하
지 않았던 것이다. 예컨대 조선왕조의 설계자라는 鄭道傳은 宋代의
性理學을 철저히 수용하여 漢族과 夷狄, 유교와 불교를 엄격히 준별

---

50) 이춘식, 1997 ≪사대주의≫ (고려대 출판부, 서울) 제 4~5장 ; 김석근,
2002 <한국 전통사상에서의 평화관념> 하영선 편, ≪21세기 평화학≫
(풀빛, 서울) 81~95
　사대의 의미는 시대에 따라 차이는 있으나, 본래의 의미는 西周時代 宗
法的 封建制度 내에서 대소 제후간의 우호증진·친목도모 및 결속강화
를 위한 이른바 '사대자소'의 '交隣之禮'로부터 비롯되었다. 예컨대 ≪春
秋左傳≫ 昭公 30년 8월조에는 "예라는 것은 소국이 대국을 섬기고 받
들며 대국이 소국을 사랑하고 돌보아 주는 것을 말한다. 사대는 소국이
대국의 명에 순응하며, 자소는 대국이 소국의 곤핍을 돌보아 주는 데 있
다[禮也者, 小事大, 大字小之謂. 事大在共其時命, 字小在恤其所無]"고 하
여, 사대자소가 상호우호적인 예의 관계임을 말해주고 있다. 이는 같은
책 哀公 7년 여름조에 사대와 자소를 하는 소이를 각각 信과 仁에 두고
있는[小所以事大, 信也; 大所以保小, 仁也. 背大國, 不信; 伐小國, 不仁]
데에서도 잘 나타나 있다. 또한 ≪孟子≫ 梁惠王 하편 제3장에서, 교린
의 길이 있는가라는 물음에 맹자는 "있다"고 하면서 "오직 어진 사람이
라야 능히 큰 나라로서 작은 나라를 섬길 수 있으며 … 오직 지혜로운
사람이라야 능히 작은 나라로서 큰 나라를 섬길 수 있다[惟仁者爲能以
大事小 … 惟智者爲能以小事大]"고 하여, 사대자소가 교린의 길이며 대
국의 경우는 仁, 소국의 경우는 智가 근본임을 강조하고 있다.

하였다. 즉 그는 漢族인 明나라의 건국을 이적인 元나라를 물리치고
중화의 정통을 회복시킨 것이라고 높이 평가하고, 명 황제를 '眞主'로
존숭하여 중국과의 관계도 인간관계와 마찬가지로 上下·尊卑 관계
로 차등화하였다. 물론 정도전 역시 勢(형세·사세)라는 힘의 강약에
따른 불가피한 현실을 인정하여 고려의 북방 이민족에 대한 사대외
교를 용인하였으나, 그보다는 大義名分과 아울러 種族을 중시하는 名
分論的 華夷觀을 지향하였다.[51] 따라서 그는 "사신을 파견하는 것은
天朝(明)에 表文을 올려서 사대의 誠敬을 다하기 위한 것"이며,[52] 나
아가 "우리나라는 禮로써 사대하여 朝聘하고 공물을 바치며 歲時에
사신을 보내니 이는 제후의 법도를 닦고 맡은 바 직무를 보고하기 위
한 것이다"고 하였다.[53] 이처럼 정도전은 명에 대한 사대외교를 천명
하였으니, 조선은 제후국으로서의 직분을 다해야 한다며 조공을 당연
시하였던 것이다.[54] 뿐만 아니라 그는 우리나라의 역대 왕조 가운데
오직 箕子만이 천자(주나라의 무왕)의 命을 받아 朝鮮侯에 봉하여졌
으므로, 명분이 가장 바로 선 왕조이며 이로부터 중국의 번국이 되어

---

51) 고려 말의 사대부들은 元·明에 대한 양단외교를 반대하고 名分을 기준
   으로 事大의 대상을 정하였다. 예컨대 鄭夢周는 中原의 지배자는 정의로
   운 자[義主]이어야 한다고 하였으며, 朴尙衷은 理(이치)로 보나 勢로 보
   나 명나라가 우위에 있다고 하였다. 즉 이들은 명나라를 정통왕조로 여
   기고 天子國으로 섬겨야 한다고 주장하였던 것이다. 도현철, 1999 ≪앞
   책≫, 195~201
52) ≪三峰集≫ 권13, 朝鮮經國典 上 禮典 總序 ; ≪국역 삼봉집(Ⅰ)≫ (민족
   문화추진회, 1977) 267
53) ≪三峰集≫ 권13, 朝鮮經國典 上 禮典 遣使 ; ≪국역 삼봉집(Ⅰ.)≫, 279
54) 도현철, (1999 ≪앞 책≫, 205 ; 한영우, 1999 ≪왕조의 설계자 정도전≫
   (지식산업사, 서울) 223~26
   鄭道傳은 조선이 명나라와 사대관계 즉 군신·상하관계를 맺게 되었으
   니, 제후국으로서의 예와 명분에 합당한 지위를 설정해야 한다면서 천자
   에 의한 책봉, 중국 연호의 사용, 천자에 대한 조공과 함께 국왕과 관련
   된 각종 명칭의 격하 (예컨대 詔勅을 敎書로, 太子를 世子로, 祖宗을 王
   으로, 節日을 誕日로 격하) 등을 주장하였다(한영우, 1983 ≪앞 책≫, 50).

사대관계를 맺게 된 것을 매우 자랑스럽게 생각하였다. 이러한 의식
은 조선시대의 성리학자들의 공통된 견해이기도 하였다.[55]

조선중기의 대유학자 李滉은 일본에 보내는 국서에서 "大明은 천
하의 종주국으로서, 바다 한 모퉁이 해 뜨는 곳 어디를 막론하고 신
하로서 복종하지 않은 곳이 없으며, 귀국도 또한 대대로 조공을 바친
것이다"라면서, 조선은 다만 하늘을 즐기고 경외하는 일[樂天畏天, 즉
대국을 섬기고 나라를 보전하는 것]만을 알 뿐, 그 밖의 것은 들은 바
가 없다고 강조하였다.[56] 이와 같은 규범적·명분적인 사대론은 李珥
에게서도 그대로 나타나고 있다. 즉 그는 "이제 소국이 대국을 섬겨
군신의 명분[君臣之分]이 이미 정하여졌으니, 때의 어려움이나 쉬움
을 헤아리지 말고 형세의 이로움이나 해로움에 꺾이지 아니하고 그
정성을 다하는데 힘쓸 따름이다"고 하여,[57] 사대란 利害得失이나 難
易·盛衰에 따라 바뀌어지는 것이 아니라 진심으로 복종하고 필히
義理와 精誠을 다해야 하는 것으로 보았다.

특히 왜란 때 명나라의 도움을 받으면서 이른바 再造之恩이 강조
되고 또한 野人으로 낮추어보던 後金(淸)의 침략을 당하게 되자, 명에
대한 사대는 天理와 인정상 당연한 것으로 더욱 굳어지게 되었다. 대
표적인 숭명반청론자였던 宋時烈은 "소국이 대국을 섬기는 것은 천

---

55) 한영우, 1983 ≪위 책≫ 28. 정도전과 함께 조선초기의 대표적 유학자 權
    近은 "작은 나라로서 큰 나라를 섬기고 이적이 중화를 흠모하는 것은
    禮가 또한 그러하다[以小事大 以夷而慕華 禮亦然矣]"고 하였고(≪陽村
    集≫ 권34, 東國史略論 신라 내물왕 41년), 태종 연간에 사헌부도 "작은
    나라로서 큰 나라를 섬기는 것은 고금의 공통된 의리"라고 하였다[≪태
    종실록≫ 권8, 4년 8월 20일(기축)]. 또한 변계량과 양성지의 사대론에
    대해서는 한영우, 1983 ≪위 책≫, 51~56, 197~200 참조.
56) ≪退溪集≫ 8권, 書契修答 禮曹答日本國左武衛將軍源義淸 ; 1968 ≪국
    역 퇴계집(Ⅰ)≫ (민족문화추진회) 184~85
57) ≪栗谷全書≫ 拾遺 권4, 雜著 貢路策 ; ≪국역 율곡집(Ⅰ)≫ (민족문화추
    진회) 292

리[小事大者天理]"라고 하면서 명과 조선은 "동시에 창업하고 곧 군신의 의리[君臣之義]를 정하였다"고 천명하였다.[58) 조선말기의 위정척사파 역시 마찬가지였으니, 예컨대 李恒老는 "우리 大明이 오랑캐인 원나라를 소탕하고 華夏의 義主가 되자 우리나라가 그 명을 받아[受命] 대대로 동쪽 번방의 신하[東藩之臣]가 되었고 … 의리상으로는 비록 君臣이지마는 은혜로는 실로 父子와 같다"고 강조하였다.[59)

한편 이러한 명분적 사대론과는 달리 현실적 사대론도 존재하였음은 물론이다.[60) 즉 신라나 고려시대 이래 사대는 주로 국가보전을 위한 현실적 방책으로서 사용되어 왔으며, 조선시대에도 이러한 견해를 찾아볼 수 있다. 예컨대 이미 지적한 대로, 이성계는 위화도회군을 요구하는 글에서 사대는 "나라를 보전하는 길"이라 하였으며, 명종 때 鄭維吉도 사대는 "제 나라를 보존하는 법도에 불과할 뿐"이라 하였다.[61)

따라서 중국과의 사대관계에서 명분과 현실 사이의 갈등은 오히려 당연한 일이었다고 하겠다. 예컨대 太宗 연간에 명나라가 대외정벌에 필요한 軍馬 1만 필의 교역을 요구하여 왔는데, 司諫院은 다음과 같은 상소를 올렸다.

나라에 중한 것은 군사이고 군사에 중한 것은 말입니다. … 우리

---

58) ≪宋子大全≫ 권5, 己丑封事 ; ≪국역 송자대전(I)≫ (민족문화추진회) 247, 273
59) ≪華西雅言≫ 권10, 尊中華
60) ≪春秋左傳≫ (襄公 27년 7월)에서도 "以事大國 所以存也"라 하여, 사대가 國家保存策임을 지적하고 있다. 이용희(1977 ≪앞 책≫, 141~42)는 ≪墨子≫·≪國語≫나 ≪韓非子≫같은 儒敎계통이 아닌 문헌에서는 사대를 주로 힘의 강약에서 보고있는 데 반하여, ≪春秋傳≫·≪孟子≫·≪周禮≫ 같은 유교계통의 문헌에서는 사대의 예를 단순한 힘의 관계가 아니라 가치관이며 국가 간의 법으로 보고있다고 지적하였다.
61) ≪명종실록≫ 권17, 9년 10월 30일(정유)

나라가 땅덩이도 작고 말도 또한 한도가 있는데 (명나라)高皇帝 때부
터 建文帝에 이르기까지 그 바친 말이 몇 만 필이나 되는지 알지 못
하겠습니다. 지금 상황에서 또 마필을 요구하여 그 수효가 심히 많은
데…. 이같이 하면 나라에 장차 말이 없을 것이니, 말을 하자면 눈물
이 날 지경입니다. … 事大의 禮[事大之禮]로 말하자면 바치지 않을
수 없고 宗社의 계책[宗社之計]으로 말하자면 많이 바칠 수 없다고
여겨집니다. … 전하께서는 사대의 예와 종사의 계책으로 참작하여
시행하소서.62)

즉 사대의 禮가 중요하지만 나라의 安危도 고려하여 신중하게 대
처하기를 주청하였던 것이다.63) 후일 명나라가 말 값에 해당하는 비
단, 면포를 보내오자 의정부에서는 "사양하여 忠心을 보이자"고 주장
하였으나, 태종은 "천자가 주는 것이 있으면 마땅히 받아야 하고, 뜻
을 굽혀 정성을 나타낼 필요는 없다. 또 이것으로 전례를 삼으면 반
드시 후일의 근심이 있을 것이다"라며 반대하였다.64) 즉 태종은 뜻을
굽히면서까지 지나친 정성을 보일 필요가 없다고 하여, 사대의 의미
가 무엇인지를 말해주고 있다. 이는 후일 태종 스스로 "대국을 섬기
는 것은 두려워하는 것이 아니라, 예가 그러한 것이다"라고65) 한 데
에서도, 事大란 힘의 관계가 아닌 禮的 秩序임을 알 수 있다. 한편 사
대의 예를 지나치게 한다는 비판의 소문을 들은 世宗은 다음과 같이
논박하였다.

　　우리나라는 본래 예의의 나라로서 해마다 職貢의 예를 닦아 때에
　　따라 朝聘하면 명나라가 이를 대우하는 것이 매우 후하였다. 그런데

---

62) ≪태종실록≫ 권18, 9년 11월 14일(임오)
63) 그러나 조선 조정은 결국 명의 요청을 충실히 이행하였다. 명과의 말 교
　　역에 대해서는 박원호, 2002 ≪앞 책≫, 141~45 ; 김순자, 1999 <앞 논
　　문> 제5장 제2절 참조.
64) ≪태종실록≫ 권20, 10년 10월 9일(임인)
65) ≪태종실록≫ 권22, 11년 8월 18일(정미). "事大非畏之也, 禮則然矣"

정성을 다하여 섬기지 않는다면 이것은 크게 불경스러운 일이고, 특히 신하된 도리를 다하지 못하게 되는 것이니 그럴 수가 있겠느냐.[66]

즉 세종은 명에 대한 사대를 군신간의 도리라고 보고 정성을 다해야 한다고 역설하였던 것이다.

이와 같은 명분과 현실 사이의 갈등은 지속되었는데, 대표적인 예는 아마도 사대문제를 규범적·역사적 차원에서 다룬 明宗 연간의 논의라고 하겠다. 당시 司憲府는 "나라를 다스리는 방법에는 常道와 權道가 있는데, 권도가 알맞게 되면 실로 상도와 다름이 없다"면서, 사대와 관련하여 다음과 같이 주장하였다.

≪孟子≫에 '소국으로서 대국을 섬기는 자는 하늘을 두려워하는 자이다' 하였다. 이른바 두려워한다고 한 의미는 다른 것을 가리키는 것이 아니라, 대국의 위세를 두려워하면서 자기 나라 백성을 잘 보호하는 것을 말하는 것이다. 그러므로 대국을 섬기는 것은 단지 자기 백성을 잘 보호하기 위해서일 뿐이니, 혹시라도 대국을 섬겨야 한다는 명분만 지키면서 오히려 백성에게는 해로운 실상을 가져오게 된다면 깊이 생각하여 잘 처리하지 않아서야 되겠는가.

즉 사대를 행함에 상도[經]만을 고집할 것이 아니라 권도를 써서 백성에게 해가 되지 않도록 조치해야 한다고 주장하였다. 그러면서 고려의 현실주의적인 사대외교에 대하여 다음과 같이 평하였다.

고려시대에 남으로는 宋나라를 섬기고 북으로는 金나라를 섬겼는데, 송나라에 조공할 때에는 금나라 섬기는 일을 숨기고 금나라에 조공할 때에는 송나라 섬기는 일을 숨겼다. 상도로 논한다면 비록 올바

---

66) ≪세종실록≫ 권40, 10년 윤4월 18일(기해). 세종은 이어서 "몰래 논의하는 자들은 사물의 전체를 살필 줄 모른다"면서 이를 매우 그르다고 지적하며, 하고싶은 말이 있으면 직접 말하고 몰래 논의하지 말라고 당부하였다.

르지 못한 것이지만, 권도로 논한다면 백성 보호하는 방도를 잘 했다고 할 수 있다. 혹시라도 그렇게 하지 않고 송나라만 섬기고서 금나라는 끊었다면 온 나라의 백성이 모두 어육이 되었을 것이니, 고려가 어찌 5백 년이나 누리고 망했겠는가. 그러니 그 당시의 謀臣들이 계책을 잘 세웠음을 알 수 있다.

즉 고려가 송·금 두 나라를 동시에 섬겼던 상황적·실리적 사대관계가 비록 명분상으로는 잘못이 있으나, 백성 보호라는 기준으로는 훌륭한 계책이었다며 긍정적으로 평가하였던 것이다. 그러나 이에 대하여 史臣은

> 고려가 남으로는 송나라를 섬기고 북으로는 금나라를 섬긴 것을 이미 바르지 못한 것이라 하였으니, 간언을 드리는 사람들이 과연 바르지 못한 것으로 임금을 인도해서야 되겠는가. 비록 백성을 보호하는 길이 된다고 하더라도 이런 의론은 취할 만한 것이 못된다.

라고 하였다.[67] 즉 고려의 현실주의적인 사대외교를 바르지 못한 것으로 비판하면서, 비록 백성을 보호하는 길이더라도 취해서는 안 된다고 하였다. 이와 유사한 주장은 명종 연간에 사로잡은 왜인을 중국에 보내는지의 가부 문제에 대한 논의에서도 찾아볼 수 있다. 즉 司諫院이 일본과의 不和가 우려되고 명나라의 기강해이로 인해 實益이 없을 것이라는 등의 이유를 들어 불가하다고 아뢰었는데, 이에 대해 史臣은 사간원의 주장이 크게 잘못되었다고 지적하면서 "우리나라는 신하의 위치에서 명나라를 정성껏 섬기고 있다. … 어찌 명나라의 기강이 무너졌다 하여 알리지 않겠는가. 이 말이 시행된다면 신하가 임금 섬김에 있어 오로지 힘의 强弱만을 가지고 거취를 정할 것이며, 大義가 관계된 바는 돌아보지 않게 될 것이다"고 평가하였다.[68]

---

67) ≪명종실록≫ 권17, 9년 7월 18일(병진)
68) ≪명종실록≫ 권15, 8년 7월 24일(무진). 또한 명종 때 시강관 李文馨은

후자와 같은 명분적 사대론은 이미 언급한 栗谷에게서도 찾아볼
수 있다. 즉 그는 삼국이나 고려가 사대를 행한 것이 반드시 의리에
맞지는 않았고 정성이 있지도 않았다면서, 능히 의리와 정성으로써
섬기는 진정한 사대는 조선만이 행하고 있다며 자부하였다.[69]

한편 현실주의적인 대외정책을 썼다고 평가받는 光海君은 "중원의
정세가 참으로 위급하니 이러한 때에는 안으로 自强을, 밖으로는 羈
縻하는 것을 꾀하여 한결같이 高麗가 했던 것과 같이 한다면 거의 나
라를 보전할 수 있을 것이다"라 하여,[70] 고려의 대외정책을 높이 평
가하였음을 알 수 있다. 그러나 광해군 연간은 물론이고, 특히 仁祖反
正 이후에는 광해군의 대내·외정책이 크게 부정되었고 때로는 의도

"과거에 차석한 사람의 對策에 '사세가 어려우면 조공을 끊을 수 있다'
고 하였는데, 듣기에 매우 놀랍다"고 하였다[≪명종실록≫ 권24, 13년 9
월 27일(경자)]. 또한 성종 연간에 명의 請兵 요구에 대해 李克培는 "大
義로써 논하자면 황제의 명을 어길 수 없으나 … 비록 천자의 명령이
급하더라도 우리의 형편 또한 헤아리지 아니할 수 없다"고 하였다[≪성
종실록≫ 권95, 9년 8월 23일[임자] 및 권109, 10년 10월 29일 (신해)]. 후
일 인조 때 지경연 李貴는 "나랏일을 하자면 꼭 正論대로만 할 수는 없
는 것"이라 하였는데, 이에 대해 史臣은 "예나 지금이나 세상에 정론이
무시당하고 나라가 제대로 된 때가 언제 있었던가"라며 비판하였다[≪인
조실록≫ 권20, 7년 3월 18일(갑술)].

69) 주 57과 같음(국역본 290쪽). 또한 18세기 초 소론파의 학자 林象德 역시
중국과의 관계에서 명과 조선왕조와의 '부자·군신'관계를 가장 대의에
맞는 표준으로 설정하면서, 조선과 명 관계를 제외한다면 역대 양국왕
조간의 관계가 반드시 대의에 맞는다고는 보지 않았다. 예컨대 고구려
나 신라는 사대를 하면서도 조공에 태만하기도 하였다며, 무엇보다도
고려가 金과 元에 사대한 것을 커다란 치욕이라고 하였다[한영우, 1989
≪조선후기 사학사연구≫ (일지사, 서울) 175~76]. 한편 李瀷은 사대관
계를 강자와 약자 사이에서 불가피한 공존방식으로 받아들이면서, 고려
의 사대외교를 긍정적으로 평가하였다(한영우, 1989 ≪같은 책≫, 199~
203 ; 姜敬遠, 1994 <성호 이익의 정치외교사상> ≪유교사상연구≫ 7,
450 등)

70) ≪광해군일기≫ 권166, 13년 6월 6일(병자)

적으로 평가절하되기도 하였다. 다시 말해 인조반정의 주역들은 광해
군이 '後金과 화친정책을 폄으로써 명나라를 배반하였다'는 등의 명
분을 내세워 자신들의 정변을 정당화하였던 것이다.[71] 요컨대 반정을
거치면서 성리학적 의리와 명분이 더욱 강조되었으며 대명사대 역시
한층 더 윤리규범화하여갔던 것이다.[72] 즉 胡亂을 전후한 시기에도
"우리나라는 명나라와 명분이 본디 정해져 있으니, 新羅나 高麗가 唐
나라나 宋나라를 섬긴 것과는 같지 않다",[73] "명나라에 대한 우리의
입장은 고려 말엽의 金나라나 元나라에 대한 경우와 같지 않은데, 父
子와 같은 은혜를 어찌 잊을 수 있겠으며 君臣의 의리를 어찌 배반할
수 있겠는가"라는[74] 말에서 명분론적 사대론이 더욱 확고하게 전승
되었음을 알 수 있다. 英祖 때의 유생들 역시 "三韓·三國은 모두 이
적의 풍속[夷俗]을 면치 못하였으며 勝國(고려)에 이르러서는 아침에
는 金나라를, 저녁에는 元나라를 섬기며 오직 强弱을 살펴 향배를 결
정하였다"고 비판하면서, 오직 조선에 이르러서야 '尊周의 義'를 세
우고 지성으로 사대하여 마침내 왜란 때 再造의 은혜를 입었다고 자
랑스러워하였다.[75]

　한마디로 조선의 위정자들은, 물론 현실론적 사대를 주장하는 사람
들도 없지는 않았으나, 무엇보다 성리학적 명분론에 투철하였으며 따

---

71) 인조정권의 대외정책 노선은 광해군의 폐위와 인조의 즉위를 널리 알리
　　는 인목대비의 敎書(≪인조실록≫ 권1, 원년 3월 14일[갑진])에 잘 나타
　　나 있다. 광해군 때의 대외관계에 대해서는 金鍾圓, 1995 <호란 전의 정
　　세> ≪한국사 (29)≫ (국사편찬위원회, 과천) 223~36 ; 韓明基, 1999 ≪임
　　진왜란과 한중관계≫ (역사비평사, 서울) 제2부 제1~3장, 제3부 제1장
　　참조.
72) 권선홍, 1999b <앞 논문> 149~50. 송시열은 광해군의 현실주의적인 대
　　외정책을 비도덕적(無道)인 것으로 비판하였다(주 58 참조).
73) ≪인조실록≫ 권33, 14년 10월 6일(정축)
74) ≪인조실록≫ 권34, 15년 1월 19일(기미)
75) ≪영조신록≫ 권87, 32년 2월 1일(기해)

라서 힘의 强弱에 따라 향배를 정하거나 사대를 하더라도 義理나 精
誠이 부족하였던 신라나 고려 때와는 달리, 조선만이 진정한 사대를
행하고 있다고 자부하였던 것이다. 이처럼 조선의 유학자들은 조선이
중국(명)의 제후국으로서 명나라와는 이른바 "君臣의 名分·義理"가
본디 정하여져 있다고 보았다.76) 즉 명나라와의 군신상하관계를 당연
시하였으니, (對明)事大는 "고금의 공통된 의리"77), "당연한 禮·이
치",78) "나라의 가장 중요한 일"79) 또는 송시열이 말한 대로 "天理"라
고까지 여겼던 것이다. 따라서 상국을 섬기는 일은 거짓이 아니라 지
성으로 해야 하며,80) 남의 勸勉을 기다리거나81) 敎令으로 되는 것도

---

76) 예컨대 인조 연간에 조선이 청나라에 보낸 국서에서도 이러한 주장이
   반복되고 있다. ≪인조실록≫ 권15, 5년 2월 5일(임인) ; 권16, 5년 4월 1
   일(정유) ; 권34, 15년 1월 11일(신해) 및 23일(계해) 참조.
77) ≪태종실록≫ 권8, 4년 8월 20일(기축)
78) ≪선조실록≫ 권177, 37년 8월 29일(정미) ; ≪인조실록≫ 권34, 15년 정
   월 11일(신해)
79) 예컨대 ≪선조실록≫ 권68, 28년 10월 4일(계묘) 및 권78, 29년 8월 13일
   (무신). 또한 ≪성종실록≫ 권186, 16년 12월 10일(정해) ; ≪중종실록≫
   권32, 13년 4월 17일(을유) 참조.
80) 예컨대 仁祖 때 사간원에서 "나라를 위하는 길은 지성일 뿐이다. 마음속
   에 있는 것이 誠이 아니면 밖으로 나타나는 것이 모두 거짓이어서, 마치
   사람이 술을 마시면 먼저 얼굴에 나타나는 것과 같다. 거짓으로 四夷를
   대하는 것도 오히려 不可한데, 더군다나 上國을 대하는 도리이겠는가"
   라 하였다[≪인조실록≫ 권12, 4년 5월 7일(무신). 또한 ≪중종실록≫ 권
   34, 13년 7월 14일(신해) 참조]. 국왕 宣祖 역시 "나의 뜻은 … 남을 접대
   하는 데 지성을 근본으로 삼아야 한다는 것이다. 벗이나 下人을 대접하
   는 일에 있어서도 반드시 지성으로 하여야 하는데, 더구나 中國人의 경
   우이겠는가"[≪선조실록≫ 권195, 39년 1월 23일(임진)]라 하며, 중국 使
   臣을 지성껏 접대하라고 하였다.
81) 예컨대 毛文龍이 "대국은 소국을 돌보고 소방은 대방을 섬기는데, 돌보
   는 자는 관용으로 포용하고 섬기는 자는 정성으로 공경하는 것이다"라
   면서, 조선은 명나라와 함께 賊奴(後金)를 쳐부수자고 하였다. 이에 조선
   관리(回禮官)는 "중국은 우리나라에게는 부모의 나라로서, 2백 년 이래
   忠順으로 사대한 것은 천하가 다 아는 일"이라면서 "더구나 아비는 자

아니라고 하였다.82) 중국(명)에 대해서는 '군신의 義가 있고 부자의
도가 있다', '의리상으로는 군신관계이나 은혜·정리상으로는 부자관
계와 같다'고 하면서, 사대는 至誠으로 행하여야 할 뿐 '힘의 强弱'이
나 '일의 成敗, 利害得失'은 따질 바가 아니며 나아가 '국가의 存亡'
따위도 돌아보아서는 안 된다고 하였다.83)

　한편 조선의 위정자들은 중국과의 사대관계에서 지성을 다하면서
도, 아울러 상당한 자존적 의식·자세를 보여 주었음을 알 수 있다.
즉 '禮義之邦', '小中華'라고 자부하는 조선의 군신들은 유교의 예규
범에 어긋나는 일에 대해서는 적극 비판하거나 거부하였다. 예컨대
명나라 永樂帝의 찬탈이나 불교신봉, 부단한 정벌전쟁과 대외교역활
동 등은 '도에 어긋나는 일[非道之事]'이라며 비판하였고,84) 후일 명
황제들(예컨대 宣宗·世宗)의 정치 행태 특히 환관 중용 등에 대해서
도 매우 부정적인 평가를 하였다.85) 또한 사대관계에서도 일정한 한
계를 강조하였다. 위에서 언급한 바와 같이, 李珥는 "조선이 중국과
합하여 一家가 되었다"고 자부하면서 사대를 행함에 군신의 명분이
정해진 만큼 "그 정성을 다하는데 힘쓸 따름"이라며, 삼국이나 고려
시대의 사대와는 달리 조선의 경우만이 의리와 정성을 다하는 진정

　　애로워야 하고 아들은 효도해야 하는 것은 天理의 당연한 바로서, 남의
　　권면을 기다려서 하는 것이 아니다"고 답변하였다. ≪인조실록≫ 권17,
　　5년 11월 18일(신사)
82) 인조 때 교리 조빈은 조선이 왕업을 일으킨 근본은 중국을 높이고 이적
　　을 배척한 데 있다고 하면서, "그 마음에 자연히 명나라를 부모처럼 여
　　기는 것으로, 이는 교령으로 될 수 있는 것이 아니다"고 하였다[≪인조
　　실록≫ 권33, 14년 9월 22일(계해)]
83) 권선홍, 1999b <앞 논문>, 142~64 참조.
84) 황지련, 1994 ≪앞 책≫, 299~303, 379~82 ; 권선홍, 1999a <조선과 중
　　국의 책봉·조공관계> 권선홍 외, ≪전통시대 중국의 대외관계≫ (부산
　　외대 출판부, 부산) 50
85) 蔣非非·王小甫 등, 1998 ≪中韓關係史(古代卷)≫ (사회과학문헌출판사,
　　북경) 285

한 사대에 해당된다고 자랑스럽게 말하였다. 그러나 이처럼 철저한 율곡의 사대론은 예의·도리차원에서 행하여지는 것이고, 현실문제에서까지 그러한 것은 아니었다. 즉 사대란 封疆(疆土)을 잘 지키고 성심껏 부지런히 조공을 행하는 것과 관련될 뿐이지, 구체적인 차원에서 양국민 간의 교류·왕래나 요동 기민의 구제 등과 같은 현실적인 정책문제는 '예의'와는 무관한, 따라서 중국과 일정한 거리를 두어야 하고 만일 중국이 이러한 문제에 개입하는 것도 '非禮'라고 보았던 것이다.86)

이와 같이 조선시대의 사대관계는 매우 자존적이고 자주적인 바탕 위에서 행하여졌음을 알 수 있다. 더욱이 조선의 유학자들은 자신들의 예악문물이 중국에 비견한다든가 또는 그보다 뛰어나다는, 매우 강렬한 문화적 자존의식 즉 小中華의식을 가지고 있었다.87) 나아가 여진족이 강성하여 淸을 세우고 두 차례의 침략에 의한 사대관계의 강요와 또한 얼마 후 명의 멸망으로 중국이 이적의 치하로 몰락함에 따라, 조선의 정통 유학자들은 조선이야말로 유교(중화)문명의 유일한 계승·발양자이자 최후의 수호자로 자처하는 '朝鮮中華思想'이 등장하였다. 그리하여 조선 후기에는 숭명반청·존명배청과 北伐論 및 尊周論·對明義理論이 무엇보다 강조되었음은 잘 알려진 사실이다.88)

---

86) ≪栗谷全書≫ 습유 권5, 잡저 時弊七條策. 또한 권선홍, 1999a <앞 논문>, 74~76 ; 황지련, 1992 ≪앞 책≫, 169~74 참조.
　　또한 율곡은 道學 내지 王道라는 기준에서 "禮法을 잃어버렸다", "三綱이 바로잡히지 않았다", "功利를 우선하고 仁義를 뒤로하였다" 운운하면서 중국의 역사를 비평하기도 하였다. 최봉영, 1997 ≪앞 책≫, 127~28 ; 황지련, 1992 ≪같은 책≫, 152~54
87) 소중화의식은 한국사에서 일찍부터 있어왔다. 이에 대해서는 도현철, 1999 ≪앞 책≫, 113~14 참조.
88) 정옥자, 1998 ≪조선후기 조선중화사상연구≫ (일지사, 서울) ; 유봉학, 1995 ≪연암일파 북학사상연구≫ (일지사, 서울) 제1장 제2절 ; 권선홍,

3. 조공·책봉 관계에 대한 인식

본래 朝貢은 商(殷)·周시대 특히 주나라 封建制度하에서 諸侯들이 周王에게 행한 '朝覲'과 '貢獻'의 禮에 기초한 것이었다. 秦漢시대 이후에는 주로 중국의 왕조와 주변 여러 나라와의 사이에서 행하여지게 되었다.[89] 이러한 조공은 중국의 우월적 지위, 곧 天下共主로서의 皇帝의 존엄성을 인정하고 나아가 중국과의 군신상하관계를 받아들이는 행위였던 것이다. 즉 조공은 중국 황제에 대한 尊敬과 臣服의 표현이었으며, 그 핵심적인 내용은 조공국(국왕)이 중국황제의 신하로 자처하는 이른바 稱臣의 표현을 담은 사대문서[表文]와 조공국의 성의로서 바치는 토산물[方物]이었다.

조선의 위정자들은 조공이 중국을 받들어 섬기는 당연하고도 지엄한 禮로서, 아무리 위급한 경우라도 폐지할 수 없는 것이라고 인식하였다.[90]

1999a <앞 논문>, 36∼43, 82∼84

물론 북벌론이나 대명의리론이 시대가 흐르면서 약화되고 비판을 받기도 하였으나, 다른 한편으로는 중화의 嫡統을 계승한 조선이야말로 '천하의 宗主', '천하의 禮義之主'라고 자임하기도 하였다.

89) 조공의 기원에 대해서는 이춘식, 1997 ≪사대주의≫ (고려대 출판부, 서울) 제3∼4장 ; 李云泉, 2004 ≪朝貢制度史論≫ (新華출판사, 북경) 제1장 참조.

90) ≪태조실록≫ 권4, 2년 8월 2일(을해). "소국이 대국을 섬기는 데는 마땅히 朝聘과 貢獻의 예의를 차려야 될 것 …"

≪태종실록≫ 권15, 8년 4월 2일(경진). "朝貢은 臣子가 마땅히 해야 할 일 …"

≪성종실록≫ 권153, 14년 4월 25일(정해). "朝覲하고 聘問하는 것은 바로 사대교린하는 義이니, 폐할 수가 없다"

≪명종실록≫ 권23, 12년 10월 6일(을유). "우리나라는 선왕 때부터 지극한 정성으로 事大하여 內服과 다름없이 朝聘의 예를 행해 왔다"

≪선조실록≫ 권53, 27년 7월 13일(기축). "藩邦이 천자의 궁정에 朝貢을

본래 유교문명권 내에서 중국에의 조공은 어느 정도 문명을 갖춘 나라만이 행할 수 있는 것으로 여겼으니, 이는 중국이 보내온 문서에서도 잘 드러나 있다.

> 중국의 바깥, 六合 안에 무릇 땅덩이를 가진 나라는 반드시 인민이 있고, 인민이 있으면 반드시 임금이 있어 통치하는 것이다. 땅이 있는 나라는 대개 수를 헤아릴 수 없으나, 오직 詩書를 익히고 예의를 알아서 능히 중국의 敎化를 사모한 연후에야 중국에 조공하고 후세에 일컫는 것이다. 그렇지 않으면 비록 나라가 있어도 사람들이 알지 못하고, 또 혹은 대국을 섬기지 못하여 착하지 못한 것으로 사방에 알려지는 자가 또한 있다.[91]

이처럼 조공은 중국문명 특히 시서와 예의를 배워서 알고 중국의 교화를 받들어 따르는 나라들이 하는 것으로 여겼다. 조선 역시 宗系辨誣 즉 조선이 고려 말의 네 임금을 잇달아 시해하고 건국되었다는 중국 측의 잘못된 기록에 대하여, "이를 잘 모르는 四海의 사람들로서는 반드시 모두 '(조선 같은) 弑逆의 나라도 조공의 반열에 있을 수 있는가?'라고 의심할 것"이므로 그 기록을 시정해 달라고 중국에 요청하였다.[92] 실제로 조공국이 禮에 크게 어긋나는 잘못을 행한 경우

바치는 것은 곧 상국을 받드는 지엄한 예이다. 비록 (왜란을 당하여) 경황이 없는 때이지만 최소한이라도 마련할 수 있으면 폐해서는 안 된다. 혹시 정해진 수효를 갖추기 어렵다면 작은 정성만이라도 표해야 한다" ≪선조실록≫ 권208, 40년 2월 13일(병오). "중국에 朝聘하는 일은 그 예가 지엄하니, 일거일동을 반드시 의리에 따라 하여 사신의 책임을 저버리지 않아야 할 것이다"
≪광해군일기≫ 권168, 13년 8월 6일(을해). "朝貢의 예절은 위급한 일이 있더라도 폐지할 수 없다"
≪정조실록≫ 권16, 7년 8월 23일(임오). "소방이 구구하나마 정성을 다하는 길은 오직 儀物을 바치고 경하하는 예를 하는 것뿐입니다"
91) ≪태종실록≫ 권1, 원년 2월 6일(을미)
92) ≪중종실록≫ 권35, 14년 4월 7일(경오)

에는, 그 응징으로서 조공을 끊어버리는 이른바 絶朝貢 등이 취해지기도 하였다.[93] 이상에서 살펴본 바와 같이 조공은 마땅히 해야 할 사대의 예로서, 본래 시서와 예의 등 유교문명을 갖춘 나라들이 행하는 것으로 보았으며, 따라서. 조공의 반열에 참여하는 것을 자랑스럽게 여겼던 것이다.

책봉 역시 周代의 分封制度에서 비롯되었는데,[94] 漢代 이후에는 주변의 여러 나라들에게도 점차 확대 적용되어갔다. 이미 언급한 대로 유교문명권에서 중국황제는 이른바 天子로서 하늘의 명[天命]을 받아 천하를 다스리는 至高無上의 존재로 여겨졌던 만큼, 조공국의 국왕들이 그로부터 책봉을 받는 것은 지극히 당연한 일이었다. 즉 책봉은 왕조교체는 물론 왕위계승의 경우에 국왕의 지위를 정식 승인하는 절차로서, 피책봉 국왕은 그 정통성을 인정받고 나아가 유교문명권(동아시아국제사회)의 정회원으로 공인되는 것이었다. 이에 따라 중국과의 정례적인 朝貢·回賜(賜予)관계를 유지할 수 있게 되고, 유사시에는 중국의 원조까지도 기대할 수 있었다. 한마디로 책봉은 조공국의 대내외적 안정에 매우 중차대한 요소였던 것이다.[95]

이미 언급한 대로, 조선왕조의 건국은 이른바 '역성혁명'이라는, 즉 정통성이 취약한 군사혁명에 의한 것인 만큼 중국황제의 책봉을 통해 새 왕조로서 승인을 받고 또한 양국 간의 우호관계를 유지해야 할 현실적 필요성이 클 수밖에 없었다. 뿐만 아니라 유교 이상국가를 수립하려는 사명감에 투철하였던 조선의 개국공신들에게 사대의 예는 매우 당연한 규범이기도 하였다. 그리하여 태조 이성계는 왕위에 오

종계변무문제에 대해서는 박원호, 1995 <명과의 관계> ≪한국사 (22)≫ (국사편찬위원회, 과천) 328~29 ; 김한규, 1999 ≪앞 책≫, 579~80 참조.
93) 이용희, 1962 ≪앞 책≫, 59
94) 이춘식, 1997 ≪앞 책≫ 제2장 ; 윤내현, 1984 ≪商周史≫ (민음사, 서울) 제2장 제2절
95) 이용희, 1977 ≪앞 책≫, 160~63, 165쪽 ; 권선홍, 1998 <앞 논문> 제4장

른 다음 날 이 사실을 명나라에 알렸으며, 한 달쯤 뒤에는 즉위인정
을 주청하였다.96) 그러나 책봉은 태종 때에 이르러서야 비로소 인정
되었는데, 책봉을 받은 태종은 "이제 황제께서 誥命과 印信을 주시어
君臣의 명분이 이미 정하여졌으니, 무엇을 꺼릴(혐의할) 것인가"라며
만족스러워 하였다.97)

　무엇보다 조선의 위정자들은 册封(및 그 상징인 誥命과 冕服)이야
말로 나라를 다스리는데 하루라도 없어서는 안 되는 매우 긴요한 것
으로 여겼을 뿐 아니라,98) 더할 수 없이 큰 榮譽이자 慶事라고 인식
하였다.99)

---

96) ≪태조실록≫ 권1, 원년 8월 29일(무인)
97) ≪태종실록≫ 권1, 원년 6월 4일(신유)
98) ≪세종실록≫ 권127, 32년 윤정월 7일(임자). "외방의 나라가 중국의 威
　　靈을 믿지 아니 하오면 뭇 백성을 호령할 수 없사옵고 …"
　　≪문종실록≫ 권2, 즉위년 6월 10일(임오). "지금 고명과 면복을 주어 왕
　　비에게까지 미쳤으니, 이는 황제께서 특별한 은혜로 우리나라를 편안하
　　게 해주신 것이다"
　　≪선조실록≫ 권130, 33년 10월 19일(기축). "고명과 면복은 하루라도 없
　　어서는 안 되는 것이다"
　　≪선조실록≫ 권131, 33년 11월 8일(무신). "고명과 면복은 천자에게서
　　받은 것이므로, 제후의 법도에 있어서는 그야말로 하루라도 없어서는
　　안 된다"
　　≪선조실록≫ 권131, 33년 11월 9일(기유). "대체로 면복은 천자에게서
　　받아 종묘를 받들어 섬기는 것이니, 하루라도 없어서는 안 되는데 …"
　　≪선조실록≫ 권137, 34년 5월 4일(신축). "이(天朝에서 은사하신 고명과
　　면복 등)는 바로 皇上께서 명을 내린 은전이요 번방에서 명을 받은 章典
　　인 것이어서, 모두가 하루라도 없어서는 안 되는 것이니 …"
　　≪정조실록≫ 권18, 8년 7월 4일(정사). "소방은 先祖 이래로 왕위를 계
　　승하는 초기에 즉시 (중국에) 은전을 청하여 나라의 근본을 정하고 인심
　　을 안정시켰는데 …"
99) ≪세종실록≫ 권3, 원년 정월 22일(정묘). "(황제께서) 한 나라를 지키는
　　임무를 맡기시고 우로 같은 은혜로 茅土의 봉을 가해 주시니, 기쁨은 천
　　지에 넘치고 경사는 종묘 사직에 미쳤나이다. … (신의 몸이) 대통을 계
　　승할 수 있게 하시와 … 큰 은총을 입게 하여 주시니 …"

  책봉의 중요성에 대해서는 중국도 이미 간파하고 있었다. 예컨대
명나라는 조선국왕의 면복을 내려준다는 칙서에서 "(조선은) 땅이 멀
리 해외에 있어 중국의 사랑[寵數]을 의지하지 않으면 그 신하와 백
성을 호령할 수 없을 것"이라면서 특명으로 사신을 보내 親王의 九章
服을 내려주었다.100) 청나라 때에도 "그 나라(조선)가 임금은 약하고
신하는 강하다. … 우리(청) 조정의 보호가 없었던들 몇 번이나 篡竊

  ≪문종실록≫ 권5, 원년 정월 26일(병인). "일은 基業을 잇는 것보다 막
  중한 것이 없고, 경사는 고명을 받는 것보다 막대한 것이 없는데… 또
  왕비에게 고명을 하사하고 인하여 勅書하여 왕세자를 책봉하니, 실로
  드물게 있는 성대한 일이다"
  ≪단종실록≫ 권14, 3년 4월 22일(정유). "경사는 錫命보다 더 큰 것이
  없으니 …"
  ≪예종실록≫ 권3, 원년 2월 18일(계묘). "고명은 일국의 경사 …"
  ≪성종실록≫ 권70, 7년 8월 22일(임진). "고명과 관복을 내려 주셨던 것
  은 그 은혜와 영광을 비할 수 없었다"
  ≪연산군일기≫ 권49, 9년 5월 16일(신사). "황제께서 사신을 보내어 왕
  세자를 책봉한 일은 실로 더할 수 없는 경사로서 …"
  ≪명종실록≫ 권21, 11년 10월 8일(계사). "고명이란 천자의 寵章이요 列
  國의 大宝이다. 옛날의 제후와 君夫人은 살아서 천자에게 命을 받지 못
  하면 죽은 뒤에 追賜 받더라도 영예로 삼았으니, 고명이 어찌 열국의 큰
  보배가 아니겠는가"
  ≪선조실록≫ 권145, 35년 정월 27일(경신). "(중국이) 고명과 면복을 하
  사한 것은 또한 우리나라 백성으로서 막대한 경사이니 …"
  ≪인조실록≫ 권47, 24년 정월 3일(신해). "은택이 중국으로부터 내리어
  (세자)책봉을 받았다. 단지 한 사람의 경사일 뿐만 아니라 실로 8도가 함
  께 기뻐할 일이다"
  ≪정조실록≫ 권18, 8년 7월 4일(정사). "大朝(중국)의 은전 가운데 책봉
  의 은전보다 더 중한 것이 없다. … 영광은 下國(조선)에 차고 넘치고 은
  혜는 常典을 뛰어넘었으며 …"
100) ≪태종실록≫ 권3, 2년 2월 26일(기묘)
  태조 때 명나라에서 보내온 서신에서도 "고려국왕이 즉시 사신을 보
  내어 … 비록 신하라 일컫고 들어와 조공한다 하지마는, 실상은 화친
  하기를 청하여 三韓의 백성을 편안하게 하려고 했던 것"이라 지적하였
  다[≪태조실록≫ 권14, 7년 5월 14일(경신)].

을 치렀을지도 모를 일"이라고 지적하였다.[101] 이와 같이 조선은 물
론 중국에서도 책봉이 무엇보다 권력의 정당성을 인정해줌으로써 정
권의 안정을 기하는데 매우 중요하다는 사실을 인식하고 있었던 것
이다.

나아가 책봉은 조공국(국왕)에 대한 정식 승인을 뜻하였고 따라서
대외적인 위신을 높이는 길이기도 하였다. 이는 세종 연간에 유구국
사절을 대우하는 문제에 관한 논의에서도 알 수 있다.[102] 즉 중국황
제로부터 책봉을 받은 유구는 그렇지 못한 野人이나 倭人에 비할 바
가 아니라면서, 당연히 이들보다 우대해야 한다고 보았던 것이다.[103]
또한 일본과 관련하여 중종 때 金安國은 "우리나라와 일본은 모두 北
面하여 사대한다"고 지적하면서 "(일본의) 예악문물이 우리나라에 미
치지는 못하나, 중국에 통하여 正朔을 같이 받으므로 우리나라와 같
은 封王이니 후하게 대우해야 할 것인데, 어찌 倭奴라고 지목할 수
있겠는가"라며,[104] 일본도 책봉을 받은 만큼 업신여겨서는 안 된다고

---

101) ≪숙종실록≫ 권17, 12년 윤4월 29일(임오)
102) ≪세종실록≫ 권54, 13년 10월 15일(병오). "이 무리들은 때때로 중국에
　　　朝見하고 있으니, 여러 섬의 왜적들에 비할 바가 아니다"
　　　≪세종실록≫ 권54, 13년 11월 7일(무진). "유구국은 곧 황제께서 명을
　　　내려 封爵한 나라이니, 野人이나 倭人에 비할 것이 아니다"
　　　≪세종실록≫ 권54, 13년 11월 15일(병자). "유구국은 中朝에 교통하여
　　　爵名까지 받았으니, 왜인에 비할 것은 아니다"
103) 광해군 때에도 유구국이 예물을 보내오자 答禮예물을 보낼 것인지에
　　　대하여 우의정 沈喜壽는 "스스로 자기들이 새로 天朝의 寵命을 받아
　　　王爵에 襲封되었다고 진술하였으니, 더욱 回謝하는 예가 없을 수 없고
　　　겸하여 致賀도 해야 한다"고 하였다[≪광해군일기≫ 권14, 원년 3월 25
　　　일(병오)]. 즉 유구가 책봉을 받았다고 하니 답례의 예와 함께 축하도
　　　해야 한다는 주장이었다.
104) ≪중종실록≫ 권98, 37년 5월 15일(을미). 이에 대하여 史臣은 "왜인의
　　　성질이 교활하고 詐僞함은 헤아리기 어려우므로 조정이 의논하는 것
　　　이 번번이 그 술수에 빠지니, 우리나라에 사람이 있다고 생각하겠는
　　　가"라면서 "(저들이) 청한 일을 낱낱이 들어주는 것은 교만한 버릇을

하였다. 이와 같이 중국에의 조공책봉 班列에 참여하는 것이 커다란 영예라고 인식되었던 것이다.[105]

본래 명·청대의 중국은 조공과 책봉에 관한 상세한 규정을 두고 시행하였으니, 조공의 기한[貢期]·사절규모·노선[貢道]·조공물품 [貢物] 등이 그러한 것이었다. 예컨대 명나라는 조선을 비롯한 대부분의 조공국들에게 '3年 1貢' 즉 3년에 한번씩 조공할 것을 요구하였으나, 조선은 '1년 3공'을 간청하여 결국 1년 3~4공이라는 유례 없는 파격적 대우를 받았다.[106] 조공사절의 규모, 즉 조공사절의 인원수와 북경에 들어가는 인원수도 제한하였다.[107] 그러나 조선에 대해서는 예외적으로 인원수의 제한을 두지 않고 사절단 전원이 북경까지 왕래하게 하였다. 서열상으로도 조선은 모든 조공국 사절 중에서 늘 最上位 대우를 받았으며,[108] 북경에서의 교역활동에서도 기한의 구애를

길러주는 것"이라며 왜인을 후대해야 한다는 김안국의 주장을 "매우 옳지 않다"고 논평하였다.

105) 예컨대 ≪정조실록≫ 권36, 16년 10월 6일(신미)조 등 참조.
106) 권선홍, 1999a <앞 논문> 33~34 ; 김한규, 1999 ≪앞 책≫ 576~77 ≪大明會典≫(권105~106, 禮部63~64 朝貢1~2)에 日本은 10년 1공, 琉球는 2년 1공, 安南과 暹羅·占城·爪哇는 3년 1공으로 규정하였고, 여타의 조공국들에 대해서는 아예 기간을 정하지도 않았다. 물론 조공 횟수의 규정이 다소 변경되기도 하였으며, 실제 그대로 이행되었던 것만은 아니었다.
107) 예컨대 청나라 초기(順治 9년[1652년])에 陸路를 통해 조공하는 나라의 사절인원은 매회 100인을 초과할 수 없으며 入京人員은 단지 20인만 허락하였고, 바다를 건너오는 조공국들에 대해서는 배 3척을 초과할 수 없으며 매척 당 100인을 초과하지 못한다고 규정하였다. 그 후에 각 조공국 마다 구체적인 규정을 두었는데, 입경인원의 경우 적으면 15명, 많으면 20~22인으로 제한하였다. ≪大淸會典事例≫ 권514, 禮部 朝貢 從人
108) 권선홍, 1999a <앞 논문>, 61 ; 김한규, 1999 ≪앞 책≫, 577 주 21) ; 蔣非非·王小甫 외, 1998 ≪앞 책≫, 278~84, 327 ; 万明, 2000 ≪中國融入世界的步履≫, 327 ; 劉爲, 2002 ≪淸代中朝使者往來硏究≫ (흑룡강교육출판사, 하얼빈) 서론

받지 않는 우대를 받았다. 즉 조공과 頒賞의 공식 절차가 끝나면 조
공사절의 숙소인 會同館에서 3일 혹은 5일 동안 교역[開市]이 허용되
었으나, 조선은 유구와 함께 기한의 제한을 받지 않는, 예외적인 특전
이 주어졌다.[109] 또한 명나라는 초기부터 海禁정책을 시행하여 공식
적인 조공무역만을 허락하고 그 외의 사적인 무역활동은 원칙적으로
인정하지 않았음은 앞에서 언급하였다. 특히 대외무역을 통제하기 위
하여 주요 조공국들에게는 일종의 入國證明書인 勘合을 발급하였으
며, 이로써 조공사절의 眞僞 여부를 판별하였다.[110] 그러나 조선과 유
구에 대해서는 '본디 禮를 알고 있어 사절왕래에 文字로써 서로 통할
수 있으므로 굳이 감합으로써 信標를 삼을 필요가 없다'는 이유로 감
합이 주어지지 않았다.[111] 즉 조선과 유구는 여타의 국가들과는 달리
예의를 아는 문명국으로 인정받아, 감합제도의 제한을 받지 않는 우
대를 받았던 것이다. 뿐만 아니라 조선사절들에게는 여타의 조공국과
는 달리 조선을 "가까이 하고 신임하여" 활이나 칼 같은 무기의 휴대
까지 허용되었다.[112]

---

109) ≪大明會典≫ 권108, 禮部66 朝貢4 朝貢通例 交通禁令 ; ≪大淸會典事
例≫ 권510, 禮部 朝貢 市易
즉 중국은 조선과 유구 두 나라에 대해 "자못 예의를 알고 있으니 마
음대로 물건을 매매하도록" 우대하였다[≪성종실록≫ 권285, 24년 12
월 3일(계해) ; ≪연산군일기≫ 권40, 7년 3월 28일(병자)].

110) ≪大明會典≫ 권108, 朝貢4 朝貢通例
감합은 명 태조 洪武 16년(1383)부터 발급하기 시작하였는데, 처음으
로 이를 받은 나라는 섬라였으며 후에 일본·占城 등 모두 15개국에
달하였다.

111) 鄭樑生, 1985 ≪明代中日關係硏究≫ (文史哲, 臺北) 64~68

112) ≪성종실록≫ 권111, 10년 11월 19일(경자) 및 권295, 25년 10월 19일(갑
술). 또한 ≪선조실록≫ 권23, 22년 2월 4일(신사) 참조. 본래 중국은 史
書나 兵器·焰硝·牛角 등을 禁制品으로 지정하여 조공국들이 사가지
못하도록 엄금하였으나(≪大明會典≫ 권108, 朝貢4 朝貢通例; ≪大淸
會典事例≫ 권511, 禮部 朝貢 禁令1 崇德 2年條), 조선이 弓角의 수매
를 주청하면 특별히 허락하기도 하였다. 예컨대 ≪성종실록≫ 권83, 8

한편 조선은 책봉에서도 특별한 대우를 받았다. 무엇보다 조선은 유구·월남과 마찬가지로 중국이 직접 사절을 보내 책봉해준[遣使往封] 나라였으며, 이들 세 나라 이외의 경우에는 원칙적으로 당해국의 조공사절이 오면 그 편에 주어 보냈을[順付] 뿐이었다.[113] 또한 조선은 국왕뿐만 아니라 왕비와 왕세자까지 책봉을 받았던 유일한 나라였다. 실제 중국이 지적하였듯이 "內子(왕비)를 推封하는 의식은 오직 예의의 나라에게만 특별히 시행하는" 특전이었던 것이다.[114] 책봉사(정·부사)의 品階에서도 유구나 월남에는 5품 이하 7품까지의 중견 이하의 관리들을 임명한데 반하여, 조선에는 3품 이상의 고위 관리를 임명하여 보냈다.[115] 뿐만 아니라 중국이 처음 책봉할 때에는 조공국 국왕에게 印章을 주었는데, 조선은 유구·안남 등이 駝紐鍍金銀印을 받은 데 비하여 龜紐金印을 받았으니, 여기서도 우대를 받았음을 알

___

년 8월 26일(경신); 권88, 9년 1월 11일(갑술); 권124, 11년 12월 9일(갑인) 및 권128, 12년 4월 19일(계해) 참조.
113) ≪대청회전사례≫ 권502, 禮部 朝貢 勅封
   중국이 夷狄의 나라에 사절을 보내는 것은 드문 일로 여겼다[≪선조실록≫ 권76, 29년 4월 20일(병진) 유성룡의 지적]. 조선 역시 야인·왜인 같은 이적에게 사신을 보내는 것은 '國威를 손상'하거나[≪연산군일기≫ 권22, 3년 4월 26일(정유)], '大義에 해로움이 있다'[≪인조실록≫ 권33, 14년 9월 19일(경신)]고 여겼다.
114) ≪중종실록≫ 권32, 13년 4월 21일(기축)
115) 錢實甫, 1959 ≪淸代的外交機關≫ (삼련서점, 북경) 28~29; J. K. Fairbank & S. Y. Teng, 1941 "On the Ch'ing Tributary System" *Harvard Journal of Asiatic Studies*, 6, 170
   明은 대체로 환관이나 5~6품의 관리 가운데서 사절을 임명하여 파견하였다[김한규, 1999 ≪앞 책≫ 634 ; 조영록, 2002 ≪근세동아시아 삼국의 국제교류와 문화≫ (지식산업사, 서울) 제1부 제3장]. 한편 淸은 內大臣·散秩大臣·一等侍衛·滿洲內閣 중에서 정·부사를 임명하였는데[≪대청회전사례≫ 권502, 禮部 朝貢 칙봉), 대체로 정사는 2품 이상의 관원으로 임명하였다[糟谷憲一, 1992 <近代的外交體制の創出> 荒野泰典 외 편, ≪アジアのなかの日本史(Ⅱ)≫ (동경대학출판회, 동경) 225 ; 劉爲, 2002 ≪앞 책≫ 제3장 제2절 참조].

수 있다.[116] 이와 관련하여 正祖 22년 사은 겸 동지사행의 서장관으로 중국에 다녀온 徐有聞은 다음과 같이 언급하였다.

> 咨文에 大國에서 내려보낸 도장[印]을 쳤으니, 글은 '朝鮮國王之印'이라 하였으니 금으로 만들고 거북뉴(도장 손잡이 부분에 거북을 그린 것)를 앉혔으며, 우편에 篆字로 쓰고 좌편에 만주글자로 썼다. 대국법에 금으로 만든 인의 거북뉴는 親王에게 주는 인이요, 친왕은 황제의 형제와 皇子를 일컫는 이름이라. 안남국·유구국 같은 나라는 다 은으로 만든 인에 낙타뉴를 앉혔으니, 이로 보아도 우리나라 대접하는 것이 외국에 비할 바 없는 줄 가히 알리라.[117]

즉 조선이 다른 나라와는 달리 거북뉴의 금인을 내려 받은 것은 중국으로부터 특별한 대우를 받은 것이었으며, 따라서 이를 자랑스럽게 여겼던 것이다.

이상에서 살펴본 바와 같이, 조선은 어느 조공국보다도 중국으로부터 특별한 은전과 예우를 받았으며, 그러한 사실에 대해 자부하였음을 알 수 있다.

뿐만 아니라 조선은 高麗 등 역대 왕조와 비교하더라도 중국(명)으로부터 가장 후한 은전을 받았음을 자랑스럽게 여겼다. 예컨대 선조 때 徐渻은 "漢·唐 시대에 도호부를 설치하였던 일이 있기는 하나, 皇朝의 은전을 우리 조선만큼 후하게 입은 적은 없었다"고 하였으며,[118] 후일 宋時烈 역시 "임금과 신하 가운데 망극한 은혜를 입기로는 또한 우리 조정과 명나라 사이보다 더 큰 것은 없을 것이다. 어찌 고려가 宋나라에게 입은 것과 비할 수 있겠는가",[119] "皇上의 돌보아

---

116) 조공국 국왕에게 수여하는 인장은 金·鍍金·銀 3등급이었다. ≪明史≫ 권72, 職官志1 頁1748
117) 서유문, <무오연행록> ≪연행록선집(Ⅶ)≫ (민족문화추진회) 19
118) ≪선조실록≫ 권131, 33년 11월 16일(병진)
119) ≪효종실록≫ 권19, 8년 8월 16일(병술)

주심을 받아 內服과 같이 돌보아 주게 되고 내려주는 물건 또한 많아졌다"고 하였다.120)

　한편 중국도 조선을 '禮義의 나라'·'文獻의 나라'라고 일컬으면서 각별한 예우와 특별한 우대를 베풀었다.121) 즉 중국은 조선을 "四夷와 함께 보지 않았으며"122) "化外로 여기지 않았을" 뿐 아니라,123) "다른 나라들과 같이 대접할 수 없다"거나124) "다른 조공국에 비할 바가 아니다"고 하였다.125) 또한 "한집안과 같다",126) "명의 상으로는

---

120) 《숙종실록》 권18, 13년 2월 4일(임자)
121) 예컨대 世宗은 "(중국이) 야인에게는 짐승으로써 대우하고 우리나라에게는 예의로써 대우한 까닭으로, 그 야인에게는 소원하고 박하게 하며 우리나라에게는 친근하고 후하게 하였다"고 지적하였다[《세종실록》 권69, 17년 7월 16일(을유)]. 成宗도 "중국에서 우리나라를 대우함에 있어 은혜를 베푸는 예절이 매우 후하고 나에게 내리는 물품도 많고 중하다"고 하였다[《성종실록》 권112, 10년 12월 21일(임신)]. 後金에 보낸 答書에서도 '조선이 명나라를 신하로서 섬기는 것은 예에 있어서 당연한 일'이라 하면서 "중국(명)은 조선에게 지극히 존귀한 나라로되 (조선을) 특별한 예로써 대우하여 … 우리나라가 보내는 물건[貢獻]은 지극히 박하나 중국이 내려주는 물건[賜賚]은 지극히 후하다"고 강조하였다[《인조실록》 권32, 14년 6월 17일(경인)]. 청나라 때에도 조선은 우대를 받았으니, "무릇 대국이 외국에 대해 특별히 우대하는 은혜를 베풀지 않았다 하더라도 사대하는 방도에 있어서는 정성을 다하는 것이 본래 당연한 일인데, 더구나 지금의 황제가 우리나라를 대하는 것을 생각하면 더 말해 무엇하겠는가"라는 正祖의 말이나 "황제가 우리나라를 우대해준 것이야말로 보통을 훨씬 뛰어넘는 것이었다"며 동조하는 우의정 蔡濟恭의 말에서도[《정조실록》 권43, 19년 9월 29일(정축)] 이를 알 수 있다.
122) 《태종실록》 권10, 5년 9월 18일(경술)
123) 《세종실록》 권80, 20년 1월 21일(병오) 및 권84, 21년 3월 6일(갑인)
124) 《성종실록》 권285, 24년 12월 3일(계해)
125) 《세조실록》 권19, 6년 3월 2일(기묘) ; 《중종실록》 권89, 33년 11월 25일(을미)
126) 예컨대 《선조실록》 권47, 25년 1월 15일(갑오) 및 권104, 31년 9월 12일(갑오) 등.

外藩이나 실제로는 內服(域內·內地)과 다름없다"라면서[127] "중국 다음 갈 만하다",[128] "속국의 우두머리"라고[129] 높이 평가하였다. 이러한 중국 측의 예우와 우대는 실로 다른 조공국들이 넘볼 수 없는 것이었으며,[130] 조선 역시 그러한 대우에 자부하였을 뿐 아니라[131] 때로는 유구, 안남이나 섬라(태국) 등 다른 나라들의 선망의 대상이 되기도 하였다. 예컨대 안남 국왕이 조선과 마찬가지로 곤면(곤룡포와 면류관)을 하사해줄 것을 중국 측에 요청하였으나, 명 조정은 이를 허락하지 않았다.[132] 유구도 조선·안남의 경우처럼 조서를 내려달라

---

127) ≪중종실록≫ 권84, 32년 3월 20일(기해) ; ≪明史≫ 권320, 朝鮮傳, 頁 8307
128) ≪세종실록≫ 권26, 6년 10월 17일(무오)
129) ≪선조실록≫ 권185, 38년 3월 13일(정해)
130) ≪明史≫ 권320, 朝鮮傳 頁8285; (明)嚴從簡, ≪殊域周咨錄≫ (中華書局, 1993판) 46 ; 董越, ≪朝鮮賦≫ 14張. 또한 木村 幹, 2000 ≪朝鮮/韓國ナショナリズムと'小國'意識≫ (ミネルヴァ書房, 경도) 42 참조.
131) 예컨대 북학파 洪大容은 "우리나라가 大明을 섬긴 지 2백여 년이 되었으며 임진년 再造의 은혜를 입은 이후로는 君臣의 의리에 父子의 은혜까지 겸하게 되었다. 대명이 돌보고 대해주는 바와 우리나라가 의지하고 우러러보는 바는 內藩과 다름이 없으며, 다른 外夷들이 가히 비할 바가 아니다"고 하였다[≪湛軒書≫ 內集 권3, 答韓仲由書 ; 1974 ≪국역 담헌서(Ⅰ)≫ (민족문화추진회) 323]. 조선 후기의 학자 이긍익도 "중국(천조)에서 우리나라를 대접하는 것이 다른 외국들과는 훨씬 다르다"면서 황제 등극·황장자 탄생·태자 책봉시 모두 詔使를 보내어 우리나라에 반포하였으며 "우리나라의 왕을 책봉하고 세자를 책봉할 때는 곧 內官을 보내었으니, 내관이 조서를 받들고 오는 것은 큰 은전이다. 중국의 親王을 책봉할 때에도 또한 내관을 보내지 않는데, 우리나라에만 보내니 그 영광스러움이 막대한 것이다"고 지적하였다[李肯翊, ≪燃藜室記述≫ 별집 권5, 事大典故 皇朝喪 詔使 ; 1982 ≪국역 연여실기술(Ⅸ)≫ (민족문화추진회) 365].
132) ≪明영종실록≫ 권279, 天順 원년 6월 갑오 ; ≪殊域周咨錄≫ 권1, 東夷 朝鮮, 46.
또한 葛振家, 1995 <論明代中國人的朝鮮觀> ≪北京大學 韓國學論文集≫ 4, 217 ; 蔣非非·王小甫 외, 1998 ≪앞 책≫ 284, 참조.

[頒詔]고 주청하였으나, 명나라의 허락을 받지 못하였다.133) 1736년에
는 태국사절이 조선사신과 같은 대우를 받게 해달라고 하였으나, 건
륭제는 태국이 조선과는 달리 중국의 문물 · 예의에 익숙하지 못하기
때문에 허락할 수 없다며 거절하였다.134) 한마디로 조선은 중국 다음
가는 나라로서, 조공국 중에서는 최상위에 위치하였던135) 것이다.

Ⅳ. 전통시대 동아시아 국제사회에서의 일본

  이상의 논의를 바탕으로, 여기에서는 전통시대 동아시아국제관계
에 대한 일본학계의 주장을 간략히 살펴보고 이를 비판적으로 검토
하고자 한다. 일찍이 일본이 이른바 植民主義史觀에 의해 한국사의
주체성과 자율성을 부정하며 종속성 · 타율성을 강조하였음은 잘 알
려진 사실이다.136) 근래 일본에서는 동아시아세계, 책봉체제 · 조공무
역체제, 아시아交易圈, 화이질서 등의 주제로 전통시대 동아시아국제
관계에 대한 연구를 활발히 진행시키고 있다.137) 무엇보다도 세세한

---

133) ≪명憲宗실록≫ 권151, 成化 12년 3월 기미
     유구는 일본 · 점성 등과 같이 해외의 나라로서 조서를 내려준 전례가
     없다는 이유에서였다.
134) Suebsaeng Promboon, 1971 "Sino-Siamese Tributary Relations, 1282~1853"
     Ph. D. diss., University of Wisconsin, 207
135) Kenneth R. Robinson, 2000 "Centering the King of Choson" *The Journal of
     Asian Studies* 59-1, 109~115, 122; Kenneth M. Swope, 2002 "Deceit,
     Disguise, and Dependence: China, Japan, and the Future of the Tributary
     System, 1592-1596" *The International History Review* 24-4, 761, 780 등 참조.
     또한 Nelson, 1945 op. cit., 92 참조.
136) 이에 대한 소개와 비판으로는 이기백, 1994 신판 ≪민족과 역사≫ (일
     조각, 서울) 참조.
137) 예컨대 西嶋定生, 1983 ≪앞 책≫ ; 田中健夫, 1975 ≪中世對外關係史≫
     (동경대학출판회, 동경); 同人, 1982 ≪對外關係と文化交流≫ (思文閣,

국면까지 고찰하는 실증적인 방법을 사용하여 매우 수준 높은 연구
가 이루어지고 있다고 여겨진다. 물론 세부적인 쟁점에 관해서는 학
자들간의 의견이 다르기도 하지만, 대체로 중국을 중심으로 한 전통
시대 동아시아국제사회에서 일본은 다른 조공국들과는 달리 독립된
입장을 관철하며 우월한 위치에 있었다는 주장으로 요약할 수 있
다.138) 예컨대 후소샤[扶桑社] 발간 ≪일본중학교 역사교과서≫(국역
본) 39쪽의 '中華秩序와 朝貢'이라는 박스 해설에서 다음과 같이 설명
하고 있다.

  중화질서란 근대 이전의 중국 중심의 질서를 가리킨다. 중국의 황
  제가 주변 제국의 왕에게 칭호 등을 수여하여 신하로 삼는다. 신하된
  나라는 정기적으로 사신이나 공물을 보내 朝貢, 臣從의 예를 취한다.
  일본은 고대에는 조공 등을 한 시기가 있지만 조선과 베트남 등과 비
  교하면 독립된 입장을 관철하였다.

_____

  경도) ; 荒野泰典, 1988 ≪近世日本と東アジア≫ (吉川弘文館, 동경) ;
  佐久間重男, 1992 ≪日明關係史の研究≫ (吉川弘文館, 동경) ; 紙屋敦
  之, 1997 ≪大君外交と東アジア世界≫ (吉川弘文館, 동경) ; 茂木敏夫,
  1997 ≪變容する近代東アジアの國際秩序≫ (山川출판사, 동경) ; 浜下
  武志, 1997 ≪朝貢システムと近代東アジア≫ (岩波서점, 동경) 등 참조.
138) 조동일은 과거에 한국사에서의 사대주의를 두고 하던 일본측의 주장이
  오늘날의 책봉체제론으로 이어지고 있으며, 실증사학의 방법으로 사
  실 자체를 밝힌다고 하면서 일본인 특유의 편견을 합리화하고 있다고
  지적하였다. 나아가 책봉체제에 대한 일본학계의 주장을 다음과 같이
  잘 간추려 놓았다. 즉 가)일본과 다른 나라 사이의 대외관계의 일환으
  로 연구하며, 나)미세한 국면까지 찾아내 고찰하는 실증적인 방법을
  사용하며, 다)책봉과 피책봉 양측에 각기 그 나름대로의 정치적 이유
  때문에 성립하였다고 보고 그 이유를 자세히 밝히는데 힘쓰며, 라)책
  봉을 받는 여러 나라는 중국 쪽의 평가에서나 각기 설정한 위치에서나
  우열이 있었다 하고, 일본의 위치는 우월한 쪽이었다고 하며, 마)일본
  은 중국의 책봉을 계속 받아들이고 있던 나라들과는 달리, 책봉체제에
  서 벗어나서 자주성을 획득하는 독자적인 노선을 지향했다고 한다(조
  동일, 1999 <앞 논문>, 15~17).

또한 같은 책 198쪽에서는 "예로부터 동아시아에는 중국을 중심으로 하는 중화질서가 존재하였다. 조선이나 베트남은 완전히 그 내부에 들어가서 중국 역대왕조에 복속하고 있었다"라고 기술하고 있다. 요컨대 중국과의 사대나 책봉·조공관계는 屈辱的인 것이었으며 따라서 중국과의 그러한 관계가 짧았던 일본은 우월한 위치에 있고 그렇지 못한 조선이나 베트남 등은 열등한 위치에 있었다는 것이다.[139] 나아가 德川幕府시대에는 일본 중심의 독자적인 국제사회를 구축하였다는 이른바 '日本型 華夷秩序論'을 주장하기도 한다.[140]

그러나 이러한 일본측 주장은 다분히 근·현대적 시각에 따르는 것으로, 역사적 사실과는 어긋나는 점이 있으며 따라서 재고할 필요가 있다고 본다. 우선 중국은 말할 것도 없고, 유학을 신봉한 조선시대의 군신들은 예규범으로서의 사대에 대해서 하등의 굴욕감이나 수치심을 느끼지 않고 오히려 당연한 것으로 여겼음은 누누이 언급한 바와 같다. 명분상의 사대자소는 힘에 의한 일방적 관계가 아니라, 대·소국이 서로 섬기고 보살펴주는 禮的 上下關係이자 '天理의 당연한 바'였다.[141] 즉 조선과 중국 관계는 서로 "禮로써 사대하고 禮로

---

139) 물론 일본에서도 전통적 동아시아세계질서가 대국인 중국이 주변 국가·민족에 대한 권력적인 지배·착취질서가 아니라, 여러 국가·민족들이 각자의 독자성을 유지하면서 조화·공존하는 느슨한 상하계층적 질서라 할 수 있으며, 나름대로 '합리적' 질서였다는 주장도 있다. 예컨대 茂木敏夫, 1992 <中華帝國の'近代'的再編と日本> ≪岩波講座 近代日本と植民地(1)≫ (암파서점, 동경) 62 등 참조.

140) 荒野泰典, 1988 ≪앞 책≫; Ronald P. Toby, 1994 *State and Diplomacy in Early Modern Japan* (Princeton: Princeton Univ. Press) 등 참조. 물론 이에 대한 재검토나 비판적 견해도 제기되고 있다[三谷博, 1999 <西洋國際體系を準備した'鎖國'> 濱下武志 편, ≪東アジア世界の地域ネットワーク≫ (山川출판사, 동경) ; 川勝 守, 2000 ≪日本近世と東アジア世界≫ (吉川弘文館, 동경) 등].

141) 事大·事小에 관한 맹자의 말에 대하여 朱子는 "大之字小, 小之事大, 皆理之當然也"라고 하여 (≪孟子≫ 양혜왕 하편 제3장 주), 사대자소가

써 대우하는" 관계였던 것이다.142) 양국관계가 禮에 기반을 둔 상호
적·쌍방적 관계라는 것은 병자호란 당시 조선이 청나라 군영에 보
낸 항복문서에서 "臣이 바야흐로 성심껏 陛下를 섬기고 폐하께서도
또한 禮義로 小邦을 대하시어 君臣 사이에 각기 그 道理를 다함으로
써" 운운한 데에서143) 잘 나타나 있다. 다시 말해 誠信으로 섬기고 禮
義로 대하여 쌍방이 그 도리를 다해야 하는 관계임을 밝히고 있다.
至誠事大는 조선이 對馬島에게 요구하는 규범이기도 하였다.144) 물론
힘에 의한 사대관계의 강요에 대해서는 명분에 어긋나는 만큼 극렬
히 반대하고 저항하였으니, 胡亂 당시의 조선의 청에 대한 태도에서
여실히 알 수 있다.145)

天理의 당연한 것이라 하였다.
142) ≪명종실록≫ 권8, 3년 8월 6일(무신)
143) ≪인조실록≫ 권34, 15년 정월 23일(계해) ; ≪청태종실록≫ 권33, 崇德
   2년 정월 갑자
144) 예컨대 조선은 대마도에 대하여 "작은 나라가 큰 나라를 섬기는 데에
   는 성의로 섬기고 거짓이 없어야 한다"[≪중종실록≫ 권8, 4년 4월 12
   일(계유) 및 권10, 5년 2월 3일(기축)], "대체로 작은 나라가 큰 나라를
   섬기는 방식은 오직 정성과 신의를 다할 따름이다"[≪명종실록≫ 권
   20, 11년 5월 8일(을축)]고 강조하였다.
145) 조선의 군신들은 힘의 강요에 의한 對淸사대에 대하여 말할 수 없는
   통한과 부끄러움을 가졌으니, 비록 현실적으로는 어쩔 수 없다 하더라
   도 심정적·이념적으로는 결코 인정하지 않으려 하였다. 예컨대 宋時
   烈은 대청사대를 '부끄러움을 참고 원수를 섬기는 것으로 人慾'이라
   하였다(≪宋子大全≫ 권5, 己丑封事). 국왕 英祖도 현실적으로 청에 대
   한 '사대의 禮는 폐지해서는 안 되나, 사대하는 精誠은 이제 논할 것이
   없다'고 하여[≪조선영조실록≫ 권119, 48년 10월 27일(무자)] 진정한
   사대가 아님을 말하고 있다. 朴趾源도 명나라는 上國인데, 이는 中華를
   가리키며 조선의 선왕들이 명을 받은[受命] 나라이기 때문이라면서 조
   선에 베풀어 준 것은 모두 은혜[恩]라고 하였다. 반면에 청나라는 중화
   가 아니며 조선은 힘에 의해 굴복한 것이지 처음 命을 받은 바 천자가
   아니기 때문에 상국이 아닌 단순히 大國일 뿐이라면서, 저들이 비록
   명대에도 없었던 여러 예우와 공물 감면 등 회유정책을 펴지만 어디까

다음으로 琉球나 越南 역시 중국과의 사대관계를 당연시하였으며, 중국 황제로부터의 책봉을 매우 영광스러운 일로 여겼다. 예컨대 유구 국왕이 중국에 보낸 문서는 논외로 하더라도, 조선에 보내온 咨文에서 "지금 大明황제의 먼데 사람을 懷柔하시는 은혜를 입어, 영광스럽게 王爵을 封해 받아 이 지방을 관장하게 되었다"고 하였다.146) 훗날 유구국왕이 북경을 경유하여 보내온 외교문서에도 다음과 같은 내용이 들어있다.

　　폐방이 근년에 명나라로부터 冠服을 내려 받고 王爵을 襲封하도록 하는 은혜를 받아, 비로소 귀국(조선)과 함께 兄弟 나라로서의 떳떳함을 맺을 수 있게 되었으며, 같이 (명나라의) 울타리 구실을 하는 나라로서 중임을 맡은 신하가 되었습니다. … 돌이켜 보면 명나라의 위엄스런 명령과 신령한 밝음으로 저(中原을 엿보았던 賊酋)들을 굴복시켜 편안하도록 할 수 있을 것이며 … 지금부터 영원토록 盟約을 맺어 귀국은 형이 되고 폐방은 아우가 되어, 兄弟가 明나라를 父母처럼 우

지나 우대[惠]일 뿐 은혜[恩]가 아니며 근심거리[憂]가 될 뿐이지 영예로운 것[榮]이 아니라고 하였다(≪熱河日記≫ 行在雜錄 行在雜錄序). 대표적인 위정척사파 李恒老 역시 "강요에 의한 맹약은 (진정한) 맹약이 아니다[要盟非盟]"라면서(≪華西雅言≫ 권10, 尊中華), 청은 무력으로 조선을 침략한 (王者가 아닌) 覇者에 지나지 않으며 결코 사대의 대상이 아니라 복수 雪恥의 대상일 뿐이라고 보았다. 한편 중국을 지성으로 사대하던 유구도 1609년 일본 薩摩藩의 침략이나 明治 일본의 자국 영토화 강요에 대하여 반발·저항하였음은 또 다른 예라고 하겠다. 이와 관련하여 조동일, 1999 <앞 논문>, 46~49 ; 양수지, 2002 <류큐왕국의 멸망> 하정식·유장근 엮음, ≪근대 동아시아 국제관계의 변모≫ (혜안, 서울) 199~228 ; 권선홍, 2003 <중국과 유구의 책봉·조공관계> 김호준 외, ≪중국 대외관계의 어제와 오늘≫ (부산외대 출판부, 부산), 60~61, 76~77 ; 米慶余, 1998 ≪琉球歷史硏究≫ (천진인민출판사, 天津) 제3장 이하 등 참조.
146) ≪태종실록≫ 권18, 9년 9월 21일(경인)
　　유구의 대중국 조공·책봉관계 인식에 대해서는 권선홍, 2003 <위 논문>, 73~78 참조.

러러 섬기며 즐겁고 화목하게 聘問하기를 청합니다.[147]

이처럼 유구도 중국 황제로부터 책봉 받은 것을 매우 영광스럽게 여겼으며, 같은 조공국이며 피책봉국인 조선과는 형제로서 함께 명나라를 부모처럼 우러러 섬기자고 하였던 것이다.

한편 安南국왕이 청나라에 보낸 외교문서(謝恩주문)에도 이와 유사한 내용이 들어있다.

> 진실로 오늘날 위대하신 황제께서 커다란 은혜를 내리시고 … 臣은 실로 여러 모로 부족한 사람으로서 이런 영광을 입게 되었는데 … 어떻게 天地 같으신 은혜에 만분의 일이나마 보답하겠습니까. … 신은 외람되게 封爵을 받고 즉시 (중국의) 남쪽 울타리 역할을 맡은 셈인데, … 신은 자손 대대로 황제의 가르침을 삼가 준수하여 大淸國을 받들어 나갈 것입니다. … 신은… 영광스럽게도 封號를 받게 되었으니, 스스로 물어보아도 이를 보답할 길이 없습니다.[148]

즉 안남 역시 책봉을 큰 영광으로 여겼음을 알 수 있다. 안남은 명나라 때에도 "살아서는 봉해주고 죽으면 제사지내주는 것[生有封, 死有祭]이야 말로 중국[聖朝]이 먼데 사람들을 회유하는 盛典"이라면서 弑害당한 자국의 국왕에 대한 吊祭를 주청하기도 하였다.[149]

또한 이들 국가 역시 책봉을 받음으로써 대내외적인 안정과 위신을 높일 수 있다고 생각하였다. 예컨대 명나라가 유구의 조공횟수를 1년 1공에서 2년 1공으로 제한하자, 유구국 中山王은 "臣의 朝宗이 정성껏 조공을 행한 것은 실은 중국이 돌보아 주시는 은혜에 힘입어

---

147) ≪광해군일기≫ 권23, 원년 12월 21일(무진). 이와 비슷한 내용의 유구국 문서는 ≪광해군일기≫ 권14, 원년 3월 22일(계묘)조에서도 보인다.
148) ≪정조실록≫ 권29, 14년 3월 27일(정미) 首譯 張濂이 올린 聞見別單. 섬라(태국)의 경우도 크게 다르지 않았으니, 예컨대 ≪정조실록≫ 권19, 9년 2월 14일(갑오)조의 섬라국 表文 참조.
149) ≪명영종실록≫ 권332, 天順 5년 9월 임술

다른 나라가 (유구를) 엿보는 근심을 막기 위한 것"이라면서 예전처럼 그대로 해주기를 간청하였다.[150] 越南도 중국에 보낸 문서에서 "무릇 소국이 대국에 의지하는 것은 환난과 재앙을 구휼할 수 있기 때문"이라 하였다.[151] 이와 관련하여 중국(청) 역시 안남의 새 왕조가 "중국(천조)의 封爵을 간절히 청한 것은 백성들을 안정시키려는 생각에서였다"고 보았다.[152] 이상의 예에서 살펴본 대로, 유구와 안남에서도 책봉은 실로 커다란 영예라고 여겼던 것이다.

한편 중국도 책봉을 경솔하게 허락하지는 않았다. 예컨대 李成桂가 재차 고명과 인장 즉 책봉을 내려달라는 청을 하자,[153] 명나라는 "사방의 夷狄들의 풍속이 각각 달라 추장마다 모두 君長으로 봉함을 받는 것이 아니며, 예로부터 化外之氓이라 해서 일찍이 명령으로 지도하고 법제로써 징계하지 않았다"라면서 "이제 조선이 … 印信과 誥命을 청한 것은 경솔하게 줄 수 없다. … 만약에 印信과 誥命을 주게 되면 저들로 하여금 臣妾과 귀신으로 보게 할 것인즉, 너무나 탐욕이 심하지 않겠는가"라며 거부하였다.[154] 또한 佛朗機國이 滿剌加(말래카)를 멸망시키고 중국에 조공을 바치며 책봉을 요청하였으나, "(중국)조정이 봉해준 나라를 마음대로 멸하였으니 허락할 수 없다"며 朝見을 허락하지 않았다.[155] 임란 당시 풍신수길을 일본국왕으로 책봉

---

150) ≪명憲宗실록≫ 권202, 成化 16년 4월 신유. 유구를 엿보는 다른 나라는 日本이었다고 해석된다. 徐玉虎, 1982 ≪明代琉球王國對外關係之硏究≫ (학생서국, 臺北) 25, 43쪽 ; 양수지, 1995 <유구왕국의 대외관계에 관한 일 고찰> ≪한일관계사연구≫ 3, 29~30, 44 참조.
151) ≪中法越南交涉檔≫ 제1책, 92, 楊邎道・葉鳳美, 1993 ≪淸政權半殖民地化 硏究≫ (고등교육출판사, 三河) 3 재인용.
152) ≪청高宗실록≫ 권1333, 乾隆 54년 6월 병자
153) ≪태조실록≫ 권8, 4년 11월 11일(신미)
154) ≪태조실록≫ 권9, 5년 3월 29일(병술)
155) ≪중종실록≫ 권41, 15년 12월 14일(무술) ; ≪명무종실록≫ 권194, 正德 15년 12월 을축

하는데 대해 중국 내에서도 반대론이 적지 않았으니, 浙江道御史 楊
紹程 등은 다음과 같은 이유로 반대하였다.

   예로부터 … 四夷가 賓服해오면 封도 있고 貢도 있었다. 그러나 다
   (중국의) 威嚴을 두려워하고 德化를 그리워하여 外藩이 되고자 원하
   더라도 가볍게 허락하지 아니 하였다. … 우리 중국의 禮儀와 典章이
   사방의 夷狄들을 통솔하고 제어하는데, 만일 이러한 簒逆의 무리로
   하여금 天朝의 칭호를 입게 한다면 절대로 우리 중국을 높이고 이적
   들을 깨우치는 도리가 아니다.156)

   즉 수길과 같은 찬역의 무리에게 책봉을 허락하는 것은 도리가 아
니라며 반대하였던 것이다.
   한편 섬라(태국)국왕이 새로 즉위하여 사신을 보내 책봉하여 주기
를 청하였으나, 청나라는 책봉요청과 같은 중대한 일에 고위관리 아
닌 젊은 말단관리를 보낸 것은 황제를 존경하는 뜻이 없는 것이며 외
교문서의 양식도 어긋난다면서, 책봉은 허락하지 않고 다만 예물과
방물만을 받고 후하게 상을 주어 돌려보냈다.157)
   유교문명권에서 책봉은 대체로 詩書를 익히고 禮義를 알아서 능히
중국의 敎化를 사모하며 정성으로 朝貢을 받드는 나라에 대한 賞讚
이었던 것이다.158) 본래 유교규범에서는 "덕이 있는 사람에게 官爵을
내리고 공이 있는 사람에게 祿俸을 내린다"고 하였으며,159) 이러한

---

156) 申炅, ≪再造藩邦志≫ 3, 1971 ≪국역 大東野乘≫ 9 (민족문화추진회)
    260~62
    명나라 吳宗道가 보내온 帖文에서도 "돼지와 원숭이에게는 冠帶를 줄
    수가 없고 호랑이와 표범에게 통제하게 할 수는 없는 것"이라고 지적
    하였다[≪선조실록≫ 권100, 31년 5월 6일(경인)].
157) ≪정조실록≫ 권19, 9년 3월 22일(신미)
158) 黃枝連, 1994 ≪東亞的禮義世界≫ (중국인민대학출판사, 북경) 273~75.
    또한 조동일, 1999 <앞 논문> 28~50 참조.
159) ≪禮記≫ 祭統 제19절 "爵有德而祿有功"

원칙은 중국이 조선에 내려준 책봉조서에서도 찾아볼 수 있다.[160] 즉 책봉은 원칙적으로 어질고 덕이 있는 사람에게 주어지는 것으로 여겼던 것이다.

일본의 경우, 일시적이기는 하나 명나라에 신하로 칭하며 表文을 바치고[稱臣奉表] 새로운 勘合과 金印의 하사를 요청하기도 하였다.[161] 뿐만 아니라 일본은 중국에 조공할 수 있도록 주선하여 줄 것을 조선 측에 여러 차례 요청하여 오기도 하였다. 이 같은 일본의 요청에 대하여 조선은 交隣의 道理라든가 일본의 특수한 지위를 배려하여 그 청을 들어주기도 하였으나, 때로는 일본이 중국에 조공하고자 한다면 직접 바닷길을 통해 행하여야지 조선에 의뢰할 필요는 없다든가, 일본의 요청은 믿기 어려우며 만일 이를 들어주다가 중국에 그 해가 미치게 된다면 나라의 체면이 훼손된다는 등의 이유를 들어 거절도 하였다.[162] 또한 對馬島나 九州지역의 지방 호족들은 조선으

---

160) 《세종실록》 권3, 원년 1월 19일(갑자). "어질고 덕이 있는 이를 뽑아 한 나라를 맡기고 인정과 편의에 따라 교화를 이루게 한다"
　《문종실록》 권5, 원년 1월 24일(갑자) ; 《단종실록》 권1, 즉위년 5월 21일(계축): "藩國을 맡기는 바는 덕이 있는 이가 아니면 맡기지 못한다"
　《성종실록》 권5, 원년 5월 1일(무인). "동쪽 나라 조선은 세상에서 예의를 지킨다 하고 아들이 차례를 이어받고 있으나, 어진 이에게 맡기는 것이 또한 마땅하다"
　《인조실록》 권9, 3년 6월 3일(기묘). "밝은 덕이 있는 이를 가려 임금으로 세우고 대중의 의향에 따라 명을 내렸다"

161) 이용희, 1977 《앞 책》, 244~45 ; 민덕기, 1994 <室町막부 시대의 對明 책봉관계의 성립과 변화> 《淸大史林》 6, 186~214 ; 田中健夫 편, 1995 《善隣國寶記新訂續善隣國寶記》 (집영사, 동경) 334. 明·日關係에 대해서는 鄭樑生, 1985 《明代中日關係硏究》 (대북문사철) ; 佐久間, 1992 《앞 책》 ; 林呈蓉, 1998 《前近代日本對外方針之硏究》 (도화출판사, 신장) ; Yi-tung Wang, 1953 *Official Relations between China and Japan, 1368-1549* (Cambridge, Mass.: Harvard Univ. Press) 등 참조.

162) 민덕기, 1995 <室町막부의 對明朝貢 중재 요청과 朝鮮의 대응> 《일본역사연구》 창간호, 35~59. 예컨대 世宗 때에 조선통신사는 日本國

로부터 官爵이나 圖書를 내려 받고 무역을 할 수 있는 특권이 주어지기도 하였다.163) 이와 관련하여 일본국왕이 보내온 書契에는 "大友氏는 전에 大國(조선)의 은혜를 입어 영광스럽게도 圖書를 내려주셨는데, 이제 또 내려주신다면 무슨 영광이 이보다 더하겠습니까?"라고 하였다.164) 대마도에서도 "귀국(조선)에서 특별히 交隣하는 후의를 생각하시어 이미 圖書를 許給하셨으니, (이는) 비단 한 섬에서 감격해 받들 뿐만 아니라, 이미 이 일을 가지고 江戶에 보고하여 各州에 자랑하였다"고 하였다.165) 이처럼 조선이 내려준 도서에 대해서도 영광스러운 일로 여기며 고맙게 생각하였음을 알 수 있다.

　일본측은 임진왜란을 일으킨 명분으로, 오랫동안 조공을 바치지 못

　王이 "청컨대 돌아가거든 귀국 왕에게 고하여 (父王의 뜻을 이어받아 上國을 받들어 섬기려는) 내 뜻을 上國에 전달하게 하여 먼 곳에 있는 오랑캐도 聖化를 입도록 하여 주시요"라 하였다는 말을 전하였다. 이를 전해들은 세종은 그 뜻이 매우 아름다운 것이라 하면서 "대개 작은 나라가 능히 스스로 큰 나라에 상달하지 못하면 반드시 藩國의 신하에게 의뢰하여 그 성의를 주달하는 것은 옛날부터 그러했으니, 이제 주달하지 않으면 이는 改過遷善하려는 마음을 저지하는 것이 될 것이며, 또 우리나라가 아니면 (일본은) 실상 의지할 만한 곳이 없으니 마땅히 그 뜻을 상국에 轉奏해야 할 것이다"고 말하였다[≪세종실록≫ 권46, 11년 12월 9일(신사)]. 또한 世祖 때에도 일본의 요청이 있자[≪세조실록≫ 권14, 4년 10월 12일(병인)], 중국에 이를 알려 주었을 뿐 아니라 [≪같은 책≫ 권15, 5년 1월 4일(정해)] 중국 측의 윤허를 받았다며 이를 공손히 준수하여 시행하라는 내용의 문서를 일본사신에게 주어 보내기도 하였다[같은 책 권16, 5년 4월 16일(정묘)]. 한편 거절한 예로서는 ≪세조실록≫ 권33, 10년 6월 18일(경자) ; ≪성종실록≫ 권59, 6년 9월 13일(기미) 및 19일(을축) ; ≪중종실록≫ 권100, 38년 4월 21일(을미) 및 5월 16일(기미) 등 참조.
163) 이현종, 1964 ≪조선전기 대일교섭사 연구≫ (한국연구원, 서울) 제4장 ; 손승철, 1994 ≪조선시대 한일관계사 연구≫ (지성의 샘, 서울) 제2장 제1절 참조.
164) ≪중종실록≫ 권64, 23년 윤10월 5일(계유)
165) ≪순조실록≫ 권27, 24년 윤7월 28일(무오)

하여 그 반열에 참여하지 못하는 버림받은 나라[棄國], 중국이 더불지 않는 나라인 점을 분하고 수치스럽게 여기고 조선에 그 알선을 청하였으나 거절당한 것을 내세우기도 하였다.166) 임란 당시 명나라가 풍신수길을 일본국왕으로 책봉하는 등의 조건으로 일본과 강화하려고 하자, 이에 조선은 크게 반발하였으며 특히 수길의 책봉에 대해 강하게 반대하였다. 즉 중국이 賊酋(關白)를 왕으로 봉하는 것은 "逆賊을 포장하는 일", "奸惡함을 장려하고 도적질을 가르치는 행위"라며 반대하였다.167) 중국황제로부터의 책봉이 굴욕적인 것이었다면 조선조정이 크게 반대할 이유는 없었을 것이다. 일본은 德川幕府 초기

---

166) 예컨대 ≪선조실록≫ 26년 3월 24일(기묘), 27년 11월 1일(을해), 29년 8월 7일(임인), 38년 7월 5일(정축), ≪선조수정실록≫ 24년 윤3월 1일(병인)조에 보이는 일본측 주장이나, ≪선조실록≫ 37년 2월 23일(갑진), 39년 4월 24일(임술), ≪선조수정실록≫ 24년 5월 1일(을축)조의 조선이 일본에 보내는 국서 참조. 한 예로서 강화문제 등을 논의하는 과정에서 일본측은 "南蠻과 유구는 다 外夷인데도 大明에 공물을 바치고 신하로 일컫는데, 일본만이 버림받은 나라가 되어 그 대열에 참여하지 못한다. 전에 이 뜻으로 조선에 청하여 大明에게 전달하려고 하였는데, 조선이 기꺼이 허락하지 않으므로 부득이 군사를 이끌고 나왔다. … 귀국(조선)이 만일 이러한 의사를 天朝에 전달하여 특별히 天使를 보내어 封爵을 해주게 한다면 소원이 이루어진 것이니 즉시 철군해 돌아갈 것"이라 하였다[≪선조실록≫ 27년 11월 1일(을해)].

167) 명의 강화론자들이 조선으로 하여금 일본과의 강화를 원한다는 내용으로 황제에게 주문을 올리라고 강요하자, 선조는 "원수를 책봉해 달라고 주청할 수는 없다"고 거부하고 이어 국왕자리까지 물러나겠다고 강력히 반발하였다. 결국에는 마지못해 수길을 책봉해줄 것을 요청하는 주문을 올릴 수밖에 없었다. 조선의 반대 주장은 ≪선조실록≫ 26년 3월 25일(경진), 4월 1일(을유)·4일(무자), 7월 18일(경오), 27년 4월 28일(병자), 5월 8일(을유)·12일(기축)·13일(경인)·26일(계묘), 6월 18일(을축)조 등 참조.
왜란 당시의 和議 교섭 및 조공·책봉문제에 관하여는 손종성, 1995 <강화회담의 결렬과 일본의 재침> ≪한국사(29)≫ (국사편찬위원회, 과천) 89~108 ; 최소자, 1997 ≪명청시대 중·한 관계사 연구≫ (이화여대 출판부, 서울) 42~51 ; 한명기, 1999 ≪앞 책≫ 42~57 참조.

에도 조선이나 유구를 통하여 중국과의 조공·감합무역의 재개를 의
뢰하였으나,168) 일본측의 노력에도 불구하고 중국의 무관심과 거부로
결국 실패하였다.169) 다시 말해 德川시대의 일본이 책봉체제로부터
벗어난 것은 일본 스스로의 선택이라기보다는 중국의 책봉을 얻지
못하였기 때문이라 하겠다.170)

　한편 임란 전후에 일본인 玄蘇가 보내온 글에서, 일본이 유교 등을
배워 문명의 나라가 되었으나 운수가 쇠퇴하여 너나할 것 없이 전투
만을 일삼아 文籍을 버리고 전쟁을 일삼은 지 1백여 년이 되었다면
서, 이에 중국이 귀한 줄 모르고 善隣이 소중한 것임을 깨닫지 못하
여 君子의 나라가 맹수의 나라로 바뀌어 오직 强弱만이 興亡을 좌우
하게 된 현실을 부끄럽고 슬프다고 하였다.171) 또한 일본에서 자신들
이 중국 고대의 賢人 泰伯의 후예라는 주장도 있었다.172) 현소의 말
이나 태백후예설은 그 당시 유교문명권의 보편적인 생각을 대변한
것이라고 하겠다.173)

---

168) 민덕기, 1994 <조선·유구를 통한 에도 바쿠후의 對明접근> ≪한일
　　관계사연구≫ 2, 95~124. 예컨대 "倭奴들이 조공하는 길을 빌리고자
　　협박을 그치지 않고 있는데 그 뜻을 헤아리기 매우 어려우니, 사유를
　　갖추어 중국에 통지하지 않을 수 없다"는 光海君의 말이나[≪광해군일
　　기≫ 권72, 5년 11월 9일(계해)], "왜노들이 조공하는 길을 빌리자는 말
　　에 대해 엄한 글로 배척한 것이 한두 번이 아니다"라는 禮曹의 지적에
　　서도[≪같은 책≫ 5년 11월 12일(병인)] 잘 알 수 있다. 또한 ≪인조실
　　록≫ 권20, 7년 윤4월 27일(임오)조 참조.
169) 민덕기, 1994 <앞 논문>, 106~122 ; 박홍규, 2000 <17세기 덕천 일본
　　에 있어서의 華夷문제> ≪한국정치학회보≫ 35-4, 285 ; 양수지, 2002
　　<앞 논문>, 207 ; 紙屋, 1997 ≪앞 책≫, 9~16, 263~71
170) 조동일, 1999 <앞 논문>, 39~41
171) ≪선조실록≫ 권171, 37년 2월 23일(갑진)
172) ≪諸蕃志≫ 卷上, 倭國 頁49 ; 朱雲影, 1981 ≪中國文化對日韓越的影響≫
　　(黎明문화사업공사, 대북) 303, 309~313
173) 조선의 箕子 후예설이나 베트남의 炎帝 神農氏 후예설도 비슷한 사례
　　라고 하겠다. 베트남의 경우 朱雲影, 1981 ≪위 책≫, 299, 338~43 ; 유

나아가 일본이 명과의 책봉·조공 관계로부터 벗어나 互市國이 되었다는 것도 당시 피라미드형의 상하위계구조 하에서 오히려 한 단계 격이 낮아졌다고 해석되어야 할 것이다.[174] 즉 중국은 조공국에게는 중국 內地에 들어오도록 허락하였으나, 호시국은 먼 지방에만 머무르도록 지정하였을 뿐이기 때문이다.[175] 뿐만 아니라 일본이 독자적인 국제사회를 구축하였다는 주장 역시 다시 생각할 여지가 있다고 본다. 즉 일본뿐 아니라 조선이나 베트남도 화이질서 내지 조공관계를 수용·모방하면서 (특히 중원에 夷狄왕조인 청나라가 들어서자) 스스로 중화라고 자처하기도 하였다. 예컨대 베트남의 경우 자국 내에서는 황제라 자칭하고 독자적인 연호를 사용하며 주변의 작은 나라들에게 조공관계를 강요하였는데,[176] '일본형 화이질서'도 이와 유

인선, 2002 ≪새로 쓴 베트남의 역사≫ (이산, 서울) 제1장 참조. 또한 조공국의 國號를 중국이 정해준 것은 조선뿐 아니라 유구나 월남도 마찬가지였다. 월남은 스스로 요청하였으며, 유구의 경우 명으로부터 尚氏라는 국왕의 姓氏까지 하사 받았다(米慶余, 1998 ≪앞 책≫ 42; 권선홍, 2003 <앞 논문>, 74). 뿐만 아니라 유구도 조선과 마찬가지로 중국 사신을 맞이하는 迎恩亭과 天使館을 세웠다(≪殊域周咨錄≫ 권4, 東夷 유구, 144 ; 황지련, 1992 ≪앞 책≫, 236~37 ; 권선홍, 2003 <위 논문>, 77~78).

174) 동아시아국제사회는 중국을 중심으로 문화나 지리 등에 따라 동심원적 구조를 이루고 있었다. 대체로 중국(중앙+지방)-內藩(內服)-外藩(外服)-互市 또는 化外로 나눌 수 있다. 조공국은 외번에 위치하였는데, 특히 조선은 외번에 속하면서도 중국 판도 안에 있는 '內服과 같다'고 보았던 것이다(권선홍, 1998 <앞 논문>, 70~72). 또한 널리 알려진 대로, 互市에 해당하는 서양국가들은 북경에 들어가지도 못하고 멀리 떨어진 廣州(Canton)에서, 그것도 지정된 장소와 여러 규제 속에서만 교역을 할 수 있었다.

175) ≪명神宗실록≫ 권539, 萬曆 43년 11월 기해 "貢則許入內地, 市則定于小埠地方"

176) 유인선, 1988 <中越관계와 조공제도> 전해종 외, ≪중국의 천하사상≫ (민음사, 서울) 176; 유인선, 1994 <베트남 阮朝의 성립과 '大南'제국질서> ≪한림대학교 아시아문화≫ 10, 81~87 ; 이성규, 1995 <중화사

사한 것에 지나지 않았다고 보여진다.

역사적으로 본다면 冊封관계는 유교문명권뿐 아니라 중세의 각 문명권에서 보편적으로 행하여졌던 국제관계였다. 中世는 普遍 宗敎(思想)가 지배하던 시대로서, 각 문명권마다 神(또는 하늘)을 대신하여 地上의 모든 사람들(예컨대 天下)을 다스리는 보편 종교의 首長인 단일한 최고통치자가 있는 것으로 믿었다. 이러한 최고 수장이자 통치자로부터 책봉을 받음으로써 문명권내의 각 국가의 국왕은 비로소 正統性을 인정받고 국가로서 공식 승인을 받아 그 국제사회의 正會員이 되는 것이었다. 이러한 행위를 통하여 문명권 내의 공동의 신앙이나 가치관을 재확인하고 우호적인 관계를 유지하려고 하였다.[177] 따라서 어느 국가가 책봉체제에서 벗어났다는 것은 自主性을 높이는 일이라기보다는, 당시의 文明基準에 제대로 적응하지 못하거나 인정받지 못한 결과였다고 보아야 할 것이다. 유교문명권에서도 천자인 중국 황제로부터의 책봉은 명분상 당연하고 자연스러운 일이며 커다란 영광으로 여겨졌음은 누누이 지적한 바와 같다. 漢代의 董仲舒는

상과 민족주의> 정문길 외 엮음, ≪동아시아, 문제와 시각≫ (문학과 지성사, 서울) 135 ; 권선홍, 1998 <앞 논문> 50~54 ; 오이환, 2003 ≪동아시아의 사상≫ (예문서원, 서울) 38~40

177) 책봉이 중세시대의 유교, 힌두교·불교, 이슬람교, 동·서 기독교 문명권에서 보편적으로 행하여진 국제관계였음을 강조한, 매우 거시적이며 계발적인 연구로서 조동일, 1999 <책봉체제> ≪문명권의 동질성과 이질성≫ (지식산업사, 서울) 11~109 참조. 나아가 그는 책봉체제가 강대한 제국이 인접국가까지 지배하는 정치형태로 보려고 하지말고 帝國과 王國, 天子와 國王 사이에서 이루어지는 국제관계로서, 한 문명권의 동질성과 내부적인 결속을 이루는 구조라고 이해해야 그 본질이 제대로 해명된다고 하였다. 또한 앞으로 입증해야 할 과제이지만 보편 종교(사상)의 특성이 책봉체제의 차이점을 결정했다고 하면서, 어느 나라가 책봉을 주고 어느 나라가 이를 받는가를 분별하는데 관심을 기울이는 近代 國家主義歷史觀을 청산하고 세계사 이해를 새롭게 해야 한다고 촉구하였다(23~27쪽).

"천자만이 하늘로부터 명을 받고 천하(제후)는 천자로부터 명을 받는다"고 하였으며,[178] 조선의 유학자들도 '황제로부터 책봉(명)을 받아 나라를 세운 것[受命立國]'을 지극히 당연하고 떳떳한 일이라 여겼다. 다시 말해 책봉체제는 儒敎라는 보편 종교, 漢字라는 공동문어와 함께 동아시아국제사회(유교문명권)를 구성하고 유지하는데 반드시 필요한 외교제도였던 것이다.[179] 한마디로 유교문명권에서 천자의 책봉을 받는다는 것은 곧 정권의 정통성을 인정받는 것이었고, 나아가 그 나라를 문명권에 받아들인다는 것을 의미하며 또한 문명국으로서 대우해준다는 것을 뜻하는 결과가 되었다. 따라서 책봉을 받고 국제사회의 일원으로 정식 가입하게 되면 그 나라는 의기양양해 하였다.[180] 이와 같이 본다면 전통시대 동아시아국제사회에서의 일본은 '不整合'한 위치나[181] 변방의 絶域에 위치하였다고[182] 보여진다.

---

178) ≪春秋繁露義澄≫ 蘇興 撰, (중화서국, 북경, 1992판) 권11, 爲人者天 편 319 및 권15, 順命편 412. 일찍이 공자도 "오직 천자만이 하늘로부터 명을 받는다"고 하였다(≪禮記≫ 表記편).

179) 조동일, 1999 <위 논문> 106. 이용희도 일찍이 유교문명권의 事大의 예가 국제정치질서의 한 역사적 유형이었음을 지적하면서(1977 ≪앞 책≫ 156, 169), 사대는 단순히 대국을 섬긴다는 것을 넘어서서 여러 가지 예다운 의식·절차·규정에 맞아야 된다는 것으로, 적어도 가치관으로서의 '사대의 예'는 유교사회의 특정한 형식·절차·규범과 가치관이 구조적으로 통합되어 있었으니, 말하자면 국가 간의 관계 또한 유교예치질서의 일부분을 이루고 있었다고 하였다(145~46쪽).

180) 한편 西歐 基督敎文明圈에서도 國際法은 원칙적으로 기독교 문명국가에게만 적용되는 것으로, 非西歐국가 즉 非文明國家에게는 적용되지 않는 것으로 보았다. 따라서 서구국제법을 적용한다는 것은 비서구국가에 대한 특혜, 또는 그 국가의 문명 정도를 인정해주는 것을 뜻하는 결과가 되었다. 明治 日本이 서구기준의 문명국으로 점차 인정되고 서구국제사회의 일원이 된 것을 득의양양해 하였던 것도 마찬가지였다. 결국 어느 國際社會(文明圈)에 속하느냐 하는 문제로 압축된다고 하겠다(이용희, 1977 ≪위 책≫ 150).

181) 中村榮孝, 1969 <外交史上의 德川幕府> ≪日鮮關係史의 硏究(下)≫ (길천홍문관, 동경) 465 이하; 조동일, 1999 <앞 논문>, 40~41

이용희는 "중국문화권의 입장에서 본다면 事大秩序에 들어오지 않고
神國이니 天皇이니 하는 것이 바로 비문화적이요 夷狄의 특색이었다.
마치 匈奴의 可汗칭호나 그 흉노적인 관직명이 바로 塞外北狄의 증거
로 여겨지듯이 일본의 독자성, 정치이념의 日本色이 바로 중국문화권
의 아주 먼 변두리에 있는 미개한 蠻夷라는 말을 듣게 되는 것"이라고
지적하였다(1977 ≪앞 책≫, 261). 이러한 사실은 한글(훈민정음) 창제
당시 崔萬理 등이 "예로부터 九州 안에 풍토는 비록 다르나, 지방의 말
에 따라 따로 문자를 만든 것이 없고 오직 蒙古· 西夏· 女眞· 日本
과 西蕃이 각기 그 글자가 있으나, 이는 모두 夷狄의 일이므로 족히 말
할 것이 없다"면서, 文物과 禮樂이 중국에 비견되는 조선이 "이제 따로
언문을 만드는 것은 중국을 버리고 스스로 이적과 같아지려는 것으로
서 … 어찌 문명의 큰 흠절이 아니겠는가"라며 반대한 이유에서도[≪세
종실록≫ 권103, 26년 2월 20일(경자)] 알 수 있다. 宣祖는 "중국 조정에
서 正朔을 八方에 반포하는데, 제후 나라에서 어찌 두 가지 曆書가 있
을 수 있겠는가. 우리나라에서 개별적으로 역서를 만드는 것은 매우
떳떳하지 못한 일"이라고 지적하였다[≪선조실록≫ 권107, 31년 12월
22일(계유)]. 또한 조선후기 稱帝建元에 대한 반대명분에서도 또 다른
예를 찾아볼 수 있다. 예컨대 이항로의 제자 柳麟錫은 개화파의 자주
독립론을 비판하면서 '명분을 모르고 참람하게 황제를 칭하는 각국들
과 같은 대열에 서기보다는 중화의 臣邦이 되는 것이 명분도 바르고
영광스러운 일'이라고 주장하였다[≪毅菴集≫ 권37, 頁4~5 ; 이상익,
1997 ≪서구의 충격과 근대한국사상≫ (한울, 서울) 136].
182) 이용희, 1977 ≪앞 책≫, 106~107, 225~66, 284. 또한 盛邦和, 1988 ≪內
核与外緣: 中日文化論≫ (學林출판사, 상해) 제4장 ; 郭麗, 2001 <中日華
夷思想之比較> 米慶余· 王曉德 편, ≪近現代亞太地區國際關係研究≫
(천진인민출판사, 천진) 361; 王正毅, 2000 ≪世界體系論与中國≫ (상무
인서관, 북경), 327; Warren I. Cohen, 2000 *East Asia at the Center* (New
York: Columbia University Press) 171 등 참조. 明代에 해외의 여러 나라
중에서 유독 일본에 대해서만 "叛服不常"하다는 이유로 10년 1공 등으
로 제한하거나(≪明史≫ 권81, 食貨志5 頁1980), 상반신을 벗은 채 칼을
빼어들고 있는 정형화된 일본인에 대한 이미지[岸本美緖·宮嶋博史
(김현영·문순실 옮김, 2003 ≪조선과 중국≫, 149 그림)] 등에서도 당
시 일본의 위상을 엿볼 수 있다고 하겠다. 역대 중국인의 일본관에 대
해서는 石曉軍, 1992 ≪中日兩國相互認識的變遷≫ (대만상무인서관,
대북) ; 張俊哲, 2004 ≪中國古代文學中的日本形象研究≫ (북경대학출
판사, 북경) 등 참조. 한편 조선시대의 일본관에 대해서는 하우봉, 1989

V. 요약 및 앞으로의 연구과제

　전통시대 동아시아국제관계에 대한 지금까지의 논의를 장래의 국
제사회를 염두에 두면서 몇 가지로 요약하고자 한다. 첫째, 국제사회
의 전 구성국이 받아들이는 보편적 문명기준이 존재하였다는 점이다.
즉 유교라는 보편 사상·종교에 기반을 두었던 만큼, 적어도 명분상
중국과 조공국 사이는 '禮로써 사대하고 예우하는 관계'였으며, '誠信
으로 섬기고 예의로 대하여 서로 도리를 다하는 관계'였던 것이다.
또한 華夷의 구별이 종족이나 지역보다는 문화 즉 禮의 유무에 두었
던 만큼 양자관계는 流動的이었고, 또한 夷狄이라도 나름대로의 自尊
의식을 가질 수 있었다.

　둘째, 국제사회의 종주국이 여타의 구성국가들에 대해 기본적으로
寬厚하게 대하였다는 점이다. 황제는 유교문명권에서 家長 또는 天下
共主이자 최고 수호자였던 만큼, 賞罰權을 행사하는 것은 당연시되었
다. 즉 天理·人倫 등 예를 잘 받들어 따르는 경우에는 상을 내리기
도 하였고, 반대로 왕위찬탈 등 이를 어기고 불복하는 때에는 잘못을
타이르고 朝貢중단이나 册封거절, 나아가 부득이한 경우에는 出兵問
罪하기도 하였다.[183] 그러나 형식상으로라도 기본적인 도리를 행하는

　　　《조선후기 실학자의 일본관 연구》 (일지사, 서울) ; 이종일, 1992 《조
　　　선후기 사대부층의 사회인식: 《연행록》과 《해행총재》를 중심으로》
　　　경북대 박사학위논문 등 참조.
183) 예컨대 중국이 보내온 문서에서도 "彝倫의 도리에 조금이라도 틀린 점이
　　　있다면 어찌 책망하지 않는 예절이 있겠는가"라 하였다[《태조실록》 권
　　　14, 7년 5월 14일(경신)]. 또한 조선의 野人에 대한 적극적인 초무·회
　　　유정책에 대하여 명나라는 '人臣無外交' 등의 명분을 내세워 수차 경
　　　고하여 왔으며, 청나라도 조선인의 '犯越' 등을 문죄 삼아 벌금을 가하
　　　기도 하였다[黃枝連, 1995 《朝鮮的儒化情境構造》 (중국인민대학출판
　　　사, 북경) 32~33, 72 ; 권선홍, 1999a <앞 논문> 51~54].

한, 중국은 조공국에 대해 간여하지 않았으며, 내치와 외교문제를 自
主[屬邦自主]하게 하였다.[184] 또한 '懷柔遠人'・'厚往薄來(物薄情厚)'
또는 '來者不拒 去者不追' 같은 유교적 규범은 중국이 조공국가들에
대해서 뿐 아니라,[185] 조선 역시 야인이나 왜인에게도 이와 유사한
대우를 하였다.[186] 기본적으로 윗나라에 대한 명분상의 예우와 아랫

---

184) 예컨대, 명 태조 때 조선에 보낸 禮部咨文[≪명태조실록≫ 권221, 洪武
    25년 9월 경인 ; ≪태조실록≫ 권2, 원년 11월 27일(갑진)]이나 일본에
    보낸 문서(≪명태조실록≫ 권138, 洪武 14년 7월 무술)에서도 찾아볼
    수 있다.
185) ≪명太宗실록≫ 권24, 永樂 원년 10월 갑술. "商稅者 國家以抑逐末之民
    豈以爲利 今夷人慕義遠來 乃欲侵其利 所得幾何 而虧辱大體萬萬矣"
    ≪명宣宗실록≫ 권82, 宣德 6년 8월 을미. "朕體天心以御天下 豈忍利
    人之災困人于危"
    ≪명神宗실록≫ 권307, 萬曆 25년 2월 을해. "… 天朝不利一民一土"
    ≪청世宗실록≫ 권31, 雍正 3년 정월 경자삭. "… 天朝豈宜與小邦爭利
    … 貪利倖功之擧 皆不可爲訓"
    ≪청高宗실록≫ 권315, 乾隆 13년 5월 임자, "豈有以天朝之大 與荒徼
    小國爲難之理"
186) 조선 스스로 "소중화외교질서"를 세우고 蒙古의 여러 부락, 女眞, 일본
    서부의 여러 豪族에게 字小外交를 펴나가기도 하였다[王明星, 1998 ≪韓
    國近代外交与中國≫ (중국사회과학출판사, 북경) 17∼18]. 이를 기미적
    交隣관계라고 부르기도 한다(손승철, 1994 ≪앞 책≫, 77∼90 ; 민덕기,
    1998 <조선시대 교린의 이념과 국제사회의 교린> ≪민족문화≫ 21,
    28∼55). 또한 高橋公明, 1982 <外交儀禮よりみた室町時代の日朝關係>
    ≪史學雜誌≫ 91-8, 70∼83 ; 권선홍, 1999b <앞 논문>, 131∼37 참조.
    예컨대 왜인과 관련하여 世宗은 "옛사람이 이르기를 '저이가 간사하더
    라도 나는 진심으로 대하라'고 하였으니, 저들(왜인)이 失禮하였다고
    하여 우리의 예의를 무너뜨릴 수야 있겠는가"[≪세종실록≫ 권52, 13
    년 5월 27일(경인)], "큰 나라가 작은 나라에 대하여 마땅히 관대하게
    대접할 것이요, 小節은 計較할 것이 못 된다"[≪세종실록≫ 권101, 25
    년 7월 7일(경신)]고 하였고, 李滉은 "왕도는 넓고 넓은 것이니, 미리
    왜인들이 속일 것이라고 예측하지 아니하고 믿을 수 없을 것이라고 억
    측하지 아니하는 것"이라며, "진실로 올바른 마음으로 여기에 왔다면
    받아들일 뿐"이라면서 일본의 화친요청을 허락해야 한다고 상소하였

나라에 대한 실질적인 후대가 주내용이었으며, 여유 있는 나라일수록
그렇지 못한 나라들과 이익을 다투려하지 않았다고 보여진다.

　셋째, 평화지향적인 가치관과 정책을 위주로 하였다는 점을 지적할
수 있다. 물론 유교문명권에서도 무력의 사용이나 전쟁이 없었던 것
은 아니지만, 서구 국제사회와는 비교가 되지 않을 정도로 전쟁이 드
물었다.187) 유교는 처음부터 일관되게 힘의 부정, 무력의 경시를 주장
하였다.188) 또한 禮는 "한계를 넘어서는 안 되는 것"이고189) "공경에

　　다[《명종실록》 권1, 즉위년 7월 27일(정해)]. 李芑는 일본이 보내오는
　　사신의 진위문제와 관련하여 "군자는 그럴 듯한 방법에는 속아주는
　　법"이라고도 하였다[《중종실록》 권102, 39년 4월 18일(병술)].
187) 이용희, 1962 《앞 책》, 125~26. 1500년 당시 유럽사회에는 독립적 정
　　치단체의 수가 5백 개를 상회하였으나, 그 후 4백 년 동안 급격히 줄어
　　1900년에는 20여 개 정도가 되었다. 이러한 감소는 자연적인 것이 아니
　　라 폭력적 갈등 즉 전쟁과정을 통해 이루어진 것으로, 16세기 유럽에서
　　전쟁이 없었던 해는 단 5년, 17세기에는 6년, 18세기에는 22년에 불과하
　　였다는 최근의 연구도 있다[박상섭, 1996 《근대국가와 전쟁》 (나남,
　　서울) 21~23]. 유럽전쟁사 연구의 권위자 하워드卿의 지적대로 8세기
　　에서 18세기에 이르는 1천 년간의 유럽사회는 아마도 다른 어떤 사회
　　보다 호전적이었으며, 그러한 호전성이 결과적으로 유럽의 세계지배
　　를 가져온 주요 원인들 중의 하나라고 하겠다[Michael Howard, 안두환
　　옮김, 2002 《평화의 발명》 (전통과 현대, 서울) 21]. 이와 관련하여
　　Robert Gilpin, 1981 *War and Change in World Politics* (Cambridge: Cambridge
　　University Press) Chap. 3; John A. Hall, 1988 "States and Societies: the
　　Miracle in Comparative Perspective" in Jean Baechler, John A. Hall and
　　Michael Mann eds. *Europe and the Rise of Capitalism* (Oxford: Basil Blackwell)
　　31~38; Michael Mann, 1988 *States, War & Capitalism* (Oxford: Basil
　　Blackwell) Chap. 5 등 참조.
188) 島田虔次, 김석근·이근우 옮김, 1986 《주자학과 양명학》 (까치, 서
　　울) 80. 또한 주 19) ; Yen-p'ing Hao & Erh-min Wang, 1986 "Changing
　　Chinese Views of Western Relations, 1840-95" in *The Cambridge History of
　　China*, 11 (Cambridge: Cambridge Univ. Press) 144 참조. 丁若鏞은 일본의
　　유학이 발달하고 문물이 성장하였다는 점을 들어, 다시 침략할 가능성
　　이 희박하다며 낙관하기도 하였다(한영우, 1989 《앞 책》, 377~83).

서 생기고 거만한 데에서 폐지되는 것"인 만큼,[190] 강대한 국가라도
"약한 나라에 대해 거만하게 해서는 안 되는 법"이라고 여겼던 것이
다.[191] 전체적으로 유교규범을 지키며 무엇보다 안정과 평화를 추구
하였다고 판단된다.

넷째, '天下(四海)一家', '中外一體' 등을 내세우며 초국가적・초민
족적인 四海同胞主義와 國際主義 성향이 강하였다는 점이다. 유교의
大一統사상으로 "천하만민은 모두 황제의 백성"이라 하였고,[192] 조선
도 야인이나 왜인을 "우리의 臣民・赤子"라 하기도 하였다.[193] 중세
의 각 문명권들이 그러하였듯이, 유교문명권의 사람들은 천자의 상징
적 지배와 자국 국왕의 실질적 지배에 이중으로 소속되었다고 말할
수 있다.[194] 즉 유교국제사회에서는 국가 간의 대립・경쟁보다는 상

---

189) ≪인조실록≫ 권24, 9년 4월 21일(갑자). 일찍이 ≪禮記≫(曲禮 상편)에
　　서도 "예는 절도를 넘지 않는다[禮 不踰節]"라 하였다. 李湟이 對馬島
　　主에게 보내는 回答書契에서도, "무릇 아랫사람은 마땅히 삼가 그 職
　　貢을 닦아야지 감히 법도를 범하면서까지 은혜를 바라서는 안 되며,
　　윗사람은 마땅히 오는 사람을 감싸주는 마음이 변하지 말아야 되지만
　　법도를 어기면서까지 넘치도록 은혜를 베풀어서는 안 된다"고 하였다
　　(≪退溪集≫ 권8, 書契修答 禮曹答對馬島主宗盛長 50).
190) 신유한, <해유록 상> ≪국역 해행총재≫ Ⅰ(민족문화추진회, 1974)
　　409
　　恭敬이 예의 기본 내용임은 ≪春秋左傳≫ 僖公 11년 및 成公 13년조
　　등 참조.
191) ≪인조실록≫ 권34, 15년 정월 2일(임인)
192) 예컨대 임란 당시 명나라 대표는 "天朝는 부모요 천지이고, 朝鮮은 형
　　이요 日本은 아우"라 하였고, 일본측 要時羅도 "천조는 부모이고, 조선
　　과 일본은 자식"이라고 하였다[≪선조실록≫ 권101, 31년 6월 3일(병
　　진)].
193) 예컨대 ≪세조실록≫ 권8, 3년 7월 29일(경인). 또한 권선홍, 1999b <앞
　　논문> 142 참조. 對馬島主가 보내온 書契에서도 "대마도 한 州가 귀국
　　(조선)의 신하가 아님이 없다"고 하였다[≪성종실록≫ 권48, 5년 10월
　　6일(무자)].
194) 이러한 이중적 국적이 단일국적으로 바뀌면서 근대가 시작되었다고 하

하 포섭적이며 유기체적인 문명공동체 성격이 더 전면에 나타났다고
보여진다.

요컨대 중국은 조선(조공국)에 대해 적어도 명분상으로 "비록 外藩
이라 일컫지만 그러나 朝聘禮文 외에는 본래 병사 하나, 役人 하나라
도 번거롭게 하지 않았으며",195) '恪勤하게 藩服의 도리를 지키도록
하고, 환란을 생각하여 미리 방비하게 하는 것' 외에는 "이른바 지휘
를 내린 것도 별로 없고 또한 이른바 善後策도 없었다"고 하겠다.196)
중국과의 관계에 대하여 조선후기의 위정척사파 崔益鉉은 "우리나라
가 고려 때부터 비록 명의 상으로는 중국의 藩屬이나, 토지·인민·
정치 모두 우리가 자립하고 자주하며 저들의 간섭은 전혀 없다"고 하
였다.197) 개화파 兪吉濬은 "중국이 먼데 사람을 대하는 도리는 예로
부터 오늘에 이르기까지 대개 寬柔함을 따라, 단지 공물을 받고 책봉
을 하며 스스로 자치하게 할 뿐이고 나머지는 더 이상 간여하지 않았
다"고 지적하였다.198) 金允植도 사대는 이익추구가 아니라 '誠과 義'
의 행위 즉 문명대국에 대한 존경심(중화의식)의 발현으로 인식하였
으며,199) 柳麟錫은 중국과 조선은 "친척간의 큰집과 작은집[親戚大小
家]과 같다"고 비유하였다.200) 이와 같이 중국과 조공국 관계는 유교
규범에 따르는, 지극히 당연하고 자연스러운 것으로 여겼으며, 따라

겠다(조동일, 1999 <앞 논문> 101).
195) ≪명神宗실록≫ 권264, 萬曆 21년 9월 병자 ; ≪선조실록≫ 권45, 26년
    윤11월 12일(임진)
196) ≪선조실록≫ 권174, 37년 5월 21일(신미)
197) ≪勉菴集≫ 권16, 雜著 布告八道士民, 52
198) 유길준, <中立論> ≪兪吉濬全書: IV: 정치경제편≫ (일조각, 서울:
    1971) 323
199) 장인성, 2002 ≪장소의 국제정치사상≫ (서울대학교 출판부, 서울) 264~
    265
200) 유인석, 서준섭·손승철 외 옮김, ≪宇宙問答≫ (의암유인석선생 기념
    사업회, 2002) 143

서 결코 강요에 의한 곧 '뜻을 굽히고 섬기는' 강제적인 것이 아니라 '誠禮에서 말미암은'[201] 자발적인 것이었다. 또한 상하위계적이기는 하나 자주적이고, 대립적이라기보다는 우호적인 관계였다고 보여진다.

한마디로 상하위계적인 피라미드형의 동아시아국제사회에서 조선은 중국 다음가는 나라로서 조공국 중에서는 최상위에 위치하였으며, 반면에 일본은 더 주변적인 지위에 있었다고 보여진다.

거듭 되풀이하건대, 이념과 현실간의 괴리는 늘 존재하였으며 유교규범이 그대로 현실화된 것만은 결코 아니었다. 중국과 조공국들은 나름대로의 이해관계를 추구하였음은 물론이다. 즉 중국이나 조공국 모두 자국의 정권유지·국가안보를 중시하였으며, 나아가 교역이나 문화교류 등의 부수적인 이익도 염두에 두었다.[202] 그러나 근·현대인들이 實利추구에 탁월하다고 한다면, 중세인들은 名分에 더 강한 집착을 보였다는 사실은[203] 근대 이전의 동아시아국제관계를 이해하

---

201) 《영조실록》 권40, 11년 9월 19일(을묘)
202) Key-Hiuk Kim, 1980 *The Last Phase of the East Asian World Order* (Berkeley: Univ. of California Press) 9~15; Donald N. Clark, 1998 "Sino-Korean Tributary Relations under the Ming" in Denis Twitchett and Frederick W. Mote eds., *The Cambridge History of China*: Vol. 8 (Cambridge: Cambridge Univ. Press) 272~73 ; 권선홍, 1998 <앞 논문> 3장 3절 및 1999a <앞 논문> 4장 2절 ; 茂木敏夫, 2000 <東アジアにおける地域秩序形成の論理> 辛島 昇·高山 博 편, 《地域の世界史: 3》 (山川출판사, 동경) 54~63. 특히 조선의 경우(유구도 그러하였지만) 중국의 권위를 빌려 일본을 견제하려고 하였다.
203) 중세 사람들에게는 名譽가 實利보다 우선하였다(조동일, 1999 <앞 논문> 95, 99). 예컨대 유학자 郭鍾錫은 1912년 復國운동을 거절하는 상소에서 "나라는 망해도 道는 망하지 아니하고, 군주는 굴복해도 도는 굴복하지 않는다"[劉秉憲, <晩松集附> 郭鍾錫疏; 총성의, 2000 《근대 한국 지식인의 대외인식》 (성신여대 출판부, 서울) 219에서 재인용]고 하였고, 일제에 의해 국권이 상실된 뒤에도 "나라는 망할 수 있어도 도는 망할 수 없다. 오직 더욱 舊學을 돈독히 하고 하늘이 회복되는 것을

는 데에도 잊어서는 안 될 대전제라 하겠다.

전통시대 동아시아 국제관계는 그 이념이나 제도 및 현실적 운용
등에서 매우 광범위하고 복잡한 문제이며, 여전히 밝혀야 할 부분들
이 많다고 하겠다. 이와 관련한 연구의 활성화를 위하여 몇 가지 과
제를 제기해보고자 한다. 첫째, 硏究시각의 再檢討 문제이다. 우선 서
구문명기준의 압도적 영향을 받은 근현대적 시각으로부터의 일정한
거리 두기가 필요하다고 본다. 또한 근대 서구와 근대이전 동아시아라
는 양분법적 구도에서 접근하기보다는, 일단 근대와 중세로 나누어 봄
으로써 전통시대 동아시아 국제관계를 중세적 국제관계의 한 유형으
로서 그 보편적 양상들을 좀 더 뚜렷하게 이해할 수 있으리라고 본다.

둘째, 儒敎思想과의 연관 문제이다. 중세의 기독교나 이슬람교 등
이 그러하듯이 보편종교의 압도적 영향 하에서 인간의 행위는 근대
이후처럼 각 분야로 세분화되어 있지 않았다. 예컨대 국내문제와 대
외문제도 명확히 구분되어 있지 않았던 것이다. 따라서 전통시대 동
아시아 국제관계에 대한 연구는 유교사상과의 연관 속에서 이루어져

기다리는 것이 우리들 今日의 大義"라 할 정도였다[≪俛宇先生文集≫
권107, 答金元淑 庚戌; 김도형, 1994 ≪대한제국기의 정치사상연구≫
(지식산업사, 서울) 244에서 재인용]. 金平默도 천하(나라·가정·몸)를
가진 자는 道로써 다스려야 하고 만일 불행하게 여의치 못하면 천하
(나라·가정·몸)로써 殉道해야 하는 것이 천지에 충만한 萬古不易의
正理라 하면서, "大道의 존망이 걸려있는 이 때에 安危와 成敗를 말하
는 자는 이치를 모르는 자이며 극히 우둔한 자"라고 하였다(≪重菴集≫
권5, 疏 代京畿江原兩道儒生論洋倭情迹仍請絶和疏 丙子正月 ; 총성의,
2000 ≪위 책≫ 114에서 재인용). 李恒老와 그의 門人들이 정리하고
1907년에 간행한 ≪宋元華東史合編綱目≫에서도 "천하의 이치는 일의
成敗로써 得失을 논하지 않으며, 많고 적음으로 正邪를 결정하지 않으
며, 시간의 길고 짧음으로 常變을 정하지 않으며, 華夷·陰陽의 분별과
順逆·正倒의 본체가 어찌 종류의 다소와 운수의 장단으로 개역할 수
있겠는가"라 하여[≪宋元華東史合編綱目≫ 부록4, 正統論 57 ; 정옥자,
1998 ≪조선후기 조선중화사상 연구≫ (일지사, 서울) 226∼27], 성리학
적 세계관을 그대로 계승하였음을 보여주고 있다.

야 하고 따라서 사상(철학)·역사·문학·정치학·경제학 등 학제적
인 공동연구가 필요하다고 본다.

셋째, 연구대상의 總體性 문제이다. 전통시대 동아시아 국제관계의
이해를 위해서는 유교사상에 대한 연구도 필요하지만 그러한 사상의
발생 배경이나 시대적 변화, 그에 기초한 제도상의 문제, 나아가 역사
적 현실은 어떠하였는지 등을 총체적으로 연구해야 할 것이다. 즉 명
분·이념과 현실 사이의 괴리도 아울러 살펴보면서, 그 이유는 무엇
인지, 시대적 변화에 따라 어느 것이 주된 흐름이었는지 등을 주목해
야 할 것이다.

넷째, 巨視的인 比較 分析의 필요성 문제이다. 조선시대의 韓中관
계의 총체적 실상을 파악하는데 그치는 것이 아니라, 중국과 각 조공
국 간의 관계와도 비교 분석함으로써 국가별 차이점 등에 대해서도
주목할 필요가 있을 것이다. 나아가 유교문명권의 국제관계를 기독
교·이슬람교·힌두교 등 다른 문명권의 경우와도 거시적 관점에서
비교 분석함으로써 동아시아 중세인들의 삶의 총체적 실상이 좀 더
분명히 드러나게 되리라고 기대한다.

ABSTRACT

Sadae Relations and *Chaekbong* System
during the Joseon Period

Kwon, Sun-hong

This paper examines the foundations and systems at work in traditional East Asian society before the modern era that governed relations between Joseon and China. The characteristics of this Confucian system (that especially took from the Book of Rites) were based upon the moral order of a hierarchical status system, belief in a Chinese-center of civilization, as well as the heavenly mandate for greater unity. Joseon-Chinese relations were further managed by the tribute system and *chaekbong* System based upon Confucian mores.

In traditional East Asian society, Joseon dynasty's diplomatic relations were determined by Neo-Confucian order which upheld Sôngli moral rule. This meant that *sadae* hierarchical relations was a system of rule that did not depend upon one's strength or weakness, success or failure, and proper understanding and misunderstanding. Rather, it relied upon loyalty and devotion. Different from Silla or Koryeo dynasties, Joseon dynasty began to pride itself upon *sadae* relations of the suzerain and ruled between China and Joseon.

Moreover, the Joseon dynasty ruling class regarded the tributary relations as an important part of Confucian rites. They also believed that being granted a title by the Chinese emperor was proper and honorable, as he had received the Heavenly Mandate and thus showed respect for Confucianism. Their entitling also legitimated their ruling power with orthodoxy and validated their membership within a Confucian civilizing order as well as within traditional East Asian society. Joseon statesmen and scholars believed the *chaekbong* system honorable and auspicious. The country's foreign advisors or representatives were determined by whether or not one received an official title.

Joseon dynasty received preferential treatment as a Confucian civilization, next in favor to China within the pyramid shaped traditional East Asian society that carried out tributary relations and *chaekbong* system with China, and it prided itself on such privilege. Indeed, Joseon became an exemplary model to follow for other tributary countries to China such as Vietnam and Thailand. As for Japan, one can assume that tributary relations held little interest for a country that was located on the outskirts of the region.

Finally, while international relations within a Confucian civilization were differentiated upon a hierarchical status system, this was not to say that there was no sense of ultra-nationalistic, and ethno-nationalistic internationalism or global inclinations. Rather then being an exclusive system, it was deeply characterized by the organizational pull of a civilizing community that was inclusive of both higher and lower status groups. Furthermore, the tribute and *chaekbong* system did not interfere within the inner politics of a tribute country. Therefore, it is difficult to assess the independence of countries involved in such a system of tribute and entitlement within modern conceptual framework of international politics.

Keywords: traditional East Asian society, Confucian sphere, Sino relations, Joseon dynasty, sadae, tribute system, *chaekbong* system

中世 麗·日 관계와 倭寇의 발생 원인

김 보 한*

Ⅰ. 서 론

고려말 왜구 발생원인과 관련된 한·일 학자들 간의 견해가 첨예하게 대립하는 것이 작금의 현실이다. 우선 국내의 학자들은 왜구의 발생 원인을 일본 내의 정치 상황에 기인하는 것으로 일관되게 주장하고 있다.[1] 반면에 일본의 학자들은 왜구를 고려의 정치 불안에서 발생한 것으로 규정하고 왜구의 창궐과 소멸을 모두 한반도 내의 현

─────────────

* 고려대학교 일본학연구소 연구조교수
1) 孫弘烈, 1975 <高麗末期의 倭寇> ≪史學志≫ 9 ; 羅鐘宇, 1980 <高麗末期의 麗·日 關係－倭寇를 중심으로－> ≪全北史學≫ 4 ; 李鉉淙, 1994 ≪講座 韓日關係史≫ (현음사) ; 金琪燮, 1997 <14세기 倭寇의 동향과 고려의 대응> ≪韓國民族文化≫ 9

상으로만 규명하는 연구에 몰입하고 있다 해도 과언이 아니다.

　일본 학자들의 왜구 발생의 원인 연구는 시기에 따라 변화했다고
할 수 있다. 먼저 초기의 연구에서는 왜구의 발생원인에 대해서 松浦
지방과 對馬·壹岐를 나란히 왜구의 근거지로 보고, 이곳 주민의 해
적 활동에서 그 원인을 찾고 있다.[2] 그런데 고려 후기 왜구 창궐의
원인에 대해서는 고려 田制의 문란과 이에 따른 고려 軍制의 이완에
서 찾고 있다.[3] 즉 일본·한국의 사료를 통해서 초기 왜구의 발생 원
인을 일본의 해적 활동으로 보지만, 왜구 창궐의 원인을 고려 내부의
문란한 정치·경제 상황에서 설명하는 이분법적 해석이 그것이다.

　그런데 왜구 연구가 심화될수록 왜구 발생의 초기와 창궐기를 같
은 맥락으로 분석하려는 경향이 나타나기 시작한다. 고려 후기 조정
의 失政 또는 정치의 악화를 왜구가 창궐하는 원인으로 규정하면서,
왜구 발생·창궐·소멸의 전 과정마저도 이것과 관련지어 결론을 유
도하고 있다. 결국 일본 해적의 활동에 기인한 초기 왜구의 발생 원
인은 자연스럽게 무시되어 버리고 마는 결과가 나타나고 말았다.

　다시 말하면, 왜구는 고려에서 禾尺·才人·揚水尺과 같은 천민 이
외에 일반 농민도 왜구의 구성원으로 가담하여 주체적으로 활동하였
다고 보는 견해가 그것이다.[4] 그리고 이전의 연구에서 언급되지 않았
던 내용이 추가되었는데, 제주도민이 왜구 그 자체로 활약하였다는
논리가 새롭게 등장한다.[5] 더 나아가서는 왜구의 대장이었던 阿只拔

---

2) 長沼賢海, 1934 <元寇と松浦黨> ≪史淵≫7號 ; 再錄, 1957 ≪松浦黨の
　研究－北九州海賊史－≫ (九州大學文學部國史硏究室) 120~123 참조.
　田中健夫, 1959 ≪中世海外交涉史の硏究≫ (東京大學出版會) 8~11 참조.
　田村洋幸, 1967 ≪中世日朝貿易の硏究≫ (三和書房) 26
3) 田村洋幸, 1967 ≪위 책≫, 144 ; 田中建夫, 1982 ≪倭寇－海の歷史－≫
　(敎育社歷史新書) 42
4) 田中健夫, 1987 <倭寇と東アジア通交圈> ≪日本の社會史≫ (岩波書店)
　150 ; 太田弘毅, 1987 <倭寇と結託した朝鮮人－'賊諜'·'奸民'·'詐倭'－>
　≪藝林≫ 36-3, 12~13

都 마저도 제주도 출신일지도 모른다는 주장까지 제기되기에 이른다.[6] 이는 오히려 왜구발생의 원인에 대해서 '왜구 주체론'으로 관심을 돌림으로써, 왜구 발생 원인이 고려의 내부 사정에 기인한다는 쪽으로 자연스럽게 유도하려는 정략적 해석이라 하겠다.

또 이 견해는 왜구의 근거지가 북규수 지역의 島嶼 沿岸이고, 발생 원인이 일본 내의 혼란한 정치 상황에 있다는 사실을 우회적으로 회피하려는 의도가 숨겨져 있는 것이다. 더 나아가서 일본 중심의 동아시아 海洋史觀과 이것에 바탕을 둔 우월적 日本史觀을 정립하려는 의도를 기저에 감추고 있는 것은 아닌가 하는 의구심이 든다.

이 모순된 견해의 출발은 이들이 인용한 사료에 있다고 할 수 있다. 시기별로 편중되어 나타나는 한・일 양국 사료 중에서 한국측 사료만의 편향된 수용과 편파적인 인용, 그리고 자의적인 해석에 그 원인이 있다고 볼 수 있다.

또 위의 견해는 왜구의 피해 지역인 고려를 왜구의 근원지와 동일 선상에서 파악하고 있다는 점에서 보편타당성이 결여된 편협한 논리임에 분명하다. 그리고 일본의 정치변화와 在地勢力의 유동성이라는 필수적인 연구 요소가 무시되고 있는 점도 객관성을 상실하고 있다. 당연히 왜구 발생의 원인이 일본의 정치 상황과 밀접하므로, 논지의 초점을 일본 상황에 맞추어서 분석해야 하는 것은 당연하다.

따라서 왜구의 발생은 일본에서 그 원인을 논하고, 결과로서 고려의 피해를 살펴야 타당하겠다. 이 같은 논지가 섰을 때 일본의 혼란기 九州 在地 무사들의 유동성과 이들의 생존 처세가 왜구의 발생원인과 긴밀하게 관련되어 있음을 입증할 수 있을 것이다.

---

5) 田中健夫, 1987 <위 논문>, 152 ; 高橋公明, 1987 <中世東アジア海域における海民と交流－濟州道を中心として－> ≪史學≫ 33 (名古屋大學文學部研究論集) 19

6) 高橋公明, 1987 <위 논문>, 17

Ⅱ. 史料 引用의 문제

1. 日本 史料의 引用

먼저 12~13세기 일본 사료에는 섬이나 바다에 인접한 연안 지역의 일본 해적이 고려를 대상으로 행한 약탈 기사가 나타나기 시작한다.[7] 그리고 14세기에도 일본 해적, 즉 왜구가 고려를 침입하였다는 사료가 존재하여[8] 왜구의 근원지가 일본임을 밝히고 있지만, 일본학계는 이 사료에 크게 비중을 두지 않고 있다.

또 비슷한 시기에 일본 內海에서 해적 활동의 사례가 다수 존재 하지만,[9] 일본학자들이 거의 주시하지 않는 것이 특징이다. 이것은 해양과 육지를 포함해서 동아시아를 하나의 圈域으로 볼 때, 일본의 해적이 13세기 이후에 왜구로 전화되었음에도 해적과 왜구를 별개의 연구 영역으로 파악하는 경향이 그 원인이라 하겠다. 즉 일본 內海의 해적 활동과 왜구를 별개로 인식하는 일본학자들의 연구 경향에서 야기된 현상이다.

또 왜구의 기마대와 관련해서 말의 보급지를 제주도로 추론하고 있지만, 실제로 松浦지방의 말 목장에 관련된 사료에[10] 대해서 거의

---

7) ≪明月記≫ 嘉祿 2년(1226) 10월 17일조 ; ≪百錬抄≫ 安貞 원년(1227) 7월 21일조 ; ≪靑方文書≫ 安貞 2년(1228) 3월 13일 ; ≪吾妻鏡≫ 貞永 원년(1232) 윤9월 17일조 ; ≪靑方文書≫ 1-78 (연도 불명 1264년?)

8) ≪善隣國寶記≫ 貞治 6년(1367) 정미조, ≪禰寝文書≫ 永德 원년(1381) 8월 16일 ; ≪南北朝遺文≫ 九州編 5권 <5673>, ≪太平記≫ <高麗人來朝事>

9) ≪今昔物語集≫ 권24, 제19 <播磨國陰陽師智德法師語>, 권25, 제2 <藤原純友依海賊被誅語> ; ≪禰寝文書≫ 康曆 2년(1380) 6월 14일 ; ≪南北朝遺文≫ 九州編 5권 <5605>

10) ≪靑方文書≫ 元亨 2년(1322) 7월 10일(≪鎌倉遺文≫ <38092>) ; ≪靑方

언급하지 않았다. 다시 말해 당시 일본무사들이 직접 말을 사육하면서 전투에 사용했기 때문에, 기본적으로 말의 보급지가 일본이어야 한다는 논리가 오히려 타당하다. 그럼에도 제주도의 말 목장에서 왜구의 騎馬 보급을 가정하고, 육지에서도 도살업과 관련된 천민 집단이 왜구의 주체로 활동하였다고 논리를 펴고 있다.

이와같이 사료를 편파적으로 인용하면서 고려 내부에서 왜구의 주체와 발생원인을 찾는 논리는 사실의 원인과 결과가 전도된 수용 불가능한 편협한 논리라고 생각한다.

2. 韓國 史料의 引用

왜구사 연구에서 일본학자들은 고려와 조선의 사료에만 의존하고 있다고 해도 과언이 아니다. 먼저 고려시대 수백 건의 왜구 관련 사료 중에서 禾尺・才人・揚水尺이 왜구로 등장하는 사료는 단 3건에[11] 불과한데도, 창궐기 왜구의 주체를 왜인이 아닌 고려의 천민집단이라고 파악하였다.

또 위의 사료 내용과 왜구의 1~2할만이 倭人이라는 조선 世宗 28년(1446)의 李順蒙의 상서를[12] 연결하여, 마치 고려시대도 마치 이러한 상황이었던 것처럼 소급시켜 해석하는 흔적이 보이고 있다.[13] 결국 왜구의 문제를 발생 원인보다는 '왜구 주체론' 쪽으로 관심을 유

文書≫ 永德 4년(1384) 2월 23일(≪南北朝遺文≫ 九州編 5권 <5814>).

11) ≪高麗史≫ 권134, 열전47 辛禑 8년(1382) 4월조 ; ≪高麗史≫ 권135, 열전48 辛禑 9년(1383) 6월조 ; ≪高麗史≫ 권118, 열전31 趙浚傳

12) ≪世宗實錄≫ 권114, 世宗 28년(1446) 10월조.

13) 田中建夫, 1982 ≪앞 책≫, 35 ; 太田弘毅, 1987 <앞 논문>, 15~16(왜구의 주체가 고려・조선인이라는 일인학자의 주장을 체계적으로 논박하는 논문으로 李領, 1996 <高麗末期 倭寇構成員에 관한 考察> ≪韓日關係史研究≫ 5가 있다).

도하고 있다. 마치 왜구의 주체가 고려의 천민이고, 왜구의 활동이 이
들의 활약이었다고 확대 해석함으로서, 마치 왜구의 발생 원인조차도
고려내부의 모순에 기인한 것처럼 자연스럽게 유도하는 편향된 논리
를 펴고있다.

반면에 일본이 사신을 보내와 왜구를 근절시키지 못하는 이유를
밝히고, 왜구의 주체가 일본인임을 스스로 인정하는 ≪고려사≫의 牒
狀에14) 대해서는 전혀 언급하지 않았다. 따라서 사료의 편파적 인용
과 자의적인 해석이 문제가 아닐 수 없다.

또한 제주도가 왜구의 근거지이고 제주도인이 왜구로 활동했다고
주장하는15) 근거로 조선 成宗 때의 사료를 인용하고 있다.16) 이것을
무려 100여년이나 떨어진 고려까지 소급시켜 고려시대의 사실인 것
처럼 논리를 전개하고 있다. 시차를 무시하고 고려시대에 존재하지
않은 사실을 추측과 가능성만으로 추론하는 것은 지극히 위험한 발
상이며 논리의 횡포가 아닐 수 없다.

심지어는 阿只拔都를 제주도인으로 추론하면서도17) 그가 무장하고
있는 鐵騎·갑옷·가면 등이 일본무사의 그것과 일치하는 점에 대해
서는18) 전혀 언급하지 않고 있다. 또 그가 500척의 대 선단을 규합할
수 있는 신분 조건과 섬에서 왔다는 기록을 통해서, 오히려 일본열도
내의 섬(松浦郡의 섬) 출신일 가능성도 있지만, 이것을 완전히 배제한

---

14) ≪高麗史≫ 권133, 열전46 辛禑 2년(1376) 10월조 ; ≪高麗史≫ 권133, 열
   전46 辛禑 3년(1377) 6월조 ; ≪高麗史≫ 권133, 열전46 辛禑 3년(1377) 8
   월조 ; ≪高麗史≫ 권133, 열전46 辛禑 4년(1378) 11월조
15) 田中建夫, 1987 <앞 논문>, 151 ; 高橋公明, 1987 <朝鮮外交秩序と東ア
   ジア海域の交流> ≪歷史學硏究≫ 573, 69
16) ≪成宗實錄≫ 2년(1472) 2월조, 3년(1473) 2월조, 4년(1474) 10월조, 13년
   (1483) 윤8월조.
17) 高橋公明, 1987 <앞 논문>, 17
18) 李領, 2002 <홍산·진포·황산 대첩의 역사지리학적 고찰> ≪日本歷史
   硏究≫ 15, 40~46 참조

채 제주도와 연결시키고 있다. 이와 같이 자의적인 사료의 인용, 그리고 후대의 기록을 소급 적용시키는 비논리성이 倭寇史 연구에 커다란 걸림돌이 아닐 수 없다.

이상에서와 같이 13세기의 왜구는 일본인의 활약임을 인정하면서도, 14세기 중기 이후 왜구의 창궐과 소멸을 고려・조선내의 상황 문제로 연결짓는 일본학자들의 논리는 충분한 설득력을 갖지 못할 뿐만 아니라 자가당착적인 견해임에 분명하다.

그럼에도 일인학자들의 해석을 뒤집고 倭寇史를 새롭게 성립시키지 못하는 이유는 당시 일본의 정치상황의 변화와 해적 활동의 관계를 유기적으로 분석이 이루지 못한 것에 기인한다고 할 수 있다. 따라서 왜구의 연구가 일관성을 갖기 위해서는 13~14세기 일본사 안에서 왜구 발생 원인 → 창궐 원인 → 감소 원인이라는 순환의 흐름 안에서 倭寇史를 파악하는 것이 무엇보다 중요하다고 하겠다.

Ⅲ. 日本의 '海上 武士團'과 12~3세기 倭寇

일본열도에서는 鎌倉막부의 성립 이전부터 島嶼지역과 열도의 연안에 거주하는 무사집단의 활약이 두드러지게 나타난다. 寬仁 3년(1019)에 연해주 지역에 사는 여진족이 北九州지역에 침입하였을 때, 松浦지역의 무사집단이 군사력으로 外敵을 물리치는 일이 있었다.[19] 이 전투는 陸戰 뿐만이 아니라 바다에서의 海戰도 포함하고 있다고 생각해볼 수 있다. 즉 해안지역의 開發領主가 포구에 부두・방파제・

---

19) ≪小右記≫ 寬仁 3년(1019) 3월 3일조. "…賊徒(刀伊賊)가 肥前國의 松浦郡에 이르러 노략질을 일삼으니, 이때 그 國의 前肥前介 源知가 郡內의 병사를 이끌고 싸웠다. 화살에 맞은 자가 수십인, 산 자가 한사람으로 賊船을 (더 이상) 공격할 수가 없어 마침내 돌아왔다. 오히려 白兵을 거느리고 船에서 공격하여 싸운 것이다. …' 라는 내용의 기사가 있다.

선착장·창고 등의 시설을 정비하고, 선박·어망 등을 갖추어 海人의 黨을 만들어서[20] 外敵과 싸운 '海上 武士團'[21]의 활약을 잘 보여주는 전투였다.

한 예로서 활발한 활동성을 갖는 이들이 고려를 대상으로 해적활동을 펼친 최초의 흔적이 《靑方文書》에 나타난다. 즉 仁平 2년 (1152) 五島 열도의 小値賀島에서 地頭 淸源是包가 高麗船을 탈취하였다는 이유로 領家로부터 小値賀島의 所領과 所職을 박탈당하는 사건이 그것이다.[22] 이 기록은 《고려사》에서 처음 왜구가 등장하는 시기와 약 70여 년의 시차가 있지만, '海上 武士團'의 활동 대상이 열도 內海에만 국한되지 않고 고려선박을 대상으로 하고 있다는 점에서 매우 특기할 만한 사건이었다.[23]

그리고 일본열도 내에서 '海上 武士團'의 활약도 점차로 확대되어 가는 추세이었다. 한 예로 源·平의 전쟁에서 平氏의 水軍으로 동원되어 중앙의 권력 싸움에서 그 실력을 유감없이 발휘하기도 하였다.[24] 이 시기에 이들의 활약은 화폐경제의 발달과 해상 수송력의 요

---

20) 古賀稔康, 1977 《松浦黨祖考》 (藝文堂) 101
21) 본고에서는 해안과 바다를 중심으로 여러 계층으로 구성되어 다양한 활동을 펼치는 집단을 '海上 武士團'이라고 하였다. 이것과 관련해서 網野는 '職人的' 海民·神人·供御人 등은 포함하여 '海의 武士團'이라 하였고(網野善彦, 1992 《海と列島の中世》 (日本エデイタースクール出版部) 277, 金谷는 해적에 대해서 해변지역에서 領地를 지배하면서 활동하는 '體制側의 海賊'과 '反體制의 海賊'이 있으며, '海邊의 武士團' 또는 '海上의 武士團'이라고 하였다[金谷匡人, 1997 《海賊たちの中世》(吉川弘文館) 43, 50].
22) 《靑方文書》 安貞 2年(1228) 3月 13日. "是包好狼藉 致民煩 依移高麗船 仁平二年蒙御勘當 被解却之刻"
23) 이 사건은 고려 영토에서 자행된 약탈이 아니고 선박을 탈취한 사건이므로 왜구와 관련이 없다고 생각할 수도 있겠으나, 약탈 행위의 대상국이 고려이고 대상물이 고려 선박이므로 왜구의 출발로 보는 것도 무방하리라 생각한다.
24) 《平家物語》 7권, <主上都落> '壽永 2년(1183) 7월 14일조 ; 11권, <鶴

구에 편승해서 급속히 증가하는 양상이었다.

또한 이들은 독자적인 단위로서 島・浦・津에서 선박과 百姓的 水軍을 동원하였고,[25] 海夫로 불리는 下人・所從의 예속적 海民을 포함하고 있어서[26] 예속신분과 百姓, 그리고 小領主와 領主 등 다양한 계층으로 구성되어 있었다.

그런데 建久 10년(1199) 鎌倉막부를 세운 源賴朝의 죽음이 막부를 혼란의 소용돌이 속에 빠져들게 만들었다. 이것을 기회로 公家 권력을 회복시키려는 後鳥羽上皇의 의도가 막부 토벌로 가시화되면서, 마침내 承久 3년(1221) 일본열도의 정국은 '承久의 亂'으로 치달았다. 이 난에서 公家의 편에서 싸운 무사들은 대다수가 西國의 무사들로서 內海의 領主와 토착 세력들이었다. 그 결과가 公家의 패배로 끝나면서 內海의 무사들은 일시 큰 혼란에 빠져들어 海賊으로 횡행하였는데, 이들이 곧 '海上 武士團'이었으며 그 일부가 倭寇로 전화되었음을 예측할 수 있다.

承久의 난 이후 '海上 武士團'이 고려에서 왜구로 활동하기 시작하는 흔적을 찾을 수 있다. ≪고려사≫의 기록에 따르면, 이들의 활동은 高宗 10년(1223) 5월 金州에서 시작되었다.[27] 고종 12년(1225) 4월에는 倭船 두 척이 경상도 연해의 州縣에 침입하였고,[28] 고종 13년(1226) 정월에도 경상도 연해의 州郡을 침입하였다.[29] 그리고 고종 14년

合壇浦合戰> ; ≪吾妻鏡≫ 元曆 2년(1185) 3월 24일조 ; ≪源平盛衰記≫ 23권 <緒方三郎平家を攻むる事>
25) 網野善彦, 1973 <鎌倉幕府の海賊禁壓について> ≪日本歷史≫ 299, 5~6 참조.
26) 網野善彦, 1984 <海民の諸身分と樣相> ≪日本中世の非農業民と天皇≫ (岩波書店) 260~4 참조 ; 初錄, 1971 <日本中世における海民の存在形態> ≪社會經濟史學≫ 36-5
27) ≪高麗史≫ 권22, 高宗 10년(1223) 5월조
28) ≪高麗史≫ 권22, 高宗 12년(1225) 4월조
29) ≪高麗史≫ 권22, 高宗 13년(1226) 정월조

(1227) 4·5월에는 金州와 能神縣에 다시 출현하는 것으로 되어있다.[30] 이와 같이 고려의 초기 왜구의 발생은 시기적으로 '承久의 亂'의 발발에 따른 일본 정국의 혼란과 무관하지 않음을 알 수 있다.

<표 1> 왜구의 고려 출몰 빈도 수

	西紀	A	B	C		西紀	A	B	C
	1223	1	1	1		1367	1	1	0
高 宗10	1225	1	3	1	16	1368	0	0	0
12	1226	2	2	3(2)	18	1369	2	2	1
13	1227	2	1	2	19	1370	2	2	2
14	1263	1	1	1	20	1371	4	4	1
元 宗 4	1265	1	1	1	21	1372	19	11	10
6	1280	1	1	1	22	1373	6	7	3
忠烈王 6	1290	1	1	1	23	1374	12	13	10(11)
16	1323	2	2	2	禑王 1	1375	10	16	11(7)
忠肅王10	1350	7	6	6	2	1376	46	20	39(12)
忠定王 2	1351	4	3	4	3	1377	52	42	54(29)
3	1352	8	12	7	4	1378	48	29	48(22)
恭愍王 1	1353	0	0	0	5	1379	29	23	37(15)
3	1354	1	1	1	6	1380	40	21	40(17)
4	1355	2	2	2	7	1381	21	19	26(19)
6	1356	0	0	0	8	1382	23	14	23(12)
7	1357	4	3	4	9	1383	50	28	47(24)
8	1358	10	10	6	10	1384	19	16	20(12)
9	1359	4	5	4	11	1385	13	16	12
10	1360	8	5	5	13	1386	0	0	0
11	1361	10	4	3	14	1387	7	5	7(4)
12	1362	1	2	1	(昌王) 1	1388	20	17	14(11)
13	1363	2	2	1	恭讓王2	1389	5	11	5
14	1364	11	12	8(10)	3	1390	6	2	1
15	1365	5	3	5(3)	4	1391	1	1	2
	1366	3	3	0		1392	1	2	1
					합계		519	409	484(302)

---

30) ≪高麗史≫ 권22, 高宗 14년(1227) 4·5월조

(1) A는 羅鍾宇氏의 통계.
　　(羅鍾宇, 1996 ≪韓國中世對日交涉史硏究≫ (원광대학교 출판부) 126)
(2) B는 田村洋幸의 통계.
　　(田村洋幸, 1967 ≪中世日朝貿易の硏究≫ (三和書房) 36～37)
(3) C는 田中健夫의 통계.
　　(田中健夫, 1961 ≪倭寇と勘合貿易≫(至文堂)). ( )는 1957≪中世海外交
　　涉史の硏究≫ (東京大學出版會) 4 의 통계)

이 같은 사실을 다시 입증할 수 있는 증거가 같은 시기의 일본 사
료에도 나타나고 있다. ≪明月記≫에는 嘉祿 2년(1226) 鎭西의 凶黨
(松浦黨)이 수십 척의 兵船으로 (高麗) 別島의 민가에 침입하여 재물
을 약탈한 것으로 기록하고 있다.[31] 또 ≪百錬抄≫의 기록에 따르면,
安貞 원년(1227)에 大宰少貳는 고려 사신의 면전에서 대마도의 '惡黨'
90인을 참수하여 고려에 침입했던 해적들을 엄벌로 다스리고 있다.[32]
그리고 貞永 원년(1232)에는 東松浦郡의 唐津에 있는 鏡社의 住人들
이 고려에 건너가 다수의 珍寶를 약탈하였다는 기록이 ≪吾妻鏡≫에
남아있다.[33]

이렇게 고려에서 왜구가 등장하는 시기가 內海와 九州(특히 松浦
지역)의 '海上 武士團'이 고려를 대상으로 해적 활동을 시작하는 시점
과 서로 일치하고 있음을 확인할 수 있다. 따라서 일본 '海上 武士團'
의 해적 활동이 ≪고려사≫에 묘사되어 있는 왜구의 출몰과 연관되
어있다고 단언해도 무방하겠다. 또 이것은 당시 일본의 '海上 武士團'
이 열도 內海의 해상 수송로를 이탈해서 본격적으로 원거리 약탈을
시작했다는 신호이기도 하다.

이렇게 일본에서 '海上 武士團'의 활약이 세토 內海뿐만 아니라 九

31) ≪明月記≫ 嘉祿 2년(1226) 10월 17일조. "高麗合戰一定云云 鎭西凶黨等
　　(號松浦黨) 構數十艘兵船 行彼國之別嶋合戰 滅亡民家 掠取資財"
32) ≪百錬抄≫ 安貞 元년(1227) 7월 21일조.
33) ≪吾妻鏡≫ 貞永 元년(1232) 閏9월 17일조. 여기서 鏡社는 肥前國 東松
　　浦郡 唐津에 있는 '鏡神社'를 의미하는 것으로 사려된다.

州 주변 해역에서 한층 더 활발해짐에 따라 점차 막부로부터 고질적인 장애물로 취급당하기 시작하였다. 따라서 막부는 執權政治가 안정을 찾아가는 시기에 이들을 통제할 새로운 法的 장치를 만들어야 하는 상황에 직면하게 되었다.

결국 열도 內海에서 해상 교역로의 안정을 꾀하고 이들의 집단 활동을 억제하려는 막부의 결정에 따라 海賊 금지의 법령이 공포되었다. 이 법령의 공포는 貞永 원년(1232)에 공포된 '御成敗式目'과 그 이후의 '追加法'에서도 여러 차례 반포되었다.34) 이렇게 막부 得宗家에 의한 海賊 진압의 규모는 경제·유통의 활성화에 편승해서 해적들의 수가 증가하는 것에 대응하는 것이었다고 할 수 있다.35) 그리고 여러 차례의 법령이 나오게 되는 근본적인 배경은 '海上 武士團'의 활성화가 막부에게도 위협적이지 아닐지라도 적어도 정국운영의 방해 요소로 부각되었음을 보여주는 반증이기도 하다.

한편 고려에서는 <표 1>에서와 같이 1228년부터 1262년까지 왜구의 침입이 전무한 소강상태이었다. 그 이유는 사료의 부족으로 정확히 판단할 수 없지만, 貞永 원년(1232) '御成敗式目'과 '追加法'에서 여러 차례 공포된 海賊 금지법과 무관하지 않은 것으로 생각된다.

---

34) ≪中世法制史料集≫ <御成敗式目> 3條(貞永 원년(1232) 8월) <諸國守護人奉行事>, <御成敗式目> 11條 <依夫罪過妻女所領被沒收否事>, <追加法> 227條 (寬元 2년(1244) 10월 20일) <可搦山賊海賊事>, <追加法> 252條 (寬元 4년(1246) 12월 7일) <可仰諸國守護地頭等 令禁斷海陸盜賊, 山賊, 海賊 夜討, 强盜 類事>, <追加法> 282條 (建長 5년(1253) 10월 1일) <重犯山賊海賊夜討强盜輩事>, <追加法> 320條 (正嘉 2년(1258) 9월 21일), <追加法> 368條 (弘長 원년(1261) 12월 30일) <可仰諸國守護地頭等, 令禁斷海賊次山賊等事>, <追加法> 531條 (弘安 7년(1284) 5월 27일) <夜討奸盜山賊海賊殺害罪科事> <追加法> 705條 (乾元 2년(1303) 6월 12일) <夜討强盜山賊海賊等事>, <追加法> 19條 (貞和 2년(1346)) <山賊海賊事>, <追加法>30 條 (貞和 2년(1346) 12월13일) <山賊海賊事>

35) 金谷匡人, 1997 ≪앞 책≫, 45

그런데 왜구의 소강 상태를 깨고 다시 고려 침입을 시작하는 것은 元宗 4년(1263)부터 이다. ≪고려사≫에 따르면, 일본의 배 1척이 고려 勿島에 침입하여 정박 중인 貢船에 실려 있는 쌀 120석과 細布 43필을 약탈해 간 것으로 되어 있다.[36] 같은 내용의 기록이 ≪靑方文書≫에 전하기 때문에 고려 貢船의 약탈은 松浦지방의 '海上 武士團', 즉 松浦黨의 해적 행위였다.[37] 이제부터 이들의 행위가 고려의 貢船도 약탈할 만큼 대담해졌음을 알 수 있는 기록이다.

이 같은 대담한 행동은 시간이 흐를수록 잦아지는 경향을 띄기 시작한다. 永仁 6년(1298) 唐船이 중국으로 항해 도중에 난파하였을 때, 松浦 지역의 백성들이 배 7척으로 '島島浦浦의 船黨'을 구성하여 선적된 물품을 탈취해 가는 사건을 일으킨다.[38] 그리고 몽골의 침입 이후 일본 상선이 元에 도항하였을 때에도 1307년과 1309년에 寧波에서 일본상인들이 시가지를 불태우는 사건을 일으키기도 하였다.[39] 이와 같이 13세기 후반이나 14세기 초에 이르면 전반적으로 '海上 武士團'이 집단화하여 船團을 구성하고, 동아시아 세계로 활동영역을 넓혀 왕성한 해상 활동력을 보여주기 시작한다.

이상에서 살펴본 바와 같이, 일본에서는 鎌倉막부 이전부터 '海上 武士團'의 성장이 나타나고 이들에 의한 해적 활동도 더불어 활동성을 갖기 시작한다. 그리고 '承久의 난'을 계기로 이들이 고려까지 활동 영역을 확대하면서 왜구라는 또 하나의 별칭을 얻게 되었다. 13세기 중기 고려에서 왜구는 잠시 소강상태를 보였으나, 후기부터 더욱 조직화하고 대담해지는 경향을 갖게 되었다. 따라서 13세기 고려에서의 왜구 출현은 전적으로 일본 內海와 九州의 '海上 武士團'의 해적

---

36) ≪高麗史≫ 권25, 元宗 4년(1263) 2월 계유조
37) 拙稿, 1999 <一揆와 倭寇> ≪日本歷史研究≫ 10, 55~56 참조.
38) ≪靑方文書≫ 永仁 6년(1298) 6월 29일, 永仁 6년(1298) 8월 18일.
39) 村井章介, 1994 <十三~十四世紀の日本－京都・鎌倉－> ≪岩波講座 日本通史≫ 8권－中世2－ (岩波書店) 40 참조.

활동에서 그 원인을 찾을 수 있다.

Ⅳ. 倭寇의 창궐과 고려의 외교

1. 九州의 혼란과 '庚寅年 倭寇'

足利尊氏가 鎌倉막부를 멸망시킨(1333년) 이후, 後醍醐天皇의 '建武政權'에 반기를 들고 建武 3년(1336) 교토에 光明天皇을 세우면서 남북조 내란은 시작되었다. 내란기에 室町막부의 장군권력은 전국 무사들의 광범위한 지지를 받고 있었지만 내란을 단시간에 종식시키지는 못하였다. 막부 정권 내부에서 쇼군 足利尊氏와 그의 동생 足利直義가 대립하면서 觀應擾亂이 발발했기 때문이다. 따라서 觀應擾亂은 외부적으로 宮方(남조)와 북조가 대결하고 내부적으로는 막부의 內訌이 이어지면서 尊氏派와 直義派가 대립하는 복잡한 3파전의 양상으로 전개되었다.

畿內를 중심으로 전개된 막부 內訌의 九州 전파는 尊氏의 親子이며 直義의 養子이기도한 足利直冬의 동향과 밀접하게 관련되어 있었다. 尊氏의 집사인 高師直의 습격을 받아 貞和 5년 (1349) 9월 九州로 쫓겨온[40] 直冬은 京都(쇼군)의 명령에 따라서 내려왔다고 자신의 정통성을 강변하면서 九州 무사 세력을 적극적으로 규합해 나갔다. 당시 九州는 一色氏(將軍)와 남조의 두 세력으로 양분되어 비교적 평온을 유지하고 있었지만, 直冬의 등장으로 天下 三分이라는 극도의 혼란에 빠져들고 말았다.

---

40) ≪太平記≫ 28권, <直冬朝臣蜂起事付將軍御進發事> [1962 ≪日本古典文學大系≫ (岩波書店) 89 참조, 이하 생략]

이제까지 九州에서 기반이 없었던 直冬이 세력을 규합하는 방법은 九州 무사들에게 다수의 '軍勢催促狀'·'安堵狀'·'宛行狀' 등을 발급하거나 직접 守護를 임명하면서, 장군 권력을 대행하는 듯한 이미지를 강하게 심어주는 것이었다. 즉 자기 세력의 불모지인 九州에서 準將軍의 권력 형태를 지향하고 있었다.[41] 이런 행위가 九州에서 독자적으로 세력을 빠르게 확장시키는데는 효과적이었지만, 오히려 九州의 무사들을 혼란에 빠트리고 이들의 族的 결합을 뒤흔드는 결과를 초래하고 말았다.[42]

결국 觀應擾亂의 시점에 이르면, 무사들은 형제 또는 부자가 서로 나뉘어 直冬·將軍측에서 제각기 軍忠하는 상황이 연출되었다. 이제 一家內에서도 家督權에 의해 지배되는 체제는 더 이상 유지할 수 없게 되었고, 무사들은 정황에 따라 개별적이고 유동적으로 활동하게 되었다.

이렇게 갑자기 가중되어가는 九州의 혼란 상황에서 소무사들끼리 서로 약탈하는 해적 행위의 예가 등장하기 시작한다. 正平 9년(1354) 松浦지방에서 松浦靑方重와 松浦神崎能가 乘船糧米를 억류하자 篤尙와 披가 一揆를 결성해서 소송을 제기하고 있다.[43] 이것은 九州에서 발생한 무사들 간의 해적 행위를 입증할 수 있는 희소 사료 중의 하나이다. 여기에서 乘船糧米의 약탈은 무사들 간의 해적 행위일 뿐만 아니라, 松浦라는 동일지역 안에서 저질러진 행위라는 점에서 특기할 만하다. 결국 九州의 혼란으로 야기된 무사들의 해적 행위가 지리적 한계를 뛰어넘어서 고려에 침입하여 대규모 왜구로 변모할 가능성을 충분히 시사한다고 하겠다.

---

41) 拙稿, 2003 <觀應擾亂期 足利直冬 권력의 성격> ≪東洋學≫ 34, 187
42) 拙稿, 1999 <앞 논문>, 60 참조.
43) ≪靑方文書≫ 正平 9년 ? (1354) 5월 3일 ; ≪南北朝遺文≫ 九州編 3卷 <3676>

이 시기 무사들의 해적 활동을 ≪고려사≫에서 말하는 1350년의
'庚寅年 倭寇'와44) 같은 맥락에서 이해할 수 있다. 이것은 直冬 편에
서 군충을 하거나, 때로는 將軍측과 남조 측에 가담하는 행동을 반복
하면서 九州 무사들이 갖는 자기 분열의 양상과 그 궤를 같이 하는
것이었다. 그리고 文和 원년(1352)에 直冬이 九州를 떠난 후에도 무사
들은 계속해서 장군측의 一色氏, 또는 남조측의 懷良親王편에 서서
전투에 임해야 하는 운명이었다. 결국 유동적인 성향을 갖는 약소 무
사들과 住人들이 근거지를 이탈해서 끊임없이 바다를 건너 왜구라는
약탈자의 길을 모색하지 않으면 안되는 이유가 여기에 있었다.

文和 4년(1355) 장군측의 一色氏가 九州를 떠나고 난 후, 懷良親王
에 의해 비교적 안정적으로 지배되던 1360년대에도 <표 1>에서와
같이 고려의 왜구 출몰은 계속되었다. 이 같은 현상은 家督 체제가
무너지면서 무사들이 개별적으로 활동하는 성향에서 그 원인을 찾을
수 있다. 따라서 이 같은 무사들의 성향이 '庚寅年 倭寇' 이후에도 계
속해서 왜구가 출몰하는 이유이기도 하다.

2. 高麗 '牒狀'의 내용과 倭寇의 실체

'庚寅年 倭寇' 이후에도 좀처럼 사라지지 않는 왜구 출몰을 막아야
했던 고려는 군사적 노력뿐만 아니라 외교도 적극적으로 펼쳐 나갔
다. <표 2>에서와 같이 고려는 恭愍王 15년(1366) 만호 金龍을 京都
에 파견하였다.45)

---

44) 李領은 <庚寅年 倭寇>가 觀應 원년(1350) 2월 足利直冬이 취한 공세로
   인해 궁지에 몰린 少貳賴尙이 兵糧米를 구하기 위해서 고려에 侵寇한
   것이 발단이었다고 보았다(李領, 2000 <庚寅年 倭寇>와 일본의 국내정
   세> ≪國史館論叢≫ 92).
45) ≪高麗史≫ 列傳46, 辛禑 3년(1377) 6월조

〈표 2〉고려사신의 일본파견과 첩장내용(1360～70년대)

	년 도	使臣名	牒 狀 內 容
1차	공민왕15년 (1366)	萬戶 金龍	丙午年間 差萬戶金龍等 報事意 卽蒙征夷大將軍禁約 稍得寧息(禑王 3년 6월조 참조)
2차	공민왕15년 11월(1366)	檢校中郎將金逸	壬辰 遣檢校中郎將金逸如일본 請禁海賊
3차	공민왕17년 閏7월(1368)	講究使李夏生	遣講究使李夏生于對馬島
4차	우왕 원년 2월(1375)	判典客事寺羅興儒	判典客寺事羅興儒 聘日本
5차	?	判典客事寺羅興儒	差判典客寺事羅興儒賓咨再達
6차	우왕 3년 6월(1377)	判典客寺安吉祥	遣判典客寺事安吉祥于日本 請禁賊
7차	우왕 3년 9월(1377)	前大司成鄭夢周	遣前大司成鄭夢周 報聘于日本 且請禁賊
8차	우왕 4년 10월(1378)	版圖判書李子庸 前司宰令韓國柱	遣版圖判書李子庸 前司宰令韓國柱 如日本 請禁海賊
9차	우왕 5년 윤5월(1379)	檢校禮儀判書尹思忠	遣檢校禮儀判書尹思忠 報聘于日本

이에 대해서 일본측 사료인 ≪善隣國寶記≫ 貞治 6년(1367) 2월의 기사에서는 일본 해적이 고려에 관청을 불사르고 백성을 살해하여 그 주변의 백성이 편안하지 못하다는 고려조정의 牒狀 내용과 將軍 (足利義詮)이 回書를 보냈다는 내용을 기록하고 있다.[46] 그리고 ≪고려사≫에서는 이 回書에 대해서 구체적인 언급이 없이, 다만 征夷大將軍(足利義詮)이 해적금지를 약속한 것으로만 기록하고 있다.[47]

---

46) ≪善隣國寶記≫ 貞治 6년(1367) 丁未條의 기사에서는 일본에 도착한 金龍에 대해서 다음과 같이 전한다. "古記曰 二月十四日 高麗使万戶左右衛保勝中郎將金龍・檢校左右衛保 … 通書 其略曰 海賊多數 出自貴國地 來侵本省合浦等 燒官廨 擾百姓 甚至于殺害 于今十有余歲 海舶不通 辺民不得寧處云 … 六月卅六日 將軍家 以高麗回書 授使者"

47) ≪高麗史≫ 열전46, 辛禑 3년(1377) 6월조. "丙午年間 差萬戶金龍等 報事

그리고 다시 고려는 공민왕 15년(1366) 11월 京都에 金逸을 파견하여 禁寇를 요청하였다.[48) 막부는 京都에 도착한 이들을 성대하게 대접하고,[49) <표 3>에서와 같이 그 회답으로 恭愍王 17년(1368) 1월 金逸과 함께 일본승려 梵盪·梵鏐를 고려에 보내 답례하고 있다.[50)

고려의 사신이 일본에 갔을 때 막부가 왜구는 일본인의 소행이 아니고 왜구 출몰이 자신들과 무관하다고 주장하였다면 어떠했을까. 禁寇를 요청하는 고려의 파견은 외교적으로 대단한 결례이며, 사신을 몹시 당황스럽게 만들었을 것이라고 추측해 보는 것은 어렵지 않다. 그러나 고려의 사신들은 막부로부터 우호적이며 극진한 대접을 받았고, 倭寇 禁壓의 약속까지 받아 가지고 돌아온다. 이런 것이 이후 계속되는 수차례의 사신 파견에서도 반복되고 있음을 확인할 수 있다.

또 고려는 對馬島에도 恭愍王 17년(1368) 閏7월에 토산물을 바친 답례로 李夏生을 파견하여,[51) 왜구 문제를 해결하기 위한 다각적인 노력을 게을리 하지 않았다. 이러한 외교적 노력의 결과였다고 단정

意 卽蒙征夷大將軍禁約 稍得寧息 …"
48) ≪高麗史≫ 권41, 恭愍王 15년(1366) 11월조. "壬辰 遣檢校中郞將金逸如
日本 請禁海賊"; ≪善隣國寶記≫ 貞治 6년(1367) 丁未條. "同卅七日 重
中請 大夫前典義 令相金一來朝"(≪高麗史≫의 金逸과 ≪善隣國寶記≫
의 金一은 동일한 인물로 보인다).
49) ≪善隣國寶記≫ 貞治 6년(1367) 4월 18일조 ; ≪師守記≫ 貞治 6년(1367)
4월 18일조, 동년 5월 19일조
50) ≪高麗史≫ 권41, 恭愍王 17년(1368) 1월조. "戊子 日本國 遣僧梵盪梵鏐
偕金逸來 報聘"
51) 고려는 恭愍王 17년(1368) 7월 對馬島에서 사자를 보내 토산물을 보내
오자, 閏 7월에 講究使 李夏生을 대마도에 파견한다(≪高麗史≫ 권41,
恭愍王 17년(1368) 7월조. "秋七月 乙亥 日本遣使來聘 己卯 對馬島萬戶
遣使 來獻土物 … 閏月 以旱放影殿役徒 遣講究使李夏生于對馬島"). 그
리고 같은 해 11월 대마도에서 崇宗慶이 사자를 보내 入朝해 오자 쌀
천 석으로 답례하여 우호적인 자세를 유지하였다(≪高麗史≫ 권41, 恭
愍王 17년(1368) 11월조 "十一月 丙午 對馬島萬戶崇宗慶 遣使來朝 賜宗
慶米一千石").

할 수는 없지만, 이후 몇 년간(1371년까지) 왜구가 현저히 줄어들어
평온한 상태가 유지되었다.

〈표 3〉 일본(대마도)사신의 고려파견과 回書 내용(1360~70년대)

	년 도	使臣名	回 書 內 容
1	공민왕17년 1월(1368)	梵盪 梵鏐	戊子 日本國遣僧梵盪梵鏐 偕金逸來 報聘
2	공민왕17년 7월(1368)	… 對馬島萬戶	秋七月乙亥 日本遣使 來聘 巳卯 對馬島萬戶遣使來 獻土物
3	공민왕17년 11월(1368)	對馬島萬戶崇宗經	十一月 丙午 對馬島萬戶崇宗經 遣使 來朝 賜宗慶米一千石
4	우왕 2년 10월(1376)	僧良柔 <周左 書>	十月 羅興儒 還自日本 日本遣僧良柔 來報聘 …(中略)…其國僧周佐 寄書曰 惟我西海道一路 九州亂臣割據 不納貢 賦 且二十餘年矣 西邊海道頑民 觀釁 出寇 非我所爲 是故 朝廷遣將征討 架 入基地 兩陣交鋒 日以相戰 庶幾克復 九州 則誓天指日禁約海寇
5	우왕 3년 8월(1377)	僧信弘	日本國遣僧信弘 來報聘 書云 草竊之 賊 是逋逃輩 不遵我令 未易禁焉.
6	우왕 4년 6월(1378)	僧信弘	日本九州節度使源了俊 使僧信弘 率其 軍六十九人 來捕倭賊
7	우왕 4년 7월(1378)	周孟仁	七月 鄭夢周 還自日本 九州道節度使 源了俊 遣周孟仁 偕來
8	(우왕 4년 11월) (1378)	(覇家臺倭使)	(覇家臺倭使 來泊蔚州 信弘言 彼若見 我 必歸告其國 遂給曰 高麗將拘汝 使 懼逃歸
9	우왕 5년 2월(1378)	僧法印	二月 日本國遣使僧法印 來報聘 獻土 物
10	우왕 5년 5월(1378)	朴居士	韓國柱還自日本 大內義弘 遣朴居士 率其軍一百八十人 偕來
11	우왕 6년 11월(1380)	探題將軍五郎兵衛	押物中郎將房之用還 探題將軍五郎兵 衛等使 偕來 獻土物

*使臣名에서 ( )는 공식 사절이 아님

그러나 잠시 되찾은 왜구출몰의 소강상태는 곧 깨지고 말았다. ≪고려사≫에서는 공민왕 23년(1374)부터 왜구가 다시 창궐하는 것으로 기록하고 있지만,52) <표 1>에서 보면 오히려 공민왕 21년(1372)부터 그 징조가 나타나고 있음을 알 수 있다.

한편 왜구가 급격히 증가해 감에 따라서 1375년부터 79년까지 고려 사신의 일본 파견이 거의 매년 되풀이 되었다. 고려의 羅興儒가 禑王 원년(1375) 2월 京都에 파견되었고,53) 또 다시 파견되어 우왕 2년(1376) 10월 답례사인 승려 良柔와 함께 귀국하였다.54)

이때 天龍寺의 승려 周左의 서신이 함께 전해오는데, 왜구의 주체가 '西邊海道頑民'이므로 九州만 평정하면 금할 수 있음을 약속한다는 내용의 반첩이었다.55) 그 回書에는 '西海道 一路에 九州의 亂臣이 할거하여 貢賦를 바치지 않은지 20 여년이다' 라는 내용이 있다. 이것은 九州探題 一色道猷가 九州 경영의 난제를 극복하지 못하고 菊池武光에게 패하여 文永 4년(1355)에 九州를 떠난 시점, 즉 九州에서

---

52) ≪高麗史≫에서도 왜구가 한동안 줄었다가 甲寅年(1374) 이후에 다시 창궐하는 것으로 기록하고 있는 것은(≪高麗史≫ 列傳46, 辛禑 3년(1377) 6월조. "遣判典客寺事安吉祥 于日本 請禁賊 書曰 … 稍得寧息 近自甲寅以來 其盜 又肆猖蹶 …") 공민왕 21년(1372) 전라도의 세곡을 육로로 운반하자는 대안을 제시하거나(≪高麗史≫ 권43, 恭愍王 21년(1372) 2월조), 군사적 대응을 독려하는 한편(≪高麗史≫ 권44, 恭愍王 22년(1373) 9·10월조, 恭愍王23년(1374) 4월조), 明에게 함선건조에 소요되는 물품을 요청하는(≪高麗史≫ 권44, 恭愍王 22년(1373) 11월조) 등의 적극적인 대응책 이후에도 별 성과가 없었다는 판단에서 나온 견해로 추측된다.

53) ≪高麗史≫ 列傳46, 辛禑 원년(1375) 2월조. "判典客寺事羅興儒 聘日本" ; ≪東寺文書≫ 永和 원년(1375) 11월 19일 ; 永和 원년(1375) 12월 9일

54) ≪高麗史≫ 列傳46, 辛禑 2년(1376) 10월조. "十月 羅興3儒 還自日本 日本遣僧良柔 來報聘 …"

55) ≪高麗史≫ 列傳46, 辛禑 2년(1376) 10월조. "惟我西海道一路 九州亂臣割據 不納貢賦 且二十餘年矣 西邊海道頑民 觀釁出寇 非我所爲 是故 朝廷遣將征討 架入基地 兩陣交鋒 日以相戰 庶幾克復九州 則誓天指日禁約海寇"

막부(북조)의 영향력이 상실된 상황을 설명하는 내용이다.

또 "조정에서 토벌하도록 장수를 보내어 그 지방 깊숙이 들어가 兩陣이 맞붙어 날마다 싸우고 있다"라는 내용에서 조정이 보낸 장수는 九州探題 今川了俊이었다. 또 兩陣은 막부(북조)의 今川了俊과 남조의 懷良親王의 진영을 표현했다고 할 수 있다.

따라서 위의 두 문장을 풀어서 설명하면, "九州(=서해도) 일대는 一色道猷의 퇴각(1355년) 이후부터 懷良親王이 이끄는 남조가 할거하였다. 그래서 막부가 九州探題 今川了俊을 보내(1370년 임명, 71년 九州 下向) 남조 세력을 토벌하도록 하였는데, 날마다 북조와 남조의 두 陣營이 격렬히 싸우고 있다. 九州만 평정되면 하늘에 맹세하는데 海寇 금지를 약속한다"라고 풀이할 수 있다. 이 사료는 당시 九州에서 남북조의 세력 판도를 정확하게 설명하고 있을 뿐만 아니라, 왜구의 발생원인이 九州의 정치적 혼란에 기인하고 있음을 분명하게 규정하고 있다. 그리고 禁寇가 九州를 평정한 후에 가능할 것으로 고려를 설득하고 있다.

또 이 回書에서는 왜구의 본거지를 九州와 그 바다에 인접한 주변 지역으로 파악하고 있고, 왜구의 실체를 九州의 西邊海道의 바다를 배경으로 활동하는 住人을 포함하는 在地 勢力으로 밝히고 있다.56)

그런데 고려조정의 기대와는 달리 우왕 2년(1376)부터 왜구 출몰이 오히려 증가하고 있었다. 이것에 대해 고려는 우왕 3년(1377) 6월 安吉祥을 파견하여 禁寇 약속의 불이행을 강력히 항의하였다. 여기에서 고려는 우왕 2년(1376) 즉시 금구를 약속할 수 없다는 승려 周左의 서신 내용에 대해 강력하게 불만을 표시하고, 양국의 通好와 海道의 안정이 일본측의 처리에 달려있음을 주지시키고 있다.57)

---

56) 拙稿, 2001 <少貳冬資와 倭寇의 일고찰> ≪日本歷史研究≫ 13, 73
57) ≪高麗史≫ 列傳46, 辛禑 3년(1377) 6월조. "遣判典客寺事安吉祥于日本 請禁賊 書曰 … 後據羅興儒賷來貴國回文言稱 此寇 因我西海一路 九州

이것에 대해서 우왕 3년(1377) 8월 大宰府의 今川了俊이 安吉祥에 대한 회답사로서 승려 信弘을 보내왔다. 이 때 답서에는 왜구의 주체가 '逋逃輩'로서 명령을 따르지 않아 금하기가 좀처럼 용이하지 않다고 회답하고 있다.[58] 여기에서 大宰府(今川了俊)는 왜구에 의한 고려의 피해를 인정하고 그 주동자들을 九州 안의 '逋逃輩'(도망친 무리)로 밝히고 있다. 그리고 고려의 왜구 창궐에 대해서 자신들에게 책임이 있음을 밝히고 있을 뿐만 아니라, 왜구세력이 자신들의 통제권에서 벗어난 세력임을 시인한 점도 우왕 2년(1376) 周左의 서신 내용과 일치하고 있다.

그 답례로 고려는 곧 바로 같은 해 9월 鄭夢周를 大宰府로 파견하기에 이른다.[59] 이후에도 더욱 적극적으로 大宰府에 사신을 파견하여 우왕 4년(1378) 10월에 李子庸·韓國柱, 다음 해 윤 5월에는 尹思忠을 파견하였다.[60] 이와 같이 고려는 禁寇문제를 근본적으로 해결하기 위해서 京都의 막부와 왜구의 근원지인 九州의 大宰府, 그리고 對馬島를 상대로 적극적인 禁寇 외교를 펼쳐나갔다.

이상에서와 같이 麗·日 외교 문서에서 양국에서 오갔던 牒狀이나 서신의 내용은 僞書가 아니며 당시의 정세를 매우 잘 묘사하고 있기 때문에 사실성과 신빙성을 갖춘 기록이라고 할 수 있다. 그런데 이 기록을 무시하고 왜구 발생의 원인을 고려내의 혼란한 정치상황이나 계층 간의 갈등으로 규정하는 연구는 문제의 본질을 왜곡시키는 접

亂臣割據 西島頑(民)然作寇 實非我所爲 未敢卽許禁約 得此僉詳 治民禁盜 國之常典 前項海寇 但肯禁約 理無不從 兩國通好 海道安靜 在於貴國處之如何耳"

58) ≪高麗史≫ 列傳46, 辛禑 3년(1377) 8월조. "日本國遺僧信弘 來報聘 書云草竊之賊 是逋逃輩 不遵我令 未易禁焉"

59) ≪高麗史≫ 列傳46, 辛禑 3년(1377) 9월조. "遣前大司成鄭夢周 報聘于日本 且請禁賊 …"

60) ≪高麗史≫ 列傳46, 辛禑 4년(1378) 10월조 ; 列傳47, 辛禑 5년(1379) 윤5월조, 辛禑 6년(1380) 11월조

근 방법일 뿐만 아니라, 심지어 논리상의 모순까지 갖는다고 할 수
있다. 왜냐하면 왜구의 문제는 일본 사신의 답서 내용에서도 밝히고
있듯이, 일본의 국내사정 특히 九州의 정치적 상황과 밀접하게 관련
되어 있기 때문이다.

한편 왜구 활동이 급격히 증가하는 원인에 대해서 ≪고려사≫에는
우왕 원년(1375) 5월 왜인 藤經光을 살해하려다 실패하는 사건에 있다
고 기록하고 있지만,[61] 고려 전지역의 약탈피해를 설명하기에는 미흡
한 국지적인 사건이었다. 오히려 일본내의 어떤 변수로 인해 우왕 2년
(1376)부터 왜구의 활동이 더욱 왕성해지고, 그로 인해서 고려의 피해
가 한층 더 심각해지는 것으로 설명하는 것이 타당하다고 하겠다.

이런 점에서 고려의 禁寇 요청에 적극적으로 동조했던 九州探題
今川了俊마저도 왜구를 통제할 수 없었던 이유, 즉 등잔 밑의 어두운
그림자에 숨겨진 원인이 무엇이고, 이것이 了俊과 직접적으로 어떻게
관련되어 있는지 살펴보아야 하겠다.

3. 少貳冬資의 피살과 倭寇 창궐의 원인

九州에서 남조세력이 전성기를 맞고 있었을 때, 應安 원년(1368) 3
代 將軍職에 오른 足利義滿은 공석 상태인 九州探題에 최상의 적임
자를 선임하는데 고심했다. 그리고 管領 細川賴之의 주도하에 應安 3
년(1370) 6월 今川了俊(貞世)을 九州探題로 임명하였다.

남조세력이 장악하고 있는 北九州 지역을 성공적으로 탈환하기 위
해서 사전에 치밀하게 준비를 마친 了俊은 應安 4년(1371) 12월 豊前
國에 상륙하였다. 마침내 應安 5년(1372) 8월 남조 세력을 大宰府에서

---

61) ≪高麗史≫ 列傳27, 金先致傳 참조 ; ≪高麗史節要≫ 卷30, 禑王 원년 5
   월조 참조.

筑後의 高良山으로 몰아내고,[62] 다시 應安 7년(1374) 10월에는 肥後의 菊池로 패퇴시키는데 성공하였다.[63]

같은 해 了俊은 肥後國의 守護가 된 후 '探題의 分國'으로 만들었는데,[64] 豊前國도 마찬가지로 '分國'으로 삼았다.[65] 이때 그는 막부의 관료인 探題의 권위를 이용해서 무사들을 제압하고, 한편으로는 分國化를 진행시키는 양동작전을 구사하였다. 즉 國의 守護를 대폭적으로 교체하면서 탐제의 分國化를 적극적으로 추진하고, 스스로 경제적인 기반을 확보하여 독자적이고 강력한 지역 권력체의 완성을 관철시켜 나갔다. 이렇게 막부의 公的 관리로서의 探題의 권한을 십분 발휘하여 在地에서 발생하는 어려운 문제들을 압도적으로 해결해 나갔던 것이다.

원래 鎌倉시대부터 大宰府가 위치한 筑前과 豊前·肥後의 守護職은 少貳氏가 맡고 있었다. 남북조내란 초기에 少貳賴尙(冬資의 父)은 九州의 통괄자가 되고자 하는 강한 의욕을 가지고 있었으므로, 少貳씨와 九州探題 一色氏와의 대립은 숙명적이었다.[66] 따라서 應安 3년(1370) 了俊이 九州探題로 임명된 것도 少貳氏와의 대립을 예고하는 전주곡이나 마찬가지였다.

한편, 永和 원년(1375) 7월 了俊은 남조와 肥後의 水島에서 치열한

---

62) 《入江文書》 應安 8년(1375) 일 ; 《南北朝遺文》 九州編 5卷 <5171>. "至于同八月十二日大宰府凶徒沒落之期"; 川添昭二, 1964 《今川了俊》 −人物叢書 117− (吉川弘文館) 98 참조.

63) 《阿蘇文書》 應安 7년(1374) 12월 晦日 ; 《南北朝遺文》 九州編 5卷 <5157>. "去十月十七日注進狀 披露訖 菊池以下凶徒 高良山沒落事"; 川添昭二, 1964 《위 책》 106 참조.

64) 《阿蘇文書》 應安 7년(1374) 10월 7일 ; 《南北朝遺文》 九州編 5卷 <5134>. "一. 肥後國事 先年守護御拜領候しかとも 今度九州の國國守護人とも多分あらだめられ候之間 當國事も探題の分國ニなされ候て 拜領して拜領して候を … これは將軍家御ため國のため候間 …"

65) 山口隼正, 1989 《南北朝期九州守護の硏究》 (文獻出版) 130 참조.

66) 川添昭二, 1981 《中世九州の政治と文化》 (文獻出版) 163 참조.

교전을 벌리고 있었다.67) 그런데 了俊 편에 九州의 3大 守護 중에서 大友親世·島津氏久 만이 출전하였고, 大宰府가 위치한 筑前國 守護인 少貳冬資는 출전하지 않았다. 이때 了俊은 氏久에게 부탁하여 冬資의 출전을 종용하였고, 마침내 冬資가 水島陣에 출전하자 그를 암살해 버렸다.68) 이후에 筑前國의 少貳氏 일족 수백명이 殉死하였고,69) 筑前國에서의 少貳氏의 전통적인 지지기반은 거의 소멸해 버렸다. 그 결과 了俊은 스스로 筑前國의 守護에 올랐고 이곳 마저도 '探題의 分國'으로 삼았다.

이때 島津氏久는 九州 三人의 체면을 잃었다며,70) 자신을 筑後國의 守護로 임명하면서 회유하는71) 了俊에게 등을 돌리고 영원히 反了俊 세력으로 돌아서 버렸다. 그러자 了俊은 氏久를 제압하기 위해서 永和 2년(1376) 8월 막부의 장군으로부터 직접 大隅·薩摩國의 守護職을 위임받고,72) 10월에는 大隅國 마저도 '探題의 分國'으로 삼았다.73)

---

67) ≪阿蘇文書≫ (永和 원년)(1375) 7월 13일 ; ≪南北朝遺文≫ -九州編- 5 卷 <5211>. "十三日卯時 菊池口水島原二陳を取候了 於今者菊池勢一人 も不可出候 …"

68) ≪花營三代記≫ 應安 8년(1375) 9월 14일조. "九月十四日. 去八月廿六日 午剋 御肥後國軍陣 太宰府少貳冬資 爲探題今川伊與入道被誅之由 使者 到來" ; ≪薩藩舊記≫ -前篇- 卷28 永和 원년(1375) 8월조. "八月十一日 了俊會 公於水島 少貳冬資不來會 了俊使 公徵之 冬資乃來 二十六日 了 俊令賊殺冬資於水島" ; ≪太宰少貳系圖≫ -筑後士軍談- 권34 ; ≪深 江文書≫ 永和 3년(1377) 3월 일조 등 다수가 전한다.

69) ≪歷代鎭西志≫ 永和 원년(1375) 秋 8월조. "秋八月 探題貞世進師 屢相 戰於水島 廿六一水島之合戰敗 太宰少貳藤原冬資朝臣討死 年三十九 法 諱存覺 一族從者數百人殉死"

70) ≪薩藩舊記≫ -前篇- 卷28, 聖榮自記. "… 則九州警告地三人 共所以失 面目也 且又於氏久者 不知了俊之僞言 …"

71) ≪薩摩島津家文書≫ 永和 원년(1375) 8월 28일 ; ≪南北朝遺文≫ -九州 編- 5卷 <5229>

72) ≪禰寢文書≫ 永和 2년(1376) 8월 12일 ; ≪南北朝遺文≫ -九州編- 5卷 <5335>. "大隅薩摩兩守護職事 所補任也 早守先例 可致沙汰之狀如件"

그러나 了俊의 급진적인 정치 행보는 南九州의 실세였던 島津氏를
적으로 만들었고, 오히려 九州 토착 세력으로부터 고립당하는 수모를
겪으면서 일시적으로 좌절을 맛보아야 했다. 결과적으로 了俊은 남조
의 거센 반격을 받고 많은 부장들을 잃은 채 水島陣에서 퇴각하고 말
았다.

이렇게 少貳冬資 암살은 순식간에 九州에서 了俊의 입지를 어렵게
만들었다. 冬資의 죽음으로 九州 지배의 장애물을 쉽게 극복할 것으
로 기대했던 了俊은 등을 돌린 島津氏를 제압하고 南九州 지역을 다
시 장악하는데 오히려 많은 시간과 값비싼 대가를 지불해야 했다. 따
라서 冬資의 살해는 얻는 것과 잃는 것 모두 커다란 정치적 모험이었
던 것이다. 이 모든 것이 九州探題로서 專制權力을 지향하는 了俊의
정치적 야망에 기인한 것이었다. 결국 永和 원년(1375) 8월 발생한 少
貳冬資의 피살은 九州 세력의 재편을 알리는 신호탄이었다.

이후 了俊은 九州 무사들에게 싸움에서 將軍에 충성을 다하면 家
도 보존되고 무사로서의 체면도 세우게 되며 난세에 종지부를 찍을
수 있다고[74] 회유하는 '書狀'을 끊임없이 보내며 九州 지배를 관철시
켜 나갔다. 九州 무사들의 장악은 全九州의 경영의 성공과도 맞물려
있었기 때문이다.

이런 일련의 사건과 왜구를 관련지어 살펴보면, 應安 4년(1371) 12
월 了俊이 九州探題로 내려온 이후 <표 1>에서와 같이 고려 공민왕
21년(1372)부터 왜구의 출몰이 잦아지기 시작한다. 그리고 永和 원년
(1375) 8월 26일 少貳冬資가 피살되고 난 다음 해 우왕 2년(1376)부터

---

73) ≪禰寢文書≫ 永和 2년(1376) 10월 8일 ; ≪南北朝遺文≫ -九州編- 5卷
   <5348>). "一. 大隅國事 如此探題之分國に定候 此上者國中人人に能能
   申談候へと被申候 …"
74) ≪禰寢文書≫ 永和 3년(1377) 12월 15일 ; ≪南北朝遺文≫ -九州編- 5卷
   <5435>, 永和 4년(1378) 3월 5일 ; ≪南北朝遺文≫ -九州編- 5卷
   <5456>

는 왜구의 출몰이 가히 폭발적으로 증가하고 있음을 알 수 있다. 이
것은 了俊의 九州 하향과 少貳冬資의 피살 사건이 고려의 왜구 창궐
과 깊이 관련되어 있음을 시사한다고 하겠다. 즉 九州의 정치적 혼란
과 세력의 재편이 바다의 장벽을 건너 뛰어 이웃한 고려에도 그 영향
을 크게 미쳤음을 반증하는 것이다.

고려의 적극적인 외교와 了俊의 협조에서도 불구하고 禁寇에 실패
했던 이유는 九州를 '探題의 分國'化하려는 了俊의 정치 야욕의 부작
용으로 在地를 이탈한 '反探題'的 성향의 '海上 武士團'의 활동 때문
이었다. 아울러 남조와 북조 세력도 아니고 探題 권력으로도 통제가
불가능한 肥前國의 高來氏와 肥後國의 天草氏와 같은 해적세력의 활
동에[75] 기인한다고 할 수 있다. 또한 永德 원년(1381) 8월 막부가 해
적 행위를 금지하도록 했던 세력, 즉 고려에 건너가 狼藉를 일삼는
'惡黨人'도[76] 물론 포함한다고 할 수 있다.[77]

결국 고려 왜구의 창궐은 九州내의 '反探題'的 성향의 '海上 武士
團', 전통적인 해적세력, 惡黨人 등 다양한 세력의 자의적인 활동에
기인했다고 할 수 있다. 이것은 이들이 九州 지역의 정치혼란과 이것
을 틈타 활동하는 불법적인 행동이었으므로, 내란이 수습되고 在地에
서 삶의 기반이 안정되지 않는 한 지속될 수밖에 없었다.

---

75) ≪禰寢文書≫ (康曆 2년(1380)) 6월 14일 ; ≪南北朝遺文≫-九州編- 5卷
   <5605>. "一. いかにと其邊にもきこを候ハん、治部少輔殿, 大將として
   高來・天草を四國海賊吉弘勢代つれ罷向之間, 其方にハ御敵一人もなく
   候間, 海賊御手洗藥師二大將相添られ候て、 薩摩かたを可渡候 …"
76) ≪禰寢文書≫ 永德 원년(1381) 8월 6일 ; ≪南北朝遺文≫-九州編- 5卷
   <5673>. "當國惡黨人等渡高麗致狼藉由事, 嚴密可加制止, 若猶不承引
   者, 爲有殊沙汰可注申候, 右之狀依仰執達如件"
77) 拙稿, 2001 <少貳冬資와 倭寇의 일고찰> 75~76 참조.

V. 倭寇 감소와 海賊 금지

1. 夜討·海賊 금지와 一揆

왜구의 출현은 <표 1>에서와 같이 '庚寅倭寇'(1350)부터 1371년까지 22년간 총 78회(평균 3.5회)이었고, 1372년부터 1383년까지 12년간이 가장 극심하여 총 356회(평균 34.6회)를 기록하여 가히 폭발적으로 증가하고 있음을 알 수 있다. 그런데 1384년부터 1388년까지는 총 59회(평균 11.8회)로 줄고 있으며, 1389년 이후에는 왜구의 출현이 현격하게 감소하는 양상을 보인다.

이러한 왜구의 폭발적인 증가·감소 현상과 관련해서 주목되는 것이 하나 있다. 今川了俊의 九州 출현 13년 후, 왜구의 근거지로 알려져 있는 松浦 지역에서 만들어진 永德 4년(1384)·嘉慶 2년(1388)의 <松浦住人 一揆 契約狀>[78]이다. 왜구가 감소하는 원인을 일본 내에서 찾는다면, 이 계약장에 있는 夜討·强盜·山賊·海賊 등의 非法을 금하는 조항이 그것이라 하겠다.

이미 앞장에서 왜구의 발생 원인이 九州의 정치 혼란과 松浦黨의 활동이 밀접하게 관련되어 있다고 밝혔다. 그리고 일본 海賊의 해상 활동은 지역을 고려까지 확대시켜 보았을 때, 永德 4년(1384)의 <下松浦 住人 一揆 契約狀>의 夜討·海賊 금지의 효과도 고려에서 찾아

---

78) ≪靑方文書≫ 永德 4년(1384) 2월 23일 ; ≪南北朝遺文≫－九州編－ 5卷 <5814>. "夜討·强盜·山賊·海賊幷諸財物田畠作毛以下盜人等事, 實犯現形者, 見合可討留, 若以支證有差申族者, 先召取, 科者依白狀可有沙汰矣" ; ≪靑方文書≫ 嘉慶 2년(1388) 6월 1일 ; ≪南北朝遺文≫－九州編－6卷 <6058>. "於夜討·强盜·山賊·海賊·放火·田畠作毛盜刈族者, 證據分明者, 直可行死罪, 聊以檢疑不可致理不盡之沙汰, 次同類之事, 爲衆中之沙汰, 可被罪科云云焉"

볼 수 있어야 한다. 먼저 永德 4년(1384)을 기준 시점으로 一揆의 성립 이전인 1372년부터 1383년까지 12년간 평균 34.6회에 이르던 왜구 출몰 빈도수가 1384년부터 1388년까지는 5년간 평균 11.8회로 3분의 1 정도 줄어드는 것으로 나타난다.

또한 ≪고려사≫에는 禑王 10년(1384) 2월 왜인이 鎭浦에 들어와 포로였던 부녀 25인을 돌려보냈다는[79] 송환 기사가 보이는데, 이것은 고려와 일본의 외교에 의한 성과나 우연한 결과라기보다 下松浦지역 一揆의 해적 금지 조항의 결과물이라고 생각할 수 있다.

이러한 해적 금지의 성과는 嘉慶 2년(1388) 6월의 <下松浦 住人 一揆 契約狀>에서도 찾아볼 수 있다. 그 내용은 夜盜(夜討ち)・强盜・山賊・海賊에 대해서 증거가 분명하면 死罪에 처한다고 되어 있다. 자백에 따라 처리한다는 永德 4년(1384) 一揆의 내용과 비교했을 때, 처벌을 매우 엄격하게 강화하고 있다. 이것은 永德 4년(1384) 처벌 규정으로는 통제가 기대에 못 미쳤기 때문에, 재차 嘉慶 2년(1388)에 그 처벌을 더욱 강화시켜 놓은 것이 아닌가 생각한다.

그리고 이것이 고려 왜구를 감소시키는데 상당한 영향을 미쳤다고 반증해 주는 통계 자료를 제공해 주고 있다. 즉 우왕 14년(1388) 이후 1389년에 5회・1390년에 6회・1391년에 1회・1392년에 1회 등으로 현저하게 감소하는 것이 바로 그것이다.

물론 昌王 원년(1389) 2월에 慶尙道 元帥 朴葳가 對馬島를 정벌한[80] 이후의 변화이므로 고려의 군사적 승리의 성과를 간과할 수는 없겠다. 그러나 이미 永德 4년(1384) 一揆의 성과가 결실을 맺고 있듯이, 嘉慶 2년(1388) 一揆의 보다 강력한 海賊 금지에 따른 禁寇의 가시적인 효과였다고 할 수 있다.

이상에서 一揆는 下松浦지역의 小領主와 住人들이 자치적으로 규

---

79) ≪高麗史≫ 卷135, 禑王 10년(1384) 2월조
80) ≪高麗史≫ 卷137, 昌王 원년(1389) 2월조

율을 정하고 내부에 산적한 문제와 夜盜(夜討ち)·强盜·山賊·海賊 등을 해결할 목적으로 구성되었는데, 그 간접 여파로 고려의 왜구 문 제도 규제하였음을 알 수 있었다. 그렇다면 고려의 왜구에 관여했던 九州 松浦 지역의 해적세력이 무엇으로 전환하였고, 어떻게 삶을 영 위하였는가에 대해서 의문이 제기된다.

2. 공동 어업권과 倭寇의 소멸

남북조내란이 종식되고 고려에서 왜구가 감소함에 따라 일본열도 안에서도 변화가 나타나기 시작하였다. 南北朝의 합체가 성사되는 明 德 3년(1392) 이후에 五島 列島의 각 섬의 포구(浦)에서 지속적으로 나타나는 '押書狀'이 바로 그것이다.

應永 5년(1398)에 10명의 連署者들이 참여한 '穩阿等 連署 押書狀' 이81) 이것을 잘 설명해 준다고 하겠다. 이 '押書狀'은 어장의 소유와

---

81) ≪靑方文書≫ 應永 5년(1398) 7월 7일
   せん日あをかたとのあゆかわとのこあミの御ろん御ほとに, ありかわわ れらかうらのうちよりあい申候てさはく申候ところに, うきうおの御ろ ん候あいた, しよせんさかいおさし申候, あをかたとのの御方ハ, こき てさきのうちおうきうおお御ひき候へく候.
   一. ほかのはんたてのあしろの事ハ, せん日のはんたてのまま御ひきあ るへく候, すえかすえまて御ろんあるましく候, よて御日のたてニあつ しよしやうくたんのことし.
   おうえい五ねん七月六日　　　　　(穩阿) おん阿(花押影)
   　　　　　　　　　　　　　　　　(知) しらる(花押影)
   　　　　　　　　　　　　　　　　(勇) いさる(花押影)
   　　　　　　　　　　　　　　　　(了圓) りやうえる(花押影)
   一. はんたての事ハ, うお候ハハ, ひか　(道覺) たうかく(花押影)
   　　わしに候ひき候へく候, 又うお　　　(存覺) そんかく
   　　ミえす候ハハ, 二日はさなに御ひ (中野讚) ほむる
   　　き候へく候,　　　　　　　　　　　(定) さたむ

관련된 어업권의 분쟁이 끊임없이 지속되었기 때문에, 이를 극복하고 어장을 효과적으로 활용하기 위한 대책에서 나온 것이다. 그 대책은 어장의 특성상 토지와 달리 일일교대 사용이 가능하다는 성질을 이용해서 효율적으로 활용하는 것이었다. 결국 이용자들의 連署를 통해 1일 교대 또는 2일 교대로 網代의 이용을 성문화하기에 이른 것이다.

한편 어업권에서 상호분쟁을 1일 교대로 바꾸어 문제를 해결하는 방법이 있지만, 應永 7년(1400)의 '篤等 連署 押書狀'처럼[82] 1년 교대로 어장을 활용하는 방법도 있었다. 이것은 網代와 관련된 소송에서 두 곳의 網代를 1년씩 교대로 바꾸어 가면서 작업하는 방법이다. 應永 5년(1398)에 1·2일 교대의 어업권이 비교적 장기간의 교대로 바뀌고 있다는 점에서 안정된 어로작업이 이루어졌고, 또 이를 둘러싼 마찰도 비교적 완화되었던 것으로 이해할 수 있겠다.

이와 같이 지속적으로 어업분쟁이 일어났던 이유에 대해서 五島 列島內의 포구(浦)에서 농업보다는 어업이 중요한 생계 수단이었기 때문이었다는 宮本의 주장이 있다.[83] 또 물고기가 특정의 서식장소와

(覺阿) かく阿

(了阿) れう阿(花押影)

82) ≪靑方文書≫ 應永 7년(1400) 2월 9.
　　次ふたつのあしろの事ハ, まいねんうらかえかえ御ひき候へし, 篤(花押
　　影)えふくろかますあしろの事, 一所浦, 一所ふたつかわら, 此りやうあ
　　しろの事, まいねん事むつかしく候間, すえまてわつらひあるましく候
　　ハんために, 一ねんかわしに, うら・ふたつかわらのあしろを一つつ, い
　　つまても御ひき候ハんに, わつらいあるましく候ために, りやうはうに
　　あつしよをしたためしんし候, たたしたきのしたハ, うらのあしろにく
　　わえ候也, よて爲後あつしよのしやう如件.
　　　　　　應永七年二月九日　　　　　　　　　　　　　篤(花押影)
　　　　　　　　　　　　　　　　　　　　　　　(鮎河) 昵(花押影)
　　　　　　　　　　　　　　　　　　(三ケ崎) 覺源(花押影)
　　　　　　　　　　　　　　　　　　　　　　穩河(花押影)
　　　　　　　　　　　　　　　　　　　　　　禪源(花押影)
　　　　　　青方殿　　　　　　　　　　　　　　成重(花押影)

회유경로를 갖기 때문에 어느 海上에서나 어로활동이 이루어질 수 있는 것이 아니므로 어장을 둘러싼 싸움이 일어날 수밖에 없었고, 어업의 기술이 발달할수록 더욱 확대되는 경향이 있었다는 白水의 주장도 있다.[84]

그러나 남북조내란이 종식되고 정치적으로 안정기를 맞는 이 시점에서 다수의 구성원들이 공동의 어장에서 함께 조업해야 하는 상황이 무엇 때문에 발생하였는지에 대해 의문을 제기한다. 이 이유는 제한된 장소에서 많은 수의 인구 유입이나 인구 증가가 나타났고, 이로 인해 야기된 현상으로 이해할 수 있겠다. 즉 포구내(浦內)의 과밀화 현상이 공동 어로작업을 가속화시켰던 것이다.[85]

고려에 왜구의 출현이 왕성하였을 때, 고려에 나타난 왜구 중에서 가장 큰 규모가 禑王 6년(1380) 8월에 鎭浦에 나타난 500여 척의 대선단이었다.[86] 이후에도 계속해서 수 백척에 이르는 선박이 고려에 출현하는 것으로 보아 왜구에 가담했던 인원이 많게는 수 천명에서 만 여명에 이르렀음을 짐작할 수 있다. 그런데 앞 절에서 살펴보았듯이 1380년대 중반부터 왜구가 점차로 감소하고 있었다. 그렇다면 왜구가 감소하면서 여기에 가담했던 왜구의 구성원들이 일본열도의 어느 곳에 흡수되었는가가 관건이다.

이들은 이미 所領化된 육지에 정착하기보다는 친숙한 바다에서 자신의 삶을 지속할 것을 바랬을 것이다. 즉 바다를 배경으로 활동하던 왜구들이 빠르게 적응하고 동질성을 유지하면서, 기존의 능력을 십분 활용해서 정착할 수 있는 장소를 물색하는 것은 당연한 일이기 때문이다. 이러한 조건들이 五島 列島에서 어장 조업의 균형적인 재분배

---

83) 宮本常一, 1973 ≪日本中世の殘存≫ -宮本常一著作集- 第11卷 (未來社) 142 참조.

84) 白水 智, 1987 <肥前靑方氏の生業と諸氏結合> ≪中央史學≫ 10, 53 참조.

85) 拙稿, 2001 <海洋文化와 倭寇의 소멸> ≪文化史學≫ 16, 186

86) ≪高麗史≫ 卷134, 列傳47 禑王 6년(1380) 5월

를 더욱 절실하게 만들었을 것이고, 그 결과가 어업권의 분쟁으로 나타나게 된 것이었다.

결국, 'うちうら(浦內)'라는 제한된 장소에서 과거 왜구의 구성원들과 함께 공존하기 위한 방법으로 공동어업권을 창출하였던 것이다. 그리고 공동의 '生活空間'에서 공동어업권의 확보는 '浦內'의 고밀도화를 해결하고, 고려에서 약탈을 접고 정착하는 자들이 생존을 보장받는 최상의 선택이었다.

Ⅵ. 결 론

일본에서는 鎌倉막부 이전부터 '海上 武士團'의 성장과 이들에 의한 해적 활동이 활발해지기 시작한다. 그리고 承久의 난으로 일본 內海가 큰 혼란에 빠지고, 이후 고려까지 활동 영역을 확대하면서 倭寇라는 새로운 별칭을 얻게 되었다. 따라서 13세기 고려에서의 왜구 출현은 전적으로 日本 內海와 九州의 '海上 武士團'의 활동에서 그 원인을 찾을 수 있다.

남북조 내란의 중기에 접어들면서 觀應擾亂이 발발하자 足利直冬이 九州에 내려오게 된다. 九州에 내려온 直冬이 準將軍 권력을 창출하는 과정에서 九州는 심각한 혼란에 빠지고, 약소 무사들과 住人들이 在地를 이탈하여 고려를 대상으로 약탈자의 길을 모색하게 되었다. 이것이 ≪고려사≫에 기록된 1350년의 '庚寅年 倭寇'인 것이다. 그리고 在地 무사들에게서 家督 체제가 무너지고 개별적으로 활동하는 성향이 나타나게 되는데, 이것이 '庚寅年 倭寇' 이후에도 계속해서 왜구가 출몰하는 이유였다.

그런데 1360년대의 소강상태를 깨고, 應安 4년(1371) 了俊이 九州探題로 내려온 다음 해인 공민왕 21년(1372)부터 고려에는 왜구의 출몰이 갑자기 증가하기 시작한다. 그리고 永和 원년(1375) 少貳冬資가 피살되고 난 다음 해인 우왕 2년(1376)부터는 왜구의 출몰이 가히 폭발적으로 증가하고 있다. 이것은 今川了俊이 九州에 내려와서 '探題의 分國'化를 통해서 探題 專制權力을 창출하는 과정에서 야기된 부작용, 즉 在地를 이탈한 '反探題'的 성향의 '海上 武士團'과 探題 權力의 통제 밖에 있던 해적 세력, 그리고 惡黨 세력 등의 활동 때문이었다. 이것은 九州에서의 정치적 혼란과 세력의 재편이 바다의 건너 고려에도 그 영향을 미치고 있음을 입증해 주는 증거인 것이다. 그렇기 때문에 왜구는 일본의 내란이 수습되고 在地의 기반이 안정되어야 진정될 수 있었다.

그런데 1380년대 중반 이후부터 점차로 왜구가 줄어들고 있었다. 그 원인은 下松浦 지역의 小領主와 住人들이 자치적으로 규율을 정하고 행동을 일치시킬 목적으로 작성한 一揆의 夜討·海賊 등의 금지조항에서 찾을 수 있다. 본래 一揆는 내부에 산적한 문제를 해결할 목적으로 만든 것이었지만 그 간접 여파로 고려의 왜구 문제까지도 규제하는 역할을 하였다.

점차 고려에서 왜구 활동이 줄어들면서 왜구의 구성원이 일본 해안과 島嶼의 'うちうら(浦內)'를 중심으로 정착해 간다. 따라서 생업과 관련해서 어장 조업의 균형적인 분배가 절실하게 요구되면서 어업권 분쟁으로 나타나게 되었다. 그 결과 '浦內'의 고밀도화를 해결하고 새롭게 정착하는 자들에게 생존을 공동으로 보장해 주는 방법으로 어장을 교대로 사용하는 공동어업권이 출현하기 시작하였다.

이상에서 일본 정치 상황의 변화에서 왜구의 발생과 창궐의 원인, 그리고 소멸 과정을 밝혀 보았다. 앞으로 일본사에서 왜구 연구가 더욱 심화되어 왜구의 정설이 바로 서고 倭寇史의 正道가 바로 잡히기를 기대해 본다.

ABSTRACT

The Relation between Koryeo Dynasty and Japanese in the Medieval Age and the Rise of Wakou.

Kim, Bo-han

Before the era of Kamakura Bakufu Shogunate, the group of marine warriors appeared and they committed piracy in Japan. And they extended their realm to the Koryeo Dynasty since the rebellion of Jyokyu, and acquired the another name of Wakou. In the age of Nan Bei chao shi dai, Asikaga-Tadahuyu came to Kyushu and resulted in confusion to establish the power of quasi-Shogun. According to ≪Koryeo-sa≫, the minor Samourai and the Jyunin in Kyushu decided to plunder the Koryeo Dynasty. This was Wakou in 1350.

Then, Imakawa-Roshyun came to Kyusyu-Tantai in 1371 and the number of Wakou began to increase rapidly from the following year. Also, Syoni-Huyusuke was killed by Roshyun in 1375, and Wakou were suddely increased from the following year. This was the harmful effect that Roshyun came to Kyusyu and resulted in the process to establish the absolute power in Tantai. The absolute power in Tantai irritated the group of marine warriors which were opposed to it and the power of Akutou which were the pirate beyond the control of the absolute power in Tantai. Consequently, this followed the piracy in the Koryeo Dynasty.

But the number of Wakou diminished gradually from the mid-1380s. Its primary factor was the prohibition order to the piracy in Ikki. Originally, Ikki was in order to solve domestic problems, and discharged the indirect duty of the Wakou affair in Koryeo Dynasty.

By diminishing increasingly the number of Wakou in the Koryeo Dynasty, Wakou transferred to Urautsi in the seashore and the islands of Japan. In order to settle the dispute of fishery rights and the high density of Urautsi, the common fishery rights emerged as a method of the right to live. Therefore, the problem of Wakou need to clarify the outbreak and the disappearance of it in the Japanese History. In conclusion, the exact understanding to the history of Wakou in Japan has to need the correct quotation about the source of the Japanese history.

Keywords: Wakou, Pirate, the group of marine warriors, Kamakura, Imak awa-Roshyun, Syoni-Huyusuke, Ikki, the common fishery rights, Akutou

왜구의 주체

이 영*

Ⅰ. 서 언

일본의 왜구 연구자들 사이에는 "왜구 중에는 많은 수의 고려인들도 포함되어 있었다"고 하는 인식이 뿌리 깊게 자리 잡고 있다.[1] 특히 근년에 동아시아의 여러 국가와 민족의 역사를 國籍 또는 民族이라는 틀에서 벗어나, 그리고 陸地 중심사관에서도 탈피하는 형태로, 여러 국가간의 교류 내지는 관계사라고 하는 시점에서 재고찰하고자 하는 경향이 강하다.[2] 이러한 동향을 반영이라도 하듯이, <왜구＝고

---

* 한국방송통신대학교 일본학과 교수
1) 예를 들면 中村榮孝, 1966 ≪日本と朝鮮≫ -日本歷史新書- (至文堂) ; 田村洋幸, 1967 ≪中世日朝貿易の硏究≫ (三和書房) ; 太田弘毅 <倭寇と結託した朝鮮人-賊諜, 奸民, 詐倭-> ≪藝林≫ 36-3

려·조선인 주체론>이라고 할 수 있는 주장도 나타났다. 즉, "14세기 후반 고려왕조 말기, 한반도를 뒤흔들었던 대규모 왜구집단의 주체가 사실은 쓰시마(대마도)와 같은 일본인이라기보다는 오히려 고려의 濟州島人, 또는 揚水尺과 才人 등과 같은 천민집단이었다"고 하는 다나카 다케오(田中健夫)의 주장[3]이 그 대표적인 것이라고 할 수 있다. 그리고 이러한 다나카의 주장을 단서로 하여 '왜'와 '왜구'가 반드시 '일본'과 '일본인'의 행위가 아니라, 국경과 민족을 초월한 개념으로 이해되고 있는 것이 근년의 일본 학계의 일반적인 경향이다.[4]

이러한 일본 학계의 근년의 경향에 비판적인 견해를 제시한 것이 1996년에 본인이 발표한 <고려말기 왜구의 구성원에 관한 한 고찰>[5]과 하마나카 노보루(浜中昇)의 <高麗末期倭寇集團の民族構成>[6]이라고 하는 논문이다. 본고에서는 필자의 견해를 기초로 하여 왜구에 관한 근년의 학설을 비판적으로 재검토한 뒤, 보다 새롭고 다양한 방법으로 일본의 연구자들이 간과하였던 왜구의 실체에 대하여 접근하고자 한다.

---

2) 예를 들면, 다음과 같은 논문이 있다. 村井章介, 1985 <建武·室町政權と東アジア> ≪講座日本歷史≫ 4 (東京大學出版會) ; 田中健夫 1987 <倭寇と東アジア通交圈> ≪日本の社會史≫ 1 (岩波書店) ; 高橋公明, 1987 <中世東アジア海域における海民と交流> ≪史學—名古屋大學文學部硏究論集—≫ 33 등.

3) 앞의 주 2) 田中, <앞 논문>

4) 앞의 주 2) 田中, <앞 논문> 및 村井章介, 1993 ≪中世倭人傳≫ (岩波書店)

5) 李領, 1996 ≪韓日關係史硏究≫ 5

6) 浜中昇, 1996.6 ≪歷史學硏究≫, 685

Ⅱ. '고려·조선인 주체'론에 대한 비판적 검토

1. 기존 학설의 전제

1) 대규모의 왜구 선박

다나카 다케오는 왜구의 인원과 선박이 너무 많은 것에 착목하여 왜구가 "일본인만으로 구성된 해적 집단이 아니라, 다수의 고려인이 포함되어 있었을 것이었을 것이다"[7]라고 주장하였다. 즉, 最盛期의 왜구 집단이 300 내지 500척이라고 하는 대 선단으로 구성되어 있었던 점을 들어, 대마도 만의 왜구 집단으로서는 너무나 규모가 크다고 주장했던 것이다.[8] 그러나 14세기 후반의 왜구 집단이 대마도만이 아니고 규슈(九州) 전 지역(全地域)이나 시코쿠(四國) 지방에서도 가담하고 있었던 것은 문헌사료에 의해 입증되는 것이다.[9] 그렇다면 300에서 500척이라고 하는 숫자도 결코 과대한 것이라 할 수 없다. 실제로 창왕 원년(1388)에 대마도 원정을 행한 경상도 원수 박위가 왜선 300척을 소각하고 있는 것[10]을 보면 이러한 숫자는 충분히 신빙성이 있다고 할 수 있을 것이다.

---

7) 앞의 주 2) 田中, <앞 논문>
8) 앞의 주 2) 田中, <앞 논문>
9) 예를 들어, ≪太平記≫의 <高麗人來朝事>를 보면, 고려와 원나라에 침구한 왜구를 "적선이 외국을 침범하는 것은, 모두 시코쿠와 규슈의 해적들이 하는 것으로, … 라고 하였으며, 1381년 8월 6일의 무로마치 막부가 오오스미(大隅: 규슈 남부, 현재의 가고시마 현 일대)의 악당들이 고려에 침구하는 것을 제지할 것을 명령하고 있는 ≪爾寢文書≫를 사료로 들 수 있다.
10) ≪高麗史≫ 권116, 열전29 박위

왜구의 인원을 왜구 선단의 척수로 추정하는 것은 문제가 있다고
여겨지지만, 다나카는 ≪海東諸國紀≫를 근거로 해, 왜구가 소유하는
선박의 1척당 승선한 인원수를 20 내지 40명, 또는 많을 때에는 80명
정도로 추정해, 100여척의 경우에는 2000에서 1만 6000명 이상에 달
하는 대집단이 된다고 했다. 그러나 실제 ≪高麗史≫ 왜구 관련 기록
에 의하면, 왜구의 1척당 승선 인원은 8명,[11] 13명,[12] 15명,[13] 18명,[14]
32명[15]의 예가 확인된다.

어떻든 우왕 6년(1380) 8월, 진포에 나타난 500척이라고 하는 대선
단의 인원이 적어도 수 천명 이상이었음은 틀림이 없을 것이다. 이
숫자로부터도 고려를 침범한 왜구를 대마도만의 왜구로 한정하는 것
은 무리이고, 보다 넓은 지역에서 가담하였다고 생각하지 않으면 안
될 것이다.

그런데, 실제로 500여척에 이르는 왜구의 선단이 일본에서 동원된
것이라고 해도 조금도 이상할 것이 없다. 왜냐하면, 아직 선박의 왕래
가 빈번하지 않았던 10세기 전반에, 후지와라 스미토모(藤原純友)의
난이 일어났을 때에도, 세토나이카이(瀬戸内海) 일대에 집결한 해적
들의 선박 수가 1500척이나 되었기 때문이다. 그것에 비교하면 莊園
公領制 체제하의 생산력의 발전, 대외무역의 발전으로 인해, 해상교
통이 10세기와는 비교도 안 될 정도로 발전하였으며, 더욱이 당시가
해적들이 크게 활약하던 南北朝의 內亂期라고 하는 시대적인 특징을
생각한다면, 500척 정도의 해적선이 동원되었다고 해도, 조금도 이상
할 것이 없는 것이다.

---

11) ≪高麗史≫ 권39, 공민왕 10년 2월 갑진조
12) ≪高麗史≫ 권37, 충정왕 2년 5월 경진조
13) ≪高麗史≫ 권22, 고종 14년 4월 갑오조
14) ≪高麗史≫ 권137, 우왕 14년 8월 무신조
15) 앞의 주 10) 사료

2) 대규모의 마필

또 하나, 다나카 설의 근거가 되고 있는 것은, 왜구 집단이 소유하
는 마필의 숫자가 너무나도 많다고 하는 것이다. 즉, 그는 왜구 집단
이 소유하고 있던 마필의 수를 구체적으로 언급하면서 "일본 내의 기
지에서 말을 조달하고 수송하는 것은 아주 힘든 일로, (중략) 왜구 집
단에 보이는 1000필이 넘는 말은 해상 수송에 의한 것이 아니라 현지
에서 조달한 것이었을 것이다"[16]라고 하였다(<표 1> 참조).

<표 1>

종류	수량	연도	종류	수량	연도
말	170여필	1377년 10월	倭賊騎	700	1379년 5월
獲馬	1,600여필	1380년 9월	獲馬	1,600여필	1380년 9월
獲馬	70필	1381년 6월	말	200여필	
획마	200여필	1382년 4월	획마	60필	동년 5월
왜적	200여기	1383년 7월	奪其兵仗及馬	59필	동년 동월
획마	72필	동년 10월	획마	60여필	1389년 2월

그런데 그는 '현지조달'의 의미를 "왜구가 말과 소의 밀도살을 전
문으로 하는 화척과 연합하였던 것"[17]의 증거로 이해하였다. 또 다카
하시 고메이(高橋公明)도 왜구 집단 중에 보이는 대량의 말은 고려인
들이 왜구와 연합내지는 왜구에 가담한 것이라고 주장하고 있다. 즉,
그는 "阿只拔都의 白馬, 포획한 다량의 말은 모두 왜구가 기마부대를
가지고 있었다는 것을 보여주고 있다. … 기마부대를 구성할 정도의
다량의 말은, 제주도 이외에서는 아마도 공급할 수가 없었을 것이다.
… 아지발도 자신이 제주도 출신이었을 가능성조차 있는 것이다."[18]

16) 앞의 주 2) 田中, <앞 논문>, 146
17) 앞의 주 2) 田中, <앞 논문>, 151
18) 앞의 주 2) 高橋, <앞 논문>

고 언급하였다. 이처럼, 왜구집단이 소유하고 있었던 다량의 말은 '왜 구=고려인 연합, 주체'설의 중요한 근거가 되고 있다고 할 수 있으 며, 따라서 이에 대한 해명이 필요한 것이다. 이하, 이러한 일본 연구 자들의 의문제기에 대하여 검토해보기로 하자.

우선, 이들 말이 일본에서 수송되었을 가능성을 검토해보자. 해적 으로 유명한 小値賀島西浦部靑方村의 領主 아오가타(靑方)씨가 가마 쿠라 시대 말기에 지니고 있었던 領地 중에는, 말을 방목하는 목장인 마키(牧)도 포함되어 있었다.[19] 말의 해상수송도 규슈에서 단번에 東 中國海를 횡단해 중국 본토에 이르는 루트와는 달리 이키섬과 쓰시 마 섬(對馬島)을 거쳐서 고려 연안을 따라 항해하는 루트라면 그다지 어렵지도 않은 것이다. 또 500척의 대 선단이라면, 1600필의 말의 수 송도 충분히 가능한 것이다. 그리고 남북조 내란이라고 하는 특수한 상황을 고려한다면, 일본 본토에서의 대부대가 약탈을 목적으로 고려 에 상륙하는 것 또한 불가능한 것이 아닌 것이다.

그러나 왜구 집단 중에 보이는 대량의 말의 출처를 일본에서 수송 했다고 하는 확실한 사료가 발견되지 않는 이상, 말들의 출처를 확정 지을 수는 없다. 따라서 다나카의 주장대로 말들을 고려 현지에서 조 달했다고 상정하고, 그 '현지조달'이 곧 '화척이나 재인'과 일본의 왜 구들이 연합하였음을 의미하는가 아닌가를 검토하기로 하자. 그러기 위해서 고려 시대의 馬政(말을 사육하고 관리하는 행정)을 개관해보 기로 하자.

고려의 지형은 산이 많고 도로가 그다지 발달하지 못하였기 때문 이었을까? 주요한 교통수단은 말과 노새와 같은 것이었다. 특히 말은 전쟁 시에는 필수불가결한 機動力이 되기도 하였기 때문에 고려는 건국 초기부터 말의 사육을 국가가 직접 관리하면서, 말의 번식에 주

---

19) 아미노 요시히코(網野善彦) 1971 <日本中世における海民の存在形態> ≪社會經濟史學≫ 36-5

력하고 있었다.[20] 또한 고려의 말은 몽고의 지배를 받은 뒤부터 더욱
그 숫자가 증가한다. 이러한 사실은 비상시에 관료들이 국가에 바쳐
야 할 말의 숫자를 정한 규정에서도 알 수 있다. 다음의 <표 2>를 보
자.[21]

〈표 2〉

忠烈王 13년 (1287)	恭愍王 3년 (1354)
ⓐ 宰樞(蒙古말 1필, 高麗말 1필)	宰樞 이하 3品이상, 諸 王族
ⓑ 致仕宰樞, 顯官判事 3品(蒙古말 1필씩)	(말 3필씩)
ⓒ 致仕 3品, 顯官 4品(高麗말 1필씩)	4品이하 6品이상(말1필씩)
ⓓ 5-6品(高麗말 1/2필씩)	寺院도 등급에 따라 말을 공납

　　몽고말과 고려 말의 질적인 차이는 무시하고, 충렬왕 대부터 공민
왕대의 숫자의 변화에 주목해보자. 우선ⓐ와 ⓑ의 경우, 각 관위마다
1명씩을 할당해 단순 계산하면, 충렬왕대의 재추(2필), 치사재추(1필),
현관판사 3품(1필)의 합계 4필이, 공민왕대에는 재추(3필), 3품 이상(3
필)으로 증가하고, 충렬왕대에 보이는 치사재추에 관한 규정 대신에,
공민왕대에는 여러 왕족이 3필을 내게끔 되어, 합계 9필로 되어, 5필
이나 증가하고 있다. 그리고 충렬왕대에는 ⓓ의 5,6품의 두 사람 합하
여 1필을 공납하게끔 되어 있었으나, 공민왕대에는 각자 1필씩으로

────────────

20) 전국에 목장을 지정해 소와 말의 사육을 관리하는 典牧司를 설치한 것
　　이다. 말에 대한 국가관리는, 용도에 따라서 戰馬, 雜馬 등으로 나누어,
　　배급되어야 할 먹이의 양까지 규정될 정도로 세밀한 것이었다. 사육의
　　관리는 중앙 관청(尙乘局, 典廐署, 太僕寺)과 지방행정기관인 州와 鎭이
　　각각 독자적으로 행하고 있었던 것 같다(≪高麗史≫ 권82, 지36 馬政條).
21) <표 2>는 ≪高麗史≫ 권82, 지36 馬政條를 근거로 하여 작성한 것이다.
　　한편, 충렬왕 13년(1287)에는 이미 몽고말도 사육되고 있었음이 확인되
　　나, 동왕 14년(1287)에는 몽고 측의 공납 요구에 응하기 위하여 馬畜滋
　　長別監을 설치하여 그 번식에 힘을 기울였다. 그 결과, 고려의 마필 수
　　는 상당히 증가하였음을 알 수 있다.

증가하고 있다. 또 충렬왕대에는 그 대상이 되지 않고 있었던 사원에 대하여도, 공민왕대에는 의무적으로 공납을 바치게끔 하고 있다.

충렬왕 13년은 홍안의 역(몽고의 제2차 일본 침공) 이후이고, 공민왕 3년은 '예상되는 원나라의 침입과 왜구에 대한 대비'라고 하는 시대 상황의 차이는, 어느 정도 고려하지 않으면 안 되지만, 국내의 전마필수의 증가는 인정하지 않으면 안 될 것이다. 이와 같이, 고려에 말이 풍부함을 알고 있던 명나라 조정은 재삼 고려에 국서를 보내어 말을 공납할 것을 요구해왔다.[22] 고려측도 거기에 대응해, 1372년 4월에 말 6필을 필두로 하여[23] 1387년까지 1만 5천필을,[24] 그 후 1392년 5월까지 5500필을,[25] 약 20년에 걸쳐서 고려가 보낸 마필수는 2만 필이나 되고 있는 것이다.

그리고 우왕 14년(1388) 5월의 요동 정벌 당시, 고려 조정은 2만 1628필의 말을 동원했다.[26] 북으로부터의 홍건적과 남으로부터의 왜구, 그리고 그것에 촉발된 화척과 재인 등의 가왜활동, 초적의 횡행 등으로 전국의 치안 질서가 어지러웠던 이 시기에 이렇게 많은 양의 말을 명나라에 공납하고도 또 2만이 넘는 말을 모을 수 있었던 것은 고려 국내에 얼마나 말이 많았던가를 보여 준다고 할 수 있을 것이다.

그렇게 많은 말은 어떻게 사육되어지고 있었을까. ≪高麗史≫의 기사에 의하면, 목장은 내륙은 물론 도서 지방에도 많이 설치되어 있었다. 다음 사료를 보자.

---

22) ≪高麗史≫ 권44, 공민왕 22년 7월 20일조 ; ≪高麗史≫ 권44, 공민왕 23년 4월 무신조 ; ≪高麗史≫ 권136, 열전49 우왕 12년 11월 정묘조
23) ≪高麗史≫ 권43, 공민왕 21년 4월 병오조
24) 우왕 13년 5월에 바친 말 3,000필을 포함하면 모두 15,000필에 달한다.
25) 우왕 13년 5월 이후 공양왕 4년 5월까지 바친 마필수는 모두 5,500필에 달한다.
26) ≪高麗史≫ 권137, 열전50 우왕 14년 4월 정미조

ⓖ 文宗二十五年判, 島馬畜不能監養致死者, 勾當島吏科罪[27]

ⓗ 忠烈王元年七月, 遣使慶尙, 全羅道, 點閱諸島牛馬[28]

ⓘ 司僕副正邊伐介白禑, 曰奪路人馬, 載妓人皆怨之, 請取諸島牧馬, 以供
遊畋, 禑然之, 遣伐介, 取島馬三十余匹[29]

문종 25년(1071), 섬의 말과 가축을 죽게 한 섬의 관리(勾當島吏)에
게 죄를 과한 것이라든가(사료ⓖ), 충렬왕 원년(1275) 제2차 일본 침공
을 위해 경상도와 전라도에 사람을 보내어 여러 섬들의 소와 말을 점
열케 한 것(사료ⓗ)이나, 우왕 원년(1375)에 여러 섬들의 목마를 운반
하게 한 것(사료ⓘ) 등의 기사로부터, 제주도 외에 일본에서 비교적
가까운 곳에 있는 경상도와 전라도의 섬들에도 목장이 많이 설치되
어 있었음을 알 수 있다.

목장을 섬에 많이 설치한 이유는, 일반 백성의 농업에 방해가 되지
않게끔 하기 위해, 그리고 선박에 의한 대량 수송을 위한 것으로 생
각되나, ≪朝鮮實錄≫에 의하면, 섬 외에 연해지방에도 많이 목장이
설치되었음을 알 수 있다. 즉, 15세기 초의 ≪世宗實錄≫에는 충청도
태안군의 독진곶, 신곶, 홍주의 홍양곶, 전라도의 다경곶, 나주의 압
해도, 영암군의 황원곶, 진도, 경상도의 거제도 등이 목장지로 보이고
있다.[30] 여기서 串이라 하는 것은 '바다를 향해 좁고 길게 생긴 토지
나 지형'을 의미하는 한국어이다. 즉, 섬 이외에도 농업에 적절하지
않은, 더욱이 관리나 수송에 편리한 연해지방에 목장이 많이 설치된
것이다. 고려시대의 내륙에 있었던 목장도 아마도 연해지방에 많이
설치되었을 것이다.

이러한 사실과, 왜구가 제해권을 장악, 섬들을 강점해 연해에서 30∼

27) ≪高麗史≫ 권82, 지36 馬政 문종 25년조
28) ≪高麗史≫ 권82, 지36 馬政 충렬왕 원년 7월조
29) ≪高麗史≫ 권135, 열전45 우왕 11년 6월 무술조
30) ≪世宗實錄≫ 권111, 세종28년 1월 23일조

50리의 지역에는 무인지대가 되고 있었던 점,[31] 특히 많은 목장이 설치되어 있던 경상, 전라의 양도가 왜구의 소굴이 되고 있었던 점,[32] 등을 더불어 생각하면, 섬이나 곶에 있던 목장이 왜구의 피해를 당했음은 충분히 예상할 수 있을 것이다. 그리고 실제로 그것을 입증하는 사료도 확인되는 것이다. 우왕 5년(1379) 10월, 문하평리 이무방 등을 명나라에 파견했을 때의 왕태후의 표문에 주목해보자.

> 본국은 … 말은 두 종류가 있는데, 胡馬라고 하는 것은 북방에서 온 것이요, 鄕馬라는 것은 본국 토종 말이다. 소위 본국의 토종 말이란 것은 당나귀와 같아서 좋은 말을 구할 수 없으며 호마가 총수의 백분의 1,2를 차지하고 있는 것은 귀국에서도 다 아는 일이다. 그나마도 근년에 왜적의 침략으로 인하여 거의 다 없어졌다.[33]

왜구로부터 1600필의 말을 탈환한 1380년 9월부터 정확하게 1년전에 해당하는 1379년 10월의, 명나라로 보내는 표문에서 왜구가 거의 모든 말을 약탈해갔다고 하는 것이 확인되는 것이다. 물론, 명나라에 대한 변명으로 왜구를 이용한다고 하는 측면도 생각하지 않으면 안 되지만, 왜구가 고려의 말을 약탈했다고 하는 기사는 다른 곳에서도 발견된다.[34] 왜구집단에 보이는 대량의 말은 당시 제해권을 장악하고 있던 왜구가, 연해 및 여러 섬에 있었던 목장에서 약탈하였을 가능성이 높고, 따라서 왜구집단 내부에 보이는 다수의 기마부대의 존재가 곧바로 소와 말의 밀도살을 행하고 있던 천민집단=양수척과 왜구와의 연합을 의미하는 것은 아닌 것이다.

---

31) ≪高麗史≫ 권42, 공민왕 19년 4월 갑인조
32) ≪高麗史≫ 권137, 열전50 우왕 14년 3월 경자조
33) ≪高麗史≫ 권134, 우왕 5년 10월 무진조
34) 예를 들면, ≪高麗史≫ 권112, 열전25 柳淑전

2. '왜구=고려, 조선인 주체'론의 문제점

다나카 씨는, "다량의 인원·선박·마필의 해상이동을 생각하면, 왜구는 일본인만의 해적집단이라고 하는 생각은 부자연스러운 것으로, 버려야 한다"[35]라고 하면서 "일본인과 고려·조선인이 연합한 집단이 왜구의 주력이었을 가능성이 아주 높다[36]"고 했다. 그리고 그러한 고려·조선 측의 연합의 구성원을 (1) 화척(양수척)과 재인 (2) 일반농민 (3) 제주도인으로 추정했다. 본장에서는 제1장에서의 검토를 토대로, 그들이 '왜구의 주체' 또는 '왜구의 연합'하기에 적합한 존재였던가 與否에 대하여 살펴보기로 하겠다.

1) '화척, 재인=왜구'론

고려의 천민집단인 화척이나 재인이, 왜구와 내통해 길안내를 했다고 하는 설은, 다나카 이전부터도 주장되어 왔다. 예를 들면, 나카무라 에이코(中村榮孝)는 확실한 근거를 제시하지 않고, 다음과 같이 주장했다.

> 상륙한 海寇가, 재인, 화척 등의 특수부락민이나, 해방을 바라는 노비천민의 안내에 의해 내륙 깊이 침입하는 것도 점점 심해져 갔다.[37]

또, 다무라 요코(田村洋幸)는,

> 왜구가 쳐들어왔다고 하는 소식을 들으면, 고려군은 싸우지도 않

---

35) 앞의 주 2) 田中, <앞 논문>, 149
36) 앞의 주 2) 田中, <앞 논문>, 149
37) 앞의 주 1) 中村, ≪앞 책≫, 73

고 도망가 버리는 상황에서는, 왜구에 협력하는 층이 어떠한 자들이 었는가를 보여주는 사료가 없었다. 그러나 이 시기에는 고려군의 전력이 강화되어, 왜구를 격파하고 보면 왜구는 일본인이 아니라, 의외에도 고려인 자신이었음이 자주 판명되고 있다.[38]

라고 하고 있으며, 오오타 고키(太田弘毅)도 다음과 같이 주장했다.

　　　극단적으로 말한다면, 사료에는 발견할 수 없으나, 실제로는 왜구와 화척, 재인이 '어떠한 형태로 결합되어 있었을 것'은 상상하기에 어렵지 않다.[39]

다나카의 <화척·재인=왜구론>은 이러한 여러 주장들과 동일선상에 있으며, 왜구 집단 안에 보이는 대량의 말과 결합시켜 한층 더 발전시킨 것이다. 과연 화척·재인 등이 왜구와 연합 또는 내통했다고 하는 설은 타당한 것일까. 이하, 이 점을 검토하기로 하자.

다나카가 왜구의 일원으로서 생각한 화척이, ≪高麗史≫에 최초로 등장하는 것은 고종 3년(1216)이다. 화척이 왜구의 주체였던가 아니었던가를 검토하기 위해, 우선 고종대의 그들의 행동을 살펴보자.

ⓙ 그런데, 이 때에 와서 거란의 군사가 침공해 오니 서울에는 아무런 방비가 없어서 인심이 흉흉해졌으며 모두 최충헌을 원망하였다. 전에 이지영이 삭주 분도장군으로 있을때 양수척이 홍화 운중도에 많이 거주하였는데 이지영은 양수척들에게 말하기를, "너희들은 본래 부역이 없으니 나의 기생 자운선에게 예속될 것이다"라고 하였다. 드디어 자운선이 그 명부를 바탕으로 공납을 무한정 징수하였다. 이지영이 죽고 최충헌이 또 자운선을 첩으로 삼은 후부터 인구를 조사해서 공납을 더욱 심하게 징수했다. 그러므로 양수척들의 원망이 대단히 심하였는데 거란병이 침입하자 그들이 마중 나가 항복하고 길 안내를 하였기에 적병이 산천과 요해지의 도로의 사정을 다 알게 되었다. 본

---

38) 앞의 주 1) 田村, ≪앞 책≫, 54
39) 앞의 주 1) 太田, <앞 논문>

래 양수척은 태조가 백제를 공격할 때에도 제어하기 어렵던 사람들의 후손인데 본시 貫籍도 負役도 모르며 즐겨 水草를 따라서 유랑 생활을 하면서 사냥이나하고 버들 그릇을 엮어서 팔아먹는 것으로 생업을 삼았다. 대체로 기생 종자는 근본이 柳器匠의 집안에서 나왔다. 그런데 후에 양수척들이 익명의 글을 내걸었는데, 거기에 이르길 "우리들이 반역한 것은 다른 까닭이 아니라 기생의 수탈을 견디지 못하여 거란 적에 투항하여 길 안내를 하게 되었다. 만약 조정에서 기생의 무리와 順天寺主를 처단해 준다면 당장 창끝을 돌려 대고 나라를 위하여 일하겠다"고 했다.[40]

이 사료는 고종 대에 침공해 온 거란병에 협력해 길 안내를 한 화척 중의 한 사람이, 자기들이 국가에 대하여 반역행위를 행한 이유, 그리고 국가에 대한 요구를 적고 있다. 이 사료의 내용 속에 왜구 문제와의 관련에서 주목해야 할 점이 두 가지 있다. 하나는 그들의 반역 이유가 "本無賦役, 可屬吾妓紫雲仙, 遂籍其名, 徵貢不已, 至榮死, 忠獻又以紫雲仙爲妾, 計口徵貢, 滋甚" 즉, "원래, 부역이 과해지지 않았는데, 그들을 호적에 올리고, 인구를 조사하여, 공납을 행함이 아주 심하다"고 한 것에 있는 것이다. 즉, 반역의 직접적인 이유는, 천민시되어 차별 당했기 때문이 아니라, 원래 자유롭게 이동하면서 생활하고 있던 그들을 속박해 착취했기 때문이었다는 것이다.

또 하나는, 그들 화척이, 결코 다나카가 주장하는 것처럼,[41] 일반 고려인으로부터 異民族視되고 있지는 않았던 것이다. 즉, 그들 화척은 익명의 편지에서 자기들의 행동을 '반역'이라고 말하고, 자기들의 요구를 받아들이면, "창끝은 거꾸로 해 나라를 지키겠다"라고 썼던 것이다. 거꾸로 말하면, 그들은 원래 이민족시되지 않았으며, 고려인

40) ≪高麗史≫ 권129, 열전42 반역3 최충헌전
41) "재인은 가면극을 하는 집단으로서, 화척과 더불어 일반 조선인들로부터는 이민족시 되어 전통적으로 멸시를 받고 있던 천민집단이었다"라고 하였다. 앞의 주 2) 田中 <앞 논문>, 150

으로서의 의식을 지니고 있었다고 말할 수 있을 것이다.

그렇다면, 그들 화척은 어떻게 글안적에 협력했던 것일까를 다음 사료를 통해 보자.

Ⓚ 거란적 6명이 국청사에 들어 왔다가 그 중 한 명은 중들에게 잡혀죽고 나머지 적들은 뿔뿔이 쫓겨 갔다. 또 간첩 3명이 선의문으로 들어오매 문을 경비하던 군사가 그를 잡아 심문하니 그들은 바로 유랑민의 일종인 양수척과 적에 투항한 우리 군졸이었다.[42]

Ⓛ 신기랑장 정순우가 적진에 돌입하여 …, 이 틈을 타서 적 80여명을 죽이고 20여명을 포로로 삼았는데, 그 중에는 양수척 1명도 있었으며 …[43]

사료 Ⓚ와 Ⓛ로부터 화척의 역할은 사료Ⓙ의 "揚水尺等大怨, 及契丹兵至, 迎降鄕導, 故悉知山川要害道路遠近"과 같이, 첩자 또는 길안내 인이며, 따라서 그 인원수도 한 명 내지는 두 명에 지나지 않았던 것이다.

다음은 왜구 跋扈期의 양수척(화척)과 재인 등의 동향을 보자. 화척·재인이 '假倭' 행위를 한 것은 고려 측의 사료에 다음과 같이 4건이 확인된다.

Ⓜ 화척들이 집결하여 왜적으로 가장하고 영해군에 침입하여 관청과 민가들을 방화하고 약탈하므로 판밀직 임성미, 동지밀직 안소, 밀직부사 황보림, 전 밀직부사 강서 등을 보내어 추격하여 잡았다. 임성미등이 붙잡은 남녀 50여명과 말 200여필을 바치었다. 그런데 화척은 즉 양수척이다.[44]

---

42) ≪高麗史≫ 권23, 고종4년 3월 병술조. "丹賊六人入國淸寺 僧擒殺一人 餘皆散走 又諜者三人 入宣義門 門卒捕訊之 乃揚水尺及我降卒也"

43) ≪高麗史≫ 권103, 열전16 김취려전. "神騎郎將丁純祐突入賊中 … 乘勝斬八十餘級 虜二十餘人 幷獲揚水尺一人"

44) ≪高麗史≫ 권134, 우왕 8년 4월조. "禾尺群聚 詐爲倭賊 侵寧海郡 焚公

Ⓝ 서해도 안렴사 이무가 포로로 잡은 반란 화척 30여명과 노획한 말 100필을 바쳤으며 각 도 안렴사와 수령들도 각기 노획한 바 반란 화척을 바쳤으므로 순군에 가두고 국문한후, 그 중 반란 수모자만을 죽이고 또 수모자의 처자들을 노비로 편입하고 말들을 관가에 몰수하였으며 기타 화척들은 모두 석방하였다. 그리고 도평의사사가 각 도 안렴사들에게 공문을 보내어 석방한 화척들을 각 고을에 분산 배치하여 평민보다 차등있는 부역을 시키되 만약 명령에 복종하지 않는 자가 있으면 사형에 처하였다.[45]

Ⓞ 교주, 강릉도의 화척과 재인 등이 왜적으로 가장하고 평창, 원주, 순흥, 횡천 등지를 약탈하였다. 원수 김입견과 체찰사 최공철이 50여명을 잡아 죽이고 그들의 처자를 각 고을에 나누어주었다.[46]

Ⓟ 화척과 재인들은 농사를 짓지 아니하고 백성이 지어 놓은 낟알을 놀고 먹고 있으면서 恒産이 없으므로 恒心이 없이 산골짜기에 모여서 왜적으로 가장하고 있습니다. 그 세력이 위험하오니 빨리 대책을 강구하여야 할 것입니다. 앞으로는 거주지의 주와 군들에서 그 가족을 조사하여 호적을 작성하며 유랑 또는 이주할 수 없게 하며 또 황무지를 주어서 일반 백성처럼 농사짓게 하시길 바랍니다. 그리고 위반하는 자는 거주지의 관리들이 법에 의하여 처벌하도록 할 것입니다.[47]

그런데, 이들 사료ⓂⓃⓄⓅ는 '왜구집단처럼 화척·재인 집단속에

解民戶 遣判密直林成味 同知密直安沼 密直副使皇甫琳 前密直副使姜筮 等 追捕之 成味等獻所獲男女五十餘人 馬二百餘匹 禾尺卽揚水尺"

45) ≪高麗史≫ 권134, 우왕 8년 4월조. "西海道安廉使李茂 獻所獲禾尺三十 餘人 馬百匹 諸道安廉守令各獻所獲 下巡軍鞫之 斬其首謨者 沒入妻孥馬 匹 餘皆釋之 都評議使司牒諸道安廉 分置諸州 比平民差役 有不從令者 斬之"

46) ≪高麗史≫ 권135, 우왕 9년 6월조. "交州 江陵道禾尺 才人等 詐爲倭賊 寇掠平昌 原州 榮州 順興 橫川等處 元帥金立堅 體察使崔公哲捕獲五十 人 分配妻子于州郡"

47) ≪高麗史≫ 권118, 열전31 조준전. "禾尺 才人 不事耕種 座食民租 無恒 産而無恒心 相聚山谷 詐稱倭賊 其勢可畏 不可不早圖之 願自今 所居州 郡 課其生口 以成其籍 使不得流移 授以曠地 勤耕種 與平民同 其有違者 所在官司 繩之以法"

서도 말과 더불어 처자 등의 가족이 보이는 점'에서, 다나카의 '화
척·재인=왜구' 설의 유력한 근거가 되어 왔다. 그러나 왜구집단에
말이 많이 보이는 이유는 앞에서 언급한 바와 같고, 왜구집단속에
'처자 등의 가족이 보이는 점'[48]이라고 하는 것은 무엇을 근거로 하
는 것인지 알 수가 없다. 화척과 재인 속에 말과 가족이 동반되고 있
었던 것은, 그들이 이동생활을 영위하는 집단이었기 때문이었다고 생
각해야 할 것이다.

그런데, 사료ⒿⓀⓁ과 사료ⓂⓃⓄⓅ를 비교 고찰하면, 다음과 같은
문제가 지적될 수 있을 것이다.

(1) 사료ⒿⓀⓁ에는 분명히 양수척 한 명 내지는 두 명이 거란병과
함께 있었음이 확인되나, 사료ⓂⓃⓄⓅ로부터는 왜구와 화척이 함께
있는 것이 보이지 않고, 한 명이나 두 명이 아닌 십수 명의 집단으로
서 움직이고 있는 점.

(2) 그들의 행동이 왜구집단과의 연합 하에 이루어지고 있다고 가
정한다면, 불과 수개월로 끝난 거란유종의 침입에는 화척과의 연합을
보여주는 사료가 확인되는 데에 반해, 수 십 년에 걸쳐, 조선반도의
전 지역에 걸쳐 활동했던 왜구가, 왜 1350년부터 약 32년이나 지난,
이 시기(1382)가 되어, 처음으로 사료 상에 나타나는가라고 하는 점.

(3) 1216년의 거란유종의 침공 때와는 달리, 이번의 왜구가 활발하
게 침구할 때에는 화척만이 아니고 재인도 문제를 일으키고 있는 점.

이 세 가지 문제를 해명하는 열쇠는, 왜구대책으로서 고려정부가
취한 정책에 있다고 생각된다. 그러므로 당시의 고려정부의 對 왜구
정책을 군제정비의 측면에서 개관해 보자.

충정왕 2년(1350) 12월, 대규모의 왜구가 합포(현재의 마산 시)를 습
격한 뒤부터, 그 피해는 나날이 커져 가는데, 고려조정의 대책은 충정

---

48) 앞의 주 2) 田中, <앞 논문>

왕 3년(1351) 8월, 송악산에 봉획소를 설치하거나,[49] 공민왕 원년
(1352) 宰樞 이하 各司의 令史에 이르기까지, 각각 활(弓) 1, 화살(矢)
50, 창(戈) 1, 칼(劍) 1개씩을 준비시켜 검열 한다[50]고 하는 정도의 소
극적인 것에 지나지 않았다. 물론, 그 뒤에도 여러 가지 군사제도의
개선을 시도했으나 그다지 효과가 없었던 듯, 공민왕 10년(1361) 10월
에, 조정은 관직이나 노비신분의 해방 또는 경제적인 포상을 내걸어
지원병을 모집하기에 이르렀으나[51] 이것도 또한 실패한 것 같다.

  왜구 대책이 본격화하는 것은 우왕 대(1375~1387)에 들어와서이
다. 즉, 우왕 원년 정월 五部都摠都監이 홍국사에서 각 領 및 각 里의
軍器를 점검한 것을 시작으로,[52] 다음해 7월에는 "상경(개성)의 大小
品官 및 그 자제, 閑散, 양반, 백성, 여러 宮司에 딸린 창고의 私奴僕,
才人, 禾尺, 僧人, 鄕吏중에 弓馬에 익숙한 자를 뽑아, 병기, 군복과 2
개월분의 식량을 준비시켜 대기시키도록"[53] 했다. 즉, 왜구가 심해져,
신분, 계층을 막론한 모든 사람들이 병력으로서의 동원대상이 되어야
만 했던 상황 속에, 이동집단인 화척, 재인도 또한 예외가 될 수 없었
던 것이다. 물론, 이 단계에서는 아직 무예가 있는 자를 선별해서 동
원했으나, 사태가 한층 더 심각해져 백성들이 군의 징집을 피해서 떠
돌아다니게 되자 병력의 확보를 위해 국가의 명령은 보다 더 철저하
게 행해졌다. 우왕 3년(1377) 12월에는, "궁마에 숙달한 사람을 선별"
한 이전의 명령은 폐지되어 왜구가 잠잠해질 때까지 양반에서 백성
은 말할 것도 없이, 화척과 재인 중에 성인 남자는 모두 군인으로서
징집[54]되기에 이른 것이다. 더욱이, 그것은 "도망한 사람들의 두목이

49) ≪高麗史≫ 권81, 지35 병1 충정왕 3년 8월조
50) ≪高麗史≫ 권81, 지35 병1 공민왕 원년 윤3월조
51) ≪高麗史≫ 권81, 지35 병1 공민왕 10년 10월조
52) ≪高麗史≫ 권81, 지35 병1 우왕 원년 정월조
53) ≪高麗史≫ 권81, 지35 병1 우왕 2년 7월조
54) ≪高麗史≫ 권81, 지35 병1 우왕 3년 12월조

나 도망갈 것을 권한 자, 그리고 숨긴 자는 모두 軍法에 의거하여 처
벌 한다"[55] 고 하는 엄격한 것이었다. 그런데, 그러한 징병제도는 실
행 단계에서 지방관에 의해 악용되어 지방사회에 여러 가지 문제를
일으켜, 다수의 백성들을 더욱 도망다니게 하는 사태를 불러왔던 것
이다. 다음 사료를 보자.

  수령들은 실정을 고려하지 않고 집집마다 찾아다니면서 잔인하고
각박하게 하며 장정 한 명만 데리고 있는 과부들에 대해서도 그 아들
이나 손자를 병역에 끌어내고 남의 집 곁방살이를 하게 하는 등, 살을
깎고 뼈 속을 파내듯이 온갖 악독한 짓을 다 합니다. 심지어는 시체를
베고 목을 잘라 거리에 달기까지 하니 사람들이 모두 공포에 쌓여 있
습니다. 현재 살아남아 있는 자손만이 아니라 죽은 지 오랜 사람과 관
리가 되어 멀리 나간 사람까지도 모두 군적에 올려놓았다가 점검할
때가 되면 이들도 합하여 강제로 그 수를 채우려하므로 농사 때가 되
어도 죄인이 수만 명이나 생기게 됩니다. … 또 두목이 된 자는 비록
무사할 때라도 군대들을 농사짓게 돌려보내지 않고 항상 사냥에 데
리고 다니면서 종같이 부리며 만약 일에 나오지 않으면 하루에 피륙
3~4필씩 물게 하고 피륙이 없으면 그집 세간 의복 그릇을 모두 몰수
합니다. 이리하여 인민들이 고통을 참지 못하여 점점 도망쳐 흩어지
니 참으로 비참한 일입니다.[56]

  이 사료는 왜구에 대비하기 위하여 무리하게 군인들을 동원한 정
책이 실행 단계에서 당시 사람들을 얼마나 괴롭혔는가를 생생하게
말해 주는 것이라고 할 수 있을 것이다. 일반백성에 대하여 이처럼

---

55) 앞의 주 54) 사료 참조.
56) ≪高麗史≫ 권81, 지35 병1 우왕 5년 윤5월조. "守令不顧大體 家至戶到
    殘忍刻 至單丁寡婦 令出子孫 俠居膚髓無所不至 以至斬屍梟首 人皆恟懼
    不惟見存子孫 至於身死已久者及從宦遠適者 亦悉付籍 及其點考督使充
    額 方値農時 獄囚數萬 … 又爲頭目者 雖當無事 不放軍歸農 常率田獵而
    奴使之 如或闕進日 徵布三四匹 無布則家産衣服器皿 竝徵不還 故民不忍
    苦 稍稍逃散"

심하게 동원한 것을 보면, 경작지도 없고 국가에 대한 부역도 과해지지 않았던 화척, 재인 등에 대해서는 한층 더 가혹하게 시행하였음이 틀림없다. 고종 당시 거란병이 침공한 이후, 국가의 부역이 과해지지 않은 채 원래대로 유랑할 수 있는 자유를 회복하였던 화척·재인 등으로서는 집단의 성인 남자들이 군인으로서 징집된다는 것은 집단 전체의 死活이 걸린 문제였음에 틀림없다. 지방관의 착취에 대항해 생존하기 위해 그들이 선택한 길이, '산과 계곡에 서로 모여서 왜적을 사칭[相聚山谷, 詐稱倭賦]하는 것'이었던 것이다. 이는 뒤의 조선조의 세종 대에 '判中樞院事'라고 하는 고관직에 있었던 이순몽의 다음과 같은 발언에서도 알 수 있다.

> 判中樞院事李順夢上書曰 臣伏覩 國家聲敎遠被 邊境無虞 生齒之繁 戶口之夥而軍額不加者 以其民無定心志 而逃避差役者多也 … 臣聞 前朝之季 倭寇興行 民不聊生 然其間倭人不過一二 而本國之民避 著倭服 成黨作亂 是亦鑑也[57]

前 王朝의 말기에, 본국 인민이 왜복을 입고 '避'하며 '무리를 이루고 반란을 일으키고(成黨作亂)' 있었다고 했는데, 그 '피한다'고 하는 것은 다름 아닌 '逃避差役'을 의미하는 것이다. 거란병의 침공 시에 양수척이 반역한 이유가 그들에 대한 착취였다는 것을 상기하면(사료 J), 화척·재인 등의 가왜 행위도 또한 같은 이유에 의한 것이었음은 충분히 생각할 수 있다. 즉, 이 시기에 화척, 재인층이 '가왜'행위를 한 것은 상기한 사료와 같이, 군인으로서 동원되는 과정에서 보이는 지방관의 횡포 때문이었던 것이다. 이것은 30년 동안이나 지속되었던 몽고군의 침공 때에는 화척이나 재인 등의 반역행위가 보이지 않았던 것만 보아도 잘 알 수 있다.

또 거란병의 침공과 화척들의 가왜 활동을 비교해 보면, 전자의 경

---

57) ≪世宗實錄≫ 권114, 세종 28년 10월 28일조

우에는 화척이 한 사람내지 두 사람 단위로 다수의 거란병들과 행동을 같이하는 데 반해, 후자의 경우에는 어디까지나 30인에서 50인의 화척, 재인만의 집단행동임을 알 수 있다. 즉, 화척들이 왜구와 연합해서 행동하였음을 입증할 만한 증거가 확인되지 않는 것이다. 그리고 그 가왜 행위는 모두 방화·약탈로 살인·납치와 같은 것은 보이지 않는 것이다. 화척·재인들이 왜구를 自稱한 것은 자기들의 행위를 감추기 위함과 동시에 상대방에게 공포감을 주기 위한 것으로 생각되나, 그들의 약탈·방화행위가 '가왜'로 기록되고 있는 것 자체가 피해자나 그들을 토벌하는 정부 측이, 진짜 왜구와 '가왜'를 구별하고 있었음을 의미한다고 할 수 있을 것이다. 경인년(1350) 이후 고려조의 멸망까지의 약 반세기에 이르는 왜구의 발호기간 중, [연합]이라는 용어에 어울리는 대규모의 화척이나 재인의 집단이 왜구와 공동으로 작전을 수행했다고 하는 사료는 물론, 거란병의 침구 때와 같이 길 안내나 정찰을 했다고 하는 정도의 사료마저도 보이지 않는데, 화척, 재인을 왜구와 연합한 것으로 이해한다는 것은 납득하기 힘든 것이다.

왜구집단의 特長은 탁월한 '海戰能力'으로[58] 고려가 왜구에 치명적인 타격을 준 것도 地上戰에서가 아니라, 火砲를 이용한 海戰에 있었던 것이다.[59] 그러나 화척과 재인은 소위 '산에서 생활하는 부족'으로 航海術이나 海戰과는 관계없는 것이다. 즉, 해전에 있어서 그들과 왜구집단과의 연합의 접점은 전무하다고 해야 할 것이다. 애당초, 화척과 재인의 '가왜행위'는 왜구의 침구에 대응한 고려정부의 과도한

---

58) ≪高麗史≫ 권115, 열전28 우현보전. '議者以爲 賊善舟楫 不可以水戰 … 水賊不可以攻'

59) 예를 들면, 우왕 6년 8월에 진포에서 500척의 왜구 선단을 격파한 것과 (≪高麗史≫ 권114, 열전27 나세전), 우왕 9년 해도원수 정지가 남해의 관음포에서 왜구를 격파한 것은 화포를 이용한 것이었다(≪高麗史≫ 권 113, 열전26 정지전).

군비대책이 불러 온 결과로, 그러한 의미에서는 그들의 가왜행위 역시 왜구가 낳은 副産物이라고 해야 할 것이다.

화척이나 재인 이외에도 '가왜행위'를 한 고려인이 있었다. 조선 태조 2년 7월에 발생한 '장갈매' 사건이다. ≪태조실록≫의 다음해 2월 기축조에 사건의 전말이 상세하게 기록되어 있다. 그것을 요약하면 다음과 같다.

> 고려 海州의 青山把載千戶哈都干의 下民으로, 張葛買라 고 하는 자가 "고려왕, 黑布 30 筒을 가지고 천호 합도간에게 하사함. 합도간은 배 17척 을 편성하여, 각 척당 선군 40명과 노 젓는 사람 18명, 百戶 1명, 도합 59명이 타고, 燕江의 吳千戶가 이를 管領하였다. 승무원은 모두 왜구의 모습을 하고 배는 모두 검은색을 칠해 商船이라고 속였으나, 사실은 정보를 탐색하기 위한 것이었다. 7월 5일에 출발하여, 같은 달 28일 밤, 金州衛의 한 섬에서 정박, 각각의 배에는 병사 10명을 태워서 看守하게 하였으며 그 외의 군인은 오천호가 인솔하여 상륙해, 新市軍屯을 불태웠으며, 군인과 家屬 모두 4명을 포로로 하고, 2명을 살해하고 3명을 살상하였다"라고 자백하 였던 것이다.60)

이러한 명나라 측의 항의에 대하여, 조선 측의 공식적인 자세는 다음과 같은 것이었다.

> 생각건대, 小邦이 聖朝를 섬기면서 지성으로 하고 두 마음이 없는데, 어찌 감히 小民을 보내어 배를 타고 거짓으로 왜적을 꾸며서 금주와 산동 등지에 가서 언덕에 올라 도둑질을 하여 인명을 살상하였겠습니까? 그 장갈매가 일컬은 바 '거짓으로 매매한다 하면서 소식을 정탐한다는 것은, 신을 실로 갈매가 어떤 사람인지를 알지 못하오며, ...61)

---

60) 末松保和 <朝鮮初における對明關係> ≪靑丘史料≫ 1, 399

61) ≪太祖實錄≫ 태조 3년 2월 己丑條. "竊念小邦臣事聖朝 至誠不二 何敢用遣小民駕船隻 假作倭賊 往金州山東等處 登岸作賊 殺傷人命 其張葛買所稱詐作賣買 哨探聲息 臣實不知 葛買是何等人"

즉, 이 사건과의 관련을 일체 부정하는 것이었다. 末松保和氏는 이 장갈매의 자백에 대하여, "목적은 정보수집에 있다고 자백했지만 그것은 믿을 수 없다. 그들의 목적은 왜구를 가장해, 결국 침탈하는 데 있었던 것일 것이다."라고 했다. 그러나 이것과 유사한 사건이 실은 약 20여 년 전인 공민왕 22년(1373)에도 발생했었다. 즉, 같은 해 7월에 명의 황제로부터 보내진 국서에 다음과 같이 고려를 비난하고 있다.

> 작년 신년 축하 사신인 韓某는 4개월이나 걸려서 도착하였다. 네가 왜 늦게 왔 느냐고 물으니 바람이 좋지 못하여 오지 못하였다고 하였다. 나의 지휘가 그에게 물으니 중국어를 모른다 하더니, 이 고려 사람들을 손발을 묶어서 물 가운데 달아 맨 즉 너희 그 재상이 당황해 침을 두서너 번 뱉고 숨을 돌린 다음 어찌 된 셈인지 중국어를 알게 되었다. 모두 다 식견이 없는 탓이다. 그래서 육로로 와서 해로로 돌아가려고 한 것이었다. 나는 그것을 대수롭게 여기지 않았으니 이는 그로 하여금 산동 일대의 병선과 군마 의 동정을 보게 하려는 것이기 때문이다. 금년의 신년 축하 사절은 4개월 전에 도착하였다. 어쩐 일인지는 모라도 본격적으로 정탐하기 시작하였다. 전자에 배 1척은 7일에 도 착하지 않았는가. 나의 이 龍江은 하는 일마다 다 이렇거든. 李가라고 하는 宦者는 達達과 回回등 여러 곳 사람들과 함께 와서 장사를 하는 척 하면서 정탐을 하였다. 이가라고 하는 환자는 2~3차 왔다. 달달 사람을 보면 달달어를 하고 같은 고려 사람을 보면 고려 말을 하고 중국 사람을 보면 중국어를 하였다. 이렇게 정탐하는구나. 우리 중국은 현재 강성하다. 너희가 와서 정탐하여서 우리 여기 두 서너 곳에서 4~5만의 군사력을 잃은 들 어찌할 것이란 말이냐?[62]

그것에 의하면, 고려는 使者나 장사꾼을 가장해 山東 지방 일대 명나라의 軍備를 염탐하고 內政을 엿보고 있었던 것이다. 고려조정은 이때에도 마찬가지로 스파이를 파견한 사실을 부정하고 있으나,[63] 명나라 측은 우왕 13년(1387) 2월에도 명나라 황제의 敎書에서, 고려가

---

62) ≪高麗史≫ 권44, 공민왕 22년 7월 20일조
63) ≪高麗史≫ 권44, 공민왕 22년 10월 을미조

통역을 파견해 명의 수도에 사는 맹인과 밀통해, 내정을 스파이하고 있다고 비난하고 있는 것이다.[64] 실제로 당시의 고려조정이 스파이를 파견하고 있었는지 아닌지 여부는 알 수 없으나, 우왕 13년에는, 장군 정지가 "근자에 중국에서 왜국 정벌을 공언하고 있습니다. 만일 우리나라 각지에 그 병선들을 정박시키면 비단 그 뒤를 감당하기 어려울 뿐만이 아니라, 우리나라의 허실을 엿볼 우려가 있습니다"[65] 이라고 上書한 것처럼 고려는 명의 군사적 동향을 경계의 눈으로 지켜보고 있었음을 알 수 있다. 따라서 명나라 측의 비난대로, 고려가 명나라의 내정을 비밀리에 엿보고 있었을 가능성은 높다고 생각한다.

  태조 2년의 '장갈매'사건은, 조선조정이 파견한 스파이 이었는가 아닌가를 단정할 수 없지만, 명에서 보낸 국서의 내용이 지명이나 지휘자의 이름 등 상당히 구체적인 점이나, 이전에도 그러한 전례가 있었던 점등으로 보아, 간단히 왜구를 가장한 조선인 해적이라고 단정 지을 수 도 없다. 중국어나 달달어에 유창한 사자나 상인을 스파이로서 파견하는 것과, 왜구를 가장해 중국의 내정을 염탐하는 것은 그다지 큰 차이가 없는 방법인 것이다. 따라서 이 사건을 한 예로 들어 "실제로는 표면화하지 않았으나, 史書의 기사에도 기록되지 않은 유사한 사건(고려인의 가왜 행위)은 훨씬 더 많았음에 틀림없다"[66]고 추정하는 것은 무리인 것이다.

  물론, 고려 내부에 왜구에 협력하는 사람이 전혀 없었던 것은 아니다. 그것은 ≪高麗史≫, ≪高麗史節要≫ 등에 기록되어 있는 것처럼 소위 '賊諜' '諜者' '間諜'의 역할을 행한 자이다.

  이 문제에 대하여 오오타 고키(太田弘毅)는 "적첩이라고 하는 것은

---

64) ≪高麗史≫ 권136, 우왕 13년 2월조
65) ≪高麗史≫ 권113, 열전26 정지전. "近中國聲言征倭 若竝我境分泊戰艦 卽非惟支持 爲艱亦恐覘我虛實"
66) 앞의 주 1) 太田, <앞 논문>

조선인 그 자체로, 조선어를 말하고 조선의 옷을 입고 첩보활동을 하
고 있던 사람들이 아니었을까. 첩보활동을 통해 왜구와 결탁, 왜구를
돕고 왜구의 길 안내를 하고 있던 사람들이었다고 생각한다. 적첩의
존재 없이, 왕성한 왜구활동은 생각할 수가 없다"[67]라고 했다. 그러나
그것이 '결탁'이라고 할 정도로 자발적인 것이었다고는 생각되지 않
는다. 오오타도 인용한 바 있는 사료를 재검토해 보자.

> 우왕이 都堂에 하서하여 말하기를, "이제 들건 데 변방 주민들이
> 적에게 포로가 되었다가 요행히 도망쳐서 귀환하여도 모두 적의 간
> 첩으로 지목 당하여 덮어 넣고 죽인다 는데 이것은 심히 옳지 않은
> 일이다. 고향 떠난 사람마다 제 고향을 생각하고 그리워하는 것은 인
> 정(人情)에 어긋난 일이 아니다. 하물며 부모처자가 있는 사람으로서
> 그 누구 나 돌아 올 생각을 하지 않겠는가? 다만 죽는 것이 두려워서
> 도적을 따라 갔을 따름이다. 그러므로 이제부터는 적에게서 도망쳐
> 돌아 온 사람을 반드시 표창할 것이며 비록 실제로 간첩 행위를 한
> 자라도 죽이지 말고 관청에서 금품과 식량을 주어 그 생활을 보장할
> 것이다. 만약 왜놈을 죽이고 돌아 온 사람이 있다면 상을 주고 등수를
> 올려주어라. 그리고 이 지시를 변방 고을들로 하여금 일반에게 제시
> 하게 하라. 그리고 만일 이 지시를 위반하는 자는 처벌한다".[68]

여기서 주목해야 할 것은 왜구에 의해 포로가 된 사람 모두가 반드
시 '賊諜'은 아니었다는 점과, '적첩' 행위를 한 자가 있어도 그것은
협박당하여 한 행위이고, 또 그 중에는 왜적을 죽이고 도망해 온 자
도 있었던 것이다. 왜구로부터 도망쳐 온 사람들 모두를 '적첩'취급을
해 그들을 죽였다는 것으로도, 왜구에 대한 고려 사람들의 적개심이
얼마나 심했던가를 알 수 있다. 협박당해서 행한 '적첩행위'에 '결탁'
이라는 표현은 어울리지 않는다고 생각한다.

---

67) 앞의 주 1) 太田, <앞 논문>
68) ≪高麗史≫ 권133, 열전46 우왕 3년 6월 경술조

2) '제주도인=왜구'론

다나카는 또 '濟州島人'을 왜구의 구성원으로서 들었다. 그는 "왜구활동과 제주도의 관계를 직접 실증하는 사료는 부족하나"[69]고 전제하면서도, 제주도의 고려본토에 대한 '異質性, 半獨立性'을 강조해, 그것을 제주도인=왜구로 발전시켜 가고 있다. 그리고 "왜구집단의 대량의 마필에는 濟州牧의 말도 많이 섞여 있었음에 틀림없다"[70]고 해, 왜구집단 속에 많이 보이는 마필이 화척·재인만의 것이 아니라, 제주도로부터도 수송된 것일 것이라고 추정했다. 또 다카하시 고메이(高橋公明)도 같은 견해를 보이고 있다. 즉, 그는 원나라의 직할목장이었던 제주도가 몽고계의 사람들을 중심으로 자주 반란을 일으킨 것을 들어 "고려 말, 제주도는 고려정부가 統轄할 수 있는 섬이 아니었다"[71]고 단언했다. 그리고 "당시 조선의 국가질서에 있어서 濟州島民도 對馬島民도 같은 존재였다"[72]고 한 뒤, 이성계와 싸운 왜구의 청년대장 阿只拔都 자신이 제주도 출신이었을 가능성마저 있다[73]고 주장한 것이다. 그러나 왜구집단 속에 보이는 대량의 말이 곧, 화척이나 재인과의 연합을 의미하지 않는 것과 같이, 제주도인이 왜구였음을 입증하는 것은 아니다.

이러한 다나카, 고메이 양씨의 주장은 조선의 지배계급이 영토의식의 면에서 제주도와 대마도를 같이 인식하고 있었다고 하는 이해에 입각하고 있으므로 이점에 관해서 두 사람의 설을 검토해 보기로 하자.

69) 앞의 주 2) 田中, <앞 논문>, 152
70) 앞의 주 2) 田中, <앞 논문>, 152
71) 高橋公明, 1987 <朝鮮外交秩序と東アジア海域の交流> ≪歷史學硏究≫ 573
72) 高橋公明 1987, <中世東アジア海域における海民と交流－濟州島を中心に> ≪史學≫ 33－名古屋大學文學部硏究論集－
73) 앞의 주 72) 高橋, <앞 논문>

우선, 다나카는 자신의 설의 근거로서 己亥東征(세종 대의 대마도 정벌) 직후, 조선 조정으로부터 대마도주 宗貞盛에게 보낸 문서 안에 있는 다음과 같은 기사를 들고 있다.

> ® 대마도는 섬으로, 경상도의 계림에 속하는 본래 우리나라 땅이었다. 이 사실은 문서에도 남아있는 확실한 것이다.[74]

그러나 이 계림이라고 하는 것은 경상도 慶州를 가리키는 것으로 대마도가 경상도에 속해 있다고 하는 것은 대마도가 계림에 설치되어 있던 東南海都部署(경상도 안찰사)의 관할 하에 있었음을 의미한다[75]. 동남해도부서는 경주에 설치되어 있었으나 뒤에 금주로의 이전과 복귀를 거듭한 뒤에, 결국은 경주에 정착된 것이다. 다음의 사료를 보자.

> 계림부와 금주가 서로 방어사영이 되고자 다투었다. 그러므로 評議使가 왕에게 말하기를, "금주의 폭동군이 안렴사를 처단하였으며 또한 방어사영이 설치된 연한을 보더라도 금주는 계림보다 짧습니다. 더구나 금주는 해변에 가까운 만큼 왜적의 침입이 심하여 위험하오니 방어사영을 계림부로 옮기기를 바랍니다"라고 요청하였으므로 왕은 그 말을 승인하였다.[76]

즉 대마도의 고려에의 진봉을, 조선조의 세종 대에는 대마도가 경상도의 속령으로써 이해하고 있었던 것은 아닐까하고 생각된다. 그것을 방증하는 것으로 다음의 사료에 주목하고 있다.

---

74) ≪世宗實錄≫ 권4, 세종 원년 7월조
75) ≪高麗史≫ 권57, 지리11 지리2 경상도조. "慶尙道 … 置東南道都府署使 置司慶州"
76) ≪高麗史≫ 권57, 地理 東京조. "(鷄林)府與金州爭使營 都評議使奏 金州賊殺按廉 且置營歲月不及鷄林 況近海濱倭賊可畏 乞移置鷄林 禑從之"

　　대마도는 경상도에 속해 있으므로 상부에 보고할 때에는 반드시
본도(경상도) 안찰사를 통하여 傳報, 시행하고 직접 禮曹에 보고하지
말라.[77]

　　이것은 고려 의종 대의 대마도관인의 첩장에 대하여, 李公升이 중
앙 부처인 尙書都省의 牒으로써 회신하려고 해 제지당했던 것이나,[78]
1227년의 고려국 전라주도안찰사가 大宰府에 보낸 첩장에 대마도로
부터의 사자가 "徒以讒諛之事, 直指牒京朝禮賓省"[79] 즉, 함부로 참
유(비방)하는 내용의 첩장을 직접 수도의 예빈성(조선조의 예조에 해
당)에 보낸 것을 실례라고 비난한 것과 같은 논리라고 할 수 있는 것
이다. 이처럼 조선 세종 대에 보이는 대마도에 대한 영토의식은 12세
기에 13세기 중엽까지 지속된 대마도의 고려에 대한 진봉관계에 起
因하는 것이라고 할 수 있다.

　　한편, 고려조 당시의 제주도 및 대마도에 대한 영토의식은 어떠한
것이었을까. 분명히, 제주도는 12세기까지는 반독립적인 지위를 유지
하고 있었으나, 그 이전부터도 중앙에서 구당사가 파견되는 등[80] 고
려의 통제 아래에 있었다. 그러나 1105년에 탐라군을 설치함으로써
고려의 직속 영토가 되었고, 그 후 13세기 중엽에 원의 직할령이 되
기까지의 약 1반세기간은 완전한 고려의 영토였다. 한편 고려조정이
대마도를 틀림없는 일본의 영토로 인식하고 있었음은 고려가 일본의
대재부나 대마도에 보낸 첩장에 반드시 "일본국대마도"[81]라고 명기

77) ≪世宗實錄≫ 권7, 세종 2년 윤1월 23일조. "對馬島 隷於慶尙道 凡有啓
　　稟之事 必須呈報本道觀察使 傳報施行 毋得直呈本曹"
78) 李英蘭 編, 1968 ≪韓國金石文追補≫ (亞細亞文化社, 서울) 170. 상세한
　　내용은 졸고, 1999 <中世前期の高麗と日本－進奉關係を中心に> ≪倭
　　寇と日麗關係史≫ (東京大學出版會, 東京)을 참조.
79) ≪吾妻經≫ 安貞 元年 5월 14일조
80) ≪高麗史≫ 권57, 耽羅縣條
81) 예를 들어, ≪平戶記≫ 仁治 元年 4월 17일조의 <高麗國金州防禦使牒>

하고 있었음을 통해서도 엿볼 수 있다. 그 외에도 고려의 탐라와 대
마에 대한 영토의식의 차이는 다음의 점에서도 분명한 것이다. 우선,
≪高麗史≫에 "대마 구당관"과 "탐라 구당사"가 보인다. 언뜻 보기
에는 '관'과 '사'는 같은 성격의 것으로 보이지만, 대마의 구당관은
대마도의 지방관(國守)을` 고려의 관직인 구당사(섬을 다스리는 행정
관)에 해당하는 것으로 간주하여 기록한 것으로 생각되나, 고려조정
이 대마도의 지방관을 임명 내지 파견한다는 것은 있을 수 없는 일인
것이다. 그 반면, 탐라 구당사는 고려의 중앙정부가 郡을 설치하기 전
부터 탐라에 파견하고 있던 관리이다.

　문종 33년(1079) 11월 임신, 탐라 구당사 윤응균이 큰 진주 2개를
헌상했다[82]고 하는 기사가 사료 상 최초로 확인되는 탐라구당사이다.
그리고 선종 7년(1090) 정월 조에는 다음과 같이 보인다.

　　　기축, 예빈성이 탁라 구당사의 보고서에 의거하여 왕에게 아뢰기
　　를, "星主인 유격장군 가량잉이 죽고 그의 외삼촌 배융부위 고복령이
　　자기 형 후임으로 되었으니, 부의 물품을 전례에 의하여 보내어야 되
　　겠습니다"라고 하니 왕이 이를 승인하였다.[83]

　이 사료에서 보는 것과 같이, 탐라의 星主가 바뀌면, 고려정부는 그
후계자에게 지배를 인정하는 징표로 물건(賻賻之物)을 1090년 이전부
터 내리고 있었음을 알 수 있다. 같은 시기에 이와 같은 것이 대마도
의 국수에 대해서도 행해졌다고는 생각하기 어렵다. 또 하나는, 고려
고유의 지배질서체계를 이루고 있던 '武散階'나 '鄕職'이 탐라의 왕
족에 주어졌음에 반해[84], 대마의 구당관에게는 그러한 사실이 확인되

　　에 '日本國對馬島'로 기록되어 있는 것이나, <日本國對馬島遣使獻方物>
　　(≪高麗史≫ 권9, 문종 36년 11월 병술조)에서와 같이, 고려조 당시에 있
　　어서 대마도가 일본 영토였다고 하는 인식은 분명한 것이었다.
82) ≪高麗史≫ 권9, 문종 33년 11월 임진년조
83) ≪高麗史≫ 권10, 선종 7년 정월조

지 않는다는 점을 들 수 있다.

이번에는 다카하시설의 논거를 검토해 보자. 다카하시는 앞서 말한 주장의 증거로서, 1392년에 성립한 조선정부도 자국정부의 관할 밖에 있었던 제주도의 '內國化'를 위해, 토착 세력의 懷柔나 국가기구로의 편입, 그리고 현지에 있어서의 국가의 지배제도의 관철 등의 정책을 실시했다고 했다[85]. 즉 다카하시는 星主 이하 토착 세력의 자제를 수도에 모아서 궁정의 侍衛 등을 시키는 '濟州子弟'라고 하는 제도를 예로 들어, 그것이 "應永 外寇(세종조의 대마도정벌) 이전에 보이는 向化受職倭人의 제도와 기본적으로 다를 바 없는 것"[86]이라고 했다. 그러나 제도에 대해 조선정부는 '濟州子弟'외에 다음과 같은 정책도 시행한 것이다.

① 쌀 천석을 내어 굶고 있는 백성(飢民)들을 도와줌.[87]
② 敎授官을 두어 '土官'의 자제 중 10세 이상이 아동을 입학, 교육시켜 국가 의 시험을 보게 했다. 그 결과, 태종 18년에는 제주도내의 유생이 200명에 이르렀다.[88]
③ 제주도의 논과 밭(田地)을 측량함.[89]
④ 호구조사를 행함.[90]

이러한 정책은 대마도에서는 실시된 적이 없었던 것으로 제주도와 대마도에 대한 조선정부의 영토인식이 어떻게 달랐던 것인가를 보여

84) 하타다 다카시, 1961 <高麗の武散階> ≪朝鮮學報≫ 21·22 合號 ; 다케다 유키오(武田幸男), 1964 <高麗時代の鄕職> ≪東洋學報≫ 47-2호
85) 앞의 주 71) 高橋, <앞 논문>
86) 앞의 주 71) 高橋, <앞 논문>
87) ≪太祖實錄≫ 권11, 태조 6년 4월 18일 무인조
88) ≪太祖實錄≫ 권5, 태조 3년 4월 27일 병인조
89) ≪太祖實錄≫ 권26, 태종 13년 7월 12일조
90) 제주도의 호구조사를 행한 결과, 濟州牧이 민가 2316호, 정의현이 640호, 대정현이 620호였다(≪世宗實錄≫ 권3, 세종 원년 4월 13일조).

주는 것이라고 할 수 있다. 특히 어떤 지역에 대한, 과거제도의 실시 여부는 동아시아의 전근대 사회에서 국가의 지배영역을 판단하는 중요한 기준이라고 할 수 있다. 당이나 송의 경우, 신라나 고려의 인재가 바다를 건너가 과거시험을 보고 합격해 중국의 관료에 임명된 사례가 여러 있었는데[91], 이것을 통해서도 과거제도가 지닌 또 다른 한 측면을 알 수 있다. 제주도 출신 인물로, 12세기 후반 고려 睿宗 대에 과거에 합격해 仁宗을 거쳐 毅宗 대에 中書侍郎平章事까지 승진한 高兆基란 인물이 있다[92]. 그런데, 대마도에 그러한 고려의 과거제도가 시행되었던 사례는 물론 없었다. 물론, 지금까지 언급한 여러 정책을 다카하시의 주장대로 고려정부에 의한 제주도의 '內國化政策'으로서 이해하는 것도 언뜻 보기에는 가능한 것처럼 보인다. 그러나 조선정부의 제주도에 대한 인식은 제주도와 더불어 원에 빼앗겼다가 약1세기 만에 되찾은 북방의 동녕부, 쌍성총관부 지역과 같은 것으로[93], 결코 대마도와 같은 수준의 것이 아니었다. 예를 들면, 이들 북방영토에는 그 지방 출신자에게만 주어진 특수한 관직은 '土官職'이 있었는데 제주도에도 같은 것이 보이는 것이다.[94]

조선조의 제주도에 대한 확고한 영토의식은 前朝인 고려조를 계승한 것이었던 것이다. 이러한 점에서 고려, 조선조정이 제주도와 대마도를 영토귀속의 면에서 같이 인식하고 있었다고 하는 다나카, 고메

---

91) 820년에서 906년 사이에 당나라의 과거에 합격한 신라인의 수는 모두 58명에 달하였다[허흥식, 1981 ≪高麗科擧制度史硏究≫ (一潮閣, 서울) 4].
92) ≪高麗史≫ 권98, 열전11 고조기조
93) 이 문제에 관해서는 이케우치 히로시(池內宏), 1917 <高麗恭愍王の元に對する反抗運動> ≪東洋學報≫ 7-1 ; 1918 <高麗 辛禑朝における鐵嶺問題> ≪東洋學報≫ 8-1 ; 1918 <高麗恭愍王朝の東寧府征伐に關する考> ≪東洋學報≫ 8-2
94) '土官'은 고려와 조선 왕조가 국경지역출신자를 차별하는 한편, 그들을 위무하기 위하여 만든 관직으로, 평안도와 함경도의 부, 목, 도호부에 설치되어 그 지방 출신자만이 임명되었다.

이의 주장에는 수긍하기 어려운 것이다.

그런데 공민왕 5년부터 23년까지의, 약 20년간에 반복하여 발생한 반란과 편정이 완전히 종료되어, 제주도의 반란세력이 완전히 토벌되는 것은 공민왕 23년(1374) 8월이다.[95] 이 동안, 특히 제주도인이 왜구와 연합하였음을 증명할 수 있는 사료는 무엇하나도 없다. 만약, 양자가 연합하여 고려를 습격하였으면, 고려에 크나큰 위협이 되었을 것임은 바다를 건너 위치하는 명나라도 충분히 예상할 수 있는 것이었다. 공민왕 21년(1372) 9월 명나라 황제의 교서 속에 다음과 같이 적혀 있다.

> 탐라의 牧者들이 만약 이 도적들과 서로 한데 뭉쳐있으면 섬멸하기가 비교적 어려울 것이다. 또 들으니 여진족이 고려국의 동북에 있는데 그들은 예로부터 豪俠하여서 편안함을 구하는 사람들이 아니라고 한다. 그대들이 가거든 국왕에게 주의하여 방비하라고 말하라.[96]

이 사료에서 보는 바와 같이, 몽고인 탐라목자 왜구와의 연합이나 여진족의 동향을 경계하라고 명하고 있는 것이다. 만약, 제주도인이 왜구와 연합하고 있어서 제주도가 왜구집단의 주용한 소굴이었다면, 공민왕 23년에 고려정부군이 제주도를 공격하였을 때에 어떠한 형태로든 왜구집단과의 접촉(해전 등)이 이루어졌을 가능성이 있으며, 또 왜구의 흔적을 발견할 수 있었을 것이다. 그리고 만약 다나카・다카하시의 추정이 옳다면, 제주도의 고려귀속이나 명나라가 요청한 제주도산 말의 조공을 둘러싸고 원, 명과 날카로운 대립을 반복하고 있던 고려조정이 그것을 인식 못했을 이유가 없는 것이다. 어째서 ≪高麗史≫나 ≪高麗史節要≫ 등의 고려 측의 사료에 단 한 곳이라도 '제주도인(濟州島人)=왜구'론을 입증할 만한 기록이 실려 있지 않는 것일까.

---

95) ≪高麗史≫ 卷44, 恭愍王 23年 8月 辛酉條
96) ≪高麗史≫ 卷43, 恭愍王 21年 9月 壬戌條

다카하시는 1439년 前 濟州都按撫使 韓承舜이 노인(古老)으로부터 들은 "旌義縣의 동쪽, 牛峰, 大靜縣의 서쪽, 竹島는 옛날부터 왜선이 몰래 정박한다(隱泊)"[97]고 하는 말을 인용해, 제주도에 왜선의 근거지가 있으며 왜구와 제주도민이 협력관계에 있었다고 추정했다. 그러나 이 '왜의 선박이 몰래 정박한다(倭船隱泊)'의 기사가 어떻게 곧바로 제주도민들이 왜구가 연합하였던 증거로 해석될 수 있는 것인지 이해할 수 없다. 오히려 다음의 사료에서 '隱泊'의 목적은 '侵寇'를 위한 것이었음을 알 수 있다.

> 왜적이 추자도에 숨어 정박하여 여러 섬을 엿보고 있어 혹은 왕래하는 배를 해치니, 공사의 선박도 병선의 예를 따라 군기와 의갑을 엄하게 갖추어 졸지에 왜적을 만나면, 대적하여 해를 피하게 하소서.[98]
>
> 왜적 이십여명이 배 한척에 타고 갈이도에 몰래 숨어 정박하였다. 진무부사정 김시도, 전 만호 장민, 학생 정덕생 등이 전함을 이끌고 이를 쫓아서 십삼명의 목을 베었고 나머지는 바다에 투신하여 죽었다.[99]

왜구가 추자도에 '몰래 정박'해 여러 섬(諸島)을 염탐하며 왕래하는 선박을 습격한 것이나, 왜적 20여명이 "몰래 정박하고 있던 곳을 발견해, 추적하여 13명을 살해했다"등 '隱泊' '潛泊'의 어떤 경우에도 왜구의 습격을 의미하는 기사가 수반되는 것이다. 따라서 다카하시가 인용한 기사도 제주도민과 왜구의 연합을 의미하는 기사가 아니라, 왜구의 공격에 대비하기 위해서 특히 "旌義縣의 동쪽, 牛峰, 大靜縣의

---

97) 앞의 주 72) 高橋, <앞 논문>
98) ≪太宗實錄≫ 太宗 17年 7月 8日條. "且倭賊隱泊楸子島窺覘諸島 或害往來之船 公私船依兵船例 嚴備軍器衣甲 卒遇倭賊 對賊避害"
99) ≪世宗實錄≫ 卷27, 世宗 7年 2月 23日條. "賊倭二十餘人公乘一船 潛泊於渴伊島 鎭撫副司正金時道 前萬戶張敏 學生鄭德生等 領戰艦 追捕斬首十三級 餘自投溺"

서쪽, 竹島"에 주목한 기사라고 말할 수 있을 것이다.

또 다나카, 다카하시 두 사람은 15세기 후반경의 《성종실록》에 보이는, 제주도인이 "왜인의 언어, 의복을 입고, 海島를 왕래하며 몰래 약탈을 행 한다"[100]고 하는 기사에 착목해, '濟州島人=왜구와의 연합'론의 근거로 삼았다.[101] 그러나 이 "제주도나 전라도 등 조선 출신 해적=水賊"기사가 최초로 보이는 것이 15세기 후반인 점에 주목할 필요가 있다. 즉 14세기 후반의 왜구가 극성을 부리던 고려 말에서, 약1세기 뒤의 사료를 가지고 시기를 거슬러 올라 유추하는 것은 위험하다고 생각한다.

또 하나는, 그들의 해적 행위를 《조선실록》에서는 '수적'이라고 기록하고 있는 것이다. 수적이라고 하는 것은 다카하시도 밝힌 바와 같이 "왜인에 의한 해적행위, 즉 왜구나 왜적과 구별하기 위해 사용된 말로서 조선인 해적을 의미"[102]하고 있는 것이다. 즉 '수적'이라고

---

100) 《成宗實錄》 13年 閏8月條
101) 앞의 주 72) 高橋, <앞 논문>
102) 高橋氏는 '水賊(高麗人 海賊)'이 고려 말에도 횡행하여, 倭寇의 일부를 구성하고 있었던 것으로 추정된다. 즉 氏는 辛禑 6年 8月에 鎭浦를 습격한 대규모의 倭寇集團의 大將이었던 阿只拔都의 예를 들어 다음과 같이 서술하고 있다. "阿只拔都의 白馬, 포획한 다량의 말, 왜구에 騎馬隊가 있었음을 나타내고 있다. 五島列島・對馬를 시작으로 九州에서도 말을 공급할 수 있었으나, 騎馬隊를 구성할 정도의 다량의 말은, 濟州道 이외에는 아마 공급할 수 없었다고 생각된다. 阿只拔都 자신이 濟州道 출실의 가능성마저 있는 것이다. 朝鮮半島를 대상으로 한 왜구에 대해서는 禾尺・才人 등 彼差別民이 倭人과 내통하기도 하고, 그들 자신이 倭人으로 가장해 약탈했던 것이 분명히 되고 있으나, 전체적인 인상으로써는 倭人을 주체로 한 것으로 되어 있다. 그러나, 왜구와 高麗軍의 싸움은 내란 또는 전쟁이라는 표현이 어울리는 양상을 드러내고 있다.
이것은 왜구 속에 조선국내의 상당한 세력, 특히 해상세력이 관여하고 있는 것을 암시하고 있는 것이 아닐까. 본고에서는 그 세력의 基層部分을 담당하는 요소로서 濟州道의 海民을 定하려고 한 것이다(앞의 주

하는 말의 존재 자체가 ≪高麗史≫에 있어서의 '假倭'의 경우와 같이, 조선 측이 왜구와 조선인에 의한 '수적'을 명확하게 구별하고 있었음을 말하고 있는 것이다. 다카하시는 또한 "수적의 행동형태는 왜인과의 밀접한 교류를 전제로 하지 않으면 이해할 수 없는 것으로, 이것도 또한 그것을 보여주는 徵證이라고 할 것이다"[103]라고 하였으나, 그 '교류의 내용'이 무엇이었나가 문제가 될 것이다. 즉 제주도인이 "왜인의 언어, 의복을 입고"라는 기사로부터 왜인, 왜구가 그들에게 있어서 가까운 존재였다고 여겨지나, 그것이 반드시 양자의 연합을 의미한다고는 단정 할 수 없는 것이다. 세종 즉위년(1419)의 "왜구가 중국에서 침탈한 재물을 가지고 우리나라의 남해지역에서 배를 세워, 해변의 백성과 교역한지 오래이나, 지금 기근 때문에 왜구와 교역하지 못하게 되면, 우리를 침탈하게 될 것이다"[104]라고 하는 사료나 "상인들이 왜관을 왕래하면서 무역을 행하고 있다."[105]라고 하는 기사로부터 일반인과 왜인과의 사이에, 무역 등의 접촉이 상당히 빈번하게 이루어졌음을 알 수 있다. 즉, 무역 등의 접촉을 통해 왜어를 배우고 왜복을 입수할 기회도 있었을 것이다.

그러나 역시 문제가 되는 것은 왜 이 시기에 '水賊'에 관한 기사가 등장하는가라고 하는 것이다. 만약 濟州島人에 의한 해적행위가 고려 말인 14세기 후반 경에도 행해지고 있었다고 한다면, 당시의 사람들도 그것을 인식해, 어떠한 형태(예를 들면 '假倭'와 같이)로 사료로서 남겼을 터인데, 문헌 사료상 일체 확인할 수 없는 것이다. 그렇다면, 이 수적은 그 등장의 사회적 조건이나 구성 등에 있어서 14세기 후반의 왜구와는 전혀 이질적인 것으로 이해해야하지 않을까.

---

72) 高橋, <앞 논문>).
103) 주 72) 高橋, <앞 논문>
104) ≪世宗實錄≫ 권1, 世宗 卽位年 10月 3日條
105) ≪世宗實錄≫ 권12, 世宗 3年 6月 9日條

즉 조선시대 초기에는 <표 3>[106]와 같이 여러 가지 형태의 도적이 횡행하고 있었으나, 성종대에 들어서자 전국적으로 성행하고 있던 山賊, 火賊, 牛馬賊은 진정되어 갔다. 그러나 전라도를 중심을 하는 연해 지방에 이전에는 보이지 않았던 水賊의 활동이 활발하게끔 되어갔던 것이다.

〈표 3〉

	태 조	세 종	문 종	단 종	세 조	예 종	성 종	소 계
	1393 ~89	1419 ~50	1451 ~52	1453 ~54	1455 ~68	1469 ~69	1470 ~94	
화 적	2	20	8	1	31	10	20	92
산 적		3	1		7	2	11	24
수 적							18	18
우마적		3			9		1	13
합 계	2	26	9	1	47	12	50	147

그런데 <표 3>에서 보는 바와 같이, 수적은 성종대가 되어 비로소 처음 나타나는 것이다. 그렇다면, 수적은 성종대의 사회적 현상과 밀접한 관계가 있다고 생각하지 않을 수 없는 것이다. 더욱이 그것은 제주도 사람만이 아니고, 전라도 사람이 많이 관련되고 있으며, 또한 그 발생지역도 전라도가 거의 대부분인 것이다.[107] 최근 한국학계에

---

106) 이 <표 4>는 李正守, 1993 <朝鮮初期 盜賊發生과 國家的對應> (韓國中世史硏究會) 중의 <표>를 참고로 작성한 것이다.

107) 예를 들면, 成宗 3年(1472)에 私奴等 30여명이 全羅道의 順天·康津 등에서 倭人의 모습을 하고 海産物을 採取하는 사람을 약탈하는 등, 왜구처럼 행세하면서 船圓을 조직하여 水賊行爲를 행한다(≪成宗實錄≫ 3年 2月 甲申條). 또한 成宗14年에는 唐津人 7명이 蘭地島에 들어가 糧穀을 쌓아놓은 배를 약탈하고 살인을 행한 것(≪成宗實錄≫ 卷161, 成宗 14年 12月條), 水賊 때문에 백성이 생활할 수 없어 全羅道의 羅州牧使가 水賊을 쫓다 오히려 부상을 당한다(≪成宗實錄≫ 卷198, 成宗 17年 12月 己卯條), 諸島에서는 백성이 流離하여 無人島가 될 정도로, 全羅右道

서는, 이 수적이 출현하게 된 사회적 이유를 당시의 '地主制'와 '상품 유통경제'의 進展과 관련지어서 고찰하고 있다. 예를 들면, 최완기는 '해상교통의 발달, 특히 국가의 조운정책의 변화나 私船과 상선의 빈번한 왕래와도 깊은 관련이 있다'[108]라고 하였으며, 이정수씨는 "지주들의 지방농장에서 수확된 미곡의 운송이나 부상들의 遠隔地 교역을 통한 米穀 등과 같은 상품이 해상을 통하여 활발하게 운송되게 된 것 등도 또한 수적들의 활동을 성행하게 하는 계기가 되었다고 생각된다"[109]라고 하였다. 즉, 조선 전기 조선의 농촌사회 내부에서는 小商品의 생산과 유통이 진행되고 있었는데, 그것이 일정한 지역을 범위로 하는 독자의 市場機構를 성립시키기에 이르렀던 것이다. 그러다가 15세기 후반에는 '場市'가 출현해, 성종 초에는 중앙정부에서도 이 장시가 처음으로 논의되게끔 된다.

　　　庚寅之荒 全羅道人民 自相聚集 以開市鋪 號爲場門[110]

　庚寅年 즉 성종 원년(1470)의 흉년 때문에 전라도의 농민이 市鋪을 열고 場門이라고 칭했다라고 하는 것이다. 수적은 바로 이러한 사회적 상황 하에서 나타나기 시작한 것이다. 특히 전라도가 다른 도에 비해 수적 등의 도적이 많이 발생하였던 이유는, '場市'에서 臟物을 쉽게 처분할 수 있었기에, 체포하기가 상당히 어려웠기 때문이었다.[111] 따라서 전라도관찰사 김종식은 '場市'를 폐지할 것을 건의하였

　　　節度使가 교체되게 되었다(≪成宗實錄≫ 卷198, 成宗 17年 12月 辛卯條), 등에서처럼 水賊 활동은 주로 全羅道지역을 중심으로 행해졌다
108) 崔完基, 1980 <朝鮮前期의 穀物賃運考> ≪史叢≫ 23 ; 1983 <朝鮮中期의 貿穀商船－穀物의 買集活動을 中心으로－> ≪韓國史硏究≫ 30 ; <商船中期의 穀物去來와 그 類型－賣出活動을 中心으로－> ≪韓國史硏究≫ 76
109) 李正守, 1993 <朝鮮前期의 米價變動> ≪釜山史學≫ 17
110) ≪成宗實錄≫ 권27, 成宗 4年 2月 壬申條

으나,112) 그러한 그의 도적 문제에 관한 인식은 당시의 도적발생이
'場市'의 등장으로 상징되는 '地主制' '상품유통경제의 발전' '해상교
통의 발달'과 밀접한 관련이 있었음을 보여주고 있다.

이것은 아직 유통 경제가 발달하지 않았기 때문에 沿海를 왕래하
는 선박의 수도 많지 않았던 고려 전기(武臣亂 이전)에는, 고려인들이
해적활동을 하였다고 하는 기사는 오직 한 건 밖에 확인되지 않는
것113)으로도 알 수 있을 것이다. 그리고 무신의 난 이후로 전국적으
로 발생하는 반란 중에 고려인들이 해적활동을 하였다고 하는 기사
는, 수적이 나타나는 15세기 후반까지 앞에서 언급한 장갈매의 예를
제외하고는 한 건도 확인되지 않는 것이다.114)

이상과 같은 검토를 통하여 제주도가 대마도와 더불어 '왜구의 본
거지'였다고 하는 다나카나115) 왜구 중에는 조선국내의 해상세력이
관여하고 있었다고 하는 다카하시의 주장116)은 그 근거가 희박한 것
이라고 할 수 있을 것이다.

III. '왜구=고려인주체'론의 근거로서의 李順夢의 발언

지금까지 검토한 다나카, 다카하시 두 사람의 '고려인=왜구주체'
론의 유일한 사료적 근거가 되고 있는 것이, 실은 조선 세종조의 '判

---

111) ≪成宗實錄≫ 卷204, 成宗 18年 6月 戊子條. "本道(全羅道) 盜賊興行 比
    他道尤甚者 以有場門也 盜賊所得臟物 賣于場門 故搜獲爲難"
112) ≪成宗實錄≫ 권181, 成宗 16年 7月 甲戌條
113) 仁宗 6年 4月에 南界에 海賊이 봉기하였으나(≪高麗史≫ 卷15, 仁宗 6
    年 4月 正巳條), 同年 10月에 그들 海賊 820명이 귀순하였기에, 內陸地
    方으로 옮겼다(≪高麗史≫ 卷15, 仁宗 6年 10月 壬子條).
114) <武臣政權下에서의 地方의 爭亂>

中樞院事'라고 하는 고관직에 있었던 이순몽이라고 하는 인물의 발언이다. 이 사료는 조선조의 高官이 스스로, 고려 말에 횡행했던 왜구의 대다수가 실은 일본인이 아니라 고려인이었다고 한 것으로, 이 기사의 신빙성 여부를 충분히 검토하지 않은 채 '왜구=고려인주체'론의 근거가 되어왔다. 이하 본 절에서는 이 사료의 신빙성을 재검토해보자.

反亂	發生年月	主謀者	發生地域	備考
公州鳴鶴所	1176년정월	亡伊, 亡所伊	忠淸道	
孫淸	同年 11월	孫淸	慶尙道	
彌勒山山賊	1177년 2월	不明	全羅道	
官奴	1182년 3월	竹同	全羅道全州	全州司錄 陳大有의 苛政
西賊	1177년 5월	思進, 金甫	平壤	
草賊	1193년	金沙彌, 孝心	慶尙道	
草賊	1199년	金順, 今單	江原道, 東京	
晉州의 亂	1200년 4월	鄭方義 兄弟	慶尙道 晉州	
雜族人의 亂	1200년 8월	不明	慶尙道 金州	
耽羅	1202년10월	煩石, 煩守	濟州道	
慶州人의 亂	1202년11월	元祐, 利備	慶州	
僧徒의 謀亂	1203년	不明	慶尙道	
全州의 軍亂	1216년	不明	全羅道 全州	全州의 吏族을 殺害
振威縣人亂	1217년	李將大等	京畿道	
西京의 士卒	1217년 5월	崔光秀	平壤	
義州의 反亂	1219년10월	韓恂, 多智	平安道	義州
草賊	1230년 頃	不明	서울	
忠州 奴軍의 亂	1232년	승려 牛本	忠淸道	
草賊, 奴隷	1232년 7월	李通	開城	
草賊 李延年	1233년 경	李延年 兄弟	全羅道	
西京의 모반	1233년 5월	洪福源	平壤	
崔山, 李儒	1233년 6월	최산, 이유	慶州	
安悅의 난	1257년 4월	安悅	江原道 原州	

115) 앞의 주 2) 田中, <앞 논문> 154
116) 앞의 주 72) 高橋, <앞 논문>

判中樞院事李順蒙上書曰 臣伏覩 國家聲教遠被 邊境無虞 生齒之繁
戶口之夥 而軍額不加者 以其民無定心志 而逃避差役者多也 … 臣聞
前朝之季 倭寇興行 民不聊生 然其間倭人不過一二 而本國之民避 著倭
服 成黨作亂 是亦鑑也 今新白丁與平民間居 相與作黨 爲盜宰殺牛馬之
利 耳濡目染 以爲常事 或因嫌隙 故燒人家 將恐有難防之患 救弊之要
莫切於號牌 昔在太宗朝 號牌之法施行數年 而遊移鮮少 或議煩擾民間
而廢之此廢小矣 當時盜賊流亡之徒 日盛不可勝紀 臣願 復行號牌之法
禁遊手之輩 盜賊之源 則良賤自別 而軍額日數 獄訟弭而民之生産物 故
自明矣 不報 時公私賤口及逃役良人 彼此遊移者 不知紀極 順蒙 麤人
亦慎其弊 仍上此疏[117]

이 사료에 있어서 주목할 점은 다음과 같은 세 가지 점이다.

① 이순몽이 올린 상서의 주된 내용은, 유민의 방지책으로서 태종
대에 실시한 바 있는 '戶牌之法'의 부활이요, 그것을 강조하기 위해
왜구에 관해 '전해들은 이야기(傳聞)'을 들고 있는 점.

② 그가 말하는 '왜구의 복장을 하고 무리를 이루어서 난을 일으킨
다(着倭服, 成黨作亂)'의 주체는 "今新白丁與平民間居, 相與作黨, 爲
盜宰殺牛馬之利 "로부터, 新白丁(화척)을 가리킨다고 생각되는 점.

③ 이순몽의 상서에 회답이 없고 ≪世宗實錄≫의 편자가 그의 인
격을 '麤人'이라고 비판하고 있는 점으로 보아, 그는 '判中樞院事'라
고 하는 직책에도 불구하고 동료 廷臣들로부터 신뢰받지 못하고 있
는 점으로, 조정에서의 그의 존재는 그다지 크지 않다고 하는 점.

그가 백성들의 流離를 초래하는 폐단에 대하여 상소한 것은 이것
이 처음이 아니었다. 세종18년(1436)과 20년(1438)에도 같은 문제로 상
소하고 있는 것이다. 우선 세종18년에는 鄕吏의 자손들이 鄕吏役을
피하여 타향에 이사하는 것을 금지할 것을 호소하고 있으나[118] 받아
들여지지 않았다. 그리고 2년 후에는 '平民及公私賤隸之徒'가 流移해

117) ≪世宗實錄≫ 卷114, 世宗 28年 10月 28日條
118) ≪世宗實錄≫ 卷75, 世宗 18年 11月 16日條

도적이 되거나, 良家의 여자와 결혼하는 등 사회의 질서를 어지럽히고 있다고 상소하고 있는 것이다.[119] 그러나 두 번째도 받아들여지지 않았기에, 이번에는 톤을 높이기 위해, 고려 말기의 화척이나 재인 등에 의한 '가왜'의 예를 들어서 자신의 주장을 강조한 것이다. 즉, '왜구 속의 왜인이, 10명 중에 한명이나 두 명에 지나지 않았는가 아닌가'의 사실 여부는 당시의 그로서는 중요한 문제가 아니었던 것이다.

그가 이때에 문제로 삼고 있는 것은, "今新白丁與平民間居, 相與作黨, 爲盜宰殺牛馬之利, 耳濡目染, 以爲常事, 或因嫌隙, 故燒人家, 將恐有難防之患"이나, 문제의 출발점이 되고 있는 신백정(화척)을 평민과 잡거시켰다고 하는 것은 왜구대책으로서 고려 말기의 우왕 대에 행한 것이다.[120]

그 '화척, 재인=왜구'론에 대하여는, 이미 앞에서 검토하였으므로 부언할 필요가 없으나 그가 "왜구 중에 왜인은 10명에 한두 명에 지나지 않았다."라고 발언한 것은, 어디까지나 전해들은 이야기에 지나지 않는 것이다. 즉 왜구의 구성원의 비율에 관한 그의 발언은 확실한 근거가 없는 전해들은 이야기를 수년 전부터 자신이 계속해서 주장해온 '百姓의 流移'의 방지책으로 '戶牌之法'의 실시를 강조하기 위해 행한 것이다. 그러므로 그 신빙성을 검토하기 위해, 그의 인격이나 성향을 당시의 사람들이 어떻게 보고 있었는가 하는 점은 참고가 되리라고 생각한다. 특히, 기존의 연구가 이순몽의 '判中樞院事'라고 하는 관직에만 주목하고 있었기 때문에 그의 왜구에 관한 발언은 아무런 검토도 거치지 않고, 그대로 史實로서 받아들여진 감이 있는 것이다. 그러므로 그가 당시에 어떠한 평가를 받고 있던 인물이었는가를 검토해 보고자 한다.

---

119) 《世宗實錄》 卷81, 世宗 20年 5月 27日條
120) 《高麗史》 卷118, 列傳31 趙浚傳

ⓢ 順蒙 永陽君膺之子也 以父蔭 官至同至總制 己亥征對馬島 有戰功 陞
　資憲 前年征討婆猪江 多所執獲 陞判中樞 爲人狂淫浮蕩 嘗往慶尙道
　拜掃母墳回還 携尙州妓 行聞慶縣草帖 與妓浴于川 携入樹蔭下 呼曰
　與妓行淫 卽謠之狂蕩 如此[121]

ⓣ 李順夢 性本狂惑 又無才行 但以功臣之宵 位至二品 曾不勤愼 貪冒女
　色[122]

ⓤ (權)珍曰 順蒙海山皆狂妄之徒 不宜專付軍士[123]

ⓥ 癸卯 司諫院上疏曰 人臣之職莫大 於敬不敬之罪 王法所不赦 … 順蒙
　雖素無學問[124]

ⓦ 判中樞院事李順夢訟奴婢於刑曹罵辱 刑曹堂上司憲府劾問按律以啓上
　特原之命承政院召順蒙戒之曰 卿之年齒已老 可以料事之時 何狂悖至
　老昧已乎 自今宜加勤愼 勿爲狂妄之行 順蒙雖出身武藝 然無過人才 貪
　淫無絶 位列崇秩 每有所犯 上皆赦不之罪 故酌酒狂悖老而尤甚[125]

ⓧ 順蒙 性本愚痴狂妄 不順者也[126]

ⓨ 司憲府上疏曰 … 順蒙 不學無行 素遞狂妄 早席勳蔭驟 登宰樞[127]

　이순몽은 永陽君 膺의 아들이었기 때문에 아버지의 蔭으로 관직이
同至總制에까지 이르렀다(사료ⓢ). 기해년의 대마도 정벌 당시 전공
이 있었기 때문에 資憲으로 승진(사료ⓢ), 판중추원사까지 출세하게
되었다. 그런데, 사료는 그의 성격에 대하여 爲人狂淫浮蕩(사료ⓢ), 性
本狂惑(사료ⓣ), 順夢海山皆狂妄之徒(사료ⓤ), 貪淫無節(사료ⓦ), 性本
愚痴狂妄, 不順者也(사료ⓧ), 素遞狂妄(사료ⓨ)라고 비판하고 있다. 또
그의 재능에 대하여는 愚無才行(사료ⓣ), 不宜專付軍士(사료ⓤ), 順夢
雖素無學門(사료ⓥ), 順夢雖出身武藝, 然無過人才(사료ⓦ), 順夢不學
無行(사료ⓨ)과 같이 학문도 없고 무예도 남보다 뛰어난 점이 없다고

---

121) 《世宗實錄》 卷65, 世宗 16年 8月 5日條
122) 《世宗實錄》 卷42, 世宗 10年 10月 20日條
123) 《世宗實錄》 卷59, 世宗 15年 2月 乙未條
124) 《世宗實錄》 卷82, 世宗 20年 9月 22日條
125) 《世宗實錄》 卷88, 世宗 22年 2月 2日條
126) 《世宗實錄》 卷103, 世宗 26年 3月 17日條
127) 《世宗實錄》 卷104, 世宗 26年 6月 21日條

기록되어 있다. 그의 판중추원사라고 하는 관직은 완전히 영양군 응의 아들이라고 하는 父蔭과 왕실에 대한 충성에 의한 것이었다고 한다면 그의 관직을 근거로 해서 그의 발언을 곧바로 신뢰할 수는 없는 것이다.

이상 검토한 바와 같이, 화척이나 재인 그리고 제주도인들이 왜구와 연합했다고 하는 것은 사료에 근거를 둔 것이 아니라 어디까지나 허상에 지나지 않는 것이었다고 할 수 있다. 당시의 고려인들에게 있어서 왜구는 매우 이질적인 존재이었음은 다음의 예로도 잘 알 수 있다. 즉 고려조 고종 12년(1226), 경상도 안찰사 권응경이 왜구의 용모가 기괴하기에 그 형상을 그려 參政인 최이에게 바쳤다[128]고 하는 것이나, 조선 세종4년(1422)에 "섬오랑캐(島夷)는 우리들과 族類가 다르므로 서울이나 경상, 전라도에 많이 두지 말고 벽지에 나누어 수용할 것"[129]을 주장한 것 등이다. 당시의 고려, 조선의 백성들이 왜인을 자신들과 명확하게 구분하고 있었음을 알 수 있다.

또, "倭學의 語音과 문자가 중국과 다르다"[130]라고 한 것이나, 왜학의 교과목이 <消息格書> <伊路波草本> <庭訓往來> 등이었던 것[131]을 볼 때, '왜어=일본어'로서 인식하고 있었음을 알 수 있다.

Ⅳ. '경인년 이후의 왜구'의 주체

1. '경인년(1350년) 왜구'의 주체

지금까지 本稿에서는 일본 측 왜구 연구자들의 주장, 소위 <왜구

---

128) ≪高麗史≫ 卷129, 列傳42 崔忠獻傳
129) ≪世宗實錄≫ 卷4, 世宗 元年 7月 6日條
130) ≪世宗實錄≫ 卷13, 世宗 3年 8月 8日條
131) ≪世宗實錄≫ 卷47, 世宗 12年 3月 15日條

=고려, 조선인 주체론>이 지니고 있는 문제점들을 사료에 근거하여
구체적으로 논박하였다. 따라서, 본 장에서는 왜구의 주체, 달리 말하
자면 왜구의 실체가 어떤 것이었는가에 대하여 살펴보기로 하자. 특
히 그 중에서도 가장 중요한 고려 말의 왜구(이를 '경인년 이후의 왜
구'라고 한다)에 대하여 집중적으로 살펴보기로 하자. 왜냐하면, 일본
연구자들의 주장의 주된 대상은 소위 <경인년 이후의 왜구>라고 불
리는 고려 말의 왜구라고 할 수 있기 때문이다.

　필자는 별고132)에서 '경인년 이후의 왜구'의 실체를 이해하는 데
중요한 실마리가 될 수 있는 '경인년 왜구'의 배후에, 가마쿠라 시대
초기이후 수세기에 걸쳐서, 대마도와 이키섬(一岐島) 등, 왜구의 주된
근거지인 북 규슈 지방의 영주로 군림해 온 쇼니 요리히사(少貳賴尙)
가 있음을 밝힌바 있다. 이하, ≪國史館論叢≫에 게재된 바 있는 졸고
<경인년 왜구와 일본의 국내정세>133)의 내용 일부를 간략하게 전재
하면 다음과 같다.

　경인년 이후 고려 멸망에 이르기까지 약 40여 년 간에 걸친 모든
왜구의 실체를 규명하는 것은 아주 어려운 일이다. 그러나 그 계기가
되었던 '경인년 왜구'에 한한다면 어느 정도의 접근이 가능하다. 즉,
경인년(1350년)의 왜구가 '13세기의 왜구'와는 비교가 되지 않을 정도
로 대규모였던 점, 그리고 1350년 2월에 수십 년 동안의 침묵을 깨뜨
리고 같은 해 일본 국내의 중요한 정변인 觀應의 擾亂과 때를 같이
하여 발생하였던 것, 이후 수십 년 동안이나 지속되었던 것 등에서
'경인년 왜구'의 배경에 그 어떤 구체적인 원인이 숨겨져 있었다고
생각하지 않을 수 없다. '경인년 왜구'의 배경에는 '왜구의 대규모화
와 남북조 내란과의 관련'이라고 하는 문제를 해결할 수 있는 열쇠가

---

132) 李領, 1999 <庚寅年以降の倭寇と內亂期の日本社會> ≪倭寇と日麗關
　　係史≫ (東京大學出版會) 참조.
133) 이영, 2000 ≪國史館論叢≫ 92 (국사편찬위원회, 과천) 참조.

숨겨져 있는 것처럼 여겨진다. 그래서 '경인년 왜구'의 주체가 무엇이
었는지를 생각해 볼 필요가 있다.

우선 '경인년 왜구'의 침구 장소는 모두 다 대마도에서 아주 가까
운 거리에 있는 경상도의 남해안 내지는 경상도와 전라도의 경계에
있는 연안 지역에 집중되어 있어서 '13세기의 왜구'의 침구 지역과
거의 중복된다. 그들이 공격의 목표로 삼았던 것은 경상·전라 양도
에서 수도로 조세를 운반하는 조운선이었음을 알 수 있다. 그 규모는
1,000명 전후에 달하는 것으로 생각된다. 이 무렵, 1,000명 전후의 왜
구를 동원 내지는 조직하기 위해서는 상당한 정치력이 필요하였을
것이므로, 그 배후에는 계획적·조직적으로 왜구를 조종하는 권력의
존재를 상정할 수밖에 없다.

'13세기의 왜구'는 (a) 대마도인만으로 구성된 집단 (b) 마쓰라 당
(松浦黨)만으로 구성된 집단 (c) 대마도인과 마쓰라 당의 연합 집단의
3그룹이 있었는데, 그 어떤 경우에도 대마도 출신의 왜구 내지는 대
마도를 경유한 왜구였을 가능성이 아주 높은 것이다. '경인년 왜구'의
주체도 역시 그 침구 지역이 대마도에서 아주 가까운 지역이라는 점,
'13세기의 왜구'와 침구 지역이 일치하는 점, 또 고려의 지리와 정보
에 밝은 점, 등에서 볼 때 이 3그룹의 범위를 벗어나지 못하는 것으로
생각된다. 특히 1년에 6회라고 하는 숫자와 100여척에 달하는 선단에
필요한 식수와 식량의 보급이라는 점에서 대마도에 근거를 두는 세
력 내지는 적어도 대마도와 정치적인 입장이 같아서 대마도를 중계
지로 이용할 수 있는 세력이 침구한 것이라고 생각하는 것이 자연스
러울 것이다. 어쨌든 '경인년 왜구'를 대마도와의 관련을 배제하고 생
각하는 것은 불가능할 것이다. 그래서 '경인년 이후의 왜구'에 있어서
대마도가 차지하는 위치에 대하여 검토함으로써 '경인년 왜구'와 대
마도와의 관련성 여부를 한층 더 깊이 생각해 볼 필요가 있다.

1350년 당시 대마도를 통치하고 있던 것은 소 쓰네시게(宗經茂)였

다. 그는 주군인 쇼니 요리히사(少貳賴尙)를 따라서 규슈 지방에서 군공을 세워 무로마치 막부의 쇼군인 아시카가 다카우지(足利尊氏)로부터 규슈(九州) 지방의 무사들을 총괄하는 지위인 규슈 사무라이도코로(九州侍所)에 임명될 정도의 인물이었다. 그런데, 그가 활동하던 시기의 대마도에 관련된 사료를 보면, 소 쓰네시게는 고려를 쳐들어가던 해적단들로부터 일정한 세금을 취하고 있었음을 알 수 있다. 또 1368년 7월에 그는 '대마도만호'로서 고려에 사자를 파견하여 土物을 바치고 있는 것으로 보아 고려 조정도 그를 왜구의 대표적인 존재로 인식하였음을 알 수 있다. 그 외에도 고려 조정은 대마도에 사신을 파견하고 쌀 천 석을 하사하는 등의 조치를 취하고 있었다.

이처럼 대마도의 슈고다이(守護代) 소 쓰네시게는 쇼니 요리히사를 따라서 규슈의 정치 정세에 깊숙이 관여하고 있던 인물이었다. 그 시기에는 대마도 안에서 소씨(宗氏)의 지배가 확립되어 있었으며, 소 쓰네시게 자신이 왜구의 중심적인 존재였다고 하는 점을 생각하면 그야말로 이 대마도야말로 '경인년 왜구'의 주체였을 가능성이 아주 높다고 말할 수 있다. 그런데 '경인년 왜구'의 주체가 소씨가 지배하고 있던 대마도였다고 한다면, 쇼니씨와 소씨의 밀접한 관계로 볼 때 쇼니씨 역시 왜구와 관계가 있을 것이다. 물론 쇼니씨가 왜구의 주역이었다고 하는 것을 직접 증명하는 사료를 현재로서는 확보하지 못하였지만, 13세기 말에서 14세기 중엽에 이르는 기간에 고려와 대마도 사이의 소위 '진봉관계'의 주체가 대마도이고 쇼니씨가 그것을 관리·감독하던 체제였음을 생각하면 왜구 문제에 있어서도 동일한 점을 지적할 수 있지 않을까? 예전에 고려에 대한 창구역할을 하고 있던 대마도가 '경인년 이후의 왜구'의 주체가 된 사실의 배후에는 대마도를 관리·감독하는 존재로서 쇼니씨를 상정해야만 할 것이다.

이상의 검토를 통하여, '경인년 왜구'의 주체가 대마도인, 또는 대마도를 중계지로 이용할 수 있었던 세력이었을 가능성이 아주 높다는 것을 알 수 있었다. 그러나 확실한 증거가 없기에 어디까지나 가능성일 따름이다. 따라서 일단 '경인년 왜구'의 주체가 대마도인이었다고 상정한 뒤, 대마도를 둘러싼 당시의 정세를 검토해보면 바로 전해인 1349년 후반부터 경인년에 걸쳐 대마도에는 고려에 쳐들어갈 명백한 필요성이 있었음을 지적할 수 있다.이하 경인년 전후에 대마도를 둘러싼 정세를 살펴보기로 하자.

경인년을 전후하여 규슈 지방은 크게 동요하고 있었다. 경인년의 전해에 해당하는 1349년 9월에 쇼군 아시카가 다카우지의 서자로, 쇼군의 동생인 아시카가 타다요시의 양자이기도 하였던 아시카가 타다후유가 규슈로 들어와 급격히 세력을 확대시켜 나가고 있었다. 타다후유는 그 후 약 3년 동안 활발하게 활동해 그야말로 성난 파도처럼 많은 중소 무사단들을 규합하는 데 성공하였다. 이러한 타다후유의 세력확장에 가장 큰 위협을 느낀 것이 바로 규슈 지역을 총괄하는 다자이쇼니(大宰少貳)직을 전통적으로 계승하고 있던 쇼니 요리히사였을 것이다. 타다후유의 대부대가 자기 영토인 다자이후(大宰府)와 하카타(博多)를 향해 공격해 온다는 보고를 받은 요리히사는 이를 맞이하여 싸우기 위하여 역시 부대를 파견하였다. 이후 물밀듯이 몰려오는 타다후유의 부대를 앞에 둔 쇼니 요리히사의 위기감은 엄청났을 것이다.

이러한 긴급사태 속에서 요리히사가 시급히 해결해야 할 과제중의 하나가 "병량미의 확보"이지 않았을까? 그러나, 요리히사의 영토=경제적인 기반은 결코 풍부하지 않았다. 그의 영지는 공격을 받고 있었고 부하인 소 쓰네시게를 통하여 지배하고 있던 대마도는 경작지가 아주 부족했다. 아마도 이러한 급박한 상황을 해결하기 위한 돌파구를 고려에 대한 침구에서 구하였던 것이 아닐까? 군사적인 요충을 제외하고서는 방어시설이 거의 없었고, 지방에서의 조세 운송이 주로 바다를 통해 이루어진다고 하는 고려의 내부사정을 일본 국내의 그 누구보다도 숙지하고 있었던 것이 대마도였음은 이론의 여지가 없을 것이다.

이상의 내용을 다시 한번 정리하면 필자는 '경인년 왜구'의 배경으로, 대마도를 지배하고 있던 쇼니 요리히사의 부하 소 쓰네시게가 경인년(1350)에 처한 정치·군사적인 위기 상황을 타개하고자 자기 휘하의 대마도 세력을 동원하여 병량미를 구하기 위해 대마도의 對岸인 경상도 해안 지역을 침구한 것이라고 주장하였다. 이러한 필자의 주장은 일본 연구자들의 왜구 인식, 즉 "왜구는 남북조 내란기라고 하는 혼란 상태 속에서 고려와 가까운 변경지역의 무사와 상인, 어민들이 침구한 것"이라는 것과는 전혀 다른 새로운 주장이었다.

이러한 필자의 주장에 대한 일본 학계는 일단 그 가능성에 비중을 두면서도 이후의 연구를 관망하는 신중한 태도를 취하고 있다. 예를 들면 하시모토 유(橋本雄)는 "전기 왜구가 병량미를 구하기 위하여 침략을 행하였다고 하는 가설은 아주 매력적이다. 그러나, 어떤 정치 세력이 왜구를 조종하고 있었는가 하는 점은, 조금 더 탄력적·다원적으로 생각해야 할 것이다"[134]라고 하였으며, 무라이 쇼스케(村井章介)는 "李領은, 북 규슈 지방이 전란에 휩싸인 상황 속에서, 쇼니씨(少貳氏)의 지휘 하에 있었던 무사가 병량미를 구하기 위하여 바다를 건너간 것이 왜구의 실체였다고 한다. 흥미로운 가설이지만, 1357년에 昇天府 興天寺에 난입하여 忠宣王 등의 초상을 가져오고, 또 65년에도 昌陵을 침범하여 쿠빌라이의 초상을 가지고 왔다고 하는 것과 같은 행동에는, 정치성이 명료한 것이고, 병량미 목적으로 쳐들어 간 무사의 행동이라고는 생각하기 어렵다. 또 조선반도 전역으로 확산된 행동이, 규슈에서 사용할 병량미를 획득하기 위한 수단으로써 어느 정도 합리적이었을까 의문이다"[135]라고 하였다. 무라이의 반론을 정

---

134) 橋本雄, 2002 <書評 李領 著≪倭寇と日麗關係史≫> ≪歷史學硏究≫ 758

리해보면 다음과 같다. 첫째, 왜구 중에는 고려의 왕과 일본 침공을 지시한 쿠빌라이의 초상화를 약탈해 갈 정도로 정치성을 띤 집단도 있었다. 둘째, 규슈에서 사용할 병량미를 구하기 위해 먼 한반도의 전역(평안도나 함경도를 포함한)까지 쳐들어간다고 하는 것은 설득력이 떨어진다.

동경대학의 중세사 전공 교수로 일본의 대외관계사 연구의 중심적인 존재라고 할 수 있는 무라이의 이러한 문제제기는 왜구에 관한 필자의 새로운 주장이 일본 학계에서 아직 가설 단계에 머물고 있음을 의미한다고 할 수 있다. 따라서 이러한 하시모토와 무라이 양씨의 문제제기가 과연 타당한 것인지 여부에 대하여 검토하고자 한다.

우선 첫 번째 문제부터 생각해보자. 무라이가 "1357년에 昇天府 興天寺에 난입하여 충선왕 등의 초상을 가져오고, 또 65년에도 昌陵을 침범하여 쿠빌라이의 초상을 가지고 왔다고 하는 것과 같은 행동을 정치성이 명료한 것이고, 병량미 목적으로 쳐들어 간 무사의 행동이라고는 생각하기 어렵다"라고 언급한 부분은 다음의 사료㉠과 사료 ㉡에 근거한 것이다. 우선 사료㉠을 보자.

㉠ 倭入昇天府興天寺 取忠宣王及韓國公主眞而去[136]

이 사료를 해석하면, "왜가 승천부의 흥천사에 들어가서 충선왕과 한국공주의 眞影을 가지고 갔다"는 것이다. 왜구가 고려의 사찰을 습격한 사례는 그 외에도 몇 건의 사례가 확인된다.[137] 서양 중세사의

---

135) 村井章介, 2003 ≪南北朝の動亂≫－日本の時代史 10－ (吉川弘文館, 東京) ; 村井章介, 2003 ≪分裂する王權と社會≫－日本の中世 10－ (中央公論新社, 東京)
136) ≪高麗史≫ 卷39, 世家 恭愍王 6年 9月 戊戌
137) ≪高麗史節要≫ 卷27, 恭愍王 9年(1360) 閏5月. "倭寇江華 入禪源·龍藏二寺 殺三百余人 掠米四萬余石 有沈夢龍者 斬倭十三級 竟死於賊"

경우에도 바이킹들이 수도원을 약탈의 중요한 대상으로 삼았듯이 왜구들이 많은 경제적 재화가 쌓여있는 사찰을 노리는 것은 어쩌면 지극히 자연스러운 행위라고 할 수 있을 것이다.

무라이는 이 사료에서 왜구들이 충선왕의 초상화를 약탈하였다고 하였는데, 그 당시 왜구들은 충선왕의 부인인 韓國公主[138]의 초상화도 가지고 갔음을 알 수 있다. 무라이가 왜구들이 충선왕의 초상화를 약탈한 것을 정치적인 의도로 보았던 것은 당시 왜구들의 이러한 행동이 고려와 몽고 연합군의 일본 침공에 대한 반감에서 나온 행동으로 해석하였기 때문이 아닌가 생각한다.

그런데 충선왕 때(1309~1313)에는 몽고와 고려 연합군의 두 차례(1274·1281년)에 걸친 일본침공으로 인해 고려·일본 양국이 긴장관계에 있었던 원종(1259~1274)과 충렬왕(1274~1308)대와는 달리, 양국간에 군사적 내지는 외교적으로 특별히 마찰이 있었던 것은 아니다. 그리고 무엇보다도 1281년의 제2차 침공 이후, 약 75년이 지난 1357년의 시점에서 당시 왜구들이 고려의 국왕에 대한 반감을 품고 있었다고는 생각하기 어렵다. 그것은 일본 침공 이후 일본이 고려에 대하여 품고 있던 군사적인 경계심이 1310년을 전후하여 약화되어 갔다는 사실[139]에서도 뒷받침된다고 생각한다. 그리고 만약에 그런 반감을 품고 있었다면 초상화를 약탈하는 것보다도 오히려 현장에서

≪高麗史節要≫ 卷30, 禑王 2年(1376) 7月. "倭又寇石城·連山縣開泰寺 仁桂迎戰 墜馬被殺賊 遂屠開泰寺"

≪高麗史≫ 卷133, 列傳46 禑王4年 7月 丁丑. "倭寇牙州 入東林寺 崔公哲·王賓·朴修敬等 進擊斬三級 獲馬二十余匹"

≪高麗史節要≫ 卷30, 禑王4年10月. "倭寇靈光光州 同福縣都巡問使池湧奇·順天兵馬使鄭地追及 於王果縣賊入彌羅寺 我軍圍之縱火奮擊 賊自焚死獲馬百余匹 是戰地之功居多捷 至賜湧奇·地各銀五十兩"

138) ≪高麗史≫ 卷123, 列傳36 林貞杞

139) 이 점에 관해서는 일본3 중세사학계의 연구 성과에 입각하여 정리한 이영, 앞의 주 132) <앞 논문>.

파괴하였을 가능성이 더 높지 않을까? 즉, 당시 왜구들이 충선왕의
초상화를 정치적인 의도로 약탈하였다고 하는 것은 설득력이 약하다
고 할 수 있다. 승천부 홍천사는 충선왕과 그 妃인 한국공주의 영정
을 모신 사찰로, 침구한 왜구들은 이 두 사람의 초상화를 정치적인
의도가 아니라 경제적 내지는 사회적인 가치, 예를 들면 일본에 가져
가서 팔거나 또는 기증함으로써 생기는 가치를 기대하여 약탈한 것
이 아닌가 생각한다.

   그러면 무라이가 왜구의 정치적 행동의 사례로 든 두 번째 사료, "昌
陵을 침범하여 쿠빌라이의 초상을 가지고 왔다"를 살펴보기로 하자.

   ⓛ 倭寇昌陵 取世祖眞以歸[140]

   본 사료의 원뜻은 "왜구가 창릉에 침구하여 世祖의 진영을 가져갔
다"는 것이다. 그런데 무라이는 이 사료에 보이는 세조를 元의 세조,
즉 쿠빌라이로 해석하였던 것이다. 그러나 여기에 보이는 창릉은 고
려를 창건한 태조의 아버지를 모신 곳으로, 고려 시대 초기부터 여러
왕들이 참배해 온 그야말로 고려 왕실의 聖地 중 하나였던 곳이
다.[141] 따라서, 왜구들이 창릉에 침구하여 가져간 초상화를 원 세조
(쿠빌라이)의 초상화로 해석한 것은 명백한 오류라고 할 수 있다. 그
렇다면 충선왕과 고려 왕실의 조상인 세조(쿠빌라이가 아닌)의 초상
화를 왜구들이 가져간 것을 정치적인 의도로 해석하는 것 역시 잘못

---

140) ≪高麗史≫ 卷41, 世家 恭愍王 14年 3月 己巳
141) 창릉이 ≪高麗史≫에 최초로 보이는 것은 원나라 세조인 쿠빌라이가
    출생하기 훨씬 전인 고려 문종 21년(1067) 정월 병자일이다(≪高麗史≫
    卷8, 世家 文宗21年 正月 丙子 <丙子 謁昌陵>). 창릉은 고려를 건국한
    태조 왕건의 아버지의 능이었기에 역대 고려 왕들이 자주 참배하던 곳
    이었다. 그리고 ≪新增東國輿地勝覽≫에 의하면, 고려 世祖인 昌陵
    은 예성강 위에 있는 永安城에 있다고 기록되어 있다(≪新增東國輿地
    勝覽≫ 卷5, 開城府 下 <高麗世祖陵 號昌陵 在禮成江上永安城>).

된 것이 아닐까?

이 사료는 "왜구들은 승천부 흥천사와 창릉이라고 하는 고려 왕실의 조상을 모신 중요한 곳에서 약탈을 행하였는데, 그 때 약탈당한 물건들 중 고려 왕실에게 있어서 가장 중요한 의미가 있었던 것이 바로 충선왕과 한국공주, 그리고 고려 왕가의 조상인 세조의 초상이었고, 그래서 ≪高麗史≫에 기록으로 남게 되었다"고 해석하는 것이 타당하지 않을까 한다.

그러면 이어서 무라이가 제기한 두 번째 문제에 대하여 생각해보자. 여기서 앞서 밝힌 "'경인년 왜구'의 배후에 쇼니씨가 있었다'는 필자의 주장을 보완할 새로운 자료를 제시하고자 한다. 그것은 일본의 사가현립박물관(佐賀縣立博物館)에 맡겨져 있는 7卷本 ≪妙法蓮華經≫이다. 이 불경은 權憙耕의 연구에 의하면[142] 현재 1部 7卷으로 되어 있는데, 제4권이 缺本으로 되어 있다. 이 불경은 至元 6년(1340) 6월에 고려에서 제작된 것인데 무슨 이유인지 正平 12년(1357) 12월에 쇼니 요리히사(少貳賴尙)가 덴만구(天滿宮)에 기진하였음이 기록되어 있다.[143] 즉, 이 불경은 제작된(1340년) 이후 17년이라는 기간 중 어떤 시점에 일본으로 옮겨져 덴만구에 기진되어졌던 것이다. 제7권에 기록된 寄進銘에는 제작 당시 일본으로 팔거나 또는 보낸다고 하는 것과 같은, 일본과의 관련성은 일체 보이지 않는다.[144] 더욱이 이 기간 중에 양국 간에는 문헌상에 있어서 외교나 종교 및 무역상에 있어서 일체의 공식적인 교류가 없었다. 바로 그러한 기간 중에 이 묘

---

142) 權憙耕, 1977 <至元六年銘紺紙金字法華經について> ≪佛敎藝術≫ 113

143) "奉寄進 天滿宮 金字妙法蓮華經一部七卷 右爲現當二世所願成就乃 至法界有情同原種智者 正平十二年(歲次丁酉)臘月二十五日"

144) "發願偈 妙法蓮花勝經典 金泥寫成願不淺 願此一部七大卷 諸佛會中隨佛現 證明諸佛無碍辯 開示衆生佛知見 發願息影沙門 淵鑑 施財 重大匡 劉成吉 掌合 朱暉 監門衛錄事 朴中漸 幹事 道者 戒禪 師惲 克論 至元六年庚辰六月日 栢巖 聰古書"

법연화경은 일본으로 건너와 필자가 '경인년 왜구'의 배후 인물로 지목한 쇼니 요리히사에 의하여 덴만구에 기진되고 있는 것이다. 그렇다면 이 불경은 어떤 경로를 거쳐서 쇼니 요리히사의 손에 들어오게 되었을까? 이러한 의문에 해결의 실마리를 제공해줄 수 있는 것이 바로 다름 아닌 사료㉠, 즉 "왜구가 승천부 흥천사에 들어갔다"라는 기록이다.

이것은 첫째 그 제작 동기가 원래 일본과 아무런 관련이 없었던 金字妙法蓮華經이 제작된 지 17년 이내에 고려에서 일본으로 건너온 점, 둘째 더욱이 그 기간 중에는 양국간에 일체의 공식적인 교류가 이루어지지 않았던 점, 셋째 도자기나 고려 인삼과 같은 것이 아니라 불경이라는 특수한 물품이라는 점 등 여러 조건을 고려한다면 사료 ㉠과 같이 불경이 있어야 할 사찰, 즉 승천부 흥천사에 왜구가 침구하였다는 기록은 무시할 수 없는 기사가 아닐까? 더욱이 이 사료㉠이 왜구가 고려의 사찰에 침구하였던 사례 중에 최초의 것인 점을 생각하면 더욱 그러하다. 이 금자묘법연화경은 왜구가 승천부 흥천사에서 약탈해 온 것이라고 단정해도 좋지 않을까?[145] 그렇다면 왜구가

---

145) 물론 아직은 이 금자묘법연화경과 승천부 흥천사를 직접적으로 연결하는 확실한 증거를 확보한 것은 아니다. 그러나 이 불경의 제7권에 보이는 기진자의 이름 중, 시재를 한 朱暉라는 인물은 ≪高麗史≫에서 그 존재가 확인된다. 즉 그는 고종·원종·충렬왕 때에 고관직을 역임한 朱悅의 손자이며(≪高麗史≫ 卷106, 列傳19 朱悅), 또 충렬왕 때에 경상도 안렴사를 거쳐서 三司左尹까지 오른 朱印遠의 아들로 생각된다. 이 추정이 맞다면 그는 명문 집안 출신이라 할 수 있다. 그런데 그의 父인 주인원은 당시 탐관오리의 대표격인 인물로 백성들로부터 착취하여 얻은 부의 일부를 국왕에게 바쳐 환심을 산 인물이다(≪高麗史≫ 卷123, 列傳36 朱印遠). 그리고 승천부 흥천사는 충선왕의 願刹로 원의 지배를 받던 시기에는 왕실의 중요한 사찰이었다. 高價의 '금자묘법연화경'을 제작하는데 施財한 주휘라는 인물은 그의 조부와 부친이 모두 국왕의 총애를 받고 고관을 역임한 인물이었다는 점, 특히 그의 父인 주인원은 자신이 가진 재력으로 충렬왕의 환심을 사고자 한 인물이었

승천부 흥천사에 침구한 것이 1357년 9월이고, 쇼니 요리히사가 덴만구에 금자묘법연화경을 기진한 것이 같은 해 12월이니까 이 불경은 불과 4개월 이내라는 단기간에 '약탈 → 고려에서 일본으로 운반 → 쇼니 요리히사에 의한 기진'이라는 과정을 거친 것이 된다. 그렇다면 이는 1357년 당시 왜구가 행한 '약탈의 먹이사슬'의 정점에 쇼니 요리히사가 위치하고 있었음을 보여준다고 생각할 수 있다. 당시 교통의 발달 상황 등을 고려할 때 이 사료ⓒ의 기사야말로 쇼니 요리히사가 당시 왜구의 黑幕 중 하나였음을 보여주는 아주 좋은 자료가 아닐까 생각한다. 이렇게 본다면 약 85년간에 걸친 왜구의 공백기를 깨뜨리고 발생한 경인년(1350) 왜구의 배후로 쇼니 요리히사를 지목한 필자의 추정은 충분한 가능성이 있다고 생각한다.

다음은 무라이가 지적한 '병량미 문제'를 생각해보기로 하자. 무라이의 지적대로 충선왕과 한국공주, 그리고 세조의 초상화를 약탈해가는 것은 '병량미의 확보'가 왜구의 주된 목표였다는 필자의 주장과 일치하지 않는다. 그러나 일반적으로 생각할 때 돈을 훔칠 의도로 남의 집에 들어간 도둑이 현금만 챙기고 다른 경제적인 가치가 있는 재화에는 일체 손을 대지 않고 그냥 나오는 경우가 있을까? 현금이 주요한 목적이지만 현금 이외에도 환금성이 있는 재물이라면 다 절도 대상으로 생각하는 것이 당연한 것이 아닐까? 앞에서 병량미의 확보(달리 표현하면 병량료소의 확보)는 남북조 내란에서 승리하기 위한 수단임과 동시에 궁극적인 목표였다고 언급하였다. 내란 중이었던 당시에 병량미의 확보란 1차적으로 자기 세력의 군량미를 확보하는 것을 의미하는 것이지만, 크게 본다면 병량미란 남조와 북조 사이에서

___

다는 점 등을 생각한다면, 주휘 역시 왕실의 환심을 사고자 이 '금자묘법연화경'을 제작하여 승천부 흥천사에 기증하고자 시재한 것이 아닐까 생각된다. 이렇게 생각한다면 이 불경은 승천부 흥천사에서 약탈되어 왔을 가능성이 높다. 이 점에 대하여는 이후 보다 심도있게 연구조사해볼 가치가 있을 것이다.

갈팡질팡하며 유동적인 입장을 취하고 있던 재지의 중소 무사단을
자기 세력으로 끌어들일 수 있는 좋은 미끼 역할을 하였다고 말할 수
있다. 북조 측의 半濟令 실시에는 바로 그런 효과를 노린 점도 있었
다고 할 수 있다. 그렇게 본다면 왜구들이 노린 '병량미'란 1차적으로
는 쌀이나 다른 곡식이 되겠지만, 넓게 본다면 불경·그림(佛畵나 초
상화 등)·사람·소나 말과 같은 가축 등 경제적인 가치가 있는 재화
를 포함할 것이다.

  이런 관점에서 생각해보면 무라이가 "조선반도 전역으로 확산된
행동이, 규슈에서 사용할 병량미를 획득하기 위한 수단으로써 어느
정도 합리적이었을까 의문이다"라고 언급한 부분도 충분히 설명이
가능할 것이다. 즉 병량미란 좁게 본다면 현재의 군사행동에 필요한
군량미라는 의미이지만, 넓게 생각하면 미래의 군사행동에 대비한 군
량 확보, 더 나아가서 자기 세력의 확충에 필요한 재원의 확보라고
볼 수 있다. 또한 무라이의 지적은 '조선 반도 전역이라고 하는 넓은
범위에서 병량미를 확보하여 일본의 무력집단에 전달한다고 하는 것
이 과연 효율적이고 합리적'이었는지에 의문을 제시하고 있다고 할
수 있는데, 이러한 의문에 대하여 두 가지 점을 지적할 수 있다.

  우선 당시 일본의 무력집단들에게 있어서 漕倉의 위치와 漕運船의
이동에 관한 정보146)와 숙련된 무력, 그리고 그것을 신속하게 운송할
수 있는 기동력만 갖추고 있으면 고려를 침공해 병량미를 확보하는
것은 아주 효율이 높았다고 생각한다. 왜냐하면 당시 고려 사회는 각
지방의 조세를 해안가에 위치한 조창에 모았다가 조운선으로 수도인
개경으로 운반하는 시스템을 갖추고 있었지만, 왜구에 효율적으로 대
응할 수 있는 이렇다할 방어수단은 당시의 지방 사회에 존재하지 않

---

146) 당시의 왜구들이 개경의 바로 코앞에 위치한 교동도와 강화도를 집중
    적으로 공격한 것도 전국 모든 지방의 조세가 海路를 통하여 이곳으로
    집중된다는 정보를 입수하였기 때문으로 생각한다.

았다. 고려의 입장에서는 현지에 왜구에 대항할 수 있는 군사력이 설사 있었다 하더라도, 왜구가 언제 어디에 상륙하여 어디를 공격할 것인지 예상하고 이에 적절하게 대비한다는 것이 거의 불가능하였을 것이다. 반면 왜구의 입장에서 보면 조창을 직접 공격하거나 또는 조운선이 지나가는 길목에서 기다렸다가 이를 공격해 약탈하고 수도인 개경에서 조직된 토벌부대가 도착하기 전에 철수해버리면 아무런 타격도 입지 않고 아주 손쉽게 목표를 달성할 수 있었을 것이다. 內戰 상태 속에서 常時 무장을 갖추고 있는 자국 내의 타 지역을 공격, 약탈하는 것보다도 비무장 상태에 가까운 외국, 그것도 경제적인 재화가 집중되어 있는 곳을 공격하는 것이 훨씬 효율적이었음은 두말할 필요가 없지 않을까 싶다.

또 한 가지는 비교적 장기간·장거리에 걸친 왜구의 원정 약탈이 과연 현실성이 있는지 문제이다. 그러나 이것은 남북조 내란 당시의 전투가 상상을 초월할 정도로 넓은 범위에서 소위 '遠征' 형태로 진행되고 있었음을 상기한다면 충분히 납득이 될 것이다. 즉 교토(京都)에서 쫓겨난 무로마치(室町) 막부의 쇼군(將軍) 아시카가 다카우지(足利尊氏)가 부하들을 이끌고 수백 킬로미터나 떨어진 규슈(九州)에서 세력을 다시 정리해 수도인 교토를 탈환한 것이라든지, 무쓰(陸奧: 혼슈의 북쪽 끝)지방에 있던 南朝의 장수 기타바타케 아키이에(北畠顯家)의 세력이 남하하여 이즈미노구니사카이(和泉國堺: 현재의 오사카 일대)에서 전투를 벌인 것, 남조의 수군 세력으로 畿內 지방에 근거지를 두었던 구마노(熊野) 수군의 활동범위가 규슈 일대에까지 미치고 있었던 것 등 많은 예를 들 수 있다.

2. 1351년 이후의 왜구의 주체

앞에서 살펴본 바와 같이 '경인년의 왜구'가 쇼니씨(少貳氏) 휘하의
대마도를 중심으로 한 세력이었다면 경인년 이후, 즉 1351년 이후의
왜구들은 어떤 존재였을까? 쇼니씨 휘하의 대마도가 여전히 중심적
인 역할을 하였겠지만, 그 외에도 예를 들면 마쓰라 당(松浦黨)과 같
은 일본 국내의 무장 세력들이 고려를 침구하였을 것이라고 생각된
다. 이 문제와 관련해 다음의 문헌사료를 살펴보자.

ⓒ 其國僧周佐寄書曰 惟我西海道一路九州亂臣割據 不納貢賦 且二十餘
　　年矣 西邊海道頑民 觀釁出寇 非我所爲 是故朝廷遣將征討 架入其地
　　兩陣交鋒 日以相戰 庶幾克復九州 則 誓天地日 禁約海寇[147]

ⓔ 西海一路九州亂臣 割據西島 頑然作寇 實非我所爲[148]

ⓜ 日本國遣僧信弘來報聘書云 草竊之賊 是逋逃輩 不遵我令 未易禁焉[149]

ⓗ 倭非擧國爲盜 其叛民據對馬・一岐諸島 近我東鄙入寇無時[150]

ⓢ 己巳十月 聞敬奉禁賊之命 以禁諸島賊黨 (中略) 遣使諸島捕捉海賊(後
　　略)[151]

ⓞ 欲心强盛の溢物共 以類集りしかば 浦々島々多く盜賊に被押取て驛路
　　に驛屋の長もなく 關屋に關守人を替たり 結句此賊徒 數千艘の舟を
　　そろへて 元朝・高麗の津々泊々押寄て 明州・福州の財寶を奪取る
　　官舍・寺院を燒きける間 元朝・三韓の吏民是を防兼て 浦近き國々數
　　十個國 皆栖人もなく慌にけり (中略) 賊船の異國を犯奪事は 皆四
　　國・九州の海賊共がする所なれば帝都より嚴刑を加るに據なし[152]

---

147) ≪高麗史≫ 卷133, 列傳46 禑王 2年 10月
148) ≪高麗史≫ 卷133, 列傳46 禑王 3年 6月 乙卯
149) ≪高麗史≫ 卷133, 列傳46 禑王 3年 8月
150) ≪高麗史≫ 卷113, 列傳26 鄭地
151) ≪高麗史≫ 卷46, 世家46 恭讓王 3年 8月 癸亥
152) ≪太平記≫ 卷39, 高麗人來朝事

㉱ 當國惡黨人等 渡高麗致狼藉由事 嚴密可加制止 若猶不承引者 爲有殊
    沙汰 可注申名之 狀 依仰執達如件153)

　　사료㉣의 내용은 다음과 같다. 왜구가 극성을 부리던 1376년 10월,
일본의 승려인 良柔와 더불어서 일본에서 귀국한 고려의 사신 나홍
유는 일본 승려 周佐의 편지를 전하였는데, 그 내용은 다음과 같다.
"서해도의 규슈(九州) 지역에 반란을 일으킨 신하(南朝)들이 할거하여
공부(세금)를 바치지 않은지 이미 20년이 지났다. 西海道(오늘날의 규
슈)의 완고한 백성들이 이 틈을 타서 고려를 침구하고 있는데, 이는
자기들의 소행이 아니다. 조정이 군대를 규슈 지방 깊숙이까지 파견
해 매일 싸우고 있으니, 규슈만 평정된다면 해적은 금지시킬 수 있을
것임을 하늘과 태양을 두고 맹세한다"라고 하였다.
　　이 나홍유가 가지고 온 주좌의 서신은 1377년 6월에 안길상을 일본
을 파견하였을 때 보낸 고려의 서신 내용인 사료㉤에 보다 상세하게
인용되고 있다. "귀국(일본)의 서신에 의하면, 고려를 침구하고 있는
왜구는 서해 일로의 규슈의 난신(南朝)들이 서쪽의 섬에 할거하여 행
하고 있는 것으로 곧바로 금지시킬 수는 없다"고 하였다. 그리고 같
은 해 8월의 사료 ㉥에는 무로마치 막부가 규슈 지역에 파견한 장수
이마가와 료슌(今川了俊)이 승려 신홍을 보내와 "고려를 침구하고 있
는 왜구는 (일본에서)도망간 집단으로, 우리들(北朝)의 명령을 따르지
않으니 아직 금지시키는 것이 쉽지 않다"고 하였다. 사료㉦에는 '반란
을 일으킨 백성들이 쓰시마와 이키와 같은 여러 섬에 의거하여 고려
를 쳐 들어온다'고 기록하고 있다. 사료㉧은 이마가와 료슌이 고려에
보낸 서신의 내용으로 왜구의 정체를 '여러 섬에 있는 도적의 무리(諸
島賊黨)'이라고 쓰고 있다. 또 사료㉨, 당대의 일본측 사료인 ≪타이헤

---

153) <永德元年八月六日幕府管領斯波義將奉書> ≪彌寢文書≫ 三, 彌寢氏
　　　文獻雜聚 卷1, 東京大學史料編纂所架藏寫眞帳一八頁

이키(太平記)≫에는 왜구의 정체에 대하여 '아후레모노토모(溢物共) 154)라고 하면서 이런 왜구의 침구는 "모두 시코쿠(四國)·규슈(九州) 의 해적들이 하는 짓이다"라고 하였다. 사료㉧ 역시 일본측 사료로 永德 元年(1381)에 고려로 건너가서 약탈행위를 하는 오오스미노구니 (大隅國: 규슈의 남쪽 끝, 현재의 가고시마 현 일대)의 아쿠토(惡黨)들 에게 제재를 가할 것을 명령하는 문서이다.

왜구의 정체에 대하여 언급하고 있는 이상의 사료들을 종합해본다 면 다음과 같은 사실을 지적할 수 있다. 첫째, 고려와 일본의 당시 집 권층이 파악하고 있던 왜구의 정체로 사료㉢은 서해도(오늘날의 규슈 지역)의 완고한 백성, 사료㉣은 규슈의 남조(南朝) 세력, 사료㉤은 일 본에서 도망간 무리(막부의 명령에 따르지 않는 세력), 사료㉥은 쓰시 마와 이키와 같은 섬에 의거하고 있는 叛民, 사료㉦은 여러 섬에 있 는 도적의 무리, 사료㉧은 아후레모노토모, 시코쿠(四國)와 규슈(九州) 의 해적들, 사료㉨은 오오스미노구니(가고시마 현)의 악당들을 거론 하고 있다.

이러한 인식은 시기와 사료의 성격에 따른 차이도 있을 것이다. 그 러나, 앞에서 언급한 사료를 모두 긍정적으로 수용한다면, 왜구의 정 체는 다음과 같이 정의될 수 있지 않을까 생각한다. 즉, 왜구의 出自 는 지역적으로 최대한 넓게 잡으면, 시코쿠와 규슈 지역이 될 것이다. 그리고 사회계층은 아후레모노토모와 같은 떠돌이 무사들, 시코쿠와 규슈의 해적들이 될 것이다. 그런데 설사 사회 계층적으로 보았을 때 에도 '아후레모노토모' 또는 '해적'들이었던 왜구들은 당시 일본 국 내의 정치동향과 결코 유리된 것이 아니라 오히려 밀접한 관련을 지 니고 있었다. 이는 쓰시마·이키·치쿠젠의 슈고(守護)로, 당대 규슈 지역에서 최고의 家格을 자랑하던 쇼니 요리히사(少貳賴尙)의 경우만

---

154) '아후레모노토모'란 정해진 주인이나 영지도 없이, 전장을 떠돌아다니 면서 난폭한 행동을 일삼는 무사들을 의미하였다.

보더라도 명백하다. 이러한 쇼니 요리히사와 유사한 사례는 다른 곳
에서도 발견된다. 다음 사료를 보자.

　　그때 강주원수인 배극렴이 또 왜구와 더불어 싸웠는데, 적의 괴수
　인 패가대 만호가 큰 쇠로 만든 투구를 쓰고 손과 발에 이르기까지
　모두 갑옷으로 두르고 보졸들을 좌우에 거느리고 말을 타고 전진하
　였는데, 말이 흙탕 속에 빠져서 멈추자 아군이 이를 맞이하여 공격을
　가하여 죽였다.[155]

　여기에서 주목할 것은 바로 패가대 만호라고 하는 호칭이다. 패가
대란 하카타(博多)를,[156] 만호란 당시 일본의 관직으로 본다면 슈고
(守護) 내지는 지토(地頭)를 의미한다고 할 수 있다.[157] 즉 패가대 만
호는 하카타 지역을 과거에 통치하였던, 또는 현재 통치하고 있는 슈
고 또는 지토급에 해당하는 武將을 의미하는 것이다.
　또 하나의 예로 황산 전투에서 이성계와 싸웠던 왜구의 청년 대장
아지발도이다. 다음 사료를 보자.

　　처음에 아지발도는 그 섬에 있으면서 오려 하지 않았으나 적들이
　그의 용맹함에 감복하여 굳이 청하여 데려왔는데 적의 여러 두목들
　이 매번 그의 앞으로 나아갈 때에는 반드시 빠른 걸음으로 나가서 무

─────────────────

155) ≪高麗史≫ 卷116, 列傳29 박위 조. “時江州元帥裵克廉 又與倭戰 敵魁
　　覇家臺萬戶 著大鐵兜鍪 至手足皆甲 令步卒翼左右 躍 馬而前 馬旋滯而
　　止 我軍迎擊 斬之”
156) ≪海東諸國紀≫에 다음과 같은 기록이 있다. “筑前州에 博多가 있다.
　　혹은 覇家臺라고 칭하고, 혹은 石城府라고 칭하며, 또는 冷泉津이라고
　　칭하며, 또는 筥崎津이라고 칭한다”
157) 예를 들어 “대마도 만호 송종경이 사자를 파견하여 입조하였다”라는
　　기사가 있는데, 여기서 송종경은 소 쓰네시게(宗經茂)로, 그는 대마도
　　즉 쓰시마의 슈고다이(守護代)였다. 여기서 슈고다이는 슈고, 즉 당시
　　의 쓰시마의 슈고였던 쇼니 요리히사를 대신하여 현지를 지배하던 관
　　직이었다.

룷을 꿇고 앉았으며 또 軍中의 지휘 명령을 모두 장악하고 있었다.[158]

이 사료에서 아지발도는 15~16세 정도의 어린 나이에도 불구하고
여러 두목들을 거느린 총대장이었다는 점, 왜구행위를 위해 직접 고
려에 건너오려고 하지 않았다는 점, 다른 여러 두목들이 그의 앞에
나아갈 때에는 반드시 빠른 걸음으로 나아가 무릎을 꿇었다는 점 등
을 볼 때 그의 지위가 단지 武勇만으로 획득된 것이라고는 생각하기
어렵다. 왜냐하면 아지발도에 대한 왜장들의 행동은 '陣中에서 大將
에게 말할 때에는 투구를 벗고 무릎을 꿇고 오른 손을 땅에 대고 아
뢴 뒤 왼쪽으로 돌아 간다'고 하는 무로마치 시대 당시 무사들의 행
동을 규정한 기록[159]과 거의 부합한다고 할 수 있기 때문이다. 아지
발도의 나이에 비해 상대적으로 높은 지위는 아마도 그의 출신이 貴
種, 즉 앞에서 본 쇼니씨 또는 패가대만호와 유사한 슈고급(守護級)의
무사 집안 출신이었기 때문일 것으로 여겨진다. 왜구의 정치적 성향
은 北朝(=무로마치 막부)의 명령에 반하여 이에 저항하는 세력이 될
것이다. 여기에는 南朝 세력은 물론이고, 명확하게 남조 세력으로 분
류할 수는 없지만 그렇다고 해서 북조의 명령에도 따르지 않는 무장
세력이나, 남북조 내란이라는 무정부상태의 틈새를 노려 기회주의적
인 행동을 취하는 세력도 상정할 수 있을 것이다.[160] 그러나 고려를
침구한 왜구집단의 공통점은 그들이 모두 기동력과 정보력을 갖춘

---

158) ≪高麗史≫ 卷126, 列傳39 邊安烈. "初阿只拔都在其島 欲不來 衆賊服
    其勇銳 固請而來 諸賊酋 每進見 必趨跪 軍中號令主之"
159) 二木兼一, 1999 <出陣日記> ≪中世武家の作法≫ (吉川弘文館, 東京)
160) 그 예로 쇼니씨와 같은 경우를 들 수 있다. 쇼니씨는 남북조 내란 초기
    에는 북조측에 가담하였다가 북조의 내부분열이 일어난 1350년에는
    親父인 막부의 쇼군 아시카가 다카우지에 반기를 들고, 義父이자 叔父
    인 아시카가 타다요시측에 가담한 아시카가 타다후유를 사위로 맞이
    하여 떠받들었다가 얼마 지나지 않아 남조 측에 귀순, 또 그 뒤에 다시
    북조로 돌아오는 등 時勢에 따라 정치적인 입장을 달리 하였다.

숙련된 전문적인 무장집단이었다는 점이다.[161] 왜구 집단은 남·북조
그 어느 쪽 공권력에 의해서도 완전히 통제되고 있지는 않았지만, 그
영향으로부터 완전히 자유롭지도 않았다. 오히려 많은 왜구 집단은
직접·간접적으로 이러한 공권력, 특히 남조 측과 강하게 결합되어
있었다고 생각해야 할 것이다. 남조가 악당세력을 주요한 군사력으로
써 이용하고 있었던 사실, 특히 해적과 깊은 관계를 맺고 있었던 것
은 유명하다.[162]

이상의 고찰을 통하여 '경인년 이후의 왜구'는 쇼니 요리히사, 패
가대만호와 같은 슈고급 무장 또는 남조 휘하의 무장 세력이 포함되
어 있었으며, 이들은 바로 남북조 내란의 주역들이었음을 알 수 있다.

---

161) 이성계가 왜구의 청년대장인 아지발도의 부대와 싸워 승리를 올린 황
산 전투의 경우, 당시 왜구들은 1600여필의 말을 소유하고 있었으며
또 '鐵騎' 즉 중장갑 기병이 포함되어 있었다. 기병은 고도의 기동성과
강력한 돌파력을 발휘하여 前場에서의 주도권을 장악하고 적의 허를
찌르는 공격을 가함에 있어서 기병의 운용은 불가결한 것이었다. 즉,
장거리 습격·우회·포위·기습·유격·매복공격 등의 전법이 기병
이 가장 장기로 하는 전법이었던 것이다. 이렇게 보았을 때 당시 이성
계와 대적한 왜구의 부대는 단순한 해적의 무리가 아니라 전문적인 전
투 집단이었다고 보아야 할 것이다. 또 왜구의 청년대장 아지발도에
대하여 다른 부하 장수들이 취한 행동, 즉 "적의 여러 두목들이 매번
그의 앞에 나아갈 때에는 반드시 빠른 걸음으로 나가서 무릎을 꿇고
않았으며 …"이라고 한 부분은 "陣中에서 대장에게 말할 때에는 투구
를 벗고 무릎을 꿇고 오른손을 땅에 대고 아뢴 뒤 왼쪽으로 돌아간다"
고 하는 무로마치 시대 당시 무사들의 행동을 규정한 기록과 거의 부
합한다고 할 수 있다. 이 점에 관해서는 이영, 2002 <홍산·진포·황
산 대첩의 역사지리학적 고찰> ≪일본역사연구≫ 15를 참조
162) 이 점에 관해서는 網野善彦, 1971 <日本中世における海民の存在形態>
≪社會經濟史學≫ 36-5를 참조.

V. 결 론

일본에서는 14세기 후반에 고려 측의 사료에 등장하는 왜구집단의 주체가 실은 일본이라고 하기보다는 고려, 조선인이었다고 하는, 종래의 왜구 구성원에 관한 일본측의 여러 주장을 재 검토해 다음과 같은 결론을 얻었다.

우선, ≪高麗史≫ 속의 왜구 관련 사료, 특히 양국간의 외교 교섭에 관한 것은 일본측의 사료에 의해 증명되므로 충분히 신뢰할 수 있음이 밝혀졌다. 또, 왜구집단 속에 보이는 대량의 마필도, 고려 국내의 馬匹 수나 목장의 위치, 그리고 왜구에 의한 침범상황으로 보아, 그것이 곧 화척이나 재인이 왜구와 연합한 것을 의미하는 것이 아니라고 하는 것이 분명해졌다.

이상과 같은 검토를 통하여 다나카를 비롯한 기존설은 그 전제부터 성립하기 힘든 것이라고 말할 수 있으나, 덧붙여서 다나카가 고려인의 왜구 구성원으로서 주장한, 화척이나 제주도인의 문제에 관해서도 역시 다음과 같은 점에서 수긍하기 어렵다. 즉, 우왕 대에 보이는 화척, 재인 들의 '가왜' 행위는, 왜구대책으로써 고려정부가 세운 군인의 동원이, 지방관에 의해 악용되었기 때문으로, 그것이 '가왜'로써 기록되어 있는 것 자체가 고려조정이 그들의 행위를 왜구와 명확히 구별하고 있었던 증징이라고 할 수 있다. 한편, 제주도인도 또한 왜구의 중요한 구성원이었다고 하는 다나카, 다카하시 두 사람의 주장은 제주도와 대마도에 대한 조선 측의 영토인식이 같은 것이었다고 하는 이해에 입각하고 있으나, 실제로 양도에 대한 고려, 조선조정의 영토 인식은, '직접적인 지배의 유무'나 양도에 대하여 행하여진 '정책' 등의 면에서 상당히 상이한 것이었다.

그러한, '제주도인=왜구'론을 입증하는 것으로 생각되어진, '수적

의 기사도 왜구의 전성조로부터 거의 1세기 뒤인 15세기 후반의 사료
로, 더욱이 그 출현의 사회적 이유도 당시의 사회적 상황, 즉 '지주제
'와' 상품유통경제'의 진전에 의한 것이었다고 하는, 최근의 한국학계
의 연구가 훨씬 설득력이 있는 것이다.

그리고 '왜구=고려주체론'론의 유일한 문헌사료로 인용되어 온,
조선 세종대의 고관 이순몽의 '왜구구성원'에 관한 발언도, 그 의도나
≪세종실록≫에 다수 보여 지고 있는 그의 인물평으로 보아, 신뢰할
수 없는 것이다.

고려 말에 전국을 횡행하였던 '경인년 이후의 왜구'는, 대마도와
북 규슈 일대를 수세기 동안에 걸쳐서 지배해온 쇼니씨의 휘하 세력
과 규슈의 남조 세력 같은 남북조 내란의 주역들이 바로 그 실체였
다. 그것은 그들의 무장 수준과 조직력, 그리고 전술 전법 등을 통해
서 입증된다. 그렇기 때문에 고려의 정규군조차 왜구에 패배하는 경
우가 많았던 것이다.

ABSTRACT

Identity of Japanese Pirates

Yi, Young

The Waku or Japanese pirates represent an historical phenomena that factored importantly during transitional period of East Asia, including Korea (during the Koryeo-Joseon dynastic change), China (during the Yuan-Ming dynastic change), and Japan (during the end of domestic turmoil between the north and south). However, their historical significance has still to be recognized within the annals of history. There are several reasons why this is so. First, as the Japanese pirates' attacks for economic, and not political, reasons, there remain few Japanese historical records of their activities. Second, because the study of this topic has been led by and from the perspective of the Japanese perpetrators, the historical records continue to show the misunderstandings about the internal situation of Koryeo society at that time.

In order to further probe into the identity of Waku pirates who emerged during the late 14th century, this paper examines the historical reliability of the Koryeo Veritable Records, the fleet of vessels and horses of the Waku group, the potential cooperation between the pirates and artisans, craftsmen and Jeju Islanders, and as well, the speeches made by Joseon King Sejong's administrator Lee Sun-mong.

With such evidence, this paper disputes and critiques the Japanese contentious theory that the Waku were actually Koryeo people.

Keywords: Waku or Japanese pirates, Jeju Island, Koryeo Dynasty, pillage, Yuan-Ming transitional period

朝鮮前期 僞使 발생 요인에 대하여

유 재 춘*

Ⅰ. 머리말

조선시대 한일관계사의 여러 분야 중에서 僞使問題는 가장 연구가 미흡한 부분 가운데 하나이다. 그 이유는 이 문제가 당시로서도 매우 민감하고 은밀한 사안이었기에 그에 대한 명확한 자료가 많지 않은 데다가 朝鮮, 日本, 琉球의 사료를 다양하게 수집하고 정밀 검토·대조해야하는 등 다른 분야에 비해 연구가 대단히 복잡하기 때문이다.

그러나 "僞使"는 외교사상 보기 드문 사건일 뿐만 아니라 당시 朝·日 양국관계의 특수한 단면을 적나라하게 보여주는 사안이기도 하다. 따라서 이에 대한 연구의 축적은 조선전기 대일관계의 실상을 이해하는데 반드시 필요하다. 조선왕조의 대일통교체제는 세종대로

─────────────

* 강원대학교 사학과 교수

부터 성종초(대략 1410년대로부터 1470년대초)에 정비·완성되어 지
는데, 僞使는 바로 이 대왜인통제책이 정비·완성되어 가는 시점에서
발생하였다. 이는 비록 통교체제는 완성되었지만 이를 정상적으로 유
지하기 위한 통제의 방식에 결점이 있었다는 것을 말한다. 특히 통제
의 핵심이 되는 "단속" 문제에 대해 조선은 문인제도를 통하여 對馬
島에 크게 의존하게 되었고, 이는 직·간접으로 對馬島가 관련된 僞
使에 대한 판별을 더욱 어렵게 하였다.

조선전기 대일외교에 대한 연구는 국내에서는 이현종, 김병하를 비
롯한 손승철, 하우봉, 민덕기, 한문종 등에 의하여 기초적인 연구가
이루어졌으며,[1] 일본에서는 中村榮孝, 田中健夫를 위시하여 村井章
介, 高橋公明가 연구 기반을 다져왔고,[2] 최근에는 橋本雄, 米谷均 등

1) 李鉉淙, 1964 ≪朝鮮前期 對日交涉史研究≫ (한국연구원, 서울) ; 金柄夏,
   1969 ≪李朝前期 對日 貿易 研究≫ (한국연구원, 서울) ; 孫承喆, 1994 ≪朝
   鮮時代 韓日關係史研究≫ (지성의 샘, 서울) ; 하우봉, 1994 <조선전기의
   대일관계> ≪강좌한일관계사≫ (현음사, 서울) ; 閔德基, 1994 <朝鮮朝前
   期의'日本國王'觀−敵禮の面から−> ≪前近代東アジアのなかの韓日關
   係≫ (早稻田大學出版部, 東京) ; 閔德基, 1995 <室町時代의 對明朝貢仲裁
   요청과 朝鮮의 對應> ≪日本歷史研究會≫ 창간호 ; 閔德基, 2000 <日本
   史上 '國王' 稱號> ≪韓日關係史研究≫ 13 ; 韓文鍾, 1989 <朝鮮初期 李
   藝의 對日交涉 活動에 대하여> ≪全北史學≫ 11·12 ; 1992 <朝鮮前期의
   對馬島敬差官> ≪全北史學≫ 15 ; 1995 <조선전기 對馬島의 통교와 대
   일정책> ≪한일관계사연구≫ 3 ; 1996 ≪朝鮮前期 對日外交政策 研究
   −對馬島와의 관계를 중심으로−≫ (전북대 박사학위논문) ; 韓文鍾,
   1996 <朝鮮前期의 受圖書倭人> ≪韓日關係史研究≫ 5 ; 1997 <조선초
   기의 왜구대책과 對馬島 정벌> ≪전북사학≫ 19·20 ; 2000 <조선전기
   對馬 早田氏의 對朝鮮通交> ≪한일관계사연구≫ 12 ; 2001 <朝鮮前期
   왜인통제책과 한일관계≫ ≪京畿史論≫ 4·5
2) 中村榮孝, 1965 ≪日鮮關係史の研究≫ 上·中·下 (吉川弘文館, 東京) ; 田
   中健夫, 1959 ≪中世海外交涉史の研究≫ (東京大學出版會, 東京) ; 田中
   健夫, 1975 ≪中世對外關係史≫ (東京大學出版會, 東京) ; 村井章介,
   1988 ≪アジアのなかの中世日本≫ (校倉書房, 동경) ; 高橋公明, 1982 <外
   交儀禮よりみた室町時代の日朝關係> ≪史學雜誌≫ 91-8 ; 高橋公明,

에 의하여 국왕사문제 등에 대한 새로운 연구가 진행되고 있다.[3] 여
기서는 통교정책 및 제도, 규정과 관련된 연구와 아울러 僞使 발생의
요인과 관련된 기존의 연구성과를 정리하여 보고, 향후의 과제에 대
해 살펴보고자 한다.

Ⅱ. 연구사에 대한 검토

朝鮮初期 對日關係에 있어서 가장 큰 외교적 현안은 倭寇問題였다.
이는 이미 고려말부터 그러한 것이었지만 조선의 안정을 저해하는
가장 큰 골치거리였던 것이다. 따라서 이 시기의 對日交涉의 일차적
인 목적은 倭寇禁壓이었으며 기타 外交와 通商은 그것을 이루기 위
한 수단에 불과하였다고 할 수 있다. 당시 조선의 對倭人政策은 크게
볼 때 두가지 방향으로 추진되었다. 하나는 武備를 충실히 하면서 군
사적으로 강력히 대응하는 것이었고, 다른 하나는 주로 외교적인 노
력에 의하여 약탈자인 倭寇를 평화적인 통교자로 전환시키는 것이었
다. 武力에 의한 대처도 중요한 기능을 하였지만 조선시대에 들어와
왜구를 종식시키게 된 것은 무엇보다도 외교적인 노력의 성과가 매

1985 <室町幕府の外交姿勢> ≪歷史學硏究≫ 546 ; 高橋公明, 1992 <外
交稱號, 日本國源某> ≪名古屋大學文學部硏究論集≫ 113
3) 橋本雄, 1997 <‘遣朝鮮國書’と幕府·五山－外交文書の作成と發給－>
≪日本歷史≫ 589 ; 1997 <中世日朝關係における王城大臣使の僞使問
題> ≪史學雜誌≫ 106-2 ; 1998 <室町幕府外交の成立と中世王權> ≪歷
史評論≫ 583 ; 1998 <遣明船と遣朝鮮船の經營構造> ≪遙かなる中世≫
17 ; 1998 <室町·戰國期の將軍權力と外交權－政治過程と對外關係－>
≪歷史學硏究≫ 708 ; 米谷均, 1997 <16世紀日朝關係における僞使派遣
の構造と實態> ≪歷史學硏究≫ 697 ; 伊藤幸司, 1999 <十五·六世紀の
日明·日朝交涉と夢窓派華藏門派－日本國王使の外交僧をめぐって－>
≪朝鮮學報≫ 171

우 컸다. 즉, 왜인들에 대한 적극적인 회유책을 통하여 이들을 정상적
인 交易者로 전환하고자 하였으며, 이러한 조선의 외교책이 성과를
거두어가면서 이들에 대한 접대, 통제, 단속 등은 불가피하게 되었다.

먼저 왜인 접대 및 통제에 대한 연구로는 이현종, 나종우, 한문종의
논문이 있다. 이현종은 <李朝初期 倭人接待考>를 비롯한 여러 논문
을 통하여4) 왜인에 대한 접대 및 기유조약, 대왜무역, 왜관 등에 대한
기초적인 내용을 연구하였다. 특히 <李朝初期 倭人接待考>에서는
조선 건국초부터 연산군말까지 포소의 제한 및 왜관설치, 입국왜인에
대한 통제, 接待倭船數와 接待倭人數, 체류기일, 접대비용, 接待宴享
등에 대해 실록 등 기초사료를 활용하여 연구하였다.

나종우는 <朝鮮初期의 對日本統制策에 관한 고찰>이라는 논문을
통하여5) 조선의 일본에 대한 통제책을 내적 통제와 외적 통제로 구
분하고 내적 통제로는 浦所의 제한과 왜관의 설치, 외적 통제로는 圖
書·書契·文引 제도 실시를 들었다.

한문종은 <朝鮮前期 왜인통제책과 한일관계>라는 논문을 통하
여6) 대일통제책의 실시배경과 연원 내용 등을 살피고 통제책이 대일
외교관계에서 갖는 의미를 고찰하였다. 특히 문인제도에 주목하여 문
인의 연원 및 적용대상을 연구하였는데, 문인제도는 왜인들에 대한
주요 통제수단이었으며 對馬島와 羈縻關係의 외교체제를 유지하는데
매우 중요한 요소임을 지적하였다. 또한 1443년 신숙주에 의해 계해
약조가 체결되었다고 하는 종래의 연구에 대해 비판하고 조약을 체

---

4) 李鉉淙, 1959 <李朝初期 倭人接待考> 상·중·하 ≪史學硏究≫ 3·4·5 ;
   1964 <己酉約條成立始末과 歲遺船數에 대하여> ≪港都釜山≫ 4 ; 1973
   <己酉約 內容의 史書別 綜覽檢討> ≪大丘史學≫ 7·8, 281~300 ;
   1982 <對倭貿易> ≪韓國史論≫ 11 ; 1956 <李朝倭館略考> ≪成均≫ 7
5) 羅鍾宇, 1990 <朝鮮初期의 對日本統制策에 관한 고찰> ≪如山柳炳德博
   士華甲紀念論叢 韓國哲學宗敎思想史≫
6) 韓文鍾, 2001 <朝鮮前期 왜인통제책과 한일관계> ≪京畿史論≫ 4·5

결한 것은 對馬島에 體察使로 파견되었던 李藝였다는 새로운 주장을 제기하였다. 이어 문인제도와 계해약조는 對馬島主를 비롯한 일본의 지방호족들을 기미관계 외교체제 속에 편입시키는데 중요한 기능을 하였으며 이후 대일통교체제의 근간이 되었다고 보았다.

그리고 유재춘은 <世宗代 崔浣事件과 韓日關係의 推移>라는 논문에서[7] 세종대에 일어난 이른바 '崔浣事件'을 계기로 조선은 대외관계에서 보다 엄격한 법질서의 확립을 통하여 왜인에 대한 통제를 강화하려 하였다는 것을 지적하였다. 즉, 崔浣事件은 倭人이 首音毛島의 東面 亏兒浦에 도착하여 육지에 내리자 呂島 副千戶 崔浣이 쫓아가서 이들을 濫殺한 것으로, 제도와 규정에 의하여 양국통교관계가 점차 그 체제를 잡아가는 과정에서 생긴 사건이었다. 필자는 조선측이 최완에 대해, 규정을 어기고 허가되지 않은 곳을 왕래한 왜인을 죽인 것은 邊將으로 취한 당연한 직무라고 하면서도 文引을 소지한 왜인들에게 과잉적으로 대처한 것에 대해서는 엄중히 罪를 물어 斬刑을 선고한 것, 그리고 大赦令으로 최완이 극형을 면하게 되어 있었음에도 불구하고 다시 謀殺罪라고 하는 다른 條文律을 적용하여 斬刑을 집행하였던 것은 조선의 왜인에 대한 일종의 강력한 경고였으며, 이를 계기로 조선은 왜인들의 범법행위에 대해 보다 강력히 대처를 할 수 있는 명분을 얻게 되고, 對馬島主에게도 管下의 범법왜인에 대하여 엄중한 처벌을 요구할 수 있게 되었다고 보았다. 또한 이 사건은 대왜인 통제수단으로 고안된 문인제도의 정착에도 크게 기여한 것으로 보았다.

한편 조선의 왜인에 대한 授職과 授圖書制는 왜구에 대한 회유책의 일환이었지만 다른 측면에서는 도항왜인을 관리하기 위한 수단이었다. 즉, 이러한 제도는 입국왜인의 증가에 따르는 입국통제의 어려

7) 유재춘, 1999 <世宗代 崔浣事件과 韓日關係의 推移> ≪한일관계사연구≫ 10

움, 접대비 부담 등을 완화하기 위한 수단이 되었다. 조선은 도항왜인
의 신분적 안전성을 확보하기 위하여 사전에 조선으로부터 일종의
인가를 받은 자나 혹은 그의 신분보장이 뒤따르는 왜인에 한정하여
조선을 왕래할 수 있도록 하였던 것이다. 이에 대한 국내 연구는
1990년대 이전에는 이현종의 연구 이외에는 별다른 성과가 없었으나
1990년대에 들어 손승철, 한문종 등 일련의 연구에 의해 수직왜인과
수도서왜인의 실태나 성격 등에 대한 연구가 심화되었다.[8] 특히 이
부분에 대해서는 한문종의 연구에 의해 상당한 진전을 보았다. 기존
일본 학자들의 연구가 주로 제도사적인 연구에 치중한데 비하여 수
직인왜과 수도서왜인의 지역적 분포나 특징, 역할 등에 대한 상세한
연구를 진행함으로써 그 실상을 보다 정확히 파악할 수 있게 되었다.
그러나 僞使問題와 관련하여, 授職과 授圖書制와 관련된 왜인들의 불
법행위, 조선측의 관리상의 허점 등에 대해서는 더 많은 연구의 축적
이 필요하다고 하겠다.

한편 일본측의 연구로서는 中村榮孝, 田中健夫, 田村洋幸, 長節子,
長正統, 田代和生 등에 의해 수도서왜인이나 歲遣船定約, 倭館문제
등에 대한 많은 연구가 있다.[9] 이들의 연구는 조선전기 朝·日 양국

---

8) 손승철, ≪앞 책≫ 참조. ; 韓文鍾, 1996 ≪朝鮮前期 對日外交政策 研究
   -對馬島와의 관계를 중심으로-≫ (전북대 박사학위논문) ; 韓文鍾,
   1996 <朝鮮前期의 受圖書倭人> ≪韓日關係史研究≫ 5
9) 中村榮孝, 1930 <倭人上京道路에 就て> ≪歷史地理≫ 56-2 ; 中村榮孝,
   1932 <鮮初受圖書人考> 上·下 ≪青丘學叢≫ 7·8 ; 中村榮孝, 1932 <鮮
   初に於ける歲遣船定約> 上·下 ≪青丘學叢≫ 10 ; 田中健夫, 1961 ≪倭館
   と勘合貿易≫ (眞珠社, 東京) ; 田村洋幸, 1967 ≪中世日朝貿易の研究≫
   (三和書房, 東京) ; 長節子, 1966 <對馬島宗氏領國支配の發展と朝鮮關係
   諸權益> ≪朝鮮學報≫ 39·40 ; 長節子, 1987 ≪中世日朝關係と對馬≫
   (吉川弘文館, 東京) ; 長正統, 1966 <中世日鮮關係のおける巨酋使の成立>
   ≪朝鮮學報≫ 41 ; 田代和生, 1981 ≪近世日朝通交貿易史の研究≫ (創文
   社, 東京)
   이외에도 다수의 연구성과가 있으나 이하 생략

관계상의 제도적인 면, 혹은 무역관계에 대한 기초적인 사안들을 연구한 것으로, 이 분야에서 매우 많은 성과를 거두었다고 할 수 있다. 그러나 이러한 연구들은 기본적으로 일본인의 시각에서 쓰여진 것으로, 조선측의 대왜관계에 대한 시각이나 통제책, 무역의 성격 등 본질적인 문제에 대해서는 외면하거나 한국측 연구와 시각차이를 보이고 있다.

그리고 僞使발생 요인과 관련하여 이에 대한 단일 주제를 가지고 분석한 연구논문은 아직 없고, 최근 <使節(僞使 포함)>과 관련된 논문을 발표한 田中健夫, 增田勝機, 長節子, 村井章介, 高橋公明, 橋本雄, 米谷均, 伊藤幸司, 關周一 등의 논문에서 僞使 발생요인과 관련된 요인들이 지적되었다. 이를 살펴보면 다음과 같다.

田中健夫는 1954년 발표된 그의 논문에서 조선통교무역권이 對馬島에 집중되어 가는 과정을 고찰하였는데, 이 속에서 그는 16세기 조선 통교에 있어서 무역권리가 受圖書人이나 受職人 등 조선에서 정식으로 통교허가권을 받은 사람들의 손을 떠나 점차 對馬島의 宗氏나 그의 家臣들에 의해 운영되어 지는 실태를 거론하였고,[10] 增田勝機는 그의 논문에서 島津元久 명의의 조선 통교가 본인이 사망한 이후부터 시작되었다는 사실을 지적하며 室町幕府 시대에 南九州 지역의 조선통교자 명의가 다른 세력에 의해 도용되었을 가능성을 시사하였다.[11] 또한 長節子는 對馬島의 무역독점권 확대 과정에서 부분적이기는 하지만 다른 사람의 통교권을 받는 대신 명의료를 지불이라는 형태 등을 통해 모습을 바꾸어 가면서 통교권이 유지되어 갔을 가능성도 제시하였다. 또한 80년대 이후 高橋, 村井, 長節子로 이어지는

---

10) 田中健夫, 1954 <中世日鮮交通における貿易權の推移> ≪史學雜誌≫ 63-3

11) 增田勝機, 1970 <室町期における薩摩の對朝鮮貿易> ≪研究紀要≫ 5 (鹿兒島短大)

이른바 "夷千島王使" 논쟁이 있었는데, 長節子는 高橋의 아이누부족의 수장이 보낸 사절이라는 설, 村井의 津輕安藤氏가 보낸 사절이라는 說을 모두 부정하고 조선 통교권 확대를 위해 다양한 속임수를 사용하였던 對馬島主를 비롯한 對馬 사람들에 의해 꾸며진 것이라고 주장하였다. 아직 이에 대한 명확한 결말이 나고 있지 않지만 여기서 시사하는 점은 기본적으로 조선측에서 통교허가를 내준 일본인들에 대해 제대로 관리하지 못했다는 것을 의미하며, 특히 여러 가지 이유로 조선에서 對馬島主에게 문인발행권 등을 통하여 조선통교권에 대한 독점적 지위를 준 것이 이에 대한 단속을 어렵게 하였다고 할 수 있을 것이다.[12]

한편 村井은 <朝鮮に大藏經を求請した僞使について>(1987) 라는 논문을 통하여 15세기 후반에 조선에 대장경을 구청하였던 사절은 모두 博多 사람들이었으며, 그 이전인 15세기 중기에 파견되었던 사절이 '眞使'라고 하더라도 對馬島나 博多의 일본 상인들의 청부에 의존하였던 점이 그 후에 僞使가 횡행한 길을 열어 준 것이라고 주장하였다. 특히 조선측은 僞使의 정체를 의심하면서도 倭寇로 변질될 것을 우려하여 그들을 일정 수준으로 대우해 주었다고 하였다. 특히 1990년대 후반에는 對馬島 宗家의 개인이 보관해 왔던 유물 자료속에서 많은 '圖書'와 木印이 발견되었는데,[13] 이 가운데는 조선의 국왕이 국서에 사용하는 '爲政以德' 印이 1개 포함되어 있었다. 이것이 對馬島 宗家에 보관되어 있었다고 하는 것은 확실히 국서의 위조나 改書를 의심할 수 있는 것이다. 이로 볼 때, 일본내에서 조선 사절 파견에 對馬島나 博多 사람들이 깊이 개입하고 있었고, 조선측에서는 진

---

12) 長節子, 1982 <十六世紀對馬島の朝鮮通交獨占體制の一考察> ≪村上四男博士 和歌山大學退官記念朝鮮史論文集≫
13) 이에 대해서는 田代和生·米谷均, 1995 <宗家舊藏 '圖書'と木印> ≪朝鮮學報≫ 156에서 이미 상세히 소개되었다.

위를 분명히 가릴 수 없었기 때문에 이에 적당히 응해 준 것이 僞使가 반복적으로 출현하게 된 또하나의 요인이라고 지적할 수 있을 것이다.

한편 關周一은 그의 논문 <室町幕府の朝鮮外交－足利義持・義敎期の日本國王使を中心として－>〔阿部猛編, 1997 ≪日本社會における王權と封建≫ (東京堂出版, 東京)〕에서 16세기 對馬島 宗氏에 의한 위작된 日本國王使가 파견되었는데, 그 직접적인 계기는 三浦의 亂에 의한 조선통교의 중단이었지만 僞使를 가능하게 하는 요소가 15세기 양국교섭 자체에 내포되어 있었다라고 진단하고 있다. 關氏는 이 논문에서 15세기의 室町幕府 집권자인 足利義持, 足利義敎・義勝, 足利義政 時期의 국왕사파견 행태에 대한 연구를 통하여 당시 대조선교섭의 성격을 비교・분석하고 있다. 이에 의하면 足利義持 집권기에는 幕府가 使節 파견을 주도하였고, 또 寺院의 요구에 의해 국왕사를 통하여 조선측에 大藏經을 요청한다고 하더라도 그것을 어떤 寺院에 줄 것인가 하는 것은 幕府의 권한이었기 때문에 이 시기 足利義持는 이를 통하여 寺院을 통제하려는 의도가 있었다고 파악하였다. 그러나 足利義政 시기에 이르게 되면 특정 寺院의 요구를 대행하기 위한 국왕사 파견으로 변화하게 되고 幕府(將軍)는 이러한 사절파견을 통하여 권위를 높이려고 하였다고 분석하였다. 그렇지만 실제 사절 파견의 운명이 점차 寺院이나 大名들에게 맡겨지게 되면서 본래 幕府 파견의 國王使 성격은 상실되어 갔고 그러한 결과 僞使를 발생시키는 여건이 조성되었을 것이라고 하였다. 즉, 간단히 말하면 幕府의 직접적인 통제를 벗어난 국왕사 파견이 관행화되면서 僞使의 발생이 가능하게 되었다는 것이다. 이는 五山의 승려들이 外交文書 작성에 깊이 간여하고 있었던 것이나,[14] 建仁寺・相國寺・天龍寺 등 유수한 사원들이 寺院의 건립이나 재건에 소요되는 막대한 자금을 장

14) 橋本雄, 1997 <‘遣朝鮮國書’と幕府・五山－外交文書の作成と發給－>

군을 통한 무역선 파견에 의한 이익으로 충당하였다고[15] 하는 사실
과 무관하지 않다고 하겠다.

이러한 논의와 아울러 橋本雄은 그의 논문 <中世日朝關係におけ
る王城大臣使の僞使問題>(≪史學雜誌≫ 106-2, 1997)에서 僞使와 관
련하여 일본내의 정치상황을 주요한 요인으로 지적하고 있다. 특히
應仁의 亂이후의 혼란, 그리고 장군 권력의 분열이 등 당시의 특수한
상황이 僞使 발생의 好條件이라고 지적하고 있다.[16] 따라서 氏는 遣
使 문제와 관련하여 조선의 정치과정이나 대외정책 변화를 살펴야
하지만 그 이상으로 일본내의 상황을 고려하여야 한다는 점을 주목
하였다. 이는 그의 또 다른 논문 <室町·戰國期の將軍權力と外交權5
−政治過程と對外關係−>(≪歷史學硏究≫ 708, 1998, 12쪽)에서 지적
한 大內氏의 僞使派遣 문제에서도 분명해 진다. 즉, 16세기 초반 장군
권력의 교체에 수반된 細川, 大內氏간의 遣明船 파견 경쟁에서 大內
氏는 조선에 僞使를 파견하여 명과의 관계회복을 주선해 줄 것을 요
구하였던 것이다. 또한 그는 그의 논문 <'遣朝鮮國書'と幕府·五山
−外交文書の作成と發給−>(≪日本歷史≫ 589, 1997)에서 일본내에
서 외문서나 사절 파견에 五山의 승려들이 깊숙이 간여한 사실을 밝
혔는데, 氏가 직접 지적하지는 않았지만 일본 幕府의 대조선외교 관
리체제상의 문제점도 다른 한편으로 僞使를 가능하게 하는 환경을
조성하는데 일조했다고 볼 수 있을 것이다.

한편 米谷均은 그의 논문 <16世紀日朝關係における僞使派遣の構
造と實態>(≪歷史學硏究≫ 697, 1997)에서 조선왕조의 대일 통교체
제는 세종대로부터 성종초년, 즉 1410년대로부터 1470년대에 걸쳐서

---

15) 仲尾宏, 1995 <二章 室町時代の朝鮮使節−もうひとつの善隣友好の時
代> ≪朝鮮通信使−善隣と友好のみとり≫ (明石書店, 東京)

16) 장군권력 쇠퇴기(특히 15대 將軍 義昭)에 파견된 國王使가 과연 진짜 國
王使인지 아닌지는 대단히 의심스러운 일이라고 하는 것은 이미 仲尾宏
의 <위 논문>에서 지적되었다.

정비·완성되어졌지만 使船의 眞僞를 구분해 내는 문제에 있어서는
여러 가지 결점이 있어서 이러한 것이 僞使의 발생을 초래하였다고
지적하였다. 그가 지적한 제1의 결점은 외교문서에 날인한 圖書를 가
지고 진위를 판정하는 방법이다. 圖書는 통상 견본이 종이에 찍혀져
禮曹·典校署·浦所에 나누어 보관되어지고 使船이 도래하면 이에
의하여 서계의 진위에 대한 검사가 이루어졌다. 그런데 도서를 造給
하더라도 이를 사사로이 위조하여 사용한다거나 본래의 소유자가 사
망한 후 도서는 반납되어져야 하지만 반납이 이루어지지 않고 부정
하게 사용하는 사례가 발생하였으며, 또 도서가 제3자의 손에 넘어가
부정사용 된다면 견본에 의한 진위 판결방법은 완전 무위가 되는 결
점이 있었다고 지적하였다. 특히 15세기 대일 통교체제에서는 결국
對馬島에 의한 문인 査定의 여하에 따라 좌우되어지는 결점이 내포
되어 있었다라고 지적하고 있다. 造給된지 반세기 이상 경과한 <年
久圖書>에 대한 계속사용이 방치되고 있었으며, 査定을 행하여야 할
對馬島가 僞使派遣에 관여하고 있었다는 것이다.

그리고 伊藤幸司는 <十五·六世紀の日明·日朝交渉と夢窓派華藏
門派－日本國王使の外交僧をめぐって－(≪朝鮮學報≫ 171, 1999)에
서 對馬宗氏가 한문지식이 우수한 승려를 끌어들여 그의 대조선외교
활동에 종사케 하였는데, 그 가운데 仰之梵高는 對馬島 佐賀에 景德
庵을 창설하고 文引, 서계의 집필업무 등을 담당하면서 僞使派遣에도
간여하였을 가능성에 대해 지적하였는데, 이는 결과적으로 앞서 언급
한 바와 같이 조선왕조가 대왜인 왕래단속의 상당부분을 對馬島에
이양하였던 것에 기인한다고 하겠다.

위에서 언급한 바와 같이 僞使 출현의 배경과 관련하여 기존의 연
구에서는 日本人이 조선측으로부터 받은 통교허가권이 불법적으로
이전되어 사용되었던 사실, 조선측의 단속의 어려움을 지적하는 데서
점차 對馬島의 僞使 조작, 幕府와 寺院·大名 사이의 國王使 파견을

둘러싼 구조적인 문제에 대한 구체적인 분석이 이루어져 왔다.

Ⅲ. 僞使 발생의 배경

이러한 선행 연구들을 참고하여 보면 현재까지 지적된 僞使 파견의 요인을 몇가지로 지적할 수 있을 것이다.

첫째는 세종대로부터 성종초에 이르는 시기, 즉 1410년대부터 1470년대에 걸쳐 대일통교체제가 정비・완성되었지만 조선왕조가 이에 대해 관리 단속하는 문제에 있어서는 어려움이 있었다는 점이다. 특히 날인된 圖書 대조에 의한 방법은 근본적으로 위조나 양도에 대한 분별을 어렵게 하였다는 것이다.

둘째는 통교에서 규정외 사안에 대한 정부의 관대한 조처와 왜인들에 대한 응대와 단속을 맡은 남방 守令・邊將의 복무 解弛이다. 통교 행위에 있어서 중앙정부에서의 규정외의 사안에 대한 허락은 새로운 전례를 만들게 되고 왜인들과 규정 해석에 대한 시비를 불러일으키는 단초가 되었으며, 三浦와 그 주변에서 대왜인관계에 관련된 수령・변장의 복무 해이는 왜인들의 기만행위나 규칙을 경시하는 풍조를 일으키는 하나의 요인이 되었다.

이와 관련하여 1455년(단종 3) 對馬島 경차관으로 파견되었던 원효연의 보고에 보면 다음과 같다.

　… 그런데 지난해 봄 정월부터 3월까지 보낸 배의 수가 이미 50척이 찼는데, 4월에 이르러 數外에 온 것이 또 18척이나 되므로, 그 道의 監司와 邊將이 成法에 의거하여 조정에 알리지 아니하고 돌아가게 하였다. <그 뒤에> 三麻老愁戒가 數 외에 배에 대하여 접대하여 주기를 청하기 위해 뒤따라 이르렀으나 또한 접대하지 아니하고 그대로 머물러 두었는데, 8월에 이르러서야 내가 비로소 이 사실을 알

고 朝官을 보내어 監司 등이 여러 달 동안 보고하지 아니한 죄를 탄
핵하고, 인하여 삼마로수계에게 음식을 대접하고 사리를 상세히 설명
하여 곧 12척의 배를 가지고 돌려보내게 하였으며, 그 중에서 島主의
가까운 친척과 특별히 보낸 頭頭의 4척의 배는 특별히 上京하게 하
니, 三麻老愁戒가 말하기를, '三著圖書를 지참하여 특별히 보내는 사
람과 護軍職을 받은 자의 배는 모두 50척의 수에 들지 않았습니다'
하므로, '나는 그 뜻을 알지 못하겠다. 당초에 약정할 때에 삼착 도서
를 따로 擧論하지 아니하였고, 호군직을 받은 자도 역시 本島에 거주
하여 本島의 書契를 받아 가지고 왔으니, 어찌하여 50척의 수 밖에 있
겠는가? 생각건대 반드시 島主가 미처 잘 알지 못하였거나, 혹은 書
契를 받기를 원하는 자가 많기 때문에 禁斷하지 못하였을 것이다. 그
렇지 않으면 삼마로수계가 스스로 한 말이 이와 같았을 것이다. 네가
本島에 가서 곡진히 開諭하여 더욱 더 영원히 좋아지게 하라.' 하니,
대답하기를, '삼가 명령을 잘 들었습니다.' 하였습니다.[17)

이에서 보면 왜인들과 빈번히 일어난 정수외 도항왜인에 대한 접
대문제, 세견선 정수에 특별히 보낸 使船이 포함되는지 여부 등의 문
제로 왜인과 갈등을 빚게 되었다.

한편 1477년(성종 8) 병조참판 박건이 올린 다음과 같은 箚子 내용
을 보면 왜인들에 대한 접대나 단속의 解弛 문제도 자주 제기 되고
있다는 것을 알 수 있다.

兵曹參判 朴楗이 箚子를 올리기를, "옛부터 변방의 釁端은 반드시
모두 朝廷의 정책에서 비롯된 것이 아니었고, 邊將이 조치를 잘못한
데에서 많이 나왔던 것입니다. 우리 나라에서는 태평한 세월이 1백년
동안 계속되어 南方의 백성들이 전쟁을 알지 못하고 마음놓고 살면
서 베개를 편안히 베고 있는데, 조정에서 將帥를 선발하는 것도 또한
北門이 있는 사실만을 重視하고 南方은 전혀 마음에 두지 않습니다.
… 바닷가의 村 길은 모두 賊路이고, 三浦에 거주하는 왜인도 또한 모
두 적병인데, 邊將이 財貨를 가지고 이들을 대하면 처음부터 우리를
가볍게 여기는 마음을 가질 것이요, 나약함을 이들에게 보이면 또 우

17) ≪단종실록≫ 권18, 단종 3년 4월 7일 임오

리에게 대적하려는 마음을 가질 것이며, 폭력과 위엄을 보이면 또 우리를 배반할 마음을 가질 것이요, 우유부단함을 보이면 또 우리를 圖謀하려는 마음을 가질 것입니다. 그 형세가 그러한데도 邊將은 일찍이 이를 마음에 두지 아니하므로, 군사들은 紀律이 없고 사람들은 잔치와 安樂에만 젖어 있는데, 變이 毫忽之間에 일어날는지 어찌 헤아릴 수가 있겠습니까? 비록 나라의 은혜는 山岳과 같지만, 그 人面獸心의 무리들이 삶을 가볍게 여기고 이익을 무겁게 여기는 것에는 어떻게 하겠습니까? 더구나 지난번에 對馬島主가 불손한 말이 있었고, 삼포에 거주하는 왜인들도 또한 勅令을 받들지 아니하고 마음대로 방자하게 굴면서 法을 가볍게 여겼으니, 한 가지 염려할 만한 일이었습니다. 그 人口 숫자가 날로 늘어가니, 호기롭고 방자한 생각을 더욱 일으킬 것이 염려스럽습니다. 근일에 조선인인지 왜인인지 구별할 수 없는 자들이 백성들의 목숨을 해치고 백성들의 재산을 약탈하는데, 모두 邊將의 잘못이 아닌 것이 없습니다. …18)

셋째는 문인을 통한 도항자들에 대한 통제나 일본내 사정에 대한 각종 정보 입수 등 대일외교에 있어서 중요한 문제에 대해 對馬島에 대한 의존도가 높았다고 하는 점이다. 조선의 浦所에서 날인된 견본도서에 의해 도항자들에 대한 일종의 입국심사가 이루어 졌지만 이러한 방식으로 진위를 구분하는 데는 한계가 있었으며, 조선에서 직접 일본에 사절을 파견하여 일본 상황에 대한 정보를 입수하였지만 전체적인 비중으로 볼 때 일본에 대한 정보입수도 對馬島에 대한 의존도가 높았던 것이다. 이는 결국 僞使문제에 對馬島가 관련될 경우, 조선으로서는 이를 막을 마땅한 방법이 없었던 것이다. 조선은 1477년 10월 일본내 사정을 탐지하기 위하여 통신사 파견을 논의하게 되는데, 당시 대신들이 논의한 다음과 같은 내용을 통하여 그 일면을 엿볼 수 있다.

　… 玄碩圭·任士洪·鄭垠은 의논하기를, "報聘은 禮인 것입니다.

---

18) ≪성종실록≫ 권85, 성종 8년 10월 25일 기미

일본이 우리 나라와 더불어 대대로 通好하여 왔는데, 전하께서 즉위하시면서부터 여러 번 사신을 보냈으나, 한번도 보빙하지 아니하였으니 아마 信義에 어긋나는 듯합니다. 다만 島主가 아마 우리 나라에서 그가 속이는 것을 알까봐 두려워하여, 兵亂이라고 핑계대어 말하고 이를 막는 것인데, 혹은 성심껏 호송하지 아니한다면 變이 일어날는지 의심스럽기도 합니다. 그러나 옛날에 병란이 벌어져 양쪽으로 나누어질 때도 使臣이 그 속에 있었습니다. 正球가 올 때에도 이미 병란이 있었는데도 또한 사신 보내기를 청하여 그와 더불어 함께 가고자 하였으니, 병란이 사신 보내는 것과는 관계가 없는 것입니다. 저들도 또한 이를 헤아려 알고 있습니다. 이로써 島主를 開諭하고 통신의 사신을 보내게 하소서." 하고, 金順命이 의논하기를, "通信使가 가는 것은 우리에게만 손해가 있으니, 宋處儉이 갔을때 이미 경험한 것입니다. 한번 왕래하는 사이에 저들의 情僞를 어찌 다 알 수 있겠습니까? 사신을 보내지 않는 것이 편하겠습니다." 하고, 朴楗은 의논하기를, "交隣에는 道가 있고 報聘에는 禮가 있습니다. 일본국에서는 祖宗朝부터 통호한 지가 이미 오래 되었습니다. 지난번에 일본의 사신을 인견하고서 사신을 보내겠다고 허락하셨는데, 지금 비록 "병란으로 막혀서 다 通信할 수가 없다"고 하지만, 그러나 또한 島主의 沮止하는 계책에 빠질 수도 없는 노릇입니다. 사신을 보내는 것이 어떠하겠습니까?"[19]

　　당시 일본 국내 사정에 대한 정보가 부족한 조선으로서는 일본 본토에 대한 직접적인 사절 파견만이 오직 가장 신뢰할만한 정보를 얻는 것이었는데, 對馬島主는 그간의 불법성을 은폐하기 위해 조선의 통신사 파견을 방해하고 있는 것이다. 이와 같은 것은 일본인의 왕래 창구가 對馬島로 일원화되어 있는 구조상의 문제였다.

　　넷째는 일본 막부의 외교체제 문제이다. 특히 사절이 휴대하는 국서나 사절파견 절차에 五山 승려들이 깊숙이 간여하면서 將軍의 외교권에 대한 장악이 느슨한 시점에서는 僞使 파견이 가능하게 되었던 것이다. 즉, 조선이 대일관계의 상당부분을 對馬島에 의존함으로

---

19) ≪성종실록≫ 권85, 성종 8년 10월 18일 임자

써 조일관계에 대한 완전한 통제권을 갖지 못했던 것처럼 일본의 幕府측에서도 같은 입장에 있었던 것이다.

다섯째는 僞使가 발생한 1470년대를 전후한 시기의 일본의 국내사정 문제이다. 應仁의 亂을 계기로 일본이 戰國時代라고 하는 혼란의 시기로 빠져들고, 將軍의 권력이 분열되었던 상황은 僞使 발생과 관련하여 매우 중요한 배경이 되었다. 이는 전국시대 초기인 1468년～1471년 사이에 對馬島主 宗貞國의 요청에 의해 많은 수의 일본 본토 사절이 조선에 건너 온 사실에서 알 수 있으며, 특히 이 시기 전후의 사절이 진위에 의심을 받고 있었다는 것은 주목할 만한 대목이라 하겠다. ≪해동제국기≫에서는 이에 대해 이렇게 적고 있다.

> … 일본국내가 어지럽고 시절은 흉년이 들어서 우리나라에 와서 寄食하는 자가 매우 많아졌다. 그러므로 전에 사신을 보내지 않았던 사람들은 다 접대를 허락하지 않았더니 사신들은 억지로 三浦에 머물러 있으면서 돌아가지 않았다. 宗貞國이 사람을 파견하여 접대해 줄 것을 청하니 이내 접대를 허락하였다. …[20]

또한 ≪조선왕조실록≫의 기록을 보면 당시 일본 본토에서의 세력 판도 변화가 對馬島에도 큰 영향을 준 것으로 보인다. ≪예종실록≫에 의하면,

> … 對馬州太守 宗貞國의 상전은 곧 小二殿입니다. 전에 일본 국왕이 大內殿을 시켜 소이전을 정벌하여서 그 領地를 취한 지 오래 되었는데, 이제 그 국왕이 대내전으로 하여금 옛 땅을 소이전의 손자에게 돌려주었습니다. 이에 종정국이 소이전을 따라 博可大(하카다)에 가서 옛 疆土를 회복하고 이제 이미 <對馬島로> 돌아왔으니, 청컨대 通事를 보내어 선사하는 물건을 싸가지고 대마주로 가서 종정국을 위로하게 하소서. 또 박가대는 일본의 門戶입니다. 우리 나라가 옛날

---

20) ≪海東諸國紀≫ 八道 六十六州 畿內五州 昌堯

부터 소이전을 우대하기를 대내전과 같이 하였으니, 청컨대 書契와
선물을 대마주에 보내어 전달하여서 소이전에 轉送하게 하고, 그의
강토 회복을 축하하는 뜻을 나타내 보임이 어떠합니까? 길한 일을 경
축하고 흉한 일을 조문하는 것은 交隣하는 도리이니, 만약 저들의 요
구가 있음을 기다린 뒤에 따른다면 결코 우리를 감사하게 여기지 않
을 것입니다." 하니, 임금이 이르기를, "朝官을 보내어 평무속을 위로
하는 것은 가하나, 서계와 선물을 종정국과 소이전에 보내는 것은 비
굴하지 아니하냐?" 하니, 신숙주가 아뢰기를, "上敎가 진실로 마땅합
니다. 조관을 평무속에게 보내어 그의 사정을 듣고 보고 온 뒤에 서계
와 선물을 보내어도 늦지 않습니다." 하니, 그대로 따랐다.[21]

이에서 보면 소이전의 자손이 그 領地를 회복하였으며, 對馬島主
宗貞國이 그 과정에서 일정한 역할을 하였다는 것을 알 수 있다. 이
를 통하여 볼 때 소이전측과 對馬島主의 관계는 매우 밀접하다는 것
을 재삼 확인할 수 있으며, 宗貞國이 島主로 등장한 이후 본토에서
많은 왜인들이 조선에 왕래한 것과 상당한 관련성이 있다고 보아야
할 것이다. 나아가 이 시기를 즈음하여 僞使로 의심받는 사절이 등장
하였다는 것은 당시 이러한 소이전측의 領地 회복과 對馬島主의 본
토인과의 관계 증진이라는 변화와 관련이 있다고 보아야 할 것이다.
　여섯째는 조선왕조에서 일본에서 오는 다른 사절에 비해 국왕사에
대해 우대하는 정책이 그 요인이 되었다고 하겠다. 조선은 국왕사에
게 다른 사절에 비해 입국후 받은 여러 가지 접대에서 뿐만 아니라
그들이 하사를 요구하는 물품에 대해서도 대체로 긍정적으로 대응하
였기 때문에 국왕사를 위장하여 욕구를 충족하려는 무리를 발생시켰
던 것이다.
　일곱째는 경제적 이익의 확대를 위한 對馬島측의 탈법적 행위라고
하는 측면에서 살필 수 있다. 즉, 對馬島는 지리적으로 일본보다는 조
선에 가까이 위치해 있고 이로 말미암아 이미 오래전부터 생활영위

---

21) ≪예종실록≫ 권8, 예종 1년 11월 7일 정해

의 상당부분을 주변지역에 대한 약탈로 충당하였는데, 이를 없애려고
하였던 조선측으로부터 상당한 재정적 지원을 받았다. 그러나 세종대
에 정약된 지원액은 對馬島의 여건에 따라 유동될 수 있는 것이 아니
었으며, 對馬島는 통교를 통한 이득을 취하고자 다양한 불법 수단을
동원하게 되고 僞使도 결국 그중의 하나였던 것이다. 특히 對馬島主
는 下賜米豆의 증액이나 使送船 加定 요청에 의한 재정확충에는 한
계가 있게 되자, 점차 본토에서의 사송선을 적극 유치하고 문인발행
을 통한 수수료 수입 증대를 의도하였던 것으로 보인다. 이는 1455년
(단종 3) 對馬島 敬差官으로 파견되었던 僉知中樞院事 元孝然의 보고
에서 對馬島에 갔을 때 후루가와가 그에게 "이 섬에서 육지 사람에게
路引을 발급한 때에, 그 收稅가 작은 것은 5, 60필에 내려가지 않고,
많은 것은 4, 5백 필에 이르니, 오로지 그 利에 의존한다"라고 한 말
에서 잘 알 수 있다. 1470년을 전후하여 의심쩍은 사절이 부쩍 늘어
나고, 對馬島主의 규정외 사절에 대한 접대 요청이 많아 진 것은 그
와 같은 사정과 직접 관련이 있을 것이다.

이와 관련하여 특별히 1468년 宗貞國이 對馬島主가 된 이후의 推
移에 대하여 주목할 필요가 있다. 그는 조선에 對馬島 경제력 확충을
위해 각종 요구를 역대 그 어느 도주보다도 적극적으로 개진하였을
뿐만 아니라 일본 본토의 사송선 유치에 심혈을 기울였다. 이와 같은
정황은 ≪海東諸國紀≫에 기재되어 있는 昌堯, 用書記, 吉光, 昌壽, 善
峯, 政良, 光吉, 家德, 忠義, 正滿, 貞成, 盛秋, 貞義, 家國, 義保, 秀吉,
道京, 繩繁, 成直, 邦吉, 俊幸, 茂實 등 많은 통교자가 모두 宗貞國의
접대 요청에 의해 내조한 사절이었다.22) 더구나 이들이 사절을 보내
온 시기도 1468~1471년이 대부분이라는 것은 의미하는 바가 크다고
하겠다. 물론 이 시기가 일본내에서 이른바 전국시대가 시작되는 시
점과도 맞물려 있지만 아무튼 宗貞國이 경제적 이득을 위해 본토 사

---

22) ≪海東諸國紀≫ 八道 六十六州

절(물론 그 가운데는 僞使가 있을 수 있음)을 적극 유치한 것은 분명하다고 하겠다. 이러한 상황은 삼포왜란으로 양국관계가 중단되었다가 재개되면서 여러 가지 對馬島에 주어졌던 施惠가 감축되면서 對馬島측에 의해 위장 사절의 파견이 있었던 사실에서도 알 수 있다.

아직 僞使 문제에 대한 연구가 매우 미흡한 상황이기 때문에 그 발생 요인(배경) 문제에 대한 정리가 충분히 이루어지기 어려운 실정이다. 향후 僞使 발생 요인을 좀더 구체적이고 총체적으로 살피기 위해서는, 우선은 僞使에 대한 구체적 사례연구가 더 많이 진전되어야 할 것이며, 양국의 통교체제의 구조적인 문제, 양국 국내상황에 대한 세밀한 비교 등에 대한 연구가 더 많이 이루어 져야 할 것이다.

Ⅳ. 맺음말 - 향후의 과제

현재 僞使발생 배경과 관련하여 직접적인 연구가 거의 없는 실정이다. 특히 僞使 문제 자체에 대해서는 한국측 학자의 연구가 거의 없어 사실 양국 학자의 입장 차이를 명확히 구분하여 논의하기 어려운 실정이다. 따라서 기존연구의 미흡한 부분이나 향후 새로운 연구를 위하여 한국, 일본의 기초자료를 수집하여 이를 반영하여야 할 것이며, 특히 한국측에서는 일본측 자료를 적극 수집 검토하여 일본학자들에 의해 주도되고 있는 僞使 연구를 좀더 다른 시각에서 볼 수 있는 여지를 마련해야 할 것이다. 특히 '僞使의 존재'는 국가간의 관계, 즉 외교라고 하는 선상에서 바라 볼 때 실로 중대한 사건이며, '交隣以信'이라는 것을 중요한 외교덕목으로 여기던 조선으로서는 납득하기 어려운 일이었을 것이라는 차원에서 한국사의 입장에서 좀더 주체적인 연구의 관점을 설정해 나가는 것이 필요하다.

아울러 기존 연구가 주로 일본인 학자들에 의한 것인만큼 僞使에 대한 시각을 일본역사 중심에서 탈피하여 국제관계사라고 하는 보다 폭넓은 시각을 가지고 엮어나가는 것도 중요한 과제이다.

특히 僞使問題를 좀 더 명확히 하기 위해서는 《海東諸國紀》에 기록되어 있는 수도서인, 수직인에 대한 고증이다. 정확한 현지 조사를 통하여 이를 확정하고 그 이후 문제를 추적함으로써 통교권의 불법 이양 문제 등 일본내에서 일어났던 일들을 규명하는 것이다.

또한 僞使로 의심되어지는 사절이 對馬島의 宗貞國이 島主가 된 이후인 1468년 이후에 집중되어 있다는 것에 주목하여야 할 것이다. 당시 宗貞國의 對馬島에서의 입지나 본토와의 관계, 對馬島의 재정상태 등에 대해 정밀 조사할 필요가 있다.

僞使 문제와 관련하여 일본 역사교과서 왜곡과 직접 관계되는 내용은 없으나 간접적인 문제를 제기한다면 일본 교과서에서 조선초기 양국관계 성립에 대해 마치 조선측의 요청에 의해 일본이 이를 허가한 것처럼(일본이 施惠的인 입장에서) 기술하고 있다. 이는 실상과 전혀 다른 서술이며, 당시 양국관계의 성격을 왜곡하는 것이다. 조선초 室町幕府와의 외교교섭 과정이나 조선전기 사절 파견 상황 등을 통하여 이를 분명히 확인 할 수 있으며, 특히 조선의 浦所 제한, 上京制度, 對馬島主를 通航 文引制 시행, 授圖書制, 歲遣船 정약 등 일련의 왜인 통제책을 통하여 오히려 조선이 독자적인 외교를 추구하고 있었다는 것을 알 수 있다. 특히 對馬島의 일본인을 놓고 볼 때 조선이 다른 것은 차치하고라도 경제적인 측면에서 상당한 시혜적 입장이었다는 점은 자명한 사실이다.

ABSTRACT

Cause of the origination of Pseudo Missions in the early Joseon Period

Yu, Jae-chun

Pseudo-missions (*wisa*) refer to those envoys that took on the pretense of Japanese diplomatic representatives dispatched to Joseon during the late 15th century, but in actuality, they entered Joseon without official permission to cross over by boat. From the Joseon perspective, this case can be considered a breach in exchange agreement between the two countries. Such issues have only recently become subjects of research interests.

One of the reasons such pseudo-mission started to occur was due to the fact that the Joseon dynasty had difficulty in maintaining and upholding the mutual exchange agreement that was arranged and finalized with Japan during the 15th century. This was compounded by generous measures Joseon government took with private travel outside of official exchange regulations as well as the relaxed public defense guard in the south that was in charge of responding to and regulating foreign incursions. For Japan, with a weakening of the Muramachi bakufu system of rule, there followed problems with its relaxed diplomatic functions. In addition, Japan entered into chaotic times during the warring states period of mid-15th century, and this also brought about divisions in the military rule as well as changes in influence of Japan's local powers. One can further find causes for pseudo-missions that resulted in Joseon's hospitable policy toward Japanese (bakufu) delegates to bakufu's evasion of the law when concerning Tsushima islands in order to increase its economic profit. As an island that relied heavily on Joseon for its economy, Tsushima even mobilized such pseudo-missions and administered delegates in order to expand its finances.

In the future, further studies must be carried out including concrete textual research on pseudo-missions, the structural problems of the exchange agreements between the two countries, and a detailed comparison of both countries' internal situations. As much as the research that has been up to now carried out mostly by Japanese scholars, it is equally important to examine the pseudo-missions outside of a Japanese perspective in order to include various perspectives within the larger history of international relations.

Keywords: bakufu delegates, pseudo-delegate or bogus missions, Muromachi bakufu, Tsusima Island, international relationss

조선전기 倭人統制策과 통교 위반자의 처리

한 문 종*

Ⅰ. 머리말

조선전기 대일정책의 핵심은 왜구의 禁壓과 통교왜인에 대한 통제였다고 할 수 있다. 특히 왜구문제는 고려 멸망의 주요한 원인 중의 하나였다. 이 때문에 조선에서는 건국 직후부터 海洋의 방어에 충실히 하는 한편, 외교적인 노력과 왜구에 대한 회유책을 실시하였다. 그 결과 1409년을 전후하여 왜구의 침입은 급격히 감소하였다. 또한 1419년에는 왜구의 소굴로 인식되었던 대마도를 무력으로 정벌하기

───────────────

*전북대학교 사학과 부교수

도 하였다.

이 같은 조선정부의 왜구대책과 대마도정벌로 인하여 왜구의 침입
은 급격히 감소한 반면 일본으로부터의 통교자는 증가하였다. 이에
조선에서는 왜인들이 정박하는 浦所를 제한하는 한편 書契, 圖書, 文
引制와 歲遣船의 정약 등 여러 가지 왜인통제책을 실시하였다. 그 과
정에서 조선의 왜인통제책을 여러 가지 교묘한 방법으로 위반하면서
도항하는 왜인들이 나타나기 시작하였는데, 이들을 일반적으로 위사
라고 칭하였다.[1] 이 통교위반자는 외교사상 보기 드문 현상일 뿐만

---

1) '위사'에 대한 국내에서의 연구는 거의 이루어지지 못하였기 때문에 위
   사의 개념이나 기준에 대한 정리가 이루어지지 못하였다. 이에 비해 일
   본에서의 연구는 비교적 활발하게 행하여졌다. 그 중 米谷均은 위사를
   "제3자가 어떤 通交名義를 사칭해서 파견하는 허위의 사절"로, 橋本雄
   은 '위사'를 제3자가 어떤 사람(그 사람이 실제로 존재하는지 유무에 상
   관없이)의 명의를 빌려서 사절을 파견하여 무역 이윤을 획득하기 위한
   거짓의 외교사절이라고 정의하였다[米谷均, 1997 <16世紀日朝關係にお
   ける僞使派遣の構造と實態> ≪歷史學研究≫ 697 ; 橋本雄, 2004 <宗貞
   國의 博多出兵과 僞使問題> ≪『조선왕조실록』속의 한국과 일본≫ (경
   인문화사, 서울)]. 반면에 伊藤幸司는 "파견 주체 또는 사인이 통교명의
   를 사칭하는 사절"을 위사로 정의하였다. 그는 또한 ①通交名義나 서계
   의 상태, ②일본국왕사나 巨酋使의 사절이 외교승이 아니고 俗人인 경
   우, ③宗成職 이후 통교를 하기 시작한 深處倭, ④일정기간 통교가 단절
   되었다가 宗成職 이후에 통교를 다시 재개한 심처왜 등은 위사일 가능
   성이 큰 것으로 보고, 이를 위사의 판단기준으로 제시하였다(伊藤幸司,
   2002 <僞使の時代>-村井科研福岡심포지움 發表要旨-).
   그러나 이들의 위사에 대한 개념과 기준은 약간의 문제점을 가지고 있
   다. 예를 들면, 書契·圖書·文引을 소지하지 않은 경우, 수직왜인이 직
   접 도항하지 않고 통교자를 파견한 경우, 수도서인·세견선 정약자가
   아닌 자가 도항한 경우에 이를 위사에 포함시켜야 할 것인지 여부 등
   위사의 범위와 기준이 명확하지 않다고 생각한다. 또한 '僞使'의 使는
   使臣, 使節, 使者를 의미하는 것으로, 이에는 국가의 공식적인 외교사절
   또는 사신이라는 의미를 함축하고 있다고 생각한다. 그러나 조선전기
   일본에서 조선3에 도항하는 자들은 국가간의 공식적인 사절이 아닌 통
   상교역을 목적으로 하는 통교자 또는 통교무역자의 성격을 띠고 있었

아니라 당시 朝·日관계의 특수한 단면을 보여주는 대표적인 사례라
할 수 있다. 따라서 이에 대한 연구는 조일외교의 성격 및 특징을 이
해하는데 필요한 주제중의 하나라고 생각된다. 그러나 국내에서 통교
위반자에 대한 연구는 河宇鳳, 孫承喆, 閔德基, 韓文鍾 등에 의해 부
분적으로 행하여졌을 뿐 본격적인 연구는 거의 없다.[2] 반면에 일본에
서는 식민통치시기부터 위사의 존재에 대한 연구가 행해지기 시작하
였으며, 1980년대 이후부터 위사의 사례를 개별적으로 실증 확정하고
위사에 대한 역사적 배경을 탐구하기 시작하였다. 특히 1990년 후반
對馬宗家 소장의 도서가 대량으로 발견되면서 위사 연구가 본격화되
었다. 그 결과 위사의 발생배경 및 실체에 대한 연구가 상당부분 진
척되었다.[3]

　　보다 넓고 포괄적인 의미의 위사인 통교 위반자를 이해하기 위해

다. 따라서 거짓의 통교자 또는 통교무역자를 僞使라고 부르는 것보다
는 그들의 성격 및 도항목적을 그대로 반영하는 의미에서 '통교 위반자'
로 부르는 것이 훨씬 타당하다고 생각한다. 이에 본 논문에서는 조선의
왜인통제책을 위반하고 조선에 도항한 자들을 총칭해서 '통교 위반자'
라는 명칭을 사용하고자 한다.

2) 孫承喆, 1992 <朝鮮前期對琉球交隣體制의 構造와 性格> ≪嚴趙恒來教
授華甲紀念 韓國史學論叢≫ ; 河宇鳳, 1994 <朝鮮前期의 對琉球關係>
≪國史館論叢≫ 59 (국사편찬위원회) ; 閔德基, 1994, <朝鮮朝前期の'日
本國王'觀－敵禮の面から－> ≪前近代東アジアのなかの韓日關係≫
(早稻田大學出版部) ; 韓文鍾, 2000 <조선전기 日本國王使의 對朝鮮通
交> (한일관계사학회 월례발표요지)(이 발표요지는 수정·보완하여 2004
≪한일관계사연구≫ 21에 <조선전기 日本國王使의 朝鮮通交>로 게재하
였다) ; 2002 <조선전기 일본의 大藏經求請과 한일간의 문화교류> ≪韓
日關係史研究≫ 17 (한일관계사학회) ; 이지선, 2002 <朝鮮前期 日本國
王使 研究> (강원대 석사학위논문)
<위 논문> 중에서 孫承喆과 河宇鳳은 琉球國王使를 사칭한 위반자에
대해, 閔德基와 韓文鍾, 李志善은 日本國王使를 사칭한 위반자에 대해
간략하게 언급하였을 뿐 倭人의 통교 위반자에 대한 본격적인 연구는
전혀 없다.
3) 橋本雄, <앞 논문>

서는 먼저 왜인통제책과 그 위반자에 대한 연구가 선행되어야 한다. 그러나 이에 대한 종래의 연구는 왜인통제책의 실시배경과 제도에 집중되어 있을 뿐 통교 위반자에 대한 처리 및 대책에 대한 연구는 매우 적은 실정이다.[4]

따라서 본 보고에서는 통교 위반자를 연구하기 위한 기초작업의 일환으로 먼저 조선정부가 왜인통제책을 실시한 배경과 그의 내용을 살펴보고자 한다. 이어서 ≪조선왕조실록≫을 토대로 조선의 왜인통제책을 위반하고 도항한 사절을 유형별로 살펴보고, 위반자에 대한 조선정부의 처리 및 대책을 고찰하려고 한다. 이를 토대로 이후 통교 위반자들의 불법성과 조직성을 규명하고, 나아가 조선시대 한일관계에서 통교 위반자가 차지하는 역할 및 의의를 밝힐 수 있을 것으로 기대하지만 이에 대한 연구는 다음의 기회로 미루고자 한다.

Ⅱ. 倭人統制策의 실시배경

조선초기의 왜구대책과 외교적인 교섭의 결과 왜구는 점차 使送倭人·興利倭人·向化倭人 등 평화적인 통교자로 전환되어 갔다. 그리하여 태종 9년(1409)을 전후하여 왜구의 침입은 급격히 감소하였다.

---

4) 통교통제책에 대한 연구는 다음과 같은 논문이 참고된다.
   中村榮孝, 1931 <室町時代の日鮮交通と書契及び文引> 上·下 ≪史學雜誌≫ 42-10·43-11 (中村榮孝, 1965, ≪日鮮關係史の研究≫ 上, 吉川弘文館, 東京, 所收) ; 李鉉淙, 1964 <入國倭人> ≪朝鮮前期 對日交涉史研究≫ (韓國研究院) ; 河宇鳳, 1994 <朝鮮前期의 對日關係> ≪講座韓日關係史≫ (玄音社) ; 韓文鍾, 1996 ≪朝鮮前期 對日外交政策 研究-對馬島와의 관계를 중심으로-≫ (전북대 박사학위논문)
   한편 伊藤幸司는 2002 <앞 발표요지>에서 위사의 유형을 정리하였는데, 본 논문을 작성하는데 참고하였다.

반면에 일본 각지로부터 渡航하는 倭人은 점차 증가하기 시작하였다. 그러나 이 시기에는 아직 통교왜인에 대한 제 규정이 정비되지 않았다. 그 때문에 왜인들이 해안지방을 마음대로 왕래하면서 무역을 하기도 하고, 降倭들과 접촉하면서 연해 병선의 허실을 정탐하는 등 치안상의 폐단이 야기되었다.[5] 또한 조선에 渡航하는 倭人은 통교인이지만 진상과 회사의 조공무역을 행하고 있었기 때문에, 조선정부는 그들이 도항해서 귀환할 때까지의 접대비용을 부담하였다. 게다가 왜인들이 가지고 온 물건을 판매하지 못하였다는 등의 이유로 浦所에 오랫동안 머무르는 폐단이 발생하자 그들의 접대비용을 줄이기 위해 가지고 온 물품을 대신 매매해주었는데, 이는 조선정부의 막대한 재정적 부담을 초래하였다.

이와 같이 통교자의 증가는 조선정부의 치안상의 혼란과 재정적 부담을 가중시켰다. 이 때문에 통교왜인의 통제는 대마도정벌 이후 왜구의 재발 금지와 함께 조선초기 대일외교의 근간이 되었다. 그리하여 조선에서는 對馬島征伐 이후 왜구문제에 대한 자신감을 바탕으로 왜선이 도항하여 정박할 수 있는 浦所를 제한하는 한편 書契·文引制度·癸亥約條 등의 왜인통제책을 정비하였다. 그와 아울러서 使船의 定數와 乘船人員, 滯留期間, 過海粮, 給料, 각종 宴會의 장소와 횟수에 이르기까지 왜인접대규정을 상세하게 정비하여 비용을 절감하고 왜인들의 횡포와 무질서한 행동을 규제하였다.[6] 이러한 통제와는 달리 왜구를 진압한 자, 피로·표류인 송환에 협력한 자 그리고 외교상의 공로자들을 회유하기 위하여 授圖書制度와 授職制度를 실시하였다.

이러한 왜인통제책의 실시는 사행을 통한 일본 국내정세의 지식

5) 한문종, 1996 <앞 논문>, 63~64
6) 통교왜인에 대한 접대규정은 성종 2년(1471)에 편찬된 ≪해동제국기≫ 朝聘應接紀에 집대성되어 있다.

확대가 그 배경이 되었다. 특히 조선정부는 대일사행을 통해서 얻은
정보 예를 들면 일본의 국내정세, 막부장군과 지방호족과의 세력관
계, 일본내의 해적의 분포[7] 등에 대한 정보를 토대로 대일외교체제를
정비할 필요성을 느꼈던 것이다.

결국 조선정부가 왜인통제책을 실시할 수 있었던 배경은 ①통교자
의 증가에 따른 치안·경제상의 부담과 ②대마도정벌 이후 왜구에
대한 자신감, ③일본의 국내정세에 대한 지식의 확대 등이었다고 할
수 있다.

Ⅲ. 倭人統制策의 내용[8]

1. 書契에 의한 통제

서계는 조선의 禮曹와 일본의 통교자가 주고받았던 일종의 외교문
서이다. 따라서 조선에 오는 통교왜인은 반드시 書契를 지참하여야
했다. 서계에는 통교자의 관직 및 성명, 도항인원, 도항목적 등과 조
선국왕에게 진상하는 물품을 기록한 별폭 그리고 도서가 찍혀있어야
했다. 그러나 서계는 對馬島征伐 이후부터 조선에 도항하는 왜인의
통제수단으로도 이용되었다. 이것이 이른바 '對馬島主의 書契制'로

---

7) 세종 11년(1429)에 통신사 朴瑞生이 사행을 마치고 귀환하여 올린 啓에
   는 對馬에서 兵庫에 이르기까지 倭賊의 분포와 支配系統을 분석하고, 室
   町幕府 將軍과의 修好는 왜구를 금지시키는데 그다지 도움이 되지 못하
   기 때문에 왜구를 통제할 능력이 있는 서일본지방의 제후들과 직접 교
   섭하여 왜구를 통제하는 것이 효과적이라 지적하고 있다(≪세종실록≫
   권46, 11년 12월 을해)
8) 왜인 통제책의 내용은 한문종, 1996 <앞 논문>을 요약 정리한 것이다.
   자세한 것은 <앞 논문>을 참조하기 바람.

대마도로부터 도항하는 모든 통교자는 도주가 친히 서명한 서계를 가지고 와야만 접대를 받고 무역을 행할 수 있었다.[9] 이는 태종 14년 (1414)에 대마도주가 조일외교의 중간세력으로 등장한 이후 이를 공식적으로 인정해주는 것이었다.[10] 그 후 조선에서는 서계에 의한 통제를 다른 지방에까지 확대 적용하여 구주지방의 통교자도 九州節度使의 서계를 가지고 오도록 하였다.[11]

이같이 조선정부가 對馬島主나 九州節度使에게 도서를 사급하면서 그들 관하인의 통교를 제한하려 하였던 배경은 대마도의 지리적 위치와 구주절도사의 지배력을 중시하였기 때문이라 생각한다. 주지하다시피 대마도는 지리적으로 조선과 일본의 중간에 위치한 섬으로 조선에 도항하는 왜인이 거쳐야만 하는 곳이었으며, 또한 고려말부터 왜구의 소굴로 인식되고 있었다. 한편 九州節度使는 일본 西國에서 足利政權의 세력을 대표하는 자로, 源了俊(今川貞世)・源道鎭(涉川滿賴)・源義俊 등이 고려말 조선초에 통교하면서 왜구의 금압과 피로인의 송환에 적극 협력하였다.[12] 이에 조선에서는 대마도주와 구주절도사에게 도서를 사급하고 이를 통해 그들 관하의 통교자를 간접적으로 제한하려고 하였다. 그러나 서계에 의한 통제는 효과를 거두지 못하였던 것 같다. 그 이유는 대마도주의 정치적 불안정과 九州節度使의 지배력 약화, 그리고 조선정부의 불철저한 통제책 때문이었다.[13] 따라서 조선에서는 서계제를 보완하기 위한 방편으로 문인제도를 실시하였던 것으로 생각된다.

---

9) ≪세종실록≫ 권7, 2년 윤정월 임진
10) ≪태종실록≫ 권28, 14년 8월 정미
11) ≪세종실록≫ 권8, 2년 7월 임신
12) 源了俊은 태조 3년(1394)과 4년에 각각 659명, 570여명의 피로인을 송환하였으며, 源道鎭은 태종 6년에 사신을 파견하여 왜구의 금압에 적극 협력할 뜻을 전하고 아울러 피로인을 송환하였던 것이다(≪태조실록≫ 권6, 3년 7월 경술. 권8, 4년 7월 신축. ≪태종실록≫ 권11, 6년 2월 무자).
13) 한문종, 1996 <앞 논문>, 66

2. 圖書에 의한 통제

圖書는 조선국왕이 일본의 지방호족이나 통교상의 공로자에게 지급한 일종의 私印으로, 통교자가 내조할 때에 가지고 오는 書契에 찍어 통교상의 증명으로 삼았던 것이다. 특히 조선정부로부터 도서를 사급받은 자를 受圖書人이라 하는데, 이들은 조선에 도항할 수 있는 통교권을 인정받았다.

기록상 처음으로 도서를 구청하여 사급받은 왜인은 세종 즉위년 (1418) 11월에 西海路 美作太守 淨存이다.14) 그 이듬해인 세종 원년 (1419)에 關西路 筑前州 石城府管事 平萬京이 통교상의 증명으로 삼기 위해 '萬景'의 도서를 요청하여 사급받았으면서,15) 도서가 통교상의 증명서로 사용되기 시작하였다. 세종초에 이르러서는 도서가 회유책의 일환으로 사급되기 시작하였으며, 사급 범위도 대마도나 일기지방의 호족에게까지 확대되었다. 그 결과 도서는 원래의 의도와는 달리 통교왜인에 대한 통제의 수단으로 변질되었다. 그리하여 대마도정벌을 계기로 해서 대마도를 경상도의 속주로 삼고 도주에게 '宗氏都都熊瓦'라 새긴 도서를 사급하여 그 지방의 통교자는 도주가 친히 서명한 서계를 지참하도록 하였던 것이다.16)

대마도주는 도서를 이용하여 조선과의 통교에 있어서 자신의 권한을 확대하고 나아가 도내에서의 정치적인 지배권을 강화하는 수단으로 이용하였다. 즉 세종 16년(1434)에 對馬州太守 宗貞盛은 사신을 보내 서계에 찍는 도서의 위치를 달리하여 도주 자신의 청인 경우에는 자신의 이름(宗貞盛) 위에, 그 이외에는 직함(對馬州太守) 위에 도서

---

14) ≪세종실록≫ 권2, 즉위년 11월 을해
15) ≪세종실록≫ 권4, 원년 6월 갑술
16) ≪세종실록≫ 권7, 2년 윤정월 임진

를 찍어 보낼 것이므로, 이를 구분하여 접대해 줄 것을 요청하였던 것이다.[17] 이것은 후에 도항의 목적에 따라 서계에 찍은 도서의 수를 달리하여 매우 긴급한 경우에는 三著圖書, 그 다음은 二著圖書, 그리고 긴요하지 않은 경우에는 一著圖書로 나누어서 구분하는 밀약으로 발전하였다.[18]

한편, 도서는 女眞人에게 사급되었는데, 왜인의 그것과 마찬가지로 통교상의 증명으로 사용되었다.[19]

3. 文引에 의한 통제

1) 行狀·路引·文引의 淵源

조선초기의 法典인 ≪大明律直解≫와 ≪經國大典≫[20] 그리고 ≪조

---

17) ≪세종실록≫ 권64, 16년 4월 무신
18) ≪세종실록≫ 권86, 21년 9월 갑술. ≪단종실록≫ 권2, 즉위년 7월 병오. 中村榮孝는 三著圖書를 소지한 자는 도주 자신이 파견한 사송선으로, 二著이하는 도내 각처의 사송선으로, 그리고 一著圖書는 주로 商賈등이 청탁해서 파견한 것으로 추측하였다[中村榮孝, 1965, <日鮮通交の統制と書契および文引> ≪日鮮關係史の研究≫ 上 (吉川弘文館, 東京) 456)].
19) ≪세종실록≫ 권102, 25년 10월 갑진. ≪세종실록≫ 권113, 28년 7월 무자. 여진인에 사급하였던 도서는 왜인의 그것에 비하여 사급 범위와 성격면에서 약간의 차이가 있었다. 즉 여진의 경우 주로 추장에게 사급하였으며, 그 성격도 관하 여진인의 상경을 통제하기 위한 수단으로 이용하였다. 반면에 왜인의 경우는 사급 범위가 九州節度使·對馬島主 등 지방의 호족뿐만이 아니라 使送倭人이나 商倭에 이르기까지 광범위하였으며, 그 성격도 초기에는 통교상의 권한을 인정해주는 회유책의 일환이었으나 후에는 점차 통교를 제한하는 수단으로 이용하였던 것이다. 한문종, 1996 <앞 논문>, 116
20) 行狀·路引·文引에 관한 내용은 다음의 사료에 기록되어 있다. ≪大明律直解≫ 권15, 兵律 關津 私越冒度關津條 ; 권15, 兵律 關津 詐冒給路

선왕조실록≫을 비롯한 각종 자료를 종합해보면 行狀·路引·文引은 같은 의미로 혼용되고 있었다. 그리고 이것들은 국경의 요새나 나루터(關津)의 통행을 제한하기 위한 군사적 목적과 상인들의 징세와 통제를 위한 경제적 목적, 조선에 도항하는 왜인들에 대한 통제하기 위한 외교적인 목적으로 사용되었다. 행장·노인·문인의 적용 대상은 양인으로부터 상인·상선·才人·禾尺·水陸軍丁·鮑作人·군인·승려에 이르기까지 광범위하였다. 그리고 이의 발급은 戶曹와 兵曹·禮曹 등 六曹를 비롯해서 서울의 경우에는 漢城府와 留後司가, 외방의 경우에는 都觀察使·都巡問使·守令·萬戶 등의 지방관이 담당하였다.[21)

한편, 행장·노인·문인은 三浦 恒居倭人과 항왜들에게도 적용되었다. 즉 삼포항거왜인 중에서 고기를 잡아 생계로 삼는 釣魚倭人과 商人은 差使員이나 邊將의 行狀·路引을 소지하도록 하고, 삼포 항거왜인이 변장에게 보고하지 않고 노인도 없이 關限을 넘어서 다른 고을에 가서 장사하는 것을 금하도록 하였다.[22) 또한 降倭의 경우에도 노인을 몰래 받아서 사사로이 바다에 나아가 장사하는 것을 금지하였다.[23)

行狀이 통교왜인에게 처음으로 적용된 것은 태종 7년(1407)으로, 홍리왜선이 여러 포구에 정박하여 병선의 허실을 탐지하는 것을 막기 위해 정박장소를 釜山浦와 乃而浦 2포로 제한하였다. 그 이후 홍리왜선은 각 섬의 통치자(渠首)가 발행한 행장을 가지고 와서 都萬戶가 있는 곳에 정박하도록 하였다.[24) 당시 홍리왜선에 행장을 발급하

引條 ; 권10, 戶律 市塵 私充牙行埠頭條 ; ≪經國大典≫ 禮典 待使客條.
兵典 路引條

21) 한문종, 1996 <앞 논문>, 66~70

22) ≪세종실록≫ 권48, 12년 4월 신사 ; ≪성종실록≫ 권77, 8년 윤2월 병인 ; ≪성종실록≫ 권10, 2년 5월 병자

23) ≪태종실록≫ 권26, 13년 7월 을사

는 각 섬의 통치자는 아마 대마도를 비롯하여 一岐, 九州의 지방세력
이었을 것으로 추정된다.25)

　이와 같이 行狀·路引·文引은 삼포항거왜인과 항왜에 적용되었으
며, 후에는 점차 조선에 도항하는 통교왜인까지 그 적용범위가 확대
되었다. 이는 또한 북방의 여진인에도 적용되었다.26) 그리하여 行狀
·路引·文引은 조선에 도항하는 倭人과 野人을 통제하기 외교적인
목적으로 사용되었던 것이다. 그리고 조일관계에서 行狀·路引·文
引은 같은 의미로 혼용되었으며, 시기적으로는 태종대과 세종초에는
행장이, 세종 16년부터는 문인이 주로 사용되었다.

2) 文引制度의 정약

　문인제도는 일본으로부터 도항하는 통교자는 대마도주의 문인을
받아와야만 접대를 허락한다는 것으로, 세종 20년(1438)에 李藝와 대
마도주 宗貞盛이 정약하였다. 문인 이전의 단계인 路引은 원래 흥리
왜인에게 사용되었으며, 세종 8년(1426) 종정성의 요청에 의해서 왜인
의 도항증명서로 제도화되기 시작하였다. 그리하여 대마도주는 일본
각지로부터 조선에 도항하는 興利船과 使送船을 통제하기 위하여 자
신의 路引을 휴대하도록 해 줄 것을 조선에 요청하였던 것이다. 이것
이 바로 對馬島主 文引制度의 시작이었다고 할 수 있다. 그러나 당시
대마도주의 요청이 받아들여졌는지의 여부와 언제 行狀이 文引으로
바뀌었는지는 알 수 없다.

　대마도주의 문인에 관한 최초의 기록은 세종 15년(1433)에 宗貞盛
에게 해물 채취선을 약탈해간 범인을 색출하여 줄 것을 요청한 예조

---

24) ≪태종실록≫ 권14, 7년 7월 무인
25) ≪태종실록≫ 권17, 9년 3월 기미
26) ≪문종실록≫ 권9, 원년 9월 갑술

의 서계이다.[27] 그 서계에 의하면, 세종 15년경에는 대마도로부터 조
선에 오는 배는 行狀이나 路引 대신에 반드시 도주의 문인을 가지고
왕래하였음을 알 수 있다. 그 후 세종 17년에 宗貞盛이 사신을 보내
宗彦七(盛國)·宗茂直 등 受圖書人도 도주의 문인을 소지하지 않고
왕래하면 접대해주지 말도록 요청하였다.[28] 결국 종정성은 문인제도
를 도내의 수도서왜인까지 확대 적용하여 그들을 자기의 통제하에
두려고 하였다.

한편 조선에서는 세종 18년에 使送倭人이 도주의 서계와 문인을
위조해서 오는 폐단을 막기 위하여 文引에 使送船의 크기와 각 선의
正官, 格倭의 이름 그리고 그들의 인원수 등을 기재하도록 하였다.[29]

그 후 세종 20년(1438)에 왜사의 통제를 요청하기 위해 敬差官 李
藝를 대마도에 파견하였는데, 그때 대마도주와 문인제도를 定約하기
에 이르렀다. 즉 대마도의 宗氏와 早田氏는 물론 一岐의 志佐·佐志
殿, 九州의 田平殿, 大內殿·薩摩州·石見州 등 여러 지방의 使送人
도 대마도주의 문인을 가지고 와야만 접대를 허락한다는 것이다.[30]
이는 세종 17년 대마도내의 受圖書倭人에게까지 적용하였던 문인제
도를 더욱 강화하여 志佐·佐志·田平殿 등 壹岐·松浦 등 구주지방
의 호족에게까지 확대 적용함으로써 일본의 모든 통교자를 도주의
통제하에 두려고 하였음을 의미하는 것이다. 특히 조선에서는 대마도
주에게 문인발행권을 주고 도주로 하여금 일본각지로부터 오는 통교
자를 간접적으로 통제할 수 있었다. 반면에 대마도주는 문인제도를
이용하여 각처의 사신들을 통제하고 문인발행에 대한 수수료인 吹噓
(吹擧)錢[31]을 받음으로써 대마도내에서의 정치·경제적 지배권을 확

27) 《세종실록》 권60, 15년 6월 경자
28) 《세종실록》 권69, 17년 9월 정축
29) 《세종실록》 권73, 18년 윤6월 신묘
30) 《세종실록》 권82, 20년 9월 기해
31) 대마도주는 小船越의 梅林寺住持 鐵歡으로 하여금 문인에 관한 제반업

고히 할 수 있었다. 이와 같이 문인제도는 조선정부과 대마도주의 이해가 상응하였기 때문에 이후 조선의 주요한 왜인통제책의 하나가 되었다.

조선에서 대마도주에게 문인발행권을 준 이유는 대마도가 조선과 일본의 중간지역에 위치하면서 간사한 무리를 단속하는 남쪽 울타리(藩屛)로서의 역할을 할 수 있을 것으로 기대하였기 때문일 것이다.32) 따라서 조선에서는 대마도주가 왜구의 재발을 방지하고 도내의 정치, 경제적 지배력을 장악할 수 있도록 그에게 文引發行權을 준 것이라고 생각한다. 이는 조선의 지방 파견하였던 對地方官인 敬差官·體察使·宣慰使 등을 對馬島에 파견하였던 것과 같은 의미를 가진다고 할 수 있다.

4. 癸亥約條와 歲遣船의 제한

1) 癸亥約條의 정약

문인제도는 대마도주를 통해 통교왜인을 통제하는데 목적이 있는 반면 계약조는 대마도주의 통교를 제한하는데 그 목적이 있었다고 할 수 있다. 따라서 계해약조의 주 내용은 대마도주의 세견선을 제한하는 것이었다. 세견선은 일본의 통교자가 1년동안에 파견할 수 있는 사송선의 수를 제한하는 것으로, 중국이 外夷에 대해서 조공의 회수

무를 관장하도록 하였는데(≪朝鮮通交大紀≫ ≪宗氏世系私記≫), 대마도경차관 元孝然의 복명에 의하면 도주가 路引을 발급해주고 거두어 들이는 세금인 路引稅는 적게는 5·60필부터 많게는 4·5백필이나 되었다고 한다(≪단종실록≫ 권14, 3년 4월 임오).
32) 이러한 사실은 성종 7년 1월에 對馬州 宣慰官 田養民이 가지고 간 서계(≪성종실록≫ 권7, 1년 9월 병자)를 통해서도 확인할 수 있다.

를 제한하고 무역선의 내조시기 및 선수 등을 제한하는 것과 유사한 것이다.[33]

세견선 정약은 이미 고려시대에도 존재하고 있었다. 즉 고려 원종 4년(1263) 4월 洪泞와 郭王府를 일본에 파견하여 해적의 금압을 요청하였는데, 그 첩문에 의하면 조선시대의 세견선과 유사한 進奉船을 매년 한차례에 2척을 파견하고 있었다.[34] 기록상 조선시대에 들어와서 처음으로 세견선을 정약한 것은 세종 6년(1424)에 九州節度使 源義俊이며,[35] 그 후 세종 22년(1440)에는 安藝州의 美作太守 持平과 세견선을 정약하였다.[36]

대마도주와는 세종 25년(1443)에 맺은 계해약조에 의해서 세견선을 정약하였다. 계해약조의 체결시기와 과정에 대해서는 기록이 많지 않아 자세한 내용을 알 수 없다. 다만 체결 당시의 정황과 ≪조선왕조실록≫ 및 신숙주의 <졸기>, 일본측의 기록인 ≪對馬世系私記≫ ≪朝鮮通交大紀≫ 등의 기록을 종합해 보면, 癸亥約條는 세종 25년 8~10월경에 대마도에 파견되었던 체찰사 李藝가 주도하여 체결하였으며, 그 과정에서 신숙주는 대마도주를 설득하여 조약을 체결하도록 하는데 一助하였음을 알 수 있다.[37]

2) 歲遣船의 제한

계해약조는 대마도주의 세견선 정약에 대한 내용이 주를 이루고

---

33) 中村榮孝, 1969 <歲遣船定約の成立> ≪日鮮關係史の硏究≫ 下 (吉川弘文館, 동경) 10
34) ≪고려사≫ 권25, 원종 4년 4월 갑인
35) ≪세종실록≫ 권26, 6년 12월 무오
36) ≪해동제국기≫ 일본국기 안예주 持平
37) 한문종, 1996 <앞 논문>, 74~77

있지만, 계해약조로 대표되는 세견선의 정약은 이후 일본의 모든 통교자들에게 적용되었다. 그리하여 세종 26년과 27년에는 宗貞盛의 제인 宗彦七盛國(7선)을 비롯하여 宗盛家·宗盛弘 등 도주의 일족과 세견선을 정약하였으며, 비전주의 源吉, 석견주의 藤原和兼과도 세견선을 정약하였다.[38] 이들이 모두 수도서인이었다는 점에서 보면 세견선의 정약이 독자적인 대조선 통교권을 가지고 있었던 수도서왜인까지 확대되어 갔음을 알 수 있다. 그리하여 성종 8년에는 모든 수도서왜인도 세견선을 정약해야만 조선에 도항하여 접대를 받을 수 있도록 함으로써 세견선의 정약이 사송선의 통제원칙으로 되었다.[39] 그 후 세견선을 정약하지 않은 자가 도서와 서계를 가지고 오는 경우에는 접대를 거부하는 등 불법 도항자에 대한 통제를 더욱 강화하였다.

Ⅳ. 통교 위반자의 유형 및 처리

1. 서계를 위·변조하거나 소지하지 않은 자

왜인통제책을 위반한 유형의 하나는 서계를 위조 내지는 변조해서 도항하는 것이다. 이 같은 사례는 ≪조선왕조실록≫에서 많이 발견된다. 대표적인 사례를 들어보면, 먼저 세종 10년 7월에 종정성의 사자 宗金이 가지고 온 서계는 別幅에 圖書가 없고 글자의 자획도 서계와 차이가 있는 위조된 것이었다.[40] 또한 세종 21년 10월에 대마도 宗貞盛의 상관인 沙毛多老, 船主 延時老 등이 서계를 지워서 고쳐고(塗改)

38) ≪세종실록≫ 권105, 26년 윤7월 기해 ; 권106, 26년 11월 병자 ; 권107, 27년 2월 임자
39) ≪성종실록≫ 권84, 8년 9월 무진
40) ≪세종실록≫ 권41, 10년 7월 갑인

거짓으로 장사하러 왔다고 칭하다가 발각되어 구류되기도 하였다.[41] 그리고 동년 11월에 왜인 羅沙也文이 宗貞盛의 僞造書契를, 孔古老는 종무직의 서계를 지우고 고쳐서(塗改) 도항하였다.[42] 또한 성종 4년 6월에 筑前州 貞成의 사자가 도항하였는데, 서계에 州守의 성명이 기록되어 있지 않아 사자를 믿을 수 없다고 하여 접대를 하지 않고 송환하기도 하였다.[43]

이상의 사례를 통해서 보면 왜인들이 위조 서계를 가지고 도항하여 장사를 하러 왔다고 사칭하거나 또는 물건을 헌상하는 자들이 많았음을 알 수 있다. 그 중 위조 사실이 확실하게 드러날 경우에는 그들을 구류하거나 헌상하는 물건을 거절하고 되돌려 보냈다. 그렇지만 위조 사실이 명백하게 밝혀지지 않은 경우에는 여러 가지 상황을 고려하여 접대여부를 결정하였다. 예를 들면, 세종 13년 2월에 일본국왕사 舍溫 등이 가지고 온 서계가 일본국왕의 글이 아니고 예의가 없었기 때문에 위사라고 의심하였다. 이에 대해 우의정 맹사성은 回禮만 하고 回答은 하지 말 것을 주장하였고, 공조판서 정초는 일본과의 불화를 고려하여 회답하자고 주장하였다. 이에 대해 왕은 저들이 무례할지라도 우리의 도리를 다하여야 한다고 주장하였다.[44] 결국 조선에서는 이들에게 회례와 회답을 하였다. 이로서 보면 일본국왕사의 경우에는 다른 사신과는 달리 위사라고 의심하였을 지라도 명분론적인 입장에서 사절을 접대하려 하였음을 알 수 있다. 또한 세조 3년 9월에는 일본국 摠管府 源勝元의 사자가 가지고 온 서계가 위조된 것으로 의심하였지만 끝내 이를 거론하지 않고 접대해주기도 하였다.[45]

세종 30년 6월에는 唐人 柴江이 서계없이 일본국왕사를 따라서 도

41) ≪세종실록≫ 권87, 21년 10월 계미
42) ≪세종실록≫ 권87, 21년 11월 기미 ; 권87, 21년 11월 병인
43) ≪성종실록≫ 권31, 4년 6월 기축
44) ≪세종실록≫ 권51, 13년 2월 병오 ; 13년 3월 경오
45) ≪세조실록≫ 권9, 3년 9월 신미

항하자 그가 통제책을 위반하였지만 국왕사의 정·부사의 從者의 예에 따라 접대해주기도 하였다.[46]

한편, 조선에 도항하는 사절이 가지고 오는 서계에는 도항하는 목적, 헌상하는 물품을 기록한 별폭 그리고 도서가 찍혀 있어야만 했다. 그런데 사절 중에는 서계에 기록되지 않은 물품을 사적으로 헌상하는 사례도 있었다. 예를 들면 세종 5년 11월에 源義俊과 一岐州 源重의 사송인이 서계없이 石硫黃 950근을 사적으로 가지고 와서 헌상하려 하였으며, 세종 10년 7월에 종정성의 사자로 온 宗金 역시 서계에 기록되지 않은 물품을 헌상하려고 하였다.[47] 이 같이 서계에 기록되지 않은 물품을 헌상하는 경우에 조선에서는 이를 받아들이지 않고 거절하였다. 또한 별폭에 도서가 없는 경우에도 진헌을 거절하였다.[48] 세종 16년에는 왜인 宗彦次郎이 쌀의 사급을 요청하였는데, 서계에 쌀의 구청 사실이 기록되어 있지 않았기 때문에 그들의 요구를 거절하기도 하였다.[49]

이같이 서계를 위조하여 불법적으로 도항하는 사절이 매우 많았던 것 같다. 이는 한달 동안에 왜인이 수천명이나 도항하자 세종 21년 5월에 僉知中樞院事 李藝가 대마도주에게 불법 도항자의 금지를 요청하자고 한 사실이나,[50] 같은 해 10월에 예조에서 대마도주 宗貞盛에게 보내는 서계에서 통교 위반자가 많아서 1년동안의 왜인 접대비용이 무려 10만석에 달하여 연해의 국고가 고갈될 지경에 이르렀다고 지적한 사실을 통해서도 확인할 수 있다.[51] 조선에서는 이러한 폐단을 막기 위한 여러 가지 조처를 취하고 있다. 먼저 어염을 판매하기

---

46) ≪세종실록≫ 권120, 30년 6월 을해
47) ≪세종실록≫ 권22, 5년 11월 갑오 ; ≪세종실록≫ 권41, 10년 7월 갑인
48) ≪세종실록≫ 권44, 11년 4월 정축
49) ≪세종실록≫ 권64, 16년 4월 임신
50) ≪세종실록≫ 권85, 21년 5월 무오
51) ≪세종실록≫ 권87, 21년 10월 병신

위해서 도항하는 왜인은 문인만 소지하도록 하고 과해량도 폐지하였다. 그리고 긴급하지 않은 일로 도항하는 사절은 상경을 금지하였다. 또한 대마도의 사신은 과해량을 반감하여 5일분을 지급하며, 宗彦七, 宗茂直 등의 수도서인도 도주의 문인 받아와야만 접대를 허락한다는 사실을 대마도주에게 통보하였다.

2. 도서를 위조하거나 다른 사람의 도서를 소지한 자

이러한 유형의 위반자는 도서를 僞造 僞著하여 온 자, 私圖書를 찍어서 온 자 그리고 이미 죽은 자의 도서를 가지고 온 자로 나누어 볼 수 있다. 먼저 도서를 위조하여 온 사례를 보면, 세종 21년 10월에 宗貞盛의 사자 望古多羅가 圖書를 僞著하여 왔으며, 동년 11월에 왜인 多郞古羅와 宗茂가 宗貞盛의 도서를 위조하여 도항하였다.[52] 조선에서는 도서를 僞造 僞著하여 온 위반자에 대해서 肅拜와 饋享을 금지하게 하고 過海糧을 감하여 주고 돌려보냈다.

위반자 중에는 조선에서 사급한 도서를 사용하지 않고 私圖書를 찍어서 도항한 자들도 있었다. 그 중 菊池爲邦은 1468년에 사급받은 도서를 사용하지 않고 사도서를 사용하여 통교하였으며, 能登守 源德의 서계에 찍힌 도서는 이전의 도서와는 다른 것이었다. 조선에서는 이러한 위반자들은 모두 중간에서 속이는 자들의 소행이다고 지적하면서 대마도주에게 문인 발행에 신중을 기할 것을 요청하고 있다.[53] 또한 성종 4년 6월에 肥前州 源德의 사자 江間都老가 전에 사급한 도서를 찍지 않고 사도서를 찍은 서계를 가지고 도항하였다. 이에 대해 江間都老는 하사받은 도서가 경인년(1470)에 화재로 불타 없어졌기

---

52) ≪세종실록≫ 권87, 21년 10월 갑신 ; 권87, 21년 11월 병인
53) ≪성종실록≫ 권7, 1년 9월 병자

때문이라 주장하였다. 그러나 확인 결과 그의 말은 거짓임이 판명되어 접대하지 않고 송환하였다.[54]

한편 이미 죽은 자의 도서를 가지고 통교한 대표적인 사례는 呼子 源高와 源義의 사절이다. 呼子 源高는 수도서인으로 1444년부터 20여 년간 통교하다가 1464년에 죽었는데, 6년 후인 성종 원년에 源高의 서계를 가진 사절이 도항하였다.[55] 이 같이 도서를 사급받은 지 오래된 자의 통교는 계속되었던 것 같다. 그리하여 중종 4년(1509)에는 敬差官 尹殷輔를 대마도에 보내 遠地에 거주하는 수도서인 중에는 이미 죽은 자가 많음에도 불구하고 그들의 세견선이 끊이지 않는 것은 중간에서 간사한 자들이 사칭하기 때문이라 지적하였다. 따라서 앞으로 受圖書 후 50년이 경과한 자는 접대를 허락하지 않을 것이므로 대마도주는 도서를 잘 살펴서 문인을 발급해주도록 요구하려 하였다.[56]

이러한 조선의 대책에도 불구하고 중종 4년 7월에 源義의 사자 仇羅沙也文이 죽은 지 30년이나 지난 수도서인 원의의 도서를 가지고 통교하다가 발각되었다.[57] 이에 중종은 대신들에게 사절의 접대 여부를 의논하도록 하였다. 이에 대해 대신들은 너그러이 포용하여 접대를 해야한다는 주장과 절대 접대를 해서는 안 된다는 주장 그리고 접대는 허락하지 말고 과해량을 주어 먼 곳에서 온 사람을 회유해야한다고 주장하는 등 의견이 일치하지 않았다. 이에 중종은 접대를 해주

54) ≪성종실록≫ 권31, 4년 6월 기축
55) ≪성종실록≫ 권7, 1년 9월 병자
　　源高는 수도서왜인으로 1444년부터 1464년까지 20여년간 통교하다가 1464년에 죽었다. 후에 그의 아들 源義가 도서를 개급받았다. 한문종, 1996 <앞 논문>, 119
56) ≪중종실록≫ 권8, 4년 3월 무오. 4월 임술, 계유 ; 권10, 5년 2월 기축
57) ≪중종실록≫ 권8, 4년 7월 병신
　　肥前州 平戸寓鎭 肥州太守 源義는 少弼弘의 제로 平戸에 거주하여 병자년(1456, 세조2)에 도서를 사급받고 세견선 1척을 정약하였다(≪해동제국기≫ 일본국기 비전주 源義).

지 말고 다만 돌아가는 도중에 사절들이 굶지 않도록 조치하라고 명
하였다. 그리고는 이후부터는 도서를 받은 지 오랜 기간이 경과한 자
의 사인이 도항하면 모두 생사여부를 확인하도록 하였다.58) 이같이
源義의 사건을 계기로 도서를 사급받은 지 오래 된 수도서왜인의 통
교를 제한해야 한다는 논의가 일어났다. 그리하여 조선에서는 受圖書
·受職 후 50년 이상 된 자의 통교를 금지시키는 등 강경한 조치를
취하기도 하였다.

3. 문인을 소지하지 않았거나 위조한 자

세종 20년 문인제도의 정약으로 일본으로부터 조선에 들어오는 왜
인들은 대마도주의 문인을 받아서 도항하여야만 접대를 허락 받았다.
그러나 문인제도를 시행하는 초기에는 이를 위반하면서 도항하는 자
들이 있었다. 세종 21년 윤 2월에 宗茂直의 사인이 종정성의 文引을
소지하지 않고 도항하자, 좌찬성 신개 등은 이미 종정성과 문인제도
를 정약하였기 때문에 그들을 접대하면 다른 사인도 문인을 받지 않
고 오는 폐단이 있을 수 있으므로 접대하지 말고 돌려보내자고 주장
하였다. 그에 대해 영의정 황희 등은 그가 出羽守 宗茂秀의 아우이고
우리나라에 원한이 있어서 접대를 해주지 않으면 더욱 원망할 것이
라는 점을 들어 임시방편으로 상경시켜 접대할 것을 주장하였다. 결
국 종무직의 사자는 상경하여 접대를 받았다.59) 또한 세종 21년 6월
에는 宗彦七·宗貞國·宗茂直 등의 사인이 도주의 文引을 소지하지
않고 도항하였다. 의정부에서는 그들이 비록 문인을 가지고 오지 않
았지만 회답을 기다려서 상경시키는 것은 浦所에 오래 머무르는 폐

---

58) ≪중종실록≫ 권8, 4년 7월 정유
59) ≪세종실록≫ 권84, 21년 윤2월 계사

단이 있으므로 회답을 기다리지 말고 상경시키자고 건의하였다.[60]

이러한 사례에서 보면, 문인제도가 정약된 초기에는 문인을 소지하지 않고 도항한 자들은 접대를 금지하고 포소에서 되돌려보내지 않고, 먼저 예조에 보고하여 그들의 상경 및 접대여부를 결정하였음을 알 수 있다. 그러나 보고하고 회답받는 기간이 오래 소요되었기 때문에 회답을 기다리지 말고 상경시키도록 하였던 것이다.

한편, 통교위반자 중에는 거짓으로 이름을 꾸며(冒名) 문인을 받아온 자들도 있었다. 세종 24년 10월에 온 宗盛家의 사인 沙應古, 時羅沙也文은 지난 1월 宗茂直의 사인 馬豆老, 吾羅沙也文이 이름을 바꾸어서 도항하였고, 도주가 보낸 時羅三甫羅도 이름을 거짓으로 꾸며 도항하다가 발각되었다. 조선에서는 이들의 처리를 대마도주와 의논하여 결정하려 하였다.[61] 이같이 통교위반자의 처리를 대마도주와 의논하려 한 이유는 그들에 대한 처벌보다는 대마도주로 하여금 문인 발행에 신중을 기하도록 하려는 의도 때문이었다고 생각된다.

통교 위반자 중에는 이미 기한이 지난 노인이나 문인을 가지고 온 자들도 있었다. 세종 7년 10월에 對馬島 興利倭船主 所溫田知가 이미 기한이 지난 노인을 가지고 도항하자 노인을 수거하여 함부로 사용하지 못하도록 조처하였다.[62] 또한 중종 28년 7월에도 小貳殿의 사인(藤朝秋)이 기한이 지난 문인을 가지고 도항하였다. 그러나 조선에서는 이미 肅拜와 宴享 접대를 행한 이후에야 위반사실을 알았기 때문에 거론하지 않았다. 다만 후에 다시 위조해서 도항하지 못하도록 하기 위해서 사절에게 조선에서 통교 위반자로 의심하고 있다는 사실을 알려주는데 그치고 있다.[63]

---

60) ≪세종실록≫ 권85, 21년 6월 계미
61) ≪세종실록≫ 권98, 24년 10월 임자
62) ≪세종실록≫ 권30, 7년 10월 갑술
63) ≪중종실록≫ 권75, 28년 7월 을묘

이같이 문인과 도서·서계를 위조하여 오는 자들이 날로 증가하자 그 대책의 하나로 조선에서는 세종 21년 4월 대마도에 경차관을 파견하여 도주에게 문인의 발행에 신중을 기해줄 것을 요구함과 아울러서 도항한 자들의 서계 및 인원수 등을 기록한 명부를 보내도록 요청하였다.[64]

4. 세견선 미정약자 및 수외 통교자

세견선 미정약자 및 수외 통교자의 도항 사례는 성종대에 많이 나타났다. 먼저 성종 1년 9월 宗彦九郞貞秀, 多多良敎之, 五島宇久守 源勝의 사절은 수외 도항자였으며, 高賴郡守 武麿, 肥前州 小弼 源弘, 薩摩州 盛高의 사절은 세견선 미정약자로, 이미 기한이 지난 서계를 가지고 온 자들이다.[65] 조선에서는 이들을 접대를 하지 않고 과해량만 지급하여 돌려보냈다. 이러한 수외 통교자 및 미정약자의 통교는 이후에도 계속되었으며, 그 수법도 다양해져 정약한 수를 한 해에 중첩해서 파견하는 경우도 있었다. 예를 들면 세견1선 정약자인 肥前州 源胤과 筑前州 氏鄕, 세견 1,2선 정약자인 肥前州 小弼弘, 薩摩州 盛久는 1473년 한해에 중첩해서 세견선을 파견하였다.[66]

이같이 정약한 세견선의 수를 지키지 않고 중첩해서 파견하는 사례는 이후에도 계속 나타났다. 大內殿 敎之는 세견선 1선의 정약자임에도 불구하고 1472년과 1473년에 세견선을 중첩되게 보내와 결국 매년 2척씩을 파견하였던 것이다. 그리고 對馬島主는 1473년에 세견 25선을 중첩되게 파견하기도 하였다.[67] 또한 1474년에는 宗茂勝, 宗

---

64) ≪세종실록≫ 권85, 21년 4월 갑진
65) ≪성종실록≫ 권7, 1년 9월 병자
66) ≪성종실록≫ 권31, 4년 6월 기축
67) ≪성종실록≫ 권49, 5년 11월 신유

貞秀, 宗成俊, 秦成幸, 敎之, 藤熙久, 家次, 爲幸, 忠吉, 源吉이 보낸 사
자가 중첩하여 왔고, 그 이듬해에는 源實次, 持平, 藤熙久, 忠吉, 宗成
俊, 宗茂世의 사자가 중첩하여 도항하였다.68) 조선에서는 이러한 위
반자를 접대해주지 않고 과해량만 지급하여 돌려보냈다. 그리고는 대
마도에 선위사 등을 파견하여 이들의 위반사실을 대마도주에게 통보
하고 문인 발행을 보다 신중하게 하도록 조처하였다.

이상에서 살펴 본 것처럼 세견선 미정약자 및 수외 통교자의 도항
사례는 성종초에 많이 나타났다. 그 이유는 應仁의 난으로 일본의 국
내정세가 불안정하였던 점과 대마도에서 宗貞國이 도주직을 襲位하
여 문인 발급에 의한 왜인들의 통제에 어려움이 있었기 때문이었
다.69) 게다가 세조말부터 觀音現像이나 舍利分身·雨花의 출현을 축
하하러 오는 사절과 대마도주가 기근 등을 이유로 접대를 요청한 사
절이 매우 많았기 때문이었다.70) 이러한 요인 때문에 세조 말부터 성
종초에 세견선 미정약자와 수외 사송선이 많이 도항할 수 있었던 것
이다. 또 다른 요인의 하나는 수외 통교자나 세견선 미정약자의 통교
가 증가하자 성종이 위반 사실을 대마도주에게 통보하여 문인 발급에
신중을 기할 것을 요구하는 書契나 使節을 파견하였기 때문에, 통교
위반자에 대한 기록이 많이 남아 있을 수 있었던 것으로 생각된다.

한편 조선에서는 성종 8년(1477)에 수도서인도 세견선을 정약하여
야만 조선에 도항하여 접대를 허락받을 수 있도록 세견선 정약을 제

68) ≪성종실록≫ 권64, 7년 2월 병술
69) 中村榮孝, 1969 <앞 논문>, 41~42
70) ≪해동제국기≫에 의하면 觀音現像이나 舍利分身·雨花의 출현을 축하
하러 오는 사신이 세조 13년(1467)과 14년에 무려 33건이나 되었으며,
應仁의 난이나 기타 기근 등을 이유로 대마도주가 접대를 요청한 경우
는 세조 14년부터 예종 원년까지 무려 34건이나 되었다. 또한 壽藺護送
이라 칭하여 접대를 허락받은 사례도 세조 12년부터 성종 2년까지 13건
이나 되었다. 한문종, 1996 <앞 논문>, 77~78.

도화하였다. 그리고는 성종 14년에 세견선 미정약자인 原忠과 赤間關
太守 藤原貞重의 사신이 도항하자 접대의 거부는 물론 과해량도 주
지 않고 되돌려 보내는 등 불법 도항자에 대한 통제를 강화하였다.[71]

5. 처음 통교한 자 및 통교 단절 후 다시 통교한 자

먼저 처음으로 통교한 자들은 주로 세종 15년과 16년에 나타났다.
이는 아마 통교제도가 정비되지 않은 상황에서 왜구나 왜인이 평화
적인 통교자로 전환하는 과정에서 나타나는 현상일 것으로 생각된다.
조선에서는 처음으로 통교한 자들을 그의 세력과 토지의 유무 등을
고려하여 접대해주었다. 즉 세종 15년에 처음으로 통교한 肥前州太守
源義의 사자에 대해 田平殿의 사위이고 영지를 가지고 있으므로 다
른 사인과 같이 상경시켜 접대해주었다.[72] 또한 세종 16년 宗彦次郎
의 경우에도 그가 宗貞澄의 양자로 토지를 전해 받은 자라는 이유로
접대해주었다.[73] 이같이 처음으로 통교한 자는 그의 族勢와 영토의
유무 등을 고려하여 접대해주었다. 그 반면에 처음으로 통교한 자라
할지라도 그의 세력이 미약하거나 영토가 없는 경우에는 접대를 하
지 않고 되돌려보냈다. 이는 세종 16년에 도항한 博多人 道性과 대마
도인 宗勘解由의 사례에서 잘 나타난다.[74] 조선에서는 이들이 평소
통교하지 않았고 또한 영지도 가지고 있지 않으므로 진상과 서계를
받지 않고, 浦所에 머물며 가지고 온 물건만 매매하게 한 뒤에 돌려
보냈다.

한편 오랜 기간동안 통교가 단절되었다가 다시 통교하는 자들이

---

71) ≪성종실록≫ 권155, 14년 6월 계해 ; 권160, 14년 11월 계묘.
72) ≪세종실록≫ 권62, 15년 12월 병자
73) ≪세종실록≫ 권63, 16년 3월 임오
74) ≪세종실록≫ 권63, 16년 1월 경자 ; 권64, 16년 5월 무인

1541년 정미약조 이후에 나타나기 시작하였다. 그 대표적인 사례의
하나가 1548년(명종 3) 3월 도항한 畠山殿의 사절이다. 전산전은 成化
연간(1465-1487)인 1480년과 1485년에 통교한 이후 60여년동안 통교
가 단절되었다가 1548년에야 다시 사절을 파견하였다. 따라서 조정에
서는 전산전의 사절에 대한 접대여부를 의논하였는데, 사절의 진위를
알 수 없기 때문에 먼저 도서를 조사하여 확실하면 접대를 허가해주
도록 진헌하고 있다.[75] 또한 1553년(명종 8년) 11월에는 左武衛殿의
사신이 도항하였다. 좌무위전은 약 100년정도 통교가 단절되었다가
1552년에 사신을 파견하였는데 당시 사절의 명칭을 春江에서 宜春으
로 바꾸고 도항한 날짜도 위조한 흔적이 많았기 때문에 접대를 거절
당한 적이 있었다. 그런데 이해에 다시 좌무위의 사신인 怡天西堂이
도항하자 그의 접대여부에 대한 논란이 있었다. 당시 명종은 무위전
의 사절이 도서를 받아 왔으며, 전에 위사를 파견한 일이 있다고 하
더라도 거절하고 접대를 하지 않는 것은 멀리서 온 자를 후대하던 조
종조의 뜻에 어긋난다고 하면서 가지고 있는 牙符가 부합되면 접대
해주도록 하였다.[76]

이같이 오래 동안 통교가 단절되었던 자라 할지라도 이전에 통교
한 전례가 명확하고, 그들이 가지고 온 서계와 도서, 문인 등에 어떤
문제가 발견되지 않으면 멀리서 온 자를 후대해야 한다는 명분론에
따라 접대해주었음을 알 수 있다. 특히 통교가 단절된 후 다시 통교
하는 자들의 통교는 명종대에 나타나기 시작하였는데, 그 이유는 대
마도주가 삼포왜란 이후 폐지된 수직·수도서인의 접대를 부활해주
도록 요청한 사실과 밀접한 관련이 있다고 생각한다.

---

75) ≪명종실록≫ 권7, 3년 3월 계사
76) ≪명종실록≫ 권15, 8년 11월 신미

6. 王命을 稱託해서 사절을 파견한 자

일본국왕이라고 할 수 있는 막부장군의 명을 칭탁해서 사절을 파견한 사례는 細川氏와 伊勢守 正親을 들 수 있다. 특히 正親은 성종 원년 8월에 '日本國王 懷守納政所 伊勢守 正親'이라 칭하면서 사자를 파견하여 부족한 軍資를 요청하였다.[77] 조선에서는 이들의 서계에 도서가 없어 의심하기는 하였지만 일본국왕의 공사를 출납하는 자라는 점을 고려하여 접대해주었다. 그러나 이들이 통교 위반자라는 사실은 성종 5년 日本國王使 正球에 의해서 알려지게 되었다. 정구는 지난번의 細川氏와 伊勢씨의 통교는 왕명을 假託하여 兵費를 요구한 것임을 밝히고, 이러한 위반자를 막기 위한 대책의 하나로 통신부의 사급을 요청하였다.[78]

이와 같이 應仁의 亂으로 일본 국내정세가 혼란한 틈을 타서 일본국왕을 사칭한 위반자가 나타나기도 하였다.[79]

7. 使節 또는 格軍을 稱託한 자

왜인통제책을 위반한 자 중에는 對馬島人이나 三浦恒居倭人이 사절 또는 格倭로 稱託하는 사례도 있었다. 먼저 세종 21년 12월에 薺浦 恒居倭人 而羅餘文이 宗彦七의 사송인을 따라 왔다고 칭하다 발각되었다. 이에 대해 조선에서는 사절의 肅拜를 거부하고 接待해주지 않았으며, 而羅餘文은 대마도로 강제 귀환시켰다.[80] 이로서 보면 삼

---

77) ≪성종실록≫ 권7, 1년 8월 기사. 8월 임신
78) ≪성종실록≫ 권50, 5년 12월 병신
79) 이에 대해서는 橋本雄, 1997, <中世日朝關係における王城大臣使の僞使問題> ≪史學雜誌≫ 106-2에 잘 정리되어 있다.

포항거왜인이 사인을 사칭하는 경우에는 숙배와 접대의 거부는 물론
이고 삼포에 거주하지 못하도록 일본으로 강제 송환하였음을 알 수
있다. 반면에 왜인이 사인을 사칭하여 도항한 경우에는 죄를 묻지 않
고 특별히 용서하여 돌려보내기도 하였다. 이는 세종 22년 5월에 三
郞左衛門과 八郞左衛門이 몰래 다른 배를 타고 와서 使人을 사칭하
다 발각되자 죄를 묻지 않고 되돌려 보냈던 사례를 통해서 확인할 수
있다.81)

이 같이 사절이나 격군을 청탁한 자들의 도항 목적은 조선으로부
터 양식이나 過海糧 등을 받아가기 위한 것이었다.

8. 기 타

그 밖에도 통교 위반자 중에는 규정을 어기고 세견선의 크기를 바
꾸어 타고 도항한 사례도 있었다. 즉 성종 4년 3월에 博多城 藤氏母
의 사송 信沙伊文이 이미 정해진 약속을 어기고 사송선을 小船에서
大船으로 바꾸어 타고 오자 구약을 어겼다고 하여 접대하지 않고 송
환하기도 하였다.82) 또한 본인이 직접 도항해야하는 수직왜인이 사절
을 보내는 사례도 있었으며,83) 고초도조어금약을 위반하고 병기를 소
지하고 고기잡이한 왜인을 체포하여 대마도로 돌려보내기도 하였
다.84)

---

80) ≪세종실록≫ 권87, 21년 12월 기묘
81) ≪세종실록≫ 권89, 22년 5월 경신
82) ≪성종실록≫ 권31, 4년 6월 기축
83) ≪성종실록≫ 권7, 원년 9월 병자
84) ≪성종실록≫ 권49, 5년 11월 신유

V. 맺음말

이상에서 조선전기 통교 위반자를 연구하기 위한 기초작업으로 왜
인통제책의 실시배경과 내용 그리고 통교 위반자에 대한 유형 및 처
리 등에 대해서 살펴보았다. 여기에서는 이상에서 살펴 본 내용을 정
리하는 것으로 결론에 대신하고자 한다.

조선의 다양한 왜구대책으로 왜구의 침입은 감소하고 일본으로부
터 도항하는 통교자는 증가하였다. 따라서 조선에서는 왜인을 통제할
필요성을 인식하고, 대마도정벌을 계기로 왜인통제책을 정비하기 시
작하였다. 그 결과 조선에서는 書契, 圖書, 文引制度와 歲遣船의 정약
등 여러 가지 왜인통제책을 실시하였다. 이같이 조선정부가 왜인통제
책을 실시할 수 있었던 배경으로 통교자의 증가에 따른 치안·경제
상의 부담과 대마도정벌 이후 왜구에 대한 자신감, 그리고 일본의 국
내정세에 대한 지식의 확대 등을 들 수 있다.

이러한 왜인 통제책을 실시하는 과정에서 이를 위반하면서 도항하
는 통교 위반자들이 나타나기 시작하였다. 이 통교 위반자의 유형을
보면, 먼저 서계·도서·문인과 관련하여서는 서계·도서·문인을
위·변조하거나 소지하지 않은 사례, 서계에 기록되지 않은 물건을
사적으로 진헌한 사례, 사도서나 죽은 자의 도서를 사용한 사례, 기한
이 지난 문인을 사용한 사례 등이 있었다. 그리고 수외 세견선이나
정약된 세견선을 중첩해서 보내는 사례, 세견선을 정약하지 않은 사
례 등 세견선과 관련된 위반자도 많았다. 그 외에도 처음으로 통교하
거나 통교가 단절된 후에 재통교한 사례, 일본국왕의 명을 칭탁하거
나 使節·格軍 등을 칭탁한 사례, 수직왜인이 사선을 파견한 사례와
고초도조어금약을 위반한 사례 등이 확인된다.

이와 같이 왜인들은 매우 다양한 형태로 조선의 왜인통제책을 위

반하면서 도항하는 자들이 많았다. 이들 통교 위반자에 대한 조선의 처리를 보면 위반 사실이 명백하게 드러나는 경우에는 가지고 온 물품의 獻上을 금지하고 肅拜의 거부하였으며, 접대를 허가하지 않고 過海糧을 주어 되돌려보냈다. 그러나 통교 위반자의 위반수법이 다양하고 교묘했기 때문에 조선에서 위반 사실을 밝혀내기는 쉽지 않았다. 따라서 통교 위반자로 의심이 되더라도 그들을 되돌려보내지 않고 여러 가지 사정을 고려하여 접대를 허용하였다. 심지어는 위반 사실이 거의 명백하게 드러난 경우에도 그들을 처벌하지 않고 상경시켜 접대하기도 하였다. 이와 같이 조선정부가 통교 위반자를 강력하게 단속하지 못하고 미온적으로 처리한 이유는 멀리서 온 사절을 박대할 수 없다는 명분론과 일본과의 불화 및 왜구의 재발 가능성 때문이었다고 생각된다. 그리고 당시 조선에서는 그들이 가지고 온 서계·도서·문인과 進上·回賜라는 외교의례에 충족된다면 통교 위반자의 진위 여부에 대해 크게 문제삼지 않았던 것 같다.

한편 조선에서는 통교 위반자가 많이 나타나자 그에 대한 처리를 대마도주와 의논하거나 위반사실을 대마도주에게 통보하기도 하였다. 이는 통교 위반자를 처벌하는 것보다는 대마도주로 하여금 문인발행에 신중을 기하도록 경고하려는 의도였다고 생각된다. 이같이 조선정부가 대마도주를 통해 간접적으로 통교왜인을 제한하려는 방식은 한계가 있었다. 즉 조선에서는 대마도주에게 문인발행권을 주어 통교자를 통제하려 하였지만 대마도주가 제대로 문인을 발행하고 있는가를 확인할 수 있는 제도적 장치가 없었기 때문이었다. 결국 이러한 간접 통제방식과 문인제도의 한계점이 통교 위반자를 증가시키는 배경의 한 요인이 되었다고 할 수 있다.

마지막으로 본 연구에서 다루지 못하였거나 또 이후에 연구되어져야 할 과제를 정리하면서 결론을 맺으려고 한다. 첫째는 통교자들이 포소에 도착한 이후부터 돌아갈 때까지 조선의 接待規定을 위반한 사례에 대한 검토가 필요하다고 생각한다. 둘째는 조선에서 통교 위반자들을 어떻게 인식하고 대일외교에 반영하였는지에 대한 연구가 행해져야 한다. 셋째는 통교 위반자뿐만이 아니라 조선에 도항한 개개의 사절에 대한 종합적인 검토를 하여야만 통교 위반자의 실태를 보다 명확하게 규명할 수 있다. 이러한 연구를 토대로 조선시대 한일관계에서 통교 위반자가 차지하는 역할 및 의의를 밝힐 수 있을 것으로 기대한다. 그러나 이에 대한 연구는 다음 기회로 미루고자 한다.

〈별표〉 조선전기 통교 위반사례 일람표

	통교년월일	통교자	도항인	위반내용	처리 내용
1	세종 05 11 갑오(17)	源義俊 / 一岐州 源重	客人	서계없이 석유황 950근 私的으로 진헌	진헌 거부
2	세종 06 12 무오(17)	源義俊	使人	한해에 20여차례 도항	세견선 2선 정약
3	세종 07 10 갑술(09)	對馬島 興利倭船主 所溫田知	본인	기한이 지난 路引이을 소지	路引 수거하여 재사용 금지
4	세종 10 07 갑인(04)	對馬島 宗貞盛	宗金	서계에 진상하는 물품이 기록되지 않고, 별폭에 도서가 적혀있지 않으며 금자의 획도 서계와 다름	진헌 거부
5	세종 11 04 정축(02)	對馬島 宗彦七盛國	치서	別幅物件錄에 圖書가 없음	진헌 거부, 미두 각40석 사급
6	세종 13 03 경오(06)	日本國王使	舍溫, 而羅	통신서계가 구왕의 글이 아니고, 예의가 없다. 위조서계 가능성?	접대
7	세종 15 12 병자(27)	肥前州太守源義	사인	非通信人	田平殿源 珤, 有土地人 館待 京中
8	세종 16 01 경자(22)	博多居 道性	본인	非通信人	非有土地人, 진헌·서계 거절
9	세종 16 03 임오(05)	宗彦次郎	본인	非通信人	宗貞澄 養子, 傳其土地者 他接待
10	세종 16 04 임신(25)	宗彦次郎	사인	서계없이 米 구청	거절
11	세종 16 05 무인(02)	對馬州住 宗勘解由	사인	非通信人	無土地者, 戸소에서 물건 매주 透還
12	세종 21 윤2 계사(15)	對馬島 宗茂直	仇羅沙也門	宗貞盛의 文引 미소지	宗大膳의 아우, 상경접대

	통교년월일	통교자	도항인	위반내용	처리 내용
13	세종 21 06 계미(07)	對馬島 宗彦七盛國 / 對馬島 宗茂直	多羅時羅76인 / 皮古仇老 65 / 時知難酒毛70인 / 表安時羅 65인	宗貞盛의 文引 미소지	上京
14	세종 21 10 계미(08)	對馬州 宗貞盛	상관인 沙毛多老, 船主延時老	書契를 지워서 고치고 거짓으로 장사하러 왔다고 칭함	구류하였으나 도주함
15	세종 21 10 갑신(09)	宗貞盛	상관인 望古多老	宗貞盛의 文引 위조	숙배·접대 거부, 과해량주어 송환
16	세종 21 11 기미(15)		羅沙也文	宗貞盛의 위조서계 소지	進獻 거부, 饋餉 불허
17	세종 21 11 병인(22)		多郎古羅, 宗茂	宗貞盛의 도서 위조	진헌 거부, 접대 불허
18	세종 21 11 병인(22)		孔古老	宗茂直의 서계 위조	진헌 거부, 접대 불허
19	세종 21 12 기묘(05)	宗彦七	상관인 實前의 반인 而羅餘文	乃而浦 恒居倭人이 伴人 사칭	숙배 거부, 접대불허, 본토 강제송환
20	세종 22 05 경신(19)		三郎左衛門, 八郎左衛門	양식을 받으려고 다른 사람의 배를 타고 사인을 사칭함	특별이 용서하여 송환
21	세종 24 10 임자(25)	宗盛家 / 宗貞盛	沙應古 / 時羅沙也文 時羅三甫羅	宗茂直 使送人(馬豆老, 吾羅沙也也 / 文의 이름 위조 도항 / 이름 위조하여 도항	대마도주에게 처리여부 논의
22	세종 30 06 정해(21)	宗貞盛	唐人 柴江	서계없이 일본국왕사를 따라 옴	사정의 從者 예로 접대

	통교년월일	통교자	도항인	위반내용	처리 내용
23	세조 03 09 신미(21)	日本國 總官府 源勝 元	사자 20인	위조 서계로 의심	확인하지 않음
24	성종 01 08 임신(27)	日本國王 懷守納政所 伊勢守 正親	사자 入道 등	왕명 청탁하고 軍資 요청 서계에 도서가 없음	접대
25	성종 01	細川・伊勢	사자	일본구왕사 正球 등이 兩使는 왕명을 청탁한 사절이라 주장(성종 5/12 병신)	일본구왕사 正球 등이 왕명을 청탁한 사절이라 주장성 象牙符 10개 사급
27	성종 01 09 병자(01)	菊池爲邦	사자	사도서 사용하여 통교	
281	성종 01 09 병자(01)	呼子 源高	사인	죽은 자의 서계를 가지고 도항	
29	성종 01 09 병자(01)	能登守 源德		서계에 적힌 도서가 전에 사급한 도서와 다름	
30	성종 01 09 병자(01)	中尾吾郎, 道安, 三甫郎大郎 宗像郡氏鄕		자신(수직왜인)이 직접 도항하지 않고 사인을 파견	접대 불허, 피해 량 지급, 위반사실을 대마도주에게 통보
31	성종 01 09 병자(01)	宗彦九郎貞秀 多多良敎之 五嶋宇久守 源勝		數外 사송인 파견	
32	성종 01 09 병자(01)	高賴郡守 武藤 肥前州 小郞 源弘 薩摩州 盛高		세견선 미정약자, 오래 전의 서계를 변조해서 내조	

	통교년월일	통교자	도항인	위반내용	처리 내용
33	성종 04 06 기축(30)	博多城 藤氏母	信沙也文	小船을 大船으로 바꾸어 타고 음	접대붙혀 승환, 위반사실을 대마도주에게 보냄 등
34	성종 04 06 기축(30)	筑前州 貞成	大要沙也母	서계에 州守의 성명 미기록 등 / 서계위조 의심	
35	성종 04 06 기축(30)	筑前州 元胤 / 筑前州 氏鄕 / 肥前州 小弼弘 / 薩摩州 盛久	仇利皮沙也文 / 沙斗沙也文 / 毛利皮沙伊文 / 仇羅沙伊文	1473년의 사송선을 중첩하여 파견 구약을 어김	
36	성종 04 06 30(기축)	肥前州 源德	江間都老	서계에 찍은 도서가 사급한 도서와 다름	
37	성종 05 11 신유(10)	對馬島 仇女人		고초도조어금두 위반, 별기소지	제포하여 대마도에 보냄
38	성종 05 11 신유(10)	菊池重朝	守主師	菊池爲邦 使者와 동시 도항	대마도주에게 진위를 밝혀주도록 요구
39	성종 05 11 신유(10)	多多良 敎之 / 對馬島主		1472, 1473년 세견선 중첩 파견 / 1473년 세견 25선 중첩 파견	引待
40	성종 07 02 병술(12)	宗貞秀 / 宗成俊 / 秦成幸 / 敎之 / 源實次 / 藤熙久	多難酒毛 등 / 都小只 / 時難酒毛 / 難延都老 / 都汝文 / 老仇難酒毛	세견선 중첩(1474년) 파견	대마도주에게 통보

	통교년월일	통교자	도항인	위반내용	처리 내용
41	성종 07 02 병술(12)	家次 / 爲幸 / 忠吉 / 源吉 / 源實次 / 持平 / 藤熙人 / 忠吉 / 宗成俊 / 宗茂世	信汝文 / 陳小只 / 信汝文 / 皮古汝文 / 多而小而文 / 三甫羅汝毛 / 可文老愁戒 / 舍文老愁戒 / 竹本邊沙也文 / 沙同古羅	세견선 증첩(1475년) 파견	대마도주에게 통보
42	성종 14 06 계해(02)	原忠	사인	미정약자가 도주의 서계를 가지고 도항	송환
43	성종 14 11 14(계묘)	長門州 赤間關太守 矢田 藤原貞重	上官人 堅座兒	세견선 미정약자	과해량 없이 송환
44	중종 04 07 06(병신)	日本國 源義	仇羅沙也文	이미 죽은 자의 도서 사용	접대는 거절하되 도로에서 굶지 않도록 함
45	중종 28 07 14(을묘)	日本國 小貳殿	藤明秋	기한이 지난 문인 소지, 중간에 서사칭	사인의 진위가 의심스럽지만 후대
46	명종 03 03 18(계사)	日本國 畠山殿	사인	통신 단절자의 세통교	도서 확인후 접대
47	명종 08 11 29(신미)	左武衛殿	사인	통교 단절자, 사절명칭과 도항 일자 위조 혼칙	牙符가 부합하면 접대 허용

* 위의 표는 《조선왕조실록》(태조~선조)과 한문을, 《조선전기 통교외일 일람표》(전부대 박사논문 참교자료, 1996)와 伊藤幸司, <僑使の時代>(村井科硏福岡심포지움 發表要旨, 2002를 참조하여 작성하였다.
* 통교년월일은 《조선왕조실록》에 기록된 날자임.

ABSTRACT

Tsusima Island—Hakada Delegate and Pseudo—missions: Policy of Wa (Japanese) Control and Handling of Violators of Exchange Regulations in early Joseon Period

Han, Moon-jong

During the 15th century, Joseon attempted to establish various policies and treaties in order to control exchange with Japanese Wa through diplomatic documents, certified seal, official sponsorship system, and vessel regulation treaty. In the attempt to uphold the treaties, there arose those who violated them and made the trip across the sea. When examining the properties of such exchange violations, there were examples of those who did not possess, violated or changed written contracts, certified seals, and official seals of approvals, those who presented private gifts that were not recorded in the recorded archives to the king, those who used written contracts of deceased persons or private certified seals, or even those who used expired official seals. There were also cases that violated the vessel regulations treaty. Outside of these examples, there are confirmed cases of those who gave the pretext of being under the orders of the Japanese emperor or of delegates and military official as well as private boats that were dispatched by Wa watchouts.

In cases when evidence of violations against exchange regulations manifested, the Joseon government would provide food for the journey and send them back, rejecting any presents and respectful bows to the king. It was rather difficult to assess the truth of violations since the traveling perpetrators used various and clever means to violate the rules. Even when suspected of being a trade violator, the Joseon government did not return them but considered the various aspects of their situation and permitted their reception. Even when their violations were revealed, they were not punished but rather traveled the capital and received at times. Upon Joseon's demand for proof of identification, if the Wa were to present valid possession of diplomatic documents (issued by Ministry of Rites), certified seal, official sponsorship, or the delegates' bestowal which proved their legitimacy as contracted tradesmen, there was no issue of authenticity, whether or not they were trade violators. The reason why Joseon did not strongly reject the trade violators was because they believed it their moral duty not to mistreat envoys that had traveled from afar and also to curb in advance possible rekindling of problems and conflicts with the Japanese.

As exchange violators became more evident, Joseon took the matter to the daimyo for discussion or reported the violations to the daimyo. Rather than punish the offenders, Joseon believed that by alerting the Japanese daimyo, the latter would heed more attention to official sponsorship formalities. However, Joseon had no regulatory means to check this method of indirectly dealing with the Wa violators, of whether or not the daimyo was properly handling the issuance of such official trade sponsorship. Therefore, the inability to check the proper issuance of sponsorship and secondarily punishing the violators worked to increase the number of exchange violators.

Keywords: Certified seal, vessels regulation treaty, Tsusima Island, pseudo-delegate or bogus missions

《조선왕조실록》 속의
日本國王使와 僞使

신 동 규*

Ⅰ. 머리말

최근 한일관계사 연구에 새로운 중요 분야로 부각되고 있는 것이 '僞使'라는 테마이다. 이는 당시의 조일관계가 어떠한 실태로 동아시아 속에서 국제관계를 지속해왔는가를 살펴볼 수 있는 또 다른 계기를 마련해 주고 있다. 위사라는 것은 '거짓된 사절', 즉 일반적으로 남의 명의를 사칭하여 조선에 파견된 사절을 가리키고 있다. 선행연구의 결과로만 본다면, 일본의 중세, 특히 무로마치(室町) 시대와 조선과의 관계는 '사절 파견 붐(=견사 붐)'의 시대로서 일본 제지역의 사

* 한림대학교 일본학과 강사

절 파견, 일본국왕사를 포함해 위사도 상당한 부분을 차지하고 있다. 하지만, 본고에서 다루는 日本國王使 속의 위사 문제는 아직까지 상세한 연구가 거의 전무하다고 할만큼 연구가 진행되고 있지 않다.

때문에 본고에서는 다음과 같은 두 가지의 연구 목적 하에 상기 과제를 고찰해 나가도록 하겠다.

첫째, 한일 양국의 관련 선행 연구사를 정리함으로써 일본국왕사와 위사에 대한 개념을 양국의 객관적인 시점에 의해 도출해 내는 것이다. 일본국왕사 및 위사에 대한 연구가 일본측에서 시작이 되었고, 이로 인해 위사 개념과 그에 대한 서술 자체가 한국과 동아시아 속의 역사적 배경을 제외한 일본의 입장만을 토대로 하고 있어, 당시의 양국관계를 보다 실증적이고 객관적으로 파악할 수 없기 때문이다. 이는 본고에서도 명확히 하겠지만, 당시에 여진도 조선에 위사를 파견하고 있었다는 점을 선행 연구에서는 간과하고 있으며, 위사 발생 배경을 일본 측 위주로 연구해온 현재 연구단계의 문제점이라고도 할 수 있다.

둘째, 일본국왕사를 사칭해 파견된 위사를 한일관계사에서 어떻게 평가해야 하는가의 문제점을 규명하는 것이다. 물론, 일본국왕사를 사칭한 위사보다는 '琉球國王使'를 사칭한 위사가 사료 속에 먼저 등장하고 있어 유구와의 관계를 종합적으로 관찰해 볼 필요성이 있으나, 여기서는 일본국왕사를 중심으로 언제부터 위사 파견이 시작되었는가, 조선 측은 이들 위사를 어떻게 이용하려 했는가에 대해 중점적으로 고찰해보겠다.

이러한 두 가지 문제점을 파악하는 것으로써 일본국왕사와 위사는 물론, 당시의 한일관계의 실태, 외교체제의 구성 원리 등을 총체적으로 파악할 수 있는 토대가 구성될 수 있을 것이다. 이것이 필자의 궁극적인 목적이나 본고는 이를 위한 기초 작업으로서의 목적이 있으며, 특히 일본국왕사로 사칭한 위사 문제는 조일간의 외교 논리가 서로 상반된 움직임, 다시 말하면 회유와 갈등, 상호 협조 속에서 이루어지고 있었다는 것을 극명하게 보여주고 있어 당시의 한일관계의 성격을 규명할 수 있는 시론적인 성격도 있다. 우선, 이와 관련된 선행연구와 본 연구의 첫 번째 목적인 위사의 개념 문제를 정리해 보도록 하겠다.

Ⅱ. 선행연구와 日本國王使・僞使의 개념

1. 선행연구

선행연구로서 먼저 일본 측을 살펴보면, 나카무라 히데타카(中村榮孝)・다나카 다케오(田中健夫)의 선구적 연구가 있다. 나카무라는 동아시아의 책봉체제와 중국의 왜구 대책 속에서 日本國王의 출현을 파악하였는데,[1] 다나카도 역시 마찬가지의 입장에서 일본국왕을 파악하고 있다.[2] 일본 통일정권의 수장(일본국왕)이 책봉된 것은 중국 중심의 동아시아 국제질서(=華夷의 世界)에 일본이 일각을 담당하고 있었다는 것이며, 왜구를 금지해 중국 연해 인민을 보호했다는 것에 일본국왕 성립에 대한 중국 측의 의의를 밝히고 있다. 일본의 입장에서는 국내에서 절대자로서의 권위를 유지할 수 있었고, 또 무역이익과 독점수입에 따른 경제적 우위의 입장을 밝히고 있다.

그 뒤를 이어 오사 세쯔코(長節子)・다카하시 기미아키(高橋公明)・무라이 쇼스케(村井章介)・나카오 히로시(中尾宏) 등에 의해 일본국왕 및 일본국왕사 연구의 폭은 넓어졌다.

1) 中村榮孝, 1965 <十五・十六世紀の東アジアと日本> ≪日鮮關係史の研究≫ 中 (吉川弘文館, 東京)
2) 田中健夫, 1975 ≪中世對外關係史≫ (東京大學出版會, 東京)

무라이는 기본적으로 일본국왕인 아시카가(足利) 장군이 책봉을 받음으로써 조선과 대등 교린관계에 정착하게 되었다는 점에서는 전술한 나카무라·다나카 두 사람의 연구를 인정하고 있으나, 일본은 동아시아의 일반적인 외교형식을 취하지는 않았다고 주장한다.3) 즉, 아시카가 장군이 조선통교에 대해서 자기를 중심으로 일원화할 실력도 없었을 뿐만 아니라, 그러한 의도도 없었다는 점을 지적하고 있다. 또한 조선은 왜구 금압을 목적으로 아시카가 장군만이 아닌 서일본의 다양한 세력을 客人으로 접대하고 있었으며, 이러한 세력들은 대조선 무역이윤을 극대화하기 위해 사신을 칭하기까지 했다고 하여 僞使의 가능성을 제기했다.

일본국왕사와 관련하여 다카하시는 중세 중국·조선·일본의 외교교섭의 실상을 검토해 일본국왕 및 室町幕府의 위치를 규정 짓는 등 외교 의례와 일본국왕이라는 칭호를 중심으로 동아시아 속에서의 일본의 위치를 파악하고 있으며,4) 나카오는 일본국왕사가 파견된 시기와 인원 등에 대해 상세한 논증을 행하고 있다.5)

한편, 위사의 연구 폭을 더더욱 넓힌 계기가 되었던 것이 다카하시와 무라이의 논쟁이다. 다카하시는 '조선견사 붐' 속에서 위사가 혼재해 있었다는 것은 별 상관이 없다고 하며, 대부분을 '眞使'로 파악하여 통교자의 '朝貢的'인 통교 자세를 중요시하고 있다.6) 즉, 일본 측 사절(=일본의 통교자)에 조선에 대한 '大國觀'의 존재를 인정하여 대

---

3) 村井章介, 1988 ≪アジアのなかの中世日本≫ (校倉書房, 東京) 335~336
4) 高橋公明, 1982 <外交儀禮よりみた室町時代の日朝關係> ≪史學雜誌≫ 91-8 ; 1985 <室町幕府の外交姿勢> ≪歷史學硏究≫ 546
5) 中尾宏, 2000 ≪朝鮮通信使と壬辰倭亂≫ (明石書店, 東京) 74~75
6) 高橋公明, 1987 <朝鮮遣使ブームと世祖の王權> ≪日本前近代の國家と對外關係≫ (田中健夫編, 吉川弘文館) ; 1989 <16世紀の朝鮮對馬東アジア海域> ≪幕藩制國家と異域·異國≫ (加藤榮一·北島万次·深谷克己編, 校倉書房, 東京) ; 1992 <外交稱號, 日本國王某> ≪名古屋大學文學部硏究論集≫ 113

다수의 사절들이 조선의 정치적인 동향에 따라 사절을 파견하고 있었다는 것이다.

이러한 견해에 대해 무라이는 위사들(=왜인 해상세력들)의 존재에 대한 지적과 함께 그들의 주된 목적이 경제적 이익의 욕구에 있었다는 논리에 따라 다카하시의 견해, 즉 일본의 '조선견사 붐' 속에서 보이는 조선에 대한 '조공적' 자세에 반론을 제기하고 있다.[7] 그 예로서 대장경을 조선에 청구하는 위사들의 존재를 지적하고 있으며, 이것으로 보아 위사들은 回賜品에 대한 경제적 욕구, 그리고 대장경 수급에 대한 문화적 욕구를 중시하였던 점을 들고 있다. 다시 말하자면, 왜인 해상세력들은 조선에 대해 가식적인 '조공적' 자세를 보인 것이며, 이를 '大國觀'으로 상정해서는 안 된다는 것이다.

오사 세쯔코(長節子)도 다카하시설에 의문을 표명하였는데, 그는 "일련의 사절의 대부분이 위사라고 본다면, 종래에 논의해 왔던 견사의 동기와 배경, 교류의 목적, 사절 파견자의 조선관에 관한 의논은 의미가 없는 것이다."[8]고 까지 언급하고 있다.

이러한 다카하시·무라이의 논쟁 속에서 위사 연구는 일본의 신진 연구자들 사이에 한일관계의 중요 테마로 부상되었고, 또 '견사 붐' 시대의 사절이 진사인가, 위사인가의 문제로 관심을 돌려 발전하게 되었다. 즉, 최근 하시모토 유(橋本雄)·요네타니 키요시(米谷均)·세키 슈이찌(關周一)·이카와 켄지(伊川健二)[9]·이토 코우지(伊藤幸司)

---

7) 村井章介, ≪앞 책≫ 제10장. 다카하시 기미아키(高橋公明)와 무라이 쇼스케(村井章介)의 논쟁에 대해서는 橋本雄, 2003 <宗貞國의 博多出兵과 僞使問題> ≪『조선왕조실록』속의 한국과 일본≫ (경인문화사, 서울)을 참조.

8) 長節子, 2002 <朝鮮前期日朝關係の虛像と實像> ≪年報朝鮮學≫ 8, 37~38 ; 1987 ≪中世日朝關係と對馬≫ (吉川弘文館, 東京) 참조 ; 2002 ≪中世國境海域の倭と朝鮮≫ (吉川弘文館, 東京) 참조.

9) 伊川健二, 2000 <中世後期における外交使節と遣外國使節> ≪日本歷史≫ 626.

에 의한 일본국왕사 내지는 위사 문제 등을 포함한 연구가 바로 그것이다. 어떻게 본다면, 아직은 위사의 연구의 출발 단계라 할 수 있으나, '조선 견사 붐'이라는 과거의 역사적 현상이 현재의 한일관계사 연구에 '위사 연구의 붐'을 일으키고 있다고 생각해도 좋을 정도이다.

가장 활발하게 위사 연구를 진행하고 있는 하시모토는 일본국왕사만으로 해결할 수 없었던 서일본 지역의 '王城大臣使'를 중심으로 15세기 조일간의 '견사 붐'을 규명하고 있다.[10] 지금까지 거의 眞使임을 의심받지 않았던 15세기의 王城大臣使는 거의 대부분이 위사였다는 것이다. 또, 이후 시기의 위사문제에 대해 장군 권력이 결정적으로 붕괴되는 시점, 즉 '明應의 政變(細川씨에 의한 장군 폐립사건)' 이후 일본국왕사를 사칭한 위사가 급증하고 있다고 하여 정치적 변동에 의한 위사의 급증문제를 분석하고 있다. 특히, 15세기의 이러한 위사 급증 문제를 근거로 당시 조선이 보고 있던 日本國=室町幕府의 像은 '虛像'에 지나지 않는다는 주장하였는데, 이는 중세 조일관계가 동아시아 책봉체제의 일원화된 외교구조 속에서 진행된 것이 아니라, 표면과 내면의 이중구조 속에서 진행되고 있었다는 점을 입증할 수 있어 시사해주는 점이 크다. 하지만, 하시모토의 위사연구는 일본 국내 정치의 변동에만 중점을 두고 있어 조일간의 무역관계에서 오는 위사문제를 이해하기에는 충분하지 않다. 즉, 위사의 발생과 위사 파견의 구조 전체를 이해하기 위해서는 일본 국내의 정치변동뿐만 아니라, 서일본 지역의 전통적인 조선무역의 절대성, 다시 말하면 조선무

---

10) 橋本雄, 1997 <中世日朝關係における王城大臣使の僞使問題> ≪史學雜誌≫ 106-2 ; 1997 <"遣朝鮮國書"と幕府·五山-外交文書の作成と發給-> ≪日本歷史≫ 589 참조 ; 1998 <室町幕府外交の成立と中世王權> ≪歷史評論≫ 583 참조 ; 1998 <室町·戰國期の將軍權力と外交權-政治過程と對外關係-> ≪歷史學研究≫ 708 참조 ; 2003 <宗貞國의 博多出兵과 僞使問題> ≪『조선왕조실록』속의 한국과 일본≫ (경인문화사, 서울)

역에서 오는 거대한 무역이윤 추구와 해당지역의 경제적 구조문제를
염두에 두지 않으면 안 된다. 또 조선에서 위사일 가능성에 대해서는
어느 정도 인지하고 있었음에도 불구하고 접대한 이유에 대해서는
명확히 언급하고 있지 않다.

요네타니는 16세기 대마도의 위사파견 문제를 대마의 대조선외교
의 구조적인 문제점과 그 실태를 규명하고 있다.[11] 그는 조선 측이
대마의 위사파견을 의심하고 있었음에도 불구하고 받아들인 이유에
대해 대마의 외교 책략을 들고 있다. 즉, 조선정부가 위사 파견을 밝
힐 수 있는 가장 유효한 정책은 일본으로 통신사를 파견함으로서 일
본의 실정을 파악하는 것이라고 인지하고 있었으나, 대마는 일본 국
내의 병란을 이유로 통신사 파견을 저지하고 있었으며, 또 조선 측은
대마를 통해서만 일본 정보를 입수할 수 있어 위사의 진위를 파악할
수 없었다는 것이다. 또한 조선 측에서 본다면 '臣'을 칭하며 조공하
는 통교자 像(위사)은 (조선)스스로의 화이의식을 충족시키는 것으로
조선 측은 이러한 입지에서 위사 파견의 횡행을 허락할 수밖에 없었
던 것이 근본적 원인이라고 추측하고 있다. 한편 그는 대마의 위사
파견을 하나의 시스템으로 파악하여 '僞使派遣體制'라고 의미를 부여
하고 있으나, 당시의 위사파견이 어떠한 원리로 파견되었는가, 또 체
제라고 명명한다면 대마는 어떠한 규정 속에서 위사를 파견했는가를
규명해두지 않으면 안 되는데, 이러한 점은 그의 남겨진 과제라고 평
가할 수 있다.

세키는 일본국왕사 파견을 대상으로 室町幕府의 대조선 외교의 성
격과 막부의 의도를 규명하였으며, 특히 博多상인의 동향 속에서 조
선관계의 추이와 위사 발생문제를 파악하여 일본국왕사 속의 위사문
제 해결에 중요한 키포인트를 제시해 주고 있다.[12]

---

11) 米谷均, 1997 <16世紀日朝關係における僞使派遣の構造と實態> ≪歷史
學研究≫ 697

이토는 15·16세기의 대조선외교의 외교교섭을 담당하고 있던 선승에 대한 분석을 행하고 있는데, 일본국왕사를 포함한 수많은 위사를 만들어낸 대마의 외교승에 대한 분석도 그 시야에 두고 있다.[13] 특히 위사파견을 위한 외교문서를 기초하는 선승의 역할을 분석해 夢窓派 華藏門派의 외교승이 室町幕府와 대마의 대외교섭을 담당함으로서 당시의 진사와 위사를 성립시킨 세력으로 규명하고 있다.

최근의 위사관련 연구에서 특이할 만한 것은 조선에 파견된 사절이 진사인가, 위사인가의 문제에서 위사의 주체에 관한 문제로 전이되고 있다는 점이다. 대마인이 주체가 되었다는 '對馬主體說'과 對馬와 博多 연합형이라고 보는 '對馬－博多 聯合說'로 압축되는데, 전자는 오사(長節子)에 의해서 주장되고 있으며, 후자는 하시모토(橋本雄), 세키(關周一), 이토(伊藤幸司) 등의 연구자들에 의해 제기되고 있다. 하지만, 하시모토에 의하면, 오사도 모든 위사가 대마인이라고 주장하는 것만은 아니라고 평가함과 동시에 '僞琉球國王使'에 관해서는 博多 상인주도에 대마 협력형의 위사라는 자신의 주장에 인식을 공유하고 있으며, 오사는 결국 '對馬主體說'에 대한 유연한 위사 파견체제상을 제시하고 있다고 언급하고 있다.[14] 이러한 연구 경향들을 필자가 일견해 본다면, 일본에서의 위사 파견 주체에 관한 문제는 對馬－博多 연합형으로 기울고 있는 듯하다.

한편, 한국 측의 연구는 민덕기[15]와 한문종[16]에 의해서 계속적인

---

12) 關周一, 1997 <室町幕府の朝鮮外交－足利義持·義教の日本國王使を中心として－> ≪日本司會における王權と封建≫ (阿部猛 編, 東京堂出版)
13) 伊藤幸司, 1999 <十五十六世紀の日明·日朝交涉と夢窓派華藏門派> ≪朝鮮學報≫ 171.
14) 橋本雄, <宗貞國의 博多出兵과 僞使問題> ≪앞 책≫
15) 閔德基, 2000 <朝鮮前期の'日本國王'觀－敵禮の面から－> ≪前近代東アジアのなかの韓日關係≫ (早稻田大學出版部, 東京) 48-93 ; 2000 <日本史上 '國王' 稱號> ≪韓日關係史研究≫ 13
16) 韓文鍾, 2002 <조선전기 日本國王使의 對朝鮮通交> (한일관계사학회

연구가 진행되고 있고 근래에 들어와 일본국왕사의 시원문제와 개념 규정에 문제를 제기한 이지선[17)의 연구가 대표적이다. 하지만 전술한 바와 같이 상기의 연구를 제외한 연구들은 거의 다른 주제에 부연 설명으로서 일본국왕사와 위사문제가 언급되고 있을 뿐이며, 특히, 일본국왕사 중에서 위사를 중심으로 한 연구는 전무하다고 볼 수 있다.

민덕기는 日本國王이라는 호칭을 중심으로 양국의 외교의례 및 동아시아 국제관계 속에서의 양국의 위치를 분석하고 있으며, 한문종은 일본국왕사를 중심으로 당시 조일간의 외교관계를 국내에서는 처음으로 개괄하여 관련연구의 기초를 다지고 있다. 이지선은 상기의 논문에서 일본 측에서 조선으로 파견된 國王使는 총69건 이라고 검증하고 있는데, 이는 선행된 일본 측의 연구에 대해 국왕사의 개념에 대한 문제를 제기한 통계로서 앞으로의 연구에 시사해 주는 점이 많다. 또한 일본국왕사는 동아시아의 책봉체제 속에서 성립되었고, 이 체제를 유지하려는 조선의 외교방침 속에서 계속 파견될 수 있었으며, 조선전기 양국의 우호증진에 중요한 역할을 다했다고 평가하고 있다.

2. 僞使의 개념

그렇다면 과연 위사에 대한 정의를 어떻게 내려야 하는가, 그 개념문제에 접근해 보도록 하겠다. 우선, 여기에서는 위사의 개념문제가 일본 측을 중심으로 규정지어져 있다는 것에 대한 문제의식을 제시하고, 어떻게 정의를 내려야할 것인가에 대해 생각해 보겠다.

위사에 대한 연구는 주지하는 바와 같이 일본 측에서 시작이 되어

월례발표요지)
17) 이지선, 2002 <朝鮮前期 日本國王使 研究> (강원대학교 석사학위논문)

그 개념도 일본 측의 역사 해석이라는 입장에서만 규정지어지고 있다. 요네타니(米谷均)는 "제삼자가 그 어떤 통교 명의를 사칭하여 파견한 허위의 사절"[18]이라고 했으며, 하시모토(橋本雄)는 "제삼자가 어떤 인간(실재하지 않아도 좋음)의 명의를 사칭하여 외국에 통교하여 무역의 이윤을 획득하기 위한 거짓의 외교사절"[19]이라고 했다. 하지만, 이러한 개념 정의는 위사 파견의 상대국인 조선의 위사에 대한 인식을 간과한 일본만의 입장에서 주지한 개념이다. 조선 정부가 위사라는 의심 속에 접대를 거절을 논의한 경우도 있지만, 외국의 사절로서 인정하여 접대한 경우가 많다. 일본 측의 입장에서는 위사이지만, 조선은 그들을 공식 사절로 접대했다는 것을 어떻게 평가해야하는가의 문제가 발생한다.

예를 들어 위사의 최초 실례라고 할 수 있는 유구국사가 來朝한 1423년의 경우를 보면 다음과 같다.

> [사료 1]
> 琉球國의 사신이라고 일컫는 사람이 사람을 보내어 토산물을 가지고 와서 올리는데, 그 書契와 圖書가 모두 유구국의 것이 아니므로, 정부에 의논하기를 명하니, 좌의정 李原이 아뢰기를, "書契·圖書와 客人이 모두 유구국의 것이 아니니, 올린 예물을 마땅히 물리치고 받지 말아야 될 것입니다."라고 하므로, 그대로 따랐다.[20]

즉, 밑줄 친 부분에서 알 수 있듯이 유구국의 사신이라고 일컬어(사칭하여) 내조했으나, 서계와 도서가 유구국의 것이 아니었기 때문에 접대하지 않았다는 것이다. 1500년 11월의 ≪燕山君日記≫에는 유구국 사신에 대한 접대를 조정에서 논의할 때, 그 사신이 "… '예전에

---

18) 米谷均, 1997 <16世紀日朝關係における僞使派遣の構造と實態> ≪歷史學研究≫ 697, 1
19) 橋本雄, 2003 <宗貞國의 博多出兵과 僞使問題> ≪앞 책≫ 17
20) ≪世宗實錄≫ 권19, 5년 1월 4일 병술

우리나라 사람이 여기 온 지 40년만에 우리가 또 여기에 왔습니다.'
하기에 謄錄을 상고해 보니 그 나라 사신 온 것이 辛巳年이었습니
다"21)고 하였다는 기록이 보이고 있는데, 이것으로 볼 때 辛巳年, 즉
1461년부터 1500년까지의 유구 국사는 전부 위사였음을 예측할 수
있다. 다만, 1423년부터 1460년까지의 유구에서 파견된 사절이 위사
인가 아닌가는 전부 파악하기 힘들지만, 그만큼 위사 파견이 파행적
으로 실시되고 있었다는 것만큼은 명확하다. 이것이 일본국왕사가 아
닌 유구국왕사를 사칭한 위사이기는 하지만, 이 시기부터 유구의 위
사가 일본 내 제지역의 권력자와 밀접한 관련을 맺으며 파견되고 있
다는 것은 선행 연구에서도 주지하는 바이다.22)

　하지만, 대부분의 사절 파견의 경우, 조선 정부는 일본국왕사로서
의 접대를 행하고 있었다. 무라이 쇼스케(村井章介)는 1511년부터
1591년까지 25회의 일본국왕사 사절 중 1517년과 1537년의 사절을 제
외하면 모두 위사였다고 까지 규정하고 있다.23) 물론, 『조선왕조실
록』의 기사 가운데에는 이들 사절에 대해 어느 정도 僞使일 가능성에
대해 추측한 내용들도 보이고 있다. 상세한 내용은 후술 하겠지만, 예
를 들면, 1525년에 파견된 景林 등 22인에 대해 영의정이 "이번에 온
일본 사신은 모두 對馬번의 술책이다."고 논하였었던 것,24) 또 1542년
에 파견된 安心에 대해서 執義 임설이 "對馬도에서 국왕의 서계를 위
조하여 파견하였을 가능성이 있다."25)고 언급한 것으로도 알 수 있다.
그럼에도 불구하고 1525년의 경우는 조선의 표류인을 쇄환하고 있어
접대하지 않을 수 없었으며,26) 조선의 이익을 위해서는 어쩔 수 없는

---

21) ≪燕山君日記≫ 권39, 6년 11월 12일 임술
22) 橋本雄, 1997 <中世日朝關係における王城大臣使の僞使問題> ≪史學雜
　　誌≫ 106-2
23) 村井章介, 1993 ≪中世倭人傳≫ (岩波新書21, 東京) 154~159
24) ≪中宗實錄≫ 권54, 20년 4월 28일 정사
　　25) ≪中宗實錄≫ 권98, 37년 5월 26일 병오

접대를 행하고 있었던 것이다. 아마도 당시 위사를 파견한 측도 이러한 조선의 입장을 사전에 인지하고 이를 이용해왔다고도 추측해 볼 수 있는 문제이다.

다시 말하면, 일본 측의 입장에서 일본국왕사를 사칭한 제지역의 조선 사절 파견을 위사라고 하는 것은 타당성이 있을지 모르겠으나, 결과적으로 조선 정부는 이들을 사절로 접대하고 있었고, 그들을 이용해 일본을 통제하려고 하였기에 조선 측의 입장에서 본다면 그들이 일본국왕의 명의로 온 사절로서 그 진위 여부를 떠나 대일외교의 안정책으로서 이용했다는 점이 더 중요하다.

한편, 위사의 개념 문제와 관련해 더더욱 중요한 논점은 조선의 국제관계라는 입장에서 이를 어떻게 이해해야 하는가의 문제이다. 일반적으로 학계에서 위사 문제는 일본과 조선의 문제로만 인식되고 있으나, 사실은 조선과 여진과의 관계에서도 발생하고 있다. 이는 아래와 같은 사료로 확인할 수 있다.

[사료 2]
예조에서 아뢰기를, "忽剌溫이라는 야인은 실로 성심으로 귀순한 것이 아니옵고, 恩賜를 바래 偉名을 사칭하고 印信이 없는 서계를 가지고 오는 자가 연달았는데, 진위를 분간하지 아니하고 접대함은 미편하오며, 또 供億하는 폐단이 적지 아니하오니, 청하건대, 지금부터는 인신이 있는 서계를 가진 자에게는 예전대로 올려 보내게 하고, 만약 인신이 없는 서계를 가지고 오는 자에게는 함길도 도절제사가 올려 보내지 말고, 특별히 후하게 대접하고, 이로써 토산물을 주어 돌려 보내게 할 것입니다. 비록 인신이 없을지라도 부득이 접견할 자는 요량하여 적당하게 올려 보내게 하옵소서."하니, 그대로 따랐다.27)

위의 사료는 여진인(=홀라온 야인) 중의 일부가 恩賜, 즉 어떤 물

26) ≪中宗實錄≫ 권54, 20년 4월 28일 정사
27) ≪世宗實錄≫ 권85, 21년 4월 27일 갑진

질적인 이익을 위해 위명을 사칭함과 동시에 인신이 없는 서계를 가
져와 조선에 그 접대를 요청한 한 사례이다. 그런데, 여기서 중요한
것은 밑줄 친 부분으로 조선과의 관계에서 공식적이라고 할 수 없는
위장된 사절을 파견하고 있다는 것, 다시 말하면 바로 위사를 파견하
고 있다는 것이다. 이에 따른 조선 측의 접대도 흥미가 있다. 인신이
있는 서계를 가져 온 자들에게만 접대를 실시한다는 방침으로 이는
당시의 일본과의 관계에서도 마찬가지였기 때문이다.

　여진인의 위사 문제는 여기서 그치지 않았다. 이후에도 위명을 사
칭한 사절을 파견해 접대를 요청해와 조정에서는 이에 대한 처리에
고심을 하게 된다. 하지만, 여진 파견의 사절에 대해 위사인가 진사인
가에 대한 구별과 접대는 1442년 세종24년에 일련의 여진 위사 파견
사건을 계기로 체제가 정비되는데, 그 사건의 내막을 기록으로부터
살펴보겠다.

　1442년 5월에 여진 加籠介의 아들 忘家 등을 접대하는데, 조선에
귀화한 李滿住 管下의 護軍 浪得里卜이라는 자가 예조에, "忘家는 加
籠介의 아들이 아니고 곧 일찍이 본국의 변경을 침구한 忽剌溫 沙籠
介의 둘째 아들 多籠介인데, 지금 이름을 변경하고서 들어와 조회한
것입니다."라고 밀고하였다.[28] 이에 따라 조정에서는 망가의 처리를
둘러싸고 논의를 거듭하게 되는데, 일부 조신들은 망가의 처벌을 주
장하거나 또는 망가를 처벌하는 것은 변방의 혼란을 불러올 수 있다
고 모른 채 하고 돌려보낼 것을 주장하기도 하였다.[29] 후자가 주장한
모른 채 돌려보내자는 근거는 예조가 같은 날 전례를 들어 진언한 다
음의 내용으로부터도 이해할 수 있다.

---

28) ≪世宗實錄≫ 권95, 24년 5월 30일 기축
29) ≪世宗實錄≫ 권95, 24년 6월 2일 신묘

[사료 3]

… '너희들 중에서 혹시 이름을 변경하고서 와서 조회하는 사람이
있는데, 우리나라에서 모르는 것은 아니나, 大國이 먼 지방 사람을 통
치하고 포용하는 도량으로써 어찌 낱낱이 조사해서 밝힐 필요가 있
겠는가. 너희 무리들은 마땅히 이를 자세히 알아라.' 하면서, 거짓으
로 모르는 체하고서 돌려보내는 것만 같지 못하겠습니다."30)

즉, 밑줄 부분은 대국의 도리로서 먼 지방 사람을 통치하고 포용하
는 도량, 다시 말하면 '기미정책'의 일환으로서 위사 문제에 대한 처
리를 진언하고 있었던 것이다. 또, 황희도 이 문제에 대해서 "망가가
이름을 속이고 와서 조회한 것은 비록 미운 일이라 하겠지만, 得里卜
의 말도 또한 믿을 수가 없겠습니다. … 지금 得里卜도 또한 망가를
잘못 보고서 沙籠介의 아들이라 하는지 염려되니, 지금은 잠정적으로
이제 온 吾郞介의 權老 등 여러 사람들에게 먼저 물어 이름을 변경한
것이 참인가 거짓인가를 자세히 알아서, 비록 그가 沙籠介의 아들이
라 하더라도 이름을 변경한 것을 가지고 구류할 수는 없으니, 망가
등에게 이르기를, '너희 무리들 중에서 혹시 이름을 속이고 서울에
온 사람이 있는데, 국가에서 모르는 것은 아니지만, 그러나 먼 지방
사람을 포용하는 도량으로써 어찌 견줄 필요가 있겠는가.' 하면서, 저
사람들이 국가의 위력에 깊이 굴복하고 전하의 덕에 더욱 감동하게
하는 것만 못합니다."라고 그들에 대한 대국의 도량을 펼칠 것을 진
언하고 있었다.

결국 황희를 비롯한 조신들의 진언에 따라 망가 등은 석방이 결정
되었고,31) 다음 날 태평관과 북평관에 나누어 거처를 정하게 하였으
며,32) 그들 일행에게 의복과 갓을 제공해주는 것으로33) 이 사건은 일

---

30) 상동
31) ≪世宗實錄≫ 권95, 24년 6월 5일 갑오
32) ≪世宗實錄≫ 권95, 24년 6월 6일 을미
33) ≪世宗實錄≫ 권95, 24년 6월 7일 병신

단락되었다. 아무튼 망가 일행이 위사이던 아니던 여진도 다른 사람의 명의를 사칭하여 사절을 파견하고 있었다는 것은 매우 중요한 사실로 이것이 당시 조선을 둘러싼 국제관계의 일반적인 한 단면이라고 볼 수 있다. 즉, 어떠한 이익의 획득을 위해 일본과 여진 등은 조선에 위사를 파견한 것이고 이에 대해 어느 정도 인지하고 있었음에도 조선 측은 변방을 통치하는 원리로서 또 대국의 도량으로서 나아가서는 '기미정책'의 일환으로서 그들을 석방 내지는 접대하고 있었던 것이다.

한편, 위와 같은 여진의 위사 문제가 대외 정책과 변방의 안정이라는 차원에서 1445년 11월 정월에 의정부에서 예조의 정문에 의거하여 접대 방식의 기준을 정하게 되는데,[34] 그 내용은 다음과 같다. 내용의 정확성을 위해 항목별로 정리했다.

[사료 4]
1. 매년 내조의 횟수를 제한
   - 兀良哈은 10회, 骨看과 吾都里는 7회.
   - 한 사람이 매년 上來 금지. 만 3년마다 윤번제로 내조.
2. 수행인원의 제한
   - 每行에 酋長이면 正官 1명, 伴人 4명.
   - 나머지는 正官 1명, 伴人 2명
3. 忽剌溫의 내조
   - 忽剌溫은 땅이 동떨어져 진짜 亏直介는 친히 조회하는 자가 드문데, 女眞人이 거짓으로 자서제질이라 일컫고 이름을 속여 來朝하여 賞賜를 요구하고 있는데, 갑자기 끊을 수는 없으니 1년에 내조하는 것을 5번으로 제한.
   - 邊境에 사는 林阿車・亏未車・大小居節・南納・高說・高漆 등, 亏知介가 내조하는 자는 1년에 2번으로 제한.
   - 正官과 伴人의 수는 상동.
   - 나머지 女眞人이 亏知介라 詐稱하고 속여 내조하는 자는 都節制使

---

34) ≪世宗實錄≫ 권110, 27년 11월 1일 임신

　가 거절.
- 만일 酋長의 使送이라 일컬어 文引을 받아 가지고 오는 자는 도절제
  사가 접대.
- 만일 여러 종족이 일시에 올라오면 驛路가 弊를 받으니, 그 많고 적
  음을 헤아려 농사 틈을 타서 運을 나누어 올려 보낼 것.

　이러한 내조의 제제조치는 크게 忽剌溫과 그 이외의 여진인들에 대한 조항이다. 특히 忽剌溫의 조항은 전술한 망가의 위사 파견 문제와 같은 전례가 있었기 때문이며, 그들의 내조 횟수는 매년 5회, 또 변경 지역에 있는 자들의 내조 횟수는 매년 2번으로 다른 여진인과는 달리 극히 적었다. 이는 조선의 국경 침입과 약탈이 문제 되고 있었기 때문이며, 나아가 그들의 접대를 줄여 불필요한 경비를 줄이려고 한 조정의 의도가 있었던 것이다.
　아무튼 여진인들의 위사 파견에 대해 그들이 위명을 사칭하고 접대를 요청해왔다 하더라도 조선 측은 대국의 도량과 먼 곳에서의 내조, 즉 조공사절로서의 인식하에 그들에 대한 접대를 행하고 있었다. 이것은 전술한 바와 같이 조선의 전통적인 "기미정책"의 일환으로서 대외문제를 해결하려고 한 흔적이라고 볼 수 있다.
　이러한 논점에서 본다면, 지금까지 일본과의 관계에서만 위사를 파악하고 또 그 개념 문제도 일본만의 입장에서 고찰되어 온 것은 수정되지 않으면 안 된다. 조선을 중심으로 한 위사 파견이 일본만이 아닌 여진에게서도 보이고 있고, 일련의 공통점이 보이고 있다. 일본의 사절 파견이 위사이든 진사이든 근본적인 파견 목적이 그들의 무역액의 증가라는 실리추구(대장경청구, 사찰건립 부조, 대명조공 중재 요청, 무역액의 증가)에 있고, 또 여진 또한 무역액의 증가와 접대에서 오는 이익을 추구하고 있다는 점은 다르지 않다. 또, 조선 측의 접대형태도 마찬가지이다. 위사와 진사에 대한 구별 인식은 가지고 있었으나, 결국 양쪽 모두 여진이나 일본을 기미하기 위한 정책적인 접

대였다는 것에는 변함이 없기 때문이다.

일본의 경우 그 근거로서의 하나를 安心의 접대에서 찾아 볼 수 있다. 즉, 어느 정도 위사일 가능성에 대해 인지하고 있었음에도 불구하고 우의정 윤인경과 예조판서 김안국은 다음과 같이 언급하고 있었던 것이다.

[사료 5]
… 윤인경이 아뢰기를, "국왕이 보낸 은과 사자를 모두 중도에 머물려 두는 것도 참으로 미안하거니와, 객사가 위임받아 다른 나라에 왔다가 이와 같이 失意하여 돌아가는 것은 더욱 미안하니, 어쩔 수 없이 접대하고 그 청을 들어 주는 것이 마땅하겠습니다."하고, 김안국이 아뢰기를, "이웃 나라가 신의로 서로 통하는 것은 그 유래가 이미 오래 되었는데, 이제 祖宗 때의 옛일에 따르지 않고 이렇게 대우하면 우리 나라가 이웃 나라를 대우하는 예의에 흠이 있을 듯합니다." 하였다.[35]

상기 사료에서 밑줄 부분의 윤인경과 김안국의 진언 내용은 위사의 의심이 있더라도 결과적으로 일본 사절에 응답할 것을 중심으로 하여 조선 대국관으로서의 접대를 말하고 있다. 이러한 논의는 『조선왕조실록』에만도 여러 곳에 보이고 있는데, 일본 측의 거의 모든 사절에 대한 '기미정책'이라는 전통적인 대일정책 속에서 이루어지고 있었다는 것이 중요하다. 이는 왜구 금압을 위한 목적, 일본의 제지역에 표류한 표류민의 쇄환, 일본과의 접경지역에 대한 안정, 동아시아 국제질서의 안정(조선국와과 일본국왕과의 교린), 일본 정보의 입수 등을 목적으로 하고 있다. 그렇다고 일본 측 사절에 대한 무제한 접대라는 형식이 아니라, 어느 정도 진사와 위사를 구별하기 위한 절차, 예를 들면 象牙符를 발행함으로써 사절에 대한 통제책도 겸하여 실시하고 있었다.

---

35) ≪中宗實錄≫ 권98, 37년 5월 26일 병오

한편 위사의 개념을 명확히 하기 위해서는 조선에 파견된 일본 측의 사절을 유형별로 구분해야만 한다. 위사는 꼭 일본국왕사를 사칭한 것만을 의미하는 것은 아니다. 유형별로는 크게 두 가지로 구분지울 수 있는데, 첫째가 일본국왕사를 사칭한 경우(유구국사 내지 유국국왕사는 별도 범위로 제외), 둘째가 인물의 명의를 사칭한 경우이다. 후자의 경우, 실제인물인지 가공인물인지의 문제가 남아있기는 하지만, 어찌되었든 일본 제지역 권력자의 명의를 창출해내 파견하고 있다.

그렇다면, 진사라는 것은 일본국왕의 명의 또는 실존 인물이 자신의 명의로 파견한 실제 사절만을 가리키는 것인데, 이를 포함해 대마의 공식 사절 이외의 사절은 전부 위사인가라는 것을 생각해 보지 않을 수 없다. 또, 조선 측의 입장에서 본다면 조선이 발행한 서계, 도서, 문인, 상아부 등을 지참해 온 사절만이 진사가 되는 것인가의 문제도 남는다. 위사가 있다면 진사에 대한 구분도 명확해야 하며, 이 두 가지의 개념을 명확히 할 때, 위사연구가 한일관계를 보다 객관화시킬 수 있을 것이다.

본고에서는 잠정적으로 진사와 위사의 개념을 간단히 언급하는 것으로 마무리하겠다. 당시 동아시아의 국제질서는 조공책봉체제하에서의 국제관계가 국가대 국가의 외교관계로서 기준이 되고 있었다는 점을 중시해 진사는 "동아시아 제지역 내에 실존 인물이 명의를 밝혀 파견한 사절"이라고 할 수 있으며, 위사는 "名義 사칭, 가공인물, 서계위조를 포함해 조선의 통항 허가의 형식을 지참하지 않은 사절"이라고 규정지울 수 있겠다. 이에 대한 실증적인 검증을 필요로 하나 이에 대한 상세한 논증은 본고의 남겨진 과제로 삼겠다.

Ⅲ. 일본국왕사 속의 위사

1. 일본국왕사 파견

동아시아 국제질서는 명의 건국과 함께 재편성하게 되는데, 그것이 바로 '사대교린체제'이다. 본고에서는 '조공책봉체제'라는 중국 중심의 단계에서 벗어나 동아시아 전체의 국제질서를 가리키고 있는 '사대교린체제'가 동아시아의 국제관계를 표명하기에는 적합하다고 생각된다. 조선은 1401(태종원)년에 명과 책봉관계를 맺었으며, 일본은 1403년에 책봉관계를 맺었다. 또한 교린으로서 일본·여진·琉球 등의 국가와 외교관계를 맺고 있었는데, 특히 조선초기의 일본 관계는 왜구 방지를 목적으로 한 평화적 회유책이라는 성격이 강했다. 즉, 조선의 연안 지역뿐만 아니라 내륙까지 침범하여 약탈과 살상을 일삼던 왜구의 금압을 개국초부터 일본에 요구했고, 일본도 조선 정부의 요구에 답하여 통교 요청의 사신을 파견하게 된다. 이때 일본국왕(일본 내 실질적 최고 권력자) 명의로 파견된 사절이 이른바 일본국왕사이다. 조선에서는 이에 답하는 회례사 또는 통신사를 파견하였던 것이다.

지금까지 일본국왕사에 대한 논의는 일본국왕이라는 호칭 문제, 조선의 통교책과 관련된 문제, 통신사 관련 문제, 왜구 금압과 관련된 문제 등등 여러 학자들에 의해 언급되어져 왔는데, 근래에 들어와 일본국왕사의 시원 문제가 대두되고 있다. 문제점의 요지는 명으로부터 일본이 책봉을 받기 전에 조선에 파견된 사절(1377년 우왕3년에 파견된 사절, ≪고려사≫ 우왕3년 8월 기사)을 일본국왕사로 보는 견해,[36] 고려말기부터 일본국왕사가 파견되었다는 견해[37]가 있으며, 일본국

---

36) 한문종, 2002 <앞 논문>

왕사란 일본의 최고 통치권자가 명으로부터 책봉을 받은 후 일본국
왕이라는 명칭으로 조선에 파견된 사절이라고 보아야 하며, 이러한
점에서 마땅히 일본국왕사가 파견된 최초의 시점은 1404년 7월이라
고 보아야 한다는 견해이다.[38] 하지만, 첫 번째 견해를 피력한 나카오
히로시(中尾宏)의 경우 1377년의 내조를 일본국왕사 일람표에 넣고는
있으나, 실제로 그 일람표에는 1404년 이전의 5건에 대해서는 國王使
로 명기하지 않은 사절이었음을 분명히 표기하고 있다.

필자는 이에 대해 마지막 견해인 1404년 7월의 견해가 일본국왕사의
개념에 가장 적합한 논증이라고 생각하고 있다. 왜냐하면 그 이전 1377
년 우왕 3년에 파견되었다는 근거 사료에는 "日本國이 승려 信弘을 보
내와 報聘하니, …"[39]라고 기록되어 있어 단지 일본국에서의 파견이
일본국왕사로 볼 수 없으며, 또 일본이 명의 책봉을 받기 전인 1399년
에 파견된 일본국대장군 명의의 사절도 중국의 책봉을 전제로 한 '일
본국왕'이라는 본래의 개념에 비정할 때는 적합지 않기 때문이다.

하지만, 여기서 주의해야할 것이 있다. 즉, 책봉을 받은 자와 막부
장군의 명칭이 다르다는 점이다. 즉 이른바 일본국왕사라는 것은 당
시 일본의 막부 장군이 아니라 일본 내에서의 실질적 권력자를 의미
하고 있다는 점이다. 예를 들면, 막부 장군이 아시3카가 요시모찌(足
利義持)였을 때, 아시카가 요시미찌(足利義滿)가 일본국왕사를 파견
하고 있었다. 표면적으로 당시 일본의 최고 통치권자는 막부의 장군
이나, 실제적 권력자가 달리 있다는 것은 일본국왕사에 대해 "일본의
최고 통치권자가 명으로부터 책봉을 받은 후 일본국왕이라는 명칭으
로 조선에 파견된 사절"이라는 일반적인 일본국왕사의 개념에 수정

37) 中尾宏, 2001 <第1回 室町時代の通信使> ≪NHK人間講座 朝鮮通信使≫ (NHK放送出版協會, 東京) 18-19
38) 이지선, <앞 논문>, 6~14
39) ≪高麗史≫ 권133, 열전46 우왕 3년 8월

을 가할 필요성을 느끼게 한다. 즉, '일본의 최고 통치자'가 과연 누구인가 하는 문제이다. '일본의 최고 통치자'는 당연히 막부 장군이며, 이는 일본국왕사와 관련해 막부 장군이 파견했다는 오해를 불러일으킬 수 있다. 때문에 '일본의 최고 통치자'는 막부 장군이 아니므로 '일본의 실제적 통치자'로 바꾸어야 할 것이다. 아무튼 일본국왕사의 시원 문제와 개념에 대한 문제는 재정립되어야할 필요성이 있다는 점만 여기서 언급해 두고 싶다.

그렇다면 일본국왕사는 왜 파견되었던 것인가. 이에 대한 이유는 선행 연구에서도 언급되어 있어 여기서 다시 부언할 필요는 없지만, 매회의 일본국왕사의 파견과 그 목적 등을 총체적으로 파악할 필요가 있으며, 시대적 변화과정을 고찰할 필요가 있어 다음의 표로 검토해 보겠다.

〈표 1〉 일본국왕사 파견 일람표

번호	일본국왕사 도착시기	조선 연호	막부장군 (재위기간)	파견 명의 (*일본 측 서계)	일본국왕과 장군의 동일여부	파견목적
1	1404.07	태종4	足利義持 1394.12-1423.03	日本國王 源道義	◎	
2	1405.06	〃 5	〃	日本國王 源道義	◎	왜구금압
3	1405.12	〃 5	〃	日本國王	◎	왜구금압/피로인
4	1406.02	〃 6		日本國王 源道義	◎	대장경청구
5	1406.06	〃 6		日本國王	◎	
6	1407.02	〃 7	〃	日本國王	◎	왜구금압
7	1408.09	〃 8	〃	日本國王 源道義	◎	왜구금압
8	1409.12	〃 9	〃	日本國王 (源義持)		왜구금압/피로인
9	1411.02	〃 11	〃	日本國 源義持		
10	1411.10	〃 11	〃	日本國王		대장경
11	1414.06	〃 14	〃	日本國王		대장경
12	1419.11	세종원	〃	日本國 源義持		대장경
13	1422.10	〃 4	〃	日本國王		대장경
14	1423.11	〃 5	足利義量 1423.02-1425.02	日本國王		대장경

15	1425.02	〃 7	〃	日本國 道詮(義持)	◎	대장경
16	1430.02	〃 12	足利義教 1429.03-1441.06	日本國王		
17	1431.02	〃 13	〃	日本國王		
18	1432.05	〃 14	〃	日本國王		대장경
19	1443.10	〃 25	足利義勝 1442.11-1443.07	日本國		피로인/대장경
20	1448.01	〃 30	不任 1443.07-1449.04	日本國王 源義成*	◎	대장경/조공중재
21	1450.01	〃 32	足利義成 1449.04-1453.06	日本國 源義成*		대장경
22	1452.02	문종2	〃	日本國王		대장경
23	1456.03	세조2	足利義政(義成) 1453.06-1473.12	日本國王 源義政*		대장경
24	1457.03	〃 3	〃	源義政*		대장경/사찰부조
25	1458.10	〃 4	〃	源義政*		조공중재
26	1459.06	〃 5	〃	日本國王 源義政		대장경
27	1462.10	〃 8	〃	日本國王 源義政		대장경
28	1463.07	〃 9	〃	日本國王		대장경/사찰부조
29	1468.04	〃 14	〃	日本國王*		사찰부조
30	1470.08	성종원	〃	日本國王 源義政		
31	1471.10	〃 2	〃	日本國王 源義政		
32	1474.10	〃 5	足利義尙 1473.12-1488.06	日本國王 源義政	◎	사찰부조
33	1475.08	〃 6	〃	日本國王 源義政	◎	조공중재
34	1482.04	〃 13	〃	日本國王 源義政	◎	대장경/사찰부조
35	1487.04	〃 18	〃	日本國王 源義政	◎	대장경
36	1489.10	〃 20	足利義熙(義尙) 1488.06-1489.03	日本國王 源義政	◎	대장경
37	1491.08	〃 23	足利義材 1490.07-1493.06	日本國王 源義材*		대장경/사찰부조
38	1494.04	〃 25	不任 1493.06-1494.12	日本國王 源義材		대장경/사찰부조
39	1497.02	연산3	足利義高 1494.12-1502.07	日本國王 源義高*		대장경/사찰부조
40	1501.08	〃 7	〃	日本國		대장경
41	1502.03	〃 8	〃	日本國王 源義高		대장경
42	1505.03	〃 11	足利義澄(義高) 1502.07-1507.04	日本國王		

43	1511.04	중종6	足利義稙(義材) 1508.07-1521.12	日本國王		피로인
44	1512.04	〃 7	〃	日本國王		
45	1514.11	〃 9	〃	日本國王		사찰부조
46	1517.05	〃 12	〃	日本國王		대장경/사찰부조
47	1521.04	〃 16	〃	日本國		
48	1522.02	〃 17	足利義晴 1521.12-1546.12	日本國王		사찰부조
49	1523.05	〃 18	〃	日本國 源義晴*		무역확대
50	1525.05	〃 20	〃	日本國王		사찰부조/조공중재/무역확대
51	1528.10	〃 23	〃	日本國王		
52	1537.01	〃 32	〃	日本國王		대장경
53	1542.04	〃 37	〃	日本國王*		무역확대
54	1543.03	〃 38	〃	日本國王		조공중재
55	1545.03	인종원	〃	日本國王		
56	1546.10	명종원	〃	日本國王 源義晴*		
57	1547.09	〃 2	足利義藤 1546.12-1554.02	日本國		
58	1548.10	〃 3	〃	日本國王		
59	1552.06	〃 7	足利義輝(義藤) 1554.02-1565.05	日本國王		
60	1556.10	〃 11	〃	日本國王		대장경/무역확대
61	1563.04	〃 18	〃	日本國王		
62	1565.03	〃 20	〃	日本國		
63	1567.05	〃 22	不任 1565.05-1568.02	?		
64	1571.11	선조4	足利義昭 1568.10-1573.07	日本國		
65	1580.12	〃 13		日本國		조공중재
66	1587.10	〃 20		平秀吉		통신사
67	1589.06	〃 22		平秀吉		통신사
68	1591.01	〃 24		國王 (平秀吉)		

* 이 표는 仲尾宏, 2001 <第1回 室町時代の通信使>, NHK人間講座, 18~19 ; 이지선, 앞의 논문, 8~10의 표를 참고로 하여 작성하였음.

* 파견 목적 항목에 빈 공난은 미확인이거나, 기록상 확인이 할 수 없기 때문임.

* 파견 목적 항목에 대장경=대장경청구, 사찰부조=사찰건립부조, 피로인=피로인송환, 통신사=통신사파견 요청을 의미함

이 표를 볼 때, 일본국왕사가 파견된 주된 목적은 다음과 같이 정리할 수 있다. 주로 ①왜구 금압, ②피로인의 송환, ③대장경 구청, ④사찰 건립의 부조 요청, ⑤조선에 대한 대명 조공 중재 요청, ⑥대마도와의 국교 회복과 무역 요청 등이다.

이를 특징적으로 고찰한다면, 왜구 금압에 관련된 일본국왕사 파견은 주로 조선 초기에 많이 보이고 있으며, 이를 볼 때, 조선 초기 대일 교섭의 중요 목적이 왜구 금압에 있었음을 확인할 수 있다. 또 전반적으로 1404년부터 1591년까지 187년간이라는 일본국왕사 파견 기간 중 일본 측의 대장경 청구는 전반적으로 보이고 있으나, 15세기에 집중하고 있어 室町幕府의 대조선 사절 파견의 중요한 목적이 대장경 파견에 있음을 유추할 수 있다. 이렇게 대장경에 대한 확보에 노력을 한 막부의 의도는 여러 가지 견해가 피력되고 있으나, 역시 중요한 것은 막부 권위의 상징이었다는 것, 일본 국내 불교세력에 대한 포용, 문화적인 욕구 등에 의해서 시도되었다고 볼 수 있다.[40] 그 외에 일본국왕사 사절단이 五山의 승려가 포함되고 있었다는 사실도 대장경 구청의 중요 이유이며,[41] 대장경 구청의 목적인 경우 파견 경비를 五山에서 부담하고 있었다는 것[42]도 큰 의미를 갖는다 하겠다.

그리고 일본국왕사 파견 기간에 25회의 대장경 청구가 있었으나 조선 측은 21회에 한해 대장경을 지급하고 있었다. 그러나 횟수를 거듭할수록 대장경이 없다는 이유를 달아 대장경 지급을 거부하고 있었으며, 실제로 16세기에 들어와서 몇 건을 제외하고, 일본 측은 대장경에 대한 요청도 하고 있지 않았다. 이것은 조선 측의 입장에서이지만, 일본 측의 입장에서도 생각해 볼 필요가 있다. 즉, 대장경의 공급

---

40) 조항래, 하우봉, 손승철 편, 1994 ≪講座 韓日關係史≫ (현음사, 서울) 293~294
41) 橋本雄, 1997 <"遣朝鮮國書"と幕府·五山－外交文書の作成と發給－> ≪日本歷史≫ 589, 71~73
42) 仲尾宏, 2001 ≪앞 책≫ 25

이 어느 정도 충족했다는 것과 인쇄술의 발달로 국내 판본이 유출되지 않았는가 생각해 볼 필요가 있으나, 이에 대한 상세한 논의는 금후의 과제로 삼겠다.

한편, 일본 측의 조선에 대한 명에의 조공 중재 요청은 6건이 보이고 있는데, 이중에서 1458년의 단 1건만 명에 알리고 있으며, 나머지 건에 대해서는 거부하거나 묵살하고 있다. 이것으로 볼 때, 조선 측은 기본적으로 일본의 요청에 부응할 생각은 전혀 없었고, 오히려 이러한 조공 요청은 조선에 의해 부담이 되고 있었다. 왜냐하면, 1458년 명에 일본 측의 조공에 대한 요청을 알렸을 때, 내조에 대한 지시를 받아내기는 했으나, "만약 (일본이)법을 범하고 무례한 짓을 하면서 재물을 노략질 하거나 관부를 기만하고 능멸한다면 죄는 반드시 용서하지 않을 것이니, (조선)왕은 자세히 살펴 사리에 맞게 시행하고 소홀히 하지 말라."43)는 일종의 압박을 받고 있었기 때문이다.

1510년 삼포왜란 이후 내조한 일본국왕사의 목적은 구례의 대조선 관계와 무역 회복을 위한 것으로 추정된다. 물론 일본국왕사라는 것이 교린의 입장에서 양국의 우호 증진을 위한 것이라는 것은 가장 기본이 될 수 있으나, 본의는 역시 무역확대였으며, 어떠한 형태로든 실리 추구에 있었다는 것은 분명한 사실이다. 하지만 삼포왜란 이후 임신조약을 체결하게 되어 무역액이 감소되었고 이에 대한 회복을 위해 대마도를 통한 무역액의 증가를 노리고 있었다. 이와 같은 무역확대에 대한 노력은 대마도를 중심으로 한 명의를 사칭한 위사까지 등장하게 되는데, 일본국왕사 중에서도 이러한 위사가 발생하게 된다. 다음 장에서 이에 대해 검토해 보도록 하겠다.

43) ≪世祖實錄≫ 권12, 5년 4월 4일 신유

2. 일본국왕사를 사칭한 위사

일본국왕사를 사칭한 위사가 발생하기 이전에 유국국왕사를 사칭한 위사가 있었다는 것은 전술한 바이다. 일본국왕사를 사칭한 위사가 처음으로 등장하는 것은 1474(성종5)년 아래의 기사로 인해 처음 밝혀졌다.

　　[사료 6]
　　　일본국왕 源義政이 僧 正球 등을 보내어 와서 聘問하였는데, 그 글에 이르기를, "경인년에 弊邑에서 특히 專使를 보낸 것은 무릇 新祚를 하례한 것입니다. … 이번 답서에 '@전년에 폐읍의 艱虞에 관해서 細川·伊勢 양씨의 사자라고 이름하여 글을 보내어 구원해 주기를 청하였더라.'고 하셨는데, 그러나 폐읍은 실로 알지 못하는 것입니다. ⓑ이는 奸賊이 令을 矯飾한 소위이니, 반드시 囚禁을 가하여 그 죄를 사과할 것입니다. ⓒ금후 통신에는 다행히 새로운 印章이 있으니, 이로써 징험을 삼는 것이 좋겠습니다. …44)

위 기록은 일본국왕 源義政의 명의로 파견된 승 正球 등의 진언을 기록한 것으로 전년에 호소카와(細川)씨와 이세(伊勢)씨의 명의로 온 사절은 대마도에서 알지 못하는 사절이라는 것이며(밑줄@), 이것은 일본국왕의 令을 위조한 까닭이니 반드시 그 죄를 사과하겠다는 것이다(밑줄ⓑ). 그리고 금후의 일본국왕사는 새로운 통행허가증(=인장)이 있으니 이것을 징표로 삼으면 될 것이라고 했다(밑줄ⓒ).

그렇다면 밑줄@에 보이는 전년에 파견된 호소카와(細川)씨와 이세(伊勢)씨는 언제 온 것일까. 전자의 경우, 1470년 8월에 日本國 細川左吾頭 持賢이 사람을 보내어 와서 토산물을 바쳤다는 기록45)이 보

---

44) ≪成宗實錄≫ 성종5년 10월 무자조
45) ≪成宗實錄≫ 성종원년 8월 계유조

이고 있으며, 후자의 경우, 일본국왕 懷守納政所 伊勢守 政親이 보낸
入道 등이 와서 토산물을 바쳤다는 기록46)이 보이고 있어 이를 확인
할 수 있다. 다시 말하면, [사료 6]의 기록으로 유추해 볼 때, 이 두
경우는 일본국왕사 명의를 사칭하여 같이 내조한 것으로 <표 1>에
보이는 1470년의 일본국왕사는 바로 위사라는 것이다. 이때의 사절에
대한 의구심은 그들이 내조했을 때 올린 서계의 내용으로도 짐작할
수 있다. 즉, "정친은 삼가 글을 조선국 議政府 閣下에게 바칩니다. 공
손히 바라건대 나라가 크게 평안해서 今上皇帝의 御位가 오래도록
가소서! 陛下께서는 공손히 德이 乾坤과 일치하여 唐虞의 어질고 장
수하는 지역을 보전하고, 賢聖을 신하로 모아서 伊周의 순수하고 소
박한 기풍을 회복하도록 원하며, 성의를 다하여 축복합니다. 그런데
扶桑 전하의 높은 명령에 응하여 같은 날에 서계를 봉하여 조선과 琉
球의 두 나라에 使船을 보냅니다. 이는 나의 개인적인 의사가 아니니,
이와 같은 간절한 뜻을 폐하에게 奏達하여서 허락하여 주시면 오직
다행으로 생각하겠습니다. …"47)고 하여 전에 없는 조선 국왕에 대해
'今上皇帝'라는 용어와 극찬을 사용하고 있다는 점이다. 또 동시에 조
선과 유구에 사선을 보냈다는 것도 의심스러우며, 이 기록의 후반부
에는 호소카와(細川)씨와 야마나(山名)씨의 사사로운 전쟁을 진압한
다는 명목으로 綿紬 3천 필, 綿布 5천 필, 白苧布 1천 필, 쌀 5천 석을
요청하고 있다는 점도 이 사절의 목적이 다량의 하사품에 그 목적이
있었음을 알 수 있다.

또, 1475년 일본국왕 源義政의 명의로 승 性春을 보내 내조한 사절
도 위사로 의심되는데, 그 기록은 아래와 같다.

---

46) ≪成宗實錄≫ 성종원년 8월 기사조
47) 상동

[사료 7]

李承召가 아뢰기를, "지금 온 일본의 사자는 예물이 없으니, 너무 소홀하게 되었는데, 사적으로 진상하는 것도 또한 다른 例보다 박하며, 서계에도 또한 圖書가 없으니, 이것들이 모두 의심할 만합니다. 전일에 왔던 正球 등은 서계에 모두 圖書가 있었으니, 이것이 더욱 의심할 만합니다. 申叔舟의 말이, '왜인으로 중이 된 사람이 모두 글을 배우는 까닭에 일을 맡은 사람은 대개가 모두 중이다.'라고 했는데, 지금 온 중은 학문을 이해하지 못하니, 내일 연회 때에 이를 묻는다면 알 수가 있을 것입니다."하니, 임금이 말하기를, "사적으로 進上하는 것은 비록 박하더라도 무엇이 해롭겠는가. 다만 예물이 없어 사정의 실상을 헤아리기가 어려우니, 내일 연회 때에 그것을 물어보아라."
…48)

위의 기록은 1475년 일본국왕 源義政의 명의로 보내진 사절에 대한 이승소의 진언인데, 밑줄에서 알 수 있듯이 그는 이 사절은 예물이 없고, 통행증인 圖書가 없으니 위사일 가능성이 있다는 것이다. 이 사절이 가져온 서계에는 명에 대한 조공 중재 요청, 즉 명과의 감합무역에 대한 요청을 하고 있었다.49) 그러나 전술한 바와 같이 그 이전인 1458년 일본국왕사가 내조했을 때, 이미 대명 조공 중재 요청에 대한 수락을 사절에게 알리고 있었고, 또 실제로 명에도 알리고 있어 얼마 지나지 않은 1475년에 다시 조공중재 요청을 했다는 것은 납득하기 어려운 점으로 역시 위사일 가능성이 농후하다.

1525(중종20)년에 파견된 사절도 영의정 남곤의 진언에 의하면, "이번에 일본 사신이 온 것은 모두 대마도주의 술책인데, 대개 표류한 사람들을 쇄환한 것으로써 자기들의 공을 삼아 장차 한없는 요청을 하려는 것입니다. 만일 이번에 약조를 들어 막아버리지 않고 그들이 나오는 대로 곧 上京을 허락한다면, 뒷날에 그들이 약조 이외의 일을 청하게 될 것인데 다시 무슨 말을 들어 막을 것입니까."50)라고 하여

---

48) ≪成宗實錄≫ 권58, 6년 8월 12일 무자
49) ≪成宗實錄≫ 권58, 6년 8월 11일 정해

대마도에 의한 위사일 가능성이 있다.

또 1542(중종37)년에 파견된 사절도 위사인데, 이 사절에 대해서 임열은 다음과 같이 진언하고 있었다.

> [사료 8]
> …임열이 아뢰기를, "왜사가 온 것은 다 은을 가져와 매매하는 이익 때문입니다. ⓐ은을 만드는 기술을 우리나라에서 배웠다면 은을 금하는 것이 우리나라의 으뜸가는 법인 줄 잘 알 것이므로, 팔지 못하게 될까 염려하여 국왕의 서계를 핑계하였을 것이니, 이 왜인을 참으로 일본의 사자라고 믿을 수 없습니다. 서계에 맨 먼저 은을 언급하고 대마도의 일을 애써 설명하였는데 언사가 의심스럽고, ⓑ섬의 교활한 夷狄이 국왕의 서계를 위조할 이치가 없지도 않으니, 살피지 않아서는 안 되겠습니다." …51)

위의 사료는 당시 일본국왕사들이 내조했을 때 가져 온 은의 처리를 둘러쌓고 조정에서의 논의 과정 중에 임열이 진언한 내용인데, 일본 측이 은을 팔지 못하게 되자 국왕의 서계를 핑계로 사절을 파견하였다는 것이며(밑줄ⓐ), 때문에 교활한 대마도인들이 일본국왕의 서계까지 위조했을 가능성(=일본국왕 명의를 사칭했을 가능성) 있으므로 잘 조사하지 않으면 안 된다는 것이다(밑줄ⓑ). 당시 일본은 은 생산량이 증대되는 초기 단계였고, 또 이용 루트 등이 완전히 확보되지 않은 상태였기 때문에 어느 정도 이치에 맞는 내용이라고 할 수 있다.

하지만, 조정 내에서의 의견이 모두 임열과 같은 의견은 아니었다. 특진관 권벌은 "대마도는 땅이 메말라서 우리나라에 힘입는 것이 또한 많습니다. 그 교활한 계책을 미리 헤아릴 수는 없으나, 이번의 왜사를 일본의 사자가 아니라고 생각할 수는 없습니다."고 하였으며, 윤은보는 "위조라고 의심할 수 없으니, 대우하는 것은 예의를 극진히

---

50) ≪中宗實錄≫ 권54, 20년 4월 28일 정사
51) ≪中宗實錄≫ 권98, 37년 5월 16 병신

해야 마땅하겠습니다."고 하여 중종은 "이 말 역시 마땅하다. 왜노의
간사함은 헤아려 알 수 없지마는, 서계에 眞銀이라는 말이 있고, 別幅
에도 맨 먼저 썼으니, 서계를 어떻게 모두 고칠 수 있었겠는가. 우리
나라가 대우하는 것은 예를 극진히 해야 하고 그 사람을 의심해서는
안 된다."고 하여 선위사를 가려 보낼 것에 대해 조정은 빨리 의논하
도록 지시하고 있었다.[52]

이러한 위사 파견에 대해 여기에서 전부 상세히 논할 수 있는 단계
는 아니나, 일본의 무라이 쇼스케(村井章介)는 1511년부터 1591년까
지 25회의 사절 중에 1517년과 1537년을 제외한 모든 사절은 위사라
고까지 주장하고 있다.[53] 하지만, 해당 기간 중의 모든 사절에 대한
상세한 논증을 행하고 있지는 않으며, 또 그들이 전부 위사라고 할
수도 없다. 그 근거로서 1474년에 1470년의 사절이 위사라는 것이 밝
혀진 후 성종은 상아로 만든 부신, 즉 일본국왕사에 대한 통행증을
지참할 것을 답서에 다음과 같이 요구했기 때문이다.

[사료 9]
ⓐ지난번에 細川·伊勢 양씨의 사자라고 일컬은 것은 모두 다 王
命을 假託하고 와서 兵費를 요구하므로, 다만 환란을 구하고 재앙을
나누는 것이 의리상 당연하고 급하게 생각되어, 그 사이에 의심을 할
겨를이 없었던 것입니다. ⓑ지금 來諭를 받고서야 그것이 王命을 속
인 소위임을 알았습니다. 來使가 또 말하기를, '우리 국왕의 사자라는
자만이 아니고 여러 大臣이 보낸 바라고 일컫고 오는 자도 또한 이와
같은 것이 많다.'고 하고, ⓒ이어서 殿下의 뜻으로써 符信을 가지고
징험을 삼기를 청하였습니다. 과인도 또한 생각하기를 넓은 바다로
멀리 떨어져서 설사 조그마한 거짓이 있다고 하더라도 쉽게 구명해
살피지 못할 것이므로, 오직 符信이라야만 가히 징험할 수 있을 것입
니다. ⓓ이에 象牙로 符信 열 개를 만들어 가운데를 쪼개어서, 오른쪽
반쪽을 回使에게 내어 주고, 그 왼쪽 것을 두어서 다른 날의 징험을

---

52) 상동
53) 村井章介, 1993 ≪앞 책≫, 154~159

삼게 하니, 뒤에 聘問할 때를 당하여는 반드시 부신을 주어서 보내야
할 것입니다. 貴朝의 대신으로 일찍이 우리에게 通信한 자나 혹은 사
자를 보낼 일이 있으면 또한 부신을 주어서 속임수를 막으면, 어찌 양
편이 서로 다행한 것이 아니겠습니까. 요구하신 西光院의 助緣은 폐
방이 근년에 연달아 國恤을 당하고, 年事도 또한 흉작이 되어서, 간략
하게 토산 약간을 가지고 조그마한 회포를 표하여 別幅과 같이 갖추
니, 양해하시고, 섣달의 추위가 심하니 진중 자애하소서. …54)

[사료 9]의 밑줄ⓐ에서 말하는 호소카와(細川)·이세(伊勢) 양씨의
사자는 전술한 [사료 6]에 보이는 1470년의 위사이며, 그때는 의심할
겨를이 없어 접대를 했다는 것이다. 밑줄ⓑ에서는 지금의 來諭(1474
년)를 받고 왕명을 속인 것, 즉 일본국왕 명의를 사칭했다는 것을 알
았다는 내용이며, 또 내조한 사절이 부신으로서 증표를 삼을 것을 청
하였기에(밑줄ⓒ) 상아로 부신 10개를 만들어 반을 쪼개 오른쪽의 것
을 내조한 사신에게 주어 다음 날 내조할 때의 증표로 삼게 하여 반
드시 다음부터는 이 부신을 지참해야할 것을 요구하고 있었다(밑줄
ⓓ). 즉 1474년 이후의 사신은 반드시 이 상아로 만든 부신을 지참하지
않으면 일본국왕사가 아니라는 것이며, 또 그에 대한 접대는 일본국
왕사에 대한 접대가 아니라는 것을 의미한다. 1474년 이후인 1503년의
일본 측 기록에는 조선 측에 상아 부신을 새롭게 요청한 기록이 보이
고 있는데, 이는 1474년에 받은 10개의 부신 중에서 화재로 인해 겨우
2, 3개만 남아 다시 만들어 지급해 달라는 것이었다.55) ≪憂亭集≫에
의하면 당시 일본 측의 요청에 따라 새로운 부신을 지급해 주고 있었
던 것으로 보아56) 1503년 이후의 사절, 즉 1505년의 일본국왕사부터
는 아마도 새로운 부신이 증표로 사용되었다는 것을 의미한다. 이러

---

54) ≪成宗實錄≫ 권50, 5년 12월 15일 병신
55) ≪續善隣國寶記≫ 文龜3년 春3월조
56) ≪憂亭集≫ 권4, <日本書契> ≪韓國文集叢刊≫ 18 (1994, 民族文化推進
   會, 서울) 428~429

한 사정이 있었음에도 불구하고 1511년부터 2회만 제외한 23회의 일
본국왕사가 모두 위사라고 한 무라이의 주장에는 납득할 수 없다.

　물론 조선 정부 측에서는 위사일 가능성이 있는 사절에게도 일본
국왕사로 내조한 이상 그에 상응한 접대를 행하려고 했으며, 조정의
논의 또한 일본에 대한 회유책으로서의 접대가 논의되고 있었다. 하
지만, 아무리 조선의 회유책이 대일본 외교 정책의 근간을 이룬다 하
더라도 1474년 이후 부신을 지참하지 않은 사절에게 일본국왕사로서
의 접대를 행했을까 라는 의문은 여전히 남는다. 이에 대한 문제는
추후에도 관련 연구자들 사이에 논의되어야할 문제점이라고 하겠다.

　한편, 위사 파견은 1470년대, 1510년대라는 양 분기점을 시작으로
발생하고 있다. 1470년대에 위사가 발생한 것은 일본의 국내 사정에
의한 것으로 바로 1467년에 발생한 "應仁의 난" 때문이다. 이 난으로
인해 호소카와씨와 야마나씨가 막부 장군 후계자를 둘러싼 내분 전
쟁으로 이 혼란의 틈을 타 일본의 지방 세력들이 일본국왕사를 사칭
하여 내조하게 된 것이다. 또 1510년대 이후 위사가 발생하게 된 것
은 조선과 일본의 국제적인 문제로 바로 삼포왜란으로 인한 대일 무
역 통제책이 강화되었기 때문이다. 즉, 임신조약(1512)으로 일본과의
외교창구는 삼포에서 내이포 하나로 한정되었고, 세견선의 25척 감
소, 세사미두의 반감, 특송선 제도의 폐지, 수직왜인에 대한 세사미와
세견선의 불허 등등으로 대마도의 대조선 무역액이 갑자기 대폭 축
소되었기 때문이다.

Ⅳ. 맺음말

　이상의 내용을 정리해 본다면 다음의 세 가지로 정리될 수 있다.
첫째, 위사의 개념 문제이다. 지금까지는 일본 중심의 연구에서 위

사는 일본 측에서 조선에 파견된 사절로 일반적으로는 "제삼자가 어떤 인간(실재하지 않아도 좋음)의 명의를 사칭하여 외국에 통교하여 무역의 이윤을 획득하기 위한 거짓의 외교사절"이라고 평가되어 왔으나, 이는 조선이라는 객체(한국사 측에서는 주체)의 국제관계를 염두에 두지 않은 정의였고, 이와 관련하여 여진도 위사를 파견하고 있었다는 점을 간과하고 있었다. 다시 말하면 동아시아 국제질서 속에서 조선의 입장을 전혀 고려하지 않았다는 것이다. 위사의 개념을 일본사 속에서 본다면 지금까지의 개념이 적용될지 모르나, 한일관계사 나아가 동아시아 국제관계사를 총체적으로 규명하기 위해서는 위사의 개념이 수정되어야만 한다. 따라서 본고에서는 동아시아 사대교린 체제 하에서의 국제관계가 국가대 국가의 외교관계로서 기준이 되고 있었다는 점을 중시해 진사는 "동아시아 제지역 내에 실존 인물이 명의를 밝혀 파견한 사절"이라고 할 수 있으며, 위사는 "名義 사칭, 가공인물, 서계위조를 포함해 조선의 통항 허가의 형식을 지참하지 않은 사절"이라고 규정지을 수 있겠다.

둘째, 위사에 대한 조선 측과 일본 측에서의 관점이다. 이는 위사의 범위를 어디까지 한정하느냐의 문제로 상술한 첫 번째의 개념에 대한 문제점과도 연관성이 있는데, 조선 정부는 위사임을 감지하고도 접대를 시행했거나, 모르고 접대를 했거나, 일본국왕사라는 차원에서의 접대를 시행하고 있어 조선 측의 입장에서 본다면 이들은 공식 사절이나 마찬가지였다. 물론, 진사와 위사를 구별하기 위해 상아부를 지급하고 있었으나, 무라이가 주장한 1511년 이후 25회의 파견 중에 2회를 제외한 23회가 위사일 가능성이 있다는 것은 조선을 중심으로 한 총체적인 관점이라 볼 수 없다. 또 1503년 이후에 일본 측에 지급된 상아부를 이후의 일본국왕사가 지참하고 있었을 가능성 많기 때문에 일본국왕사로서 접대했다는 점도 간과해서는 안 된다.

셋째, 일본국왕사를 사칭한 위사에 대한 조선 측의 평가와 접대 방

식이다. 이는 대일본 외교정책의 근간을 이루는 것으로 모든 파견 사
절에 대해서는 진사이던 위사이던 대국의 도량으로서 접대해야 한다
는 일반적인 원칙에 준한 것으로 이것은 위사일 가능성 짙은 1542(중
종37)년의 경우에도 적용되고 있었다는 것으로부터도 이해할 수 있다.

　이러한 기본적인 대일본관, 다시 말해 일본의 사절 파견에 대한 인
식은 조정에서의 김노와 중종의 문답으로 대표될 수 있을 것이다. 김
노가 중종에게 아뢰기를, "대마도와 일본은 다릅니다. 일본은 交隣하
는 의리로 서로 교통하나, 대마도의 왜인은 우리나라에 힘입어서 사
니, 접대하는 데에 있어서 은혜와 위엄을 아울러 보여야 합니다. …
일본은 사자는 으레 대마도의 청에 따라서 나온다 하나, 국왕의 사자
는, 情意와 예의를 다하여 접대해서 보내야 합니다. 대체로 외국 사람
을 접대하는 것은 멀리 장래를 생각하여 훗날의 폐단이 없게 해야 합
니다."하니, 상이 이르기를, "대마도의 이적에 대해서는 그들의 말을
모두 다 들어 줄 수 없으나, 사자는 박대할 수 없다."[57]고 하였던 것
이다. 이것은 다른 사절과는 달리 일본국왕가 진사이던 위사이던 그
리 문제가 되지 않았다는 것을 의미하며, 조선의 은혜와 위엄을 보여
야 할 존재로 대마가 인식되고 있었던 동시에 대마와는 달리 일본국
왕사는 情意와 예의로서 접대해야 한다는 기본적인 대일본관이 정착
되어 있었던 것이다. 또 훗날의 폐단을 없게 해야 한다는 것은 일본국
왕사를 회유하는 것으로서 일본을 둘러싼 외교 문제, 즉 왜구와 무역
확대 요구 등 일본과 관련된 폐단(특히, 대마도 관계에서의 폐단)을 미
연에 방지하기 위한 정책이기도 했다. 이는 여진에 대한 기미정책과
상통하는 것으로 조선의 대일본 기미정책이라고 평가할 수 있다.

　한편, 조선시대 대일본관의 양분성인데, 대마도와 일본을 엄연히
구분지어 외교관계를 맺고 있었다는 것이다. 이는 앞서 제시한 중종
의 교시에서 보이는 바와 같이 대마도의 이적에 대해서는 그들의 요

---

57) ≪中宗實錄≫ 권98, 37년 5월 16 병신

구를 다는 못 들어주지만, 일본국의 사자는 박대할 수 없다는 인식에서도 엄연한 사실로 들어난다. 이것이 바로 조선전기 일본관의 틀이며, 조선후기 일본관의 토대를 만들어 내는 기본적인 대일본 外交觀이었다.

끝으로 본고에서는 조선 전기에 파견된 모든 일본국왕사에 관한 상세한 논증과 그들 사절 중에 발생한 위사의 빈도에 대해서 명확하게 고찰하지 못했다. 또 동아시아 국제관계 속에서 일본의 위사 파견이 끼친 영향과 중국으로 파견된 위사 문제도 상정할 수 있으나, 이에 대해서는 금후의 과제로 삼겠다.

ABSTRACT

Records of Bakufu delegates and Pseudo−missions in the Joseon Dynastic Verifiable Records

Shin, Dong-kyu

The findings of this research paper attempts to make the following three points.

First, it takes issue with the concept of pseudo-missions (*wisa*). In general, Japanese findings have considered the pseudo-missions to be delegates that were dispatched to Joseon, more specifically, they were "pseudo diplomatic delegates made up of a third party group of people who carried out exchange in foreign lands under an assumed name of someone (who did not necessarily exist) in order to obtain profit from trade." Yet, such perspectives do not take into account the role of Joseon middlemen (*gaekche*) who were part of international relations. Also, such accounts overlooked the fact that other countries dispatched delegates to Joseon (i.e. Yeojin people of Jin Dynasty). Moreover, because diplomatic relations between countries dealt with their international relations based on a hierarchical system of neighboring relations, the Jin missions can be considered "delegates dispatched only after their true names within the region of East Asia were revealed, and the pseudo-missions were "delegates who did not bear the official permission by Joseon to cross over (exchange) by boat and thus included those with forged documentation, fake persons' identity and assumed names."

Second, this paper examines the issues between the Japanese and Korean standpoints. Whether the Joseon government sensed the travelers were pseudo-delegates and received them, received them without detecting their pseudo status, or received them under the assumption that they were delegates of Bakufu diplomatic missions, from the Joseon perspective, they believed none the less to have received official delegates. Of course, it is true that ivory charms were provided in order to distinguish the Jin dynasty delegates from other pseudo-delegates, but one cannot wholly agree with the opinion of one Japanese scholar who has argued that after 1511, 23 out of 25 delegates were pseudo-delegates.

Third, this paper takes a closer look at Joseon's opinions about and reception of the pseudo-delegates under the assumed name of Bakufu delegates. The Joseon government believed as a general rule that foreign missions dispatched to Joseon were generous gestures of great countries, be they the Jin delegates or pseudo-delegates. That is, Joseon distinctly established separate foreign relations between Tsusima Island and the archipelago of Japan. Though Joseon was unable to provide for all of Tsusima's demands, it believed that it could not mistreat envoys sent by Japan. This was how the Bakufu delegates were treated in early Joseon period and such consideration extended to create the foundation of Japanese diplomats in the late Joseon period.

Keywords: pseudo-delegate or bogus missions, Bakufu delegate, diplomatic documents (by Ministry of Rites), Tsusima Island, Bakufu

琉球國王使와 僞使

이 훈*

I. 머리말

조선・류큐(琉球)와 관련된 연구성과는 한국과 일본을 합해도 30편을 넘지 않는다. 우선 한국측의 연구성과를 보면, 1960년대 민속학적 관심에서 출발한 연구가 약간 있을 뿐, 역사학 분야에서는 李鉉淙・閔丙河의 연구가 두 편 있는 정도이다. 조선・류큐(琉球) 연구는 1990년대 들어 활발히 이루어진 편인데, 조선의 대일정책 내지는 대일본 관계를 동아시아 국제관계에서 이해하려고 할 때 아무래도 조선・류큐 관계와 대비시켜서 볼 필요가 생겼기 때문으로 이해된다. 그 결과 통교체제론, 대외정책, 외교사행 등에 대한 검토가 시도되었으며, 그 과정에서 僞使 문제도 비로소 인식되기 시작하였다. 따라서 현재 개

---

* 국사편찬위원회 연구위원

별 연구에서 위사 문제는 단독 주제로 취급되기보다는 부분적으로 그 중요성이 언급되고 있는 정도이다.

위사에 관한 대표적인 견해는 다음과 같다. 하우봉은, <조선전기의 對琉球關係>(1994)와 <琉球와의 관계>(1995)에서, 고려말부터 1636년까지의 조·류관계를 왕래사절의 형태, 외교문서(국서), 조선측의 접대라는 의례문제를 소재로 검토한 후 조·류관계의 변천과정을 4기로 나누어 보았는데, 여기에서 위사의 출현에 주목하고 있다. 예를 들면 제1기는 태조대에서 세종12(1430)년까지로 조선과 류큐의 직접 통교기, 제2기는 세종 13(1431)년부터 세조대로 일본인에 의한 통교중계시기, 제3기는 성종 2(1471)년부터 중종대 까지로 僞使의 시기, 제4기를 명종 원(1545)년 이후부터 인조 14(1636)년까지로 명을 경유한 간접통교시기로 나누어 보았다. 하우봉은 이러한 통교형태 변화 가운데 위사문제를 조·류통교의 성격을 이해하는 중요한 계기로 인식하였는데, 위사의 존재가 파행적이었던 조·류 직접통교를 단절시키기에 이르렀다고 보았다. 위사 발생 배경으로는 대마도를 포함하는 일본의 통교환경 변화, 조선정부의 후대 등을 지적하였으며, 위사의 주체에 대해서도 제 2기의 일본인에 의한 대리사절과 구별할 것임을 지적하였다. 즉 위사 파견의 주체가 반류큐왕조적인 지방세력일 수도 있는 가능성을 시사함으로써 위사를 류큐의 국내정치사 속에서 이해해야 할 것임을 제시한 것으로, 조·류 통교구조를 양국정부를 창구로 하는 일원적 구조에서 이해할 것이 아니라, 류큐의 국내 정치상황까지도 고려하여 다원적으로 이해할 필요가 있음을 시사하였다.

손승철 역시 ≪歷代宝案≫ 등의 류큐측 자료를 이용하여 외교사절의 왕래·의례·왕복 외교문서 등을 소재로 한 조·류 통교 현황 및 통교구조에 관한 일련의 연구 속에서(<朝·琉交隣體制의 構造와 特徵>(1999)과 <≪歷代宝案≫을 통해서 본 朝鮮과 琉球관계>(1995)), 위사의 중요성을 언급하고 있다. 손승철은 조선시대 전 시기(1392~

1849년)를 통하여 조선과 류큐가 교류를 하고 있었다고 보고, 明淸교체 이전에는 명의 책봉을 전제로 이루어지는 직접 교린관계, 명청 교체기에는 간접 교린관계를, 17세기초 일본 복속 이후에는 표류민 송환체제만이 유지된 교린관계였다고 보았다. 류큐국의 僞使는 이러한 통교구조가 유지되는 가운데 1423년부터 1524년까지 약 1세기에 걸쳐 출현하고 있는데, 남방과의 교린이라는 통교 구조 자체를 변질시킬 정도는 아니었다고 보고 있는 것 같다. 불경 청구와 같은 위사 파견의 배경, 위사로 파견되는 사람들의 신원(대마도 및 博多人) 등으로 볼 때, 15세기 중엽에서 16세기 중엽까지 위사 존속 이유를, 류큐를 둘러싼 통교환경의 변화 및 조선의 대류큐정책 등에서 구하고 있다.

연구자에 따라 견해의 차이는 있지만, 한국에서의 朝鮮·琉球관계 연구는 책봉을 바탕으로 하는 중국중심의 국제관계 속에서 본 외교 체제론적 검토가 특징으로, 어디까지나 중앙정부를 창구로 하는 양자간의 관계 속에서 조·류관계가 탐구되고 있다. 즉 통교구조론적 시각에서 접근하다 보니 아직 위사의 주체나 발생 배경, 조선의 대류큐정책 등에 대해 류큐의 국내정치사까지를 포함한 각론 단계에서의 천착까지는 이루어지지 않고 있는 실정이라 할 수 있다. 이는 조선전기 왕권의 안정으로 국내정치에 있어서의 변동이 류큐나 일본만큼 심하지 않은데다 통교 주체 및 창구에 변화가 없었던 것이 큰 이유라고 볼 수 있다. 자료상으로는 아무래도 관찬 자료에 의존해야하는 한계를 들 수도 있겠지만, 한국측 연구에 있어서 방법론상의 이러한 특징은 일본 중심의 일본형 華夷意識을 바탕으로 한 대외정책 내지는 '華夷秩序論'에 대한 의문에서 비롯된 것이라 생각된다.

일본측에서 僞使 문제가 본격적으로 검토되기 시작된 것 역시 1990년대에 들어와서이며, 橋本 雄·米谷 均와 같은 젊은 연구자에 의해서이다. 米谷 均은 <16世紀日朝關係における僞使派遣の構造と實態>(1997)에서 1510년 '3포의 난'을 계기로 조선이 일본 통교자의

권익을 축소시킴에 따라 대마도가 조선과의 통교회복을 도모하기 위해 창출해낸 것이 '위사'로, '深處倭'의 통교 명의를 무단차용하거나 가공의 명의를 만들어 집적·독점해 가는 과정을 구체적으로 밝혔다.

橋本 雄은 <中世日朝關係における王城大臣使の僞使問題>(1997)에서 15세기 畠山·細川·伊勢·京極·山名·左武衛(斯波) 등 有力守護大名의 명의로 조선에 파견된 사절(王城大臣使)은 거의 대마도가 博多상인의 협력을 얻어 만들어낸 위사로, 조선정부가 막부사절의 제안을 받아들여 1474년에 발족한 象牙符에 의한 '牙符制'라는 통교자격증명제도를 시행하면서 자취를 감추게 되는 과정을 밝혔다. 그리고 <朝鮮への"琉球國王使"と書契·割符制－15世紀の僞使問題と博多商人－>(1997)에서는 류큐 국왕사의 위사 역시, 博多 상인의 제안으로 발족하게 된 '割符'에 의한 통교자격증명제도에 따라 류큐 정부가 관여하지 않는 사절이 조선에 파견되게 되는 과정을 밝혔다. 일본에서의 위사 문제는 서일본의 통교자 및 재경수호대명, 그리고 류큐 국왕사의 진위 문제를 통해 위사 통교를 가능하게 했던 조건들을 규명함으로써 궁극적으로는 무로마치(室町) 막부 장군 외교권의 실태를 파악하려는데 있다고 할 수 있다. 즉 국내적으로 일본의 대표로서 천황의 권위가 존재하는 가운데 무로마치 장군의 외교권 및 권위가 타국과의 외교관계 속에서 비로소 생겨나게 되는 과정을 외교문서의 작성 및 발급 등을 소재로 다루어 본 것이라 볼 수 있다. 이는 물론 15세기 이후 대조선외교의 對馬島 집중과 博多 협조라는 통교환경의 변화를 전제로 한 것이기는 하다. 그러나 어디까지나 '중세일본의 왕'으로서 천황의 존재 및 이를 둘러싼 기존의 왕권론과 무로마치 막부 외교가 어떻게 관련되어 있는지, 중세일본의 '왕권론'을 이해하는 시각 내지는 설명 방법의 문제로 국내정치사를 밝히는데 역점이 두어진 것이라 할 수 있다. 따라서 위사 발생시기의 조선의 정치과정이나 대외정책 변화에 대해서는 소홀하게 다루어진 감이 있다.

위사의 진위 문제 및 주체 등에 대한 기초적인 검토는 한일 양국의 연구자에 의해 어느 정도 진행되었다. 이에 본 연구에서는 선행연구를 바탕으로 琉球國의 위사가 집중적으로 보이는 15세기 중반에서 16세기 중반까지 조선의 정치과정이나 대외정책 변화에 중점을 두어 위사 파견을 가능하게 했던 조선의 통교조건에 대해서 검토해보려고 한다.

Ⅱ. 琉球國王使와 일본인 사절

다음의 <표 1>은 류큐에서 조선에 보내온 사절을 정리해 본 것이다. 1392년(태조 원) 8월에 류큐(琉球)국 中山王 察度가 사절을 보내온 이래 1636년까지 57회에 걸쳐 사자를 파견해 왔다. 이 가운데 위사 내지는 위사의 혐의를 받고 있는 것은 20회가 넘으며, 주로 세조·성종대인 15세기에 집중되어 있다.

위사들은 거의 대부분 사원 건립에 필요한 자금 지원과 대장경 및 무역을 요청했는데, 이는 같은 시기 조선을 방문하는 일본인 사절과 목적이 비슷하였다.[1) 조선을 방문하는 류큐 국왕사들은 어떤 사람들이었을까? 우선 류큐 국왕사가 반드시 류큐인만은 아니었다. 15세기 중엽부터는 일본인이 류큐 국왕사로 오는 경우가 많았다. 하카타(博多)인으로 밝혀진 류큐 사절로는 道安(승려), 同照·東渾, 自端西堂(승려), 敬宗(승려), 耶次郎(也次郎, 상인), 信重, 新時羅(新四郎) 등을 들 수 있다. 이 가운데, 信重은 3번, 耶次郎은 4번, 新時羅는 2번이나 조선에 왔다. 조선에서는 일본의 상인들이 류큐에 들어가 무역행위를

---

1) 須田牧子, 2003 <15世紀における日本の朝鮮仏具輸入とその意義-大內氏の大藏経を中心に-> ≪『조선왕조실록』 속의 한국과 일본≫ (한·중·일 국제학술심포지움 요지, 한일관계사학회)

하던 사람들이 류큐 국왕의 문서를 받아오는 대리사절로서 인식하였
으므로, 류큐인이 아닌 것에 대해서는 굳이 문제삼지 않았다. 예를 들
면 1459(세조 5)년 류큐 국왕사로 온 而羅洒毛는 대마도 수직왜인이
었다. 1471(성종 2)년 류큐 국왕사 自端西堂의 상관인으로 따라온 博
多人 信重은 이미 1456년에 조선으로부터 圖書를 받은 受圖書人으로
해마다 조선에 세견선을 보낼 수 있는 자격이 있었으며 이번에는 류
큐 국왕사로서 왔다. 信重은 조선측의 위사 혐의에 대해 자신은 일본
국왕과 류큐 국왕에게 신임을 받고 있는 터라 양국의 일은 대부분 잘
알고 있으며, 조선의 신하이기도 하다고 대답하였다. 신중의 말대로
류큐 국왕사로 온 일본인들은 류큐·일본·조선을 오가며 광범위하
게 상업활동을 했던 사람들로 보이며, 조선에서도 그런 전문 집단의
존재에 대해서는 충분히 인지하고 있었던 것 같다. 예를 들면 新時羅
는 1479(성종 10)년 조선인 표류민 金非衣 일행을 송환해 왔다. 조선
에 이르기까지 그의 行程을 보면 薩摩州 → 打家西浦(肥後의 高瀨津)
→ 博多 → 軾賀(志賀島) → 一岐島 → 대마도의 草那浦(曾浦浦) → 대
마도 沙浦(佐賀) → 대마도의 都伊沙只浦(豊崎)을 거쳐서 왔다. 김비
의 일행은 薩摩州에서는 신시라의 옛주인 집에서 머물렀으며, 薩摩州
태수 집에 2번이나 초대를 받았다. 博多에서는 新時羅의 자택에 머물
렀는데 博多지역의 실력자인 오우치씨(大內氏)와는 관계가 좋았다.
조선인 표류민 김비의 일행은 대마도(草那浦)에서도 신시라의 옛주인
집에서 머물렀다. 이것으로 볼 때 博多 상인이라고 할 경우 친척이나
상인들의 숙소 등을 통해 각지에 거점을 확보하면서 이를 바탕으로
광범위한 상업 네트워크를 구축하고 있었음을 알 수 있다. 新時羅의
본관이 博多인지 대마도인지 또는 다른 지역인지 확인할 수 없지만
博多를 근거지로 하여 琉球·薩摩·對馬島·朝鮮에 걸쳐서 광범위하
게 상업활동을 했던 사람으로 보면 될 것 같다.[2]

---

2) 橋本 雄, 1997 <朝鮮への'琉球國王使'と書契·割符制−15世紀の僞使問

이밖에 宗久나 皮古三甫羅 등, 그 출자나 본관을 알 수는 없지만 류큐 국왕사를 자칭하는 일본인들도 크게 다르지는 않았다고 생각된다.

Ⅲ. 博多 상인의 류큐 국왕사 詐稱과 書契

류큐 국왕사가 九州, 특히 博多를 거점으로 활동하는 일본인이었을 가능성은 그들이 조선에 가지고 오는 문서를 통해서도 알 수 있다. ≪海東諸國紀≫의 <琉球國記>에는,

> 그 書를 箋으로 혹은 咨文으로 혹은 서장을 보내기도 하여 격식이 일정하지 않았으며, 칭호와 성명도 일정하지 않았다.

라고 있듯이, 조선에서 받은 류큐 국왕의 국서는 격식이 일정하지 않았다. 1392(태조 원)년에 중산왕 찰도가 보낸 문서는 '表', 1394(태조 3)년과 1400(정종 2)년에 중산왕 찰도와 왕세자 무령이 보내는 문서는 '箋'이었다. 1409년 중산왕 思昭가 보낸 외교문서부터 咨文으로 바뀌어 세조 때까지 지속되었다. 그러다가 1471(성종 2)년 중종대 까지는 書契로 바뀌었다. 그런데 1500(연산 6)년의 류큐 국왕사 梁廣·梁椿 일행은 자문을 지참해 왔다. 이들은 普須古·蔡璟 이래 40년만에 처음으로 류큐인으로서 조선을 방문한 류큐 사절임을 주장하였다. ≪조선왕조실록≫과 ≪歷代寶案≫에 동일한 내용의 외교문서가 실려있는 경우는 1431(세종 13)년 夏禮久가 지참한 문서가 유일한데 이때의 류큐 문서는 자문이었다. 그리고 조선에 전달되지는 않았지만 1470년 4월 1일 날짜로 작성되어 조선국왕 앞으로 보내는 외교문서가 ≪歷代寶案≫에 남아있는데 이것 역시 자문이었다. 이는 류큐가 조선에 대

題と博多商人> ≪古文書研究≫ 44·45, 97~98

해 발급한 외교문서가 어디까지나 '자문'이었음을 의미한다.

그렇다면 1471～1494년까지의 사절이 가지고 온 외교문서가 갑자기 서계로 바뀌었다는 것은 무엇을 의미할까? 이것은 서계가 류큐에서 작성되지 않았을 가능성을 시사하고 있다. 즉 이 시기 류큐 국왕사로 조선에 온 사람들은 博多人이 많았는데, 博多에서 작성되었거나, 류큐 국왕으로부터 '자문'으로 된 외교문서를 받았다 하더라도 하카타에서 서계로 교체되었을 가능성이 있다는 것이다. 즉 이시기 류큐 사절은 류큐 국왕사를 사칭한 위사이거나 서계를 위조했을 가능성이 크다는 것을 의미한다. 발급된 문서가 자문인지 서계인지, 즉 문서의 양식이 사절의 진위를 가리는 기준이 될 수 있다고 볼 수 있다. 지금까지는 류큐 국왕사가 위사인지 아닌지 진위를 가리는 기준으로 문서 발급 주체인 류큐 국왕의 명의가 실제 류큐 국왕의 성명과 차이가 있다는 것이 지적되어 왔다. 그러나, 최근의 연구에 따르면 류큐의 외교문서로 書契를 지참해 오는 사람들이 위사일 가능성이 크다는 견해가 제기되고 있으며, 특히 대조선통교를 독점하기 위하여 조선측에 제안한 符驗制가 조금씩 밝혀지고 있다.[3] 예를 들면 1471년 정사 自端西堂과 부사 平左衛門尉信重(博多 상인)은 2통의 서계를 가지고 왔다. 여기에는 "류큐 근해의 여러 세력이 외교문서를 위작하여 일본의 書吏 등으로 둔갑하여 上邦(조선)의 관리에게 서계를 수령해 줄 것을 강요하고 있다. 우리나라(琉球)에서는 관여하지 않은 일이니 그런 서계는 받아주지 않았으면 한다. 따라서 剖符(割符) 2매를 진상하니 이 2매를 (이곳에) 두어 나중의 증거로 삼음이 어떠한가"라는 내용이 기재되어 있었다.[4] 割符란 印鑑을 둘로 나눈 것으로 류큐측에 "右隻", 조선에 "左卷"이 있었다. 좌우를 대조하는 대상은 외교문서에 날인된 印影을 일컫는 것으로, 信重이 염두에 둔 '割符制'란 조선과 류큐에

---

3) 橋本 雄, <앞 논문>
4) ≪성종실록≫ 권13, 2년 11월 2일 경자

할부를 2매씩 분치하여 좌우의 영인을 대조하는 형식의 '符驗'이었다. 이 제안은 곧바로 조선에 받아들여졌으며, 바로 그 이듬해인 1472(성종 3)년에 조선을 방문한 喜里主는 부험이 없다는 이유로 송환되었다. 조선은 이 부험제를 위사 진위를 가리는 기준으로 신뢰하여 1483년까지 시행하였다. 그러나 1491년 梵慶과 耶次郎 이후부터는 진위 여부에 대한 논의는 계속 있었지만 부험은 더 이상 적용하지 않게 된다.

1493년에는 류큐 국왕사로 博多人 梵慶과 耶次郎이 印信을 찍지 않은 서계를 가지고 동시에 상경하여 교역을 요구하기도 하였다. 같은 博多人이라 하더라도 거의 경쟁적으로 조선에 위사를 파견하였음을 알 수 있다.

조선이 부험제를 적용하건 안하건 博多 상인들은 거의 서계를 작성해 왔는데, 류큐의 외교문서인 咨文을 위조하기 보다는 조일통교에서 일상적으로 작성되던 서계를 작성하는 것이 쉬웠기 때문이라고 한다.[5]

Ⅳ. 僞使에 대한 조선정부의 인식과 대응

書契를 지참한 류큐 국왕사를 모두 위사로 보아야 할지, 또 보수고 이후 1500년의 梁廣·梁椿 이전 까지의 류큐 국왕사를 모두 위사로 보아야 할지는 더 검토의 여지가 있으며, 연구자마다 견해도 다르다. 그러나 1471~1494년 동안 12번에 걸쳐 조선은 방문한 일본인 류큐 사절들은 모두 위사 혐의가 있거나 위사였다고 보아도 크게 지장은 없을 것이다.

---

5) 橋本 雄, <앞 논문>, 91~95

거의 2년에 1번 간격으로 조선을 방문하고 있는 셈인데 이렇게 위사가 성행한 까닭은 무엇일까? 하나는 조류 통교에 대한 일본의 방해를 들 수 있다. 해로의 멀고 험함이 류큐 사절의 직접 방문에 큰 제약이 되었다. 이 때문에 세종대 중기부터는 류큐 국사가 대마도인의 상선에 편승하게 되었고, 단종대 부터는 道安 등의 일본인 대리사절로 발전하였으며, 세조대 중기부터는 류큐 국왕사를 사칭하게 되었다.

두 번째로는 류큐 사절에 대한 후대가 그 원인의 하나라고 볼 수 있다. 1453(단종 원)년 조선인 표류민을 송환해온 道安에 대해서는 鞍子·白紬·白細苧布·人蔘 등 9종에 이르는 토산물 이외에도 그들이 가져온 銅鐵과 蘇木에 대해 紬 2,577필, 棉布 3,860필과 布 7,719필을 주었다.[6] 사절의 왕래와 더불어 대규모 무역도 행해졌다. 특히 1461(세조 7)년 조선인 표류민(양성지)을 송환해 온 普須古 일행에 대해서는 《대장경》과 《금강경》 등 21종에 이르는 불경과 각종 서책, 紅細苧布를 비롯하여 소주에 이르기까지 23종에 이르는 각종 토산물이 주어졌는데 이러한 후대가 광범위하게 소문이 나있었던 것 같다.[7] 특히 세조 때에는 국내의 정치적 정통성 결여문제를 국제적 위엄의 과시를 통해서 보상해 보려고 한 측면이 많았기 때문에 외국 사신에 대한 새로운 통교자도 다수 받아들임으로써 세종대 이후 확립된 대일·대류큐 통교체제가 문란하게 되었다. 성종대 초기에 이르러 신숙주가 대일통교체제를 정리하고 회사품도 줄이자 접대와 회사가 후한 류큐사절로 위장하게 되었던 것이다.[8]

셋째는 류큐 사정에 대한 조선정부의 정보 부족을 들 수 있다. 위사들은 류큐 국왕이 바뀐 지 상당 시간이 흘렀음에도 불구하고 여전

6) 《단종실록》 권6, 1년 6월 15일 경자
7) 《세조실록》 권27, 8년 1월 16일 신해
8) 하우봉, 1994 <朝鮮前期의 對琉球關係> 《국사관논총》 59 (국사편찬위원회, 과천) 155~156

히 전왕 명의의 서계를 가져왔다. 조선정부는 류큐에 대한 정확한 정
보가 없었기 때문에 의심은 했지만 확실하게 단정할 수 가 없어 접대
를 하였다. 정보를 수집하기 위해서는 류큐 국왕사가 귀국할 때 사자
를 붙여 사송선을 류큐까지 호송해야 했지만, 그렇게 되면 다시 류큐
에서 사의의 뜻으로 조선에 사자 보내올 것이었으므로 번거로움을 덜
기 위해 예물로 그쳤던 것이다.9) 류큐 정보를 확보하기에는 많은 비
용의 소요가 예상되었기 때문이다.

넷째는 조선 정부의 미온적 대응이다. 조선은 류큐 국사가 포소에
도착한 후 위사 혐의가 있는 사절에 대하여 국왕사가 아닌 거추사로
대접하는 등, 접대 수준을 낮추기는 했으나 접대 자체를 거부하지는
않았기 때문이다. 이러한 여러 가지 이유로 류큐 국왕사를 사칭하는
위사가 끊이지 않았다.

그러면 조선 정부에서는 이러한 위사 문제에 대해 어떻게 대처하
였을까?

류큐국 사자의 진위에 대해 조선정부가 의심을 하기 시작한 것은
1423(세종 5)년이다. 류큐국 사자를 칭하는 사람이 예물을 가지고 왔
으나, 書契와 圖書가 류큐국의 것이 아니었으므로 좌의정 李原의 건
의에 따라 예물을 받지 않고 접대를 거부하였다.10) 이후 류큐 사절의
진위에 대한 의심은 은연중에 생겼던 것 같다. 그러나 1430·1431·
1451년의 류큐 국왕사에 대해서는 별 혐의를 두지 않았으며, 위사혐
의가 있다고 일컬어지는 1453(단종 1)년 류큐 국왕사 道安에 대해서
도 류큐 국왕사를 사칭한 위사로 판단하지는 않았다. 道安이 부산포
에 왔을 때, 선위사(鄭自濟)에게 준 事目에는, 이번 류큐국 사자의 이
름이 왜인과 비슷하여 '假托受書'한 자인지 모르므로 조사 후 류큐국
인이 아니라면 常倭의 예에 따라 접대할 것이 지시되어 있었다.11) 道

---

9) ≪세조실록≫ 권27, 8년 1월 10일 을사
10) ≪세종실록≫ 권19, 5년 정월 4일 병술

安에 대해서는 일본의 승려이지만 류큐 국왕을 대신한 대리사절로서 판단하였던 것 같다. 도안 일행은 薩摩州 七島嶼에 표착했다가 노예가 된 사람들을 송환해 왔으므로 조선측의 접대가 있었음은 물론, 귀국시에는 답서와 함께 예물이 있었다.[12] 도안은 그 후에도 1455(세조 1)년에 조선의 표류민 송환 및 대장경을 요청하기 위해서, 그리고 1457(세조 3)년에는 류큐에 표착한 조선인을 송환해 왔으며, 류큐 국왕사의 대리 사절로서 접대를 받고 돌아갔다.[13]

류큐 국왕사 일행 가운데 국왕사를 사칭한 대마도인이 섞여 있었다는 것은 1458년에 확인된다. 1458(세조 4)년 류큐 국왕사 友仲僧('倭人', 博多人)의 副官人은 대마도인이었는데, 조선의 일본어 통사가 류큐국 사자로부터 뇌물을 받고 부관인으로 만들어준 것이었다. 류큐 국왕사 일행 가운데 사행원임을 사칭하는 사람이 섞여 있다는 것에 대한 혐의는 이때부터 보이며 관련자들이 처벌을 받았다.[14] 그러나 이때도 정사 자체에 대해 위사의 혐의를 둔 것은 아니었다. 1467(세조 13)년 류큐 국왕사 同照·東渾에 대한 대사헌(양성지)의 상소에 "今彼使 本九州之人 眞僞亦未可知"라고 한 것도 일본인에 의한 대리사절에 관한 것이었다.[15]

대리사절이 아니라 류큐 국왕사를 사칭한 가짜 사절일지도 모른다는 혐의를 두기 시작한 것은 1478(성종 9)년 久邊國主 李獲의 사절 때부터이다. 사절 도착에 대한 지방관의 보고를 받은 조선정부는 薩摩나 博多人이 서계를 위조하여 온 위사일 가능성이 많다고 판단하여

---

11) ≪단종실록≫ 권5, 1년 3월 11일 무진
12) ≪단종실록≫ 권6, 1년 4월 24일 신해·5월 11일 정묘·6월 15일 경자 ; ≪단종실록≫ 권7, 1년 7월 4일 기미
13) ≪세조실록≫ 권2, 1년 8월 25일 무진 ; ≪세조실록≫ 권8, 3년 7월 14일 을해
14) ≪세조실록≫ 권12, 4년 3월 16일 계묘·5월 3일 기축
15) ≪세조실록≫ 권43, 13년 8월 6일 기해

자세한 조사를 지시하였다. 예조에서 사신과 문답한 결과, 사절은 구변국인은 아니지만 서계의 필적이 倭書와 비슷하다는 것이었다. 이에 성종은 巨酋使의 예에 따라 접대하되, 이듬해 일본에 보내는 통신사에게 류큐와 구변국의 실정을 조사해 오도록 하였다.[16] 그러나 아직 류큐 국왕사에 대하여 본격적으로 위사 혐의를 두지는 않았다. 1479(성종 10)년 류큐 국왕 尚德의 사자로 新時羅(新四郞)가 조선인 표류민(김비의 등) 3명을 송환해 오면서 대장경을 요청했을 때에도 이들이 九州 博多의 상인이기는 하지만 어디까지나 류큐 국왕의 명을 받아 표류민을 송환해온 대리사절로 인식하여 국왕사에 준하는 접대를 하였다.

위사가 성종대 초기부터 본격화되었음에도 조선에서 본격적으로 혐의를 두기 시작한 것은 1480년 부터이다. 1480(성종 11)년 류큐 국왕 尚德의 사절 敬宗이 왔을 때, 예조판서(李承召)가 류큐 국왕명이 이미 尚德에서 尚元으로 바뀌었는데도 아직도 尚德이며, 연호도 成化16(경자)년이 아니라 15년으로 되어 있으므로 류큐 국왕 사절의 진위 여부를 믿을 수 없다고 하였다. 敬宗 일행에 대해서는 일단 위사의 혐의를 두었지만, 대부분의 류큐 사절들이 류큐에 장사차 들른 일본인(왜인)들이 사절로서 오는 경우가 많았기 때문에, 일단은 국왕사로 접대하여 예물을 주었다.[17]

위사에 대해 본격적으로 논의된 것은 1493(성종 24)년이다. 이해 6월에는 梵慶과 耶次郞이 각각 동시에 입경하였으므로 중앙에서는 진위 여부에 대해 의심을 품었다. 이에 승정원에서는 류큐국 사자는 중간에서 興販하는 무리들로, 지난 해에 가져온 서계와 이번에 가져온

---

16) ≪성종실록≫ 권98, 9년 11월 3일 경신·11월 14일 신미 ; ≪성종실록≫ 권102, 10년 3월 25일 신사
17) ≪성종실록≫ 권118, 11년 6월 10일 기미 ; ≪성종실록≫ 권119, 11년 7월 8일 병술

서계의 印文이 서로 다를 뿐 아니라, 사자 가운데 耶次郞은 이미 2번
이나 류큐 국왕사로 온 적이 있는데, 九州에 살면서 圖書를 위조하여
이익을 늘리는 일을 업으로 삼는 자일 것이라고 보고하였다. 이후 예
조와 의정부에서 다시 논의한 결과, 耶次郞의 서계와 도서가 위조한
것이 분명하지만, 확증이 없으므로 거추사의 예에 준하여 접대하되
회사를 줄이고 재정지원 요청을 거부할 것이며, 대마도주에게도 文引
발행에 신중을 기하도록 권고하는 서계를 보내기로 하였다.18) 단 위
사 혐의가 짙었기 때문에 조선정부에서 답서와 예물을 준다 하더라
도 이것이 과연 류큐 국왕에게까지 전달이 될지 안 될지 의문이었다.
따라서 답서를 작성할 필요가 있는지 없는지 논의가 분분하였지만
류큐 국왕사일 가능성도 아주 배제하기는 어려웠으므로 노사신의 의
견에 따라 답서는 작성하는 것으로 결론이 났다. 그 결과 답서에 의
심스러운 부분을 기재하되 회사예물의 물목에 대해서는 예를 갖추어
답서에 별도로 작성하도록 하였다.19) 류큐 국왕사를 사칭한 위사일
가능성을 전제로 답서를 작성할 필요가 없다는 의견이 지배적이었음
에도 불구하고 외교적인 선택을 한 것은 멀리서 來朝한 사신을 박대
할 수 없다는 조선의 외교이념 때문이었다.

　이 사건을 계기로 조선정부에서는 위사에 대한 대책을 강구하게
되었다. 이후 16세기 초까지 조선을 찾아오는 류큐 사절에 대해서는
巨酋使·對馬島特送使·常倭의 예에 따라 접대를 하였는데, 거추사
로 접대한다는 것은 류큐 국왕사로 접대하는 것이 아니라는, 즉 위사
의 혐의가 농후하다는 의미로 보면 될 것 같다. 예를 들면 1494(성종
25)년 류큐국 中山府主 사자 天章이 오자 다시 위사 문제가 논의되었
다. 議政府·六曹·漢城府의 관리들은 천장이 가져온 中山府主의 문

---

18) ≪성종실록≫ 권278, 24년 6월 6일 무진·6월 9일 신미·6월 12일 갑술 ;
　　≪성종실록≫ 권280, 24년 7월 15일 정미
19) ≪성종실록≫ 권280, 24년 7월 15일 정미

서 형식이나 문장이 倭書와 비슷하며, 발신인이 '琉球中山王 謀', 즉
국왕 명의가 아니라 '中山府主'로 기재된 점, 수신인 역시 조선의 '국
왕'이 아니라 일본인이 보내오는 서계에 자주 등장하는 '禮曹大人(예
조판서)으로 되어 있는 점 등을 위사의 징표로 보았다. 이에 耶次郞의
예에 따라 거추사로 접대하고 위사가 확실하다면 상왜로 대우하자고
논의되었다. 승정원의 논의에서는 후폐를 염려하여 이들에 대한 접대
에 회의적인 견해가 많았지만, 거추사의 예로 결론이 났다. 이후 예조
에서는 대마도주에게 서계를 보내 이번 사절을 국왕사로 접대하지
않은 이유를 설명하는 한편, 류큐국의 위사를 잘 단속하도록 문인 발
행을 신중히 해줄 것을 당부하였다.20) 이후 위사 혐의가 있는 사절이
2.3회 조선을 방문했지만, 거추사나 상왜의 예에 따라 접대함으로써
류큐 국왕사로서는 인정하지 않았다. 조선측의 이러한 대응을 계기로
위사는 점점 자취를 감추게 되며, 1505(연산군 11)년 부터는 琉球人에
한해 접대하되 일본인으로 류큐국의 국서를 받아온 자는 접대하지
않는다고 하였다.

  조선정부의 류큐 국왕사에 대한 대응을 보면 1423(세종 5)년 예물
을 반환하고 접대를 거부하며 포소에서 바로 돌려보낸 일례를 제외
하고는 위사인줄 알면서도 이들을 접대했다. 이 때문에 1493(성종 24)
년에는 일본의 大內殿이 가져온 朱紅에 대해 조선정부가 무역을 불
허하자, 서계를 보내 전일 류큐 국왕사가 위사임을 알면서도 예물을
지급하였음을 항의하자 결국 공무역을 허락함으로써 부작용도 있었
다.21) 그러나 이것을 조선정부의 대외정보 무지와 정책의 안이함, 수
동성, 문약함으로 이해하기에는 더 많은 검토가 필요하다.

---

20) ≪성종실록≫ 권291, 25년 6월 23일 경진
21) ≪성종실록≫ 권283, 24년 10월 15일 병자

V. 맺음말

지금까지 선행연구를 바탕으로 류쿠 국왕사와 위사에 대해서 전체적인 윤곽을 보아왔다. 위사 문제는 이제야 겨우 의문이 하나씩 벗겨지기 시작했을 뿐으로 앞으로의 과제에 대해 언급함으로써 맺음말에 대신하려 한다.

먼저, 류규 사절 하나 하나에 대한 사례 연구가 충분치 않으며, 위사의 출자에 대해서도 博多 상인이 많았다는 것 이외에는 밝혀진 것이 별로 없다. 그러나 博多와 연고가 있는 류큐 사절 가운데는 승려 출신이 많았다. 梵慶은 대마도 佐賀의 景德庵 승려 仰之梵高의 제자로서 대마도 圓通寺의 승려였으며 周防 永興寺의 공첩을 가지고 있었다. 博多 승려라 하더라도 조선과의 무역을 원하는 대마도 宗氏, 博多 상인, 大內氏 등과 얽혀 있었다.[22] 따라서 위사의 주체에 대해서도 조선 주변의 이러한 네트워크를 염두에 둔 사례연구가 진척되어야 할 것이다

둘째는, 조선은 왜 위사 또는 위사의 혐의가 있는 사절에 대해서도 굳이 밝혀내거나 따지지 않고 상경시켜서 거추사나 대마도 특송사에 준하여 격을 낮춰가며 접대를 했을까이다. 정부 관리들의 수많은 논의에도 불구하고 접대를 선택했던 것은 위사를 파견해 오는 일본내의 세력에 대한 공포가 있었기 때문이다. 즉 九州와 대마도, 류큐를 넘나들며 장사를 하는 집단이 언제 왜구화할 지 모른다는 두려움이 기본적으로 깔려 있었기 때문이라고 본다. 그러나 이것을 꼭 조선의 文弱으로만 단정할 수 있을까라는 의문이 남는다. 1462(세조 8)년 류

---

22) 伊藤幸司, 2002 <中世後期における對馬宗氏の外交僧> ≪年報 朝鮮學≫ 8, 11

큐 국왕사 보수고 일행이 왔을 때에는 방대한 예물을 지급한 것으로
유명하다. 그러나 방대한 예물은 조선이 일방적으로 지급한 것은 아
니었다. 무역적 측면에서 본다면 류큐 국왕사가 가져온 물건에 대한
결재를 불경과 조선의 토산물로 한 것이었다. 실제로 조선이 류큐와
통교하는 이유는 조선이 필요로 하는 남방물산이 일본인들이 가져오
는 물건보다는 아주 저렴해서,[23] 경제적으로 보았을 때 조선이 손해
가 나지 않기 때문이었다. 15세기 중반 이후 위사들이 가져오는 물건
은 蕭木·胡椒 등, 남방물건을 구하는 경로가 변경됨에 따라 과거 류
큐 사절들이 직접 파견되어 오던 때 보다는 비쌌을 것으로 생각된다.
그러나 위사를 통해서나마 조선에서 필요로 하는 남방물건을 계속
확보하는 한편, 위사들에게도 물건을 구해갈 수 있도록 무역을 원활
하게 함으로써 왜구화를 막아보고자 하는 외교적 의도가 있었기 때
문이라고 생각한다. 15세기는 대마도에 의해 일본과의 통교체제가 일
원화되면서 대일본경비가 줄어들어 국내문제 정비에 비중을 두던 시
기라고 생각된다. 따라서 위사문제를 국제문제화시켜서 더 이상 대외
적인 환경이 복잡해지는 것을 원하지 않았다고 판단된다. 류큐 국왕
사가 위사이건 아니건 변경이나 중앙에서 전체적으로 무역거래만 별
일없이 이루어진다면, 즉 조선과 주변지역과의 관계에서 약탈이나 왜
구적인 행위없이 무역만 제대로 이루어진다면 국내문제에 전념할 수
있을 뿐 아니라, 대외비용도 적게 든다는 인식이 있지 않았을까? 따
라서 위사 대책에 대한 조선의 대응을 알기 위해서는 15세기의 조선
국내문제와 정치동향을 검토할 필요가 있다고 하겠다.

---

23) ≪세조실록≫ 권27, 8년 1월 을사

〈표 1〉 류쿠 사절 일람 (별첨)

	서력	왕	송신자	사자	사명	비고	출전	위사 진위
1	1392.8	태조 원	琉球國 中山王 察度	불명	通好요청	朝會참가 東5品下班列	태조 권1 원.8.정묘	
2	1392. 윤12	태조 원	琉球國 中山王 察度	通事 李善	被擄人8명 송환	'稱臣奉表'	태조 권1 원.윤12	
3	1394.9	태조 3	*琉球國 中山王 察度 *왕세자 武寧	불명	山南王子 承察度 發回要請, 被擄人9명 송환	'箋'	태조 권9 3.9.병오	
4	1397.7	태조 6	琉球國 中山王 察度	불명	被擄人 및 漂流民 9명 송환		태조 권12 6.8.을유	
5	1398.2	태조 7	琉球國 山南王 溫沙道	溫沙道 및 무리 15명	정치적 망명	망명 수용	태조 권13 7.2.계사	
6	1400. 10	정종 2	*琉球國 中山王 察度 *왕세자 武寧	불명	교류확대 도모 (左右丞相에 예물)	'箋'	정종 권6 2.10.병오 *海東	
7	1409.9	태종 9	琉球國 中山王 思紹	阿乃佳結制	공무역요청 被擄人 3명 송환	'咨文'	태종 권18 9.8.경인 *海東	
8	1410. 10	태종 10	琉球國 中山王 思紹	模都結制	공무역요청 被擄人 14명 송환		태종 권20 10.10. 임자	
9	1418.8	세종 원	琉球國 王子	불명	'遣人致書'	左右丞相 앞으로 表文 (예조판서 답서)	세종 권1 즉.8.신묘 *海東	
10	1418.8	세종 원	琉球國	불명	'遣使來聘'	조난 상경시켜 위로	세종 권1 즉.8.무술	
11	1423.1	세종 5 尙巴志2	琉球國	使送人	무역	예물반환 문서양식 불명 접대거부	세종 권19 5.정.병술	僞使
12	1430. 윤12	세종 12	琉球國	長史 梁回	漂着琉球人 송환에 대한 감사	예조판서앞 서계	세종 권50 12.윤12.임술 *海東	
13	1431. 11	세종 13	琉球國 中山王 尙巴志	정사 夏禮久 부사 宜普結制	공무역 요청	西班3品列 대마도 상선 이용 자문	세종 권54 13.11.경오 *海東 *歷代 권40	
14	1451. 10	문종 원	琉球國	毛三郎 등 2인	불명	'闕賀參加'	문종 권10 원.10.무진	
15	1453.3	단종 원	琉球國 中山王 尙金福	道安僧, 博多人	표착류큐인 송환감사사 표류인 4명 송환	'咨文' 琉球之圖, 宣慰使 파견	단종 권5 원.3.무진 *海東	

16	1455.8	세조 원	琉球國王 尙泰久	道安	대장경 요청 표류인 송환	대장경 하사 서계	세조 권2 원.8.무진 *海東	위사
17	1457.7	세조 3	琉球國王	道安 등 15인	표류인 5명 송환	道安과 信沙也文, 受職倭人으로	세조 권8 3.7.을해 *海東	
18	1458.2	세조 4	琉球國王	吾羅沙也文	표류인 3명 송환	博多상인 서계	세조 권11 4.2.을묘	(위사 혐의)
19	1458.3	세조 4 尙泰久5	琉球國王	友仲僧(博多人) 부관 對馬島人	표류인 1명 송환	'咨文' 접대	세조 권11 4.3.병신	(위사 혐의)
20	1458.3	세조 4	琉球國王	宗久 (일본인)	대장경하사 감사 표류인 2명 송환	'咨文'	세조 권11 4.3.무술	
21	1458	세조 4	琉球國王 見	불명	'遣使'		海東	
22	1459.9	세조 5 尙泰久6	琉球國王 尙泰久	而羅洒毛(대마도 수직왜인) 등 6인	'來獻土物'	對馬島主 사자 동행 국서양식 불명 접대	세조 권17 5.9.병신 *海東	위사
23	1459.9	세조 5	琉球國王	불명	'來獻土物'	僞使	세조 권17 5.9.갑진	
24	1461.5	세조 7	琉球國王	德源 (僧, 博多人)	표류인 2명 송환	引見	세조 권24 7.5.기사	
25	1461.12	세조 7	琉球國 中山王尙泰久	정사 普須古 부사 蔡璟	기이현상 축하 대장경 구청 표류인 송환	대장경 및 불경 하사 琉球船 이용 咨文	세조 권26 7.12.무진 *海東	
26	1466.12	세조 12	琉球國王 尙德	불명	'遣使'		海東	
27	1467.3	세조 13	琉球國王	불명	앵무새 진헌		세조 권41 13.3.경오	
28	1467.7	세조 13	琉球國王	同照.東渾 (僧, 博多人)	앵무새,서적 등 진헌	東班2品之末 불경 등 서적 하사	세조 권42 13.7. 병자 *歷代 권39	
29	1468.5	세조 14	琉球國 王弟 関意	古都老.而難 洒毛 등	기이현상 치하	對馬島 特送使例로 접대	세조 권46 14.5.을해	(위사 혐의)
30	1468	세조 14	琉球國 攝守 長	불명	'遣使來聘'		*海東 <國都>	
31	1470.6	성종 원 尙圓1	琉球國中平田大島,平州守	仁叟和尚 등 6인	'來獻土宜'	국서양식 불명 접대	성종 권13 원.6.병자	(위사 혐의)
32	1471.11	성종 2 尙圓2	琉球國王 尙德	上官人 自端西堂(僧, 일본인)	세조 사망 조위 기이현상 치하 사찰 건립 해 慰靈繪像翰額 요청	書契 접대(국왕사)	성종 권13 2.11.경자	(위사 혐의) 割符制

33	1471. 11	성종 2 尙圓 2	琉球國王 尙德	上官人 信重(受圖書倭人)	성종즉위진하 대장경 및 재정지원요청 남만국중개제의	대장경 하사 重에 종2품 受職 書契 접대(국왕사)	성종 권13 2.11.경자 *海東 *歷代 권41	(위사혐의)
34	1472.1	성종 3 尙圓 3	琉球國 喜里主	불명	符驗없어 접대 거부	문서양식 불명 접대거부 上京불허	세조 권14 3.1.갑인	위사
35	1477.6	성종 8 尙眞 1	琉球國 尙德	內原里主, 新右衛門尉(信重)등	법당건립에 지원 요청	書契 재정지원 거부 접대	성종 권81 8.6.신축	(위사혐의)
36	1479.5	성종 10 尙眞 3	琉球國王 尙德	上官人 新時羅 副官人 三末三甫羅	대장경구청 표류인 3명 송환	博多 상인 3騎船 219인 書契 접대(국왕사)	성종 권104 10.5.신미	(위사혐의)
37	1480.4	성종 11 尙眞 4	琉球國 摠守 李國圓子.憺守 安子.圓長子	불명	'來獻土宜'	對馬島主 사자와 동행 문서양식불명 접대불명	성종 권116 11.4.정사	(위사혐의)
38	1480.6	성종 11 尙眞 4	琉球國王 尙德	敬宗(僧, 博多人) 上官人 同照	사찰건립 지원요청 표류인 23명 송환	재정지원 요청 *書契 *접대(국왕사)	성종 권118 11.6.을묘	위사
38	1483. 12	성종 14 尙眞 7	琉球國王 尙圓	全使 新四郎 副使 耶次郎	사찰건립 재정지원 및 대장경 구청	지원거부 博多 상인 書契 접대(국왕사)	성종 권161 14.12.경축	위사
40	1491. 12	성종 22 尙圓 15	琉球國王 尙圓	正官 耶次郎 副官 五郎三郎	대장경 구청	대장경 하사 書契 접대(국왕사)	성종 권260 22.12.갑진	위사
41	1493.6	성종 24 尙圓 17	琉球國王 尙圓	梵慶(僧, 博多人)	사찰건립 지원요청	지원 거부 書契 접대(국왕사)	성종 권279 24.6.무진	위사
42	1493.6	성종 24 尙圓 17	琉球國王 尙圓	耶次郎 (博多상인)	대장경 회사 감사, 교역요청	書契 접대(거추사)	성종 권279 24.6.무진	위사
43	1494.5	성종 25 尙眞 18	琉球國 中山府主	天章 皮古三甫羅 (왜인)	재정지원 요청	書契 巨酋使例로 접대	성종 권290 25.5.무술	위사
44	1500. 11	연산 6	琉球國 中山王 尙眞	정사 梁廣 부사 梁椿	興國寺 건립에 대장경 구청	470명, 40년만의 유구인 사절 대장경 하사 咨文	연산군 권39 6.11.무오	40년만의 류큐사

45	1505.7	연산 11 尙眞 26	琉球國	불명	불명	書契 常倭의 예로 접대	연산군 권58 11.7.신축	위사
46	1509.8	중종 4	琉球國 等閑意	使送人	불명	巨酋使例로 접대 답서거부	중종 권9 4.8.무진	위사
47	1519.3	중종 14 尙眞 40	琉球國 平田大島 平州守	上官人	불명	문서 불명 對馬島特送使 예로 접대	중종 권35 14.3.임인	(위사 혐의)
48	1524.9	중종 19	琉球國 等閑意	都船主 國次	표류인 정보 제공	等閑意는 1525 (접대)년 및 1527 (거부)에도 사절 보냄	중종 권51 19.9. 계해	
49	1546	명종 원	中山王 尙淸	進貢使	박손 등 표류 민 12명 인도 북경 회동관 교섭	동지사	명종 권3 원.2.무자	
50	1594	선조 27	琉球國王 尙寧	進貢使 鄭禮	표류민 송환 감사	咨文 조선 冬至使 閔 汝慶수령	*사대문궤 권 17 *歷代 권 39	
51	1599	선조 32	琉球國王 尙寧	進貢使 鄭道	豊臣秀吉 사 망 통보	동지사 韓得遠 수령 回咨	*사대문궤 권 35 *歷代 권 39	
52	1606	선조 36	琉球國王 尙寧	慶賀使 毛繼祖	불명	동지사 宋駿 咨 文 수령 1606年 동지사 洪遵 통해 回咨	*사대문궤 권 47 *歷代 권 39	
53	1606	선조 39	琉球國王 尙寧	進貢使 鄭子考	책봉받은 사 실 통보 형제의 예로 서 우호유지 희망	1608년 동지사 申渫수령 1608년 동지사 兪大禎 통해 回 咨	광해군 권14 원.3.계묘	
54	1621	광해 13	琉球國 세자 尙豊	進貢使 毛鳳儀	尙寧 사망 통 보	1623년 동지사 宋克訒 통해 回 咨	*歷代 권39	
55	1625	인조 3	琉球國 尙豊	進貢使 蔡塵	즉위통보	聖節使 金尙憲 수령	인조 4.12	
56	1631	인조 9	琉球國 尙豊	慶賀使 毛耀	교린유지 요 망	동지사 金蓍國 수령 1634년 陳賀使 洪亨 통해 回咨	*역대 권 39.41 *인조 권27.29 10.10.병술 12.7.병오	
57	1636	인조 14	琉球國王 尙豊	進貢使 林國用	책봉사실 통 보	조선에의 수령 여부 불명	歷代 권41	

* 참고문헌 : ≪朝鮮王朝實錄≫
海東 : ≪海東諸國紀≫
歷代 : ≪歷代宝案≫
≪事大文軌≫

ABSTRACT

King's missions of Ryukyu and bogus missions

Lee, Hoon

In this article, presupposing the achievement of the recent studies, the true features of the imposter missions from the mids of 15C to the mids of 16C when the imposter missions of Ryukyu Kingdom mainly appeared and the background of Joseon Dynasty's friendly relations which enable them is reviewed.

First, in the 〈King's missions of Ryukyu and Japanes missions〉, the true features of King's missions of Ryukyu without Ryukyu nationality is reviewed till 1636 since 察度, King Jungsan of Ryukyu dispached missions to Joseon.

Non-Yukyu missions(道安, 同照, 東渾, 自端西堂, 敬宗, 耶次郎(也次郎), 信重, 新時羅(新四郎)) visiting Joseon mainly in 15C, the periods of King Sejo and Seongjong, were mostly merchants or monks having bases of activity in Hakata.

Besides, Non-Ryukyu missions having correlations with Tsushima Island like 梵慶 were probably (likely to be) imposter missions, so Joseon government recognized (understood) the missions visiting

Joseon between in 1423 and in 1494 as agent missions authorized (empowered) by King of Ryukyu and the missions after the year of 1500 as imposter missions pretending King's missions of Ryukyu.

Japanese who came to Joseon as King's missions of Ryukyu engaged in trade travelling among Ryukyu, Japan and Joseon were perfectly recognized (understood) as special group in Joseon.

Second, in ⟨Hakata merchants' pretending King's missions of Ryukyu and Seogye, by investigating the seal and the form of diplomatic documents which King's missions of Ryukyu had carried, the possibility that King's missions of Ryukyu carrying Seogye might be imposter missions having bases of activity in Hakata or Tsushima Island and the fact that even same Hakata people dispached competently imposter missions to Joseon to monopolize the trade with Joseon are pointed out.

Third, in ⟨Recognition and management of imposter missions of Joseon government⟩, even though discussion about imposter missions became serious since 1493, the reason why Joseon entertained them as one of missions visiting Joseon is understood in terms of the prevention of merchants groups' becoming Japanese pirate raiders who were in activity stretching over Hakata, Tsushima Island and Ryukyu and diplomatic doctrines of Joseon government that made it a rule to entertain missions visiting Joseon and economical need.

The article came to the conclusion that another reason was understanding (recognition) that as 15 C was the time Joseon propelled to unify friendly relations system with Japan through Tsushima Island, so whether King's missions of Ryukyu were imposter missions or not, if environment in which trade could be done in proper order without plunder or Japanese pirate raiders' activity between

Joseon and it's neighbouring regions would be created. Joseon could
devote itself to domestic affairs and it would cost less.

Keywords: Halbubuje, Seogye(diplomatic documents), Hakata merchants,
Hakata missions, Tsusima So family, agent missions, bogus missions,
Yezodaein

찾아보기

왜구·위사 문제와 한일관계　　　정가 : 22,000원

2005년 6월 1일 초판 인쇄
2005년 6월 5일 초판 발행

　　　　　편　　자 : 한일관계사연구논집 편찬위원회
　　　　　회　　장 : 韓 相 夏
　　　　　발 행 인 : 韓 政 熙
　　　　　발 행 처 : 景仁文化社
　　　　　　　　　　서울특별시 마포구 마포동 324 - 3
　　　　　　　　　　전화 : 718 - 4831~2, 팩스 : 703 - 9711
　　　　　　　　　　http://www.kyunginp.com
　　　　　　　　　　E-mail : kyunginp@chollian.net
　　　　　등록번호 : 제10 - 18호(1973. 11. 8)

ISBN : 89-499-0306-7 93910
* 파본 및 훼손된 책은 교환해 드립니다.